니체,
그의 철학과 건강의 메타포

건강의 메타포로 니체의 철학을 이해하다

니체, 그의 철학과 건강의 메타포

건강의 메타포로 니체의 철학을 이해하다

2023년 1월 15일 초판 인쇄
2023년 1월 20일 초판 발행

지은이 | 이상범
펴낸이 | 이찬규
펴낸곳 | 북코리아
등록번호 | 제03-01240호
주소 | 13209 경기도 성남시 중원구 사기막골로 45번길 14
　　　우림2차 A동 1007호
전화 | 02-704-7840
팩스 | 02-704-7848
이메일 | ibookorea@naver.com
홈페이지 | www.북코리아.kr
ISBN | 978-89-6324-989-6(93160)

값 29,000원

이상범

Friedrich Nietzsche

니체,
그의 철학과
건강의 메타포

건강의 메타포로 니체의 철학을 이해하다

북코
리아

머리말
니체의 철학 속에서 건강이 드러나는 방법

'니체의 철학 속에서 건강이 드러나는 방법'이라는 제목에 담긴 의미는 '니체가 자신의 철학에서 건강을 드러내는 방법'이 무엇인지를 밝히기 위함입니다. 그에게 왜! 그토록 건강이라는 개념이 소중했을까요? 그 이유는 명확합니다. 그가 병과 고통 속에서 세계와 삶을 사유한 철학자였기 때문입니다. 병으로 인해 육체적ㆍ정신적 고통 속에 놓여본 사람들은 고통이 나의 사고를 얼마나 축소시키는지를 알고 있을 것입니다. 병은 건강했던 지난날을 후회 속에 가두고 현실을 고통의 세계로 만듭니다. 그래서 병에 걸린 사람들은 고통을 실마리로 삶을 사유하곤 합니다. 다행스러운 것은 그들이 다시 건강을 되찾기 위해 보다 건강한 내일의 관점에서 삶을 사유하기 시작한다는 것입니다.

병은 삶의 끝을 의미하지 않습니다. 오히려 병은 건강이 삶을 통해 지향해야 할 가장 근본적이고 또한 가장 최종적인 가치라는 것을 일깨워주는 실존의 기회인 것입니다. 다시 한 번 강조하면 병은 삶과 죽음의 경계에서 삶의 문을 닫고 죽음의 문을 여는 열쇠가 아닙니다. 고통은 실존의 위험을 알리는 신호입니다. 내가 지금 이곳의 시간과 공간에 존재하고 있다는 의미를 담고 있는 '실존'은 고통으로 인해 구체화됩니다. 우리는 바쁜 일상 속에서 나의 실존을 추상적으로 느끼고, 매일 반복되는 것으로 인식하곤 합니다. 하지만 내가 지금 이 순간 이곳에서 존재하고 있음을 대변해주는 나의 실존이 단지 육체로만 그리고 육체적 건강으로만 보증되는 것일까요?

만약 그렇다면 우리는 자신이 지금 어딘가의 '공간'에 있다는 사실만으로도 내 실존을 정당화하고 스스로 건강하다고 느낄 것입니다. 그런데 만약 그곳에서 나의 정신이 병들어 있다면 어떨까요? 과연 그 공간이 그리고 그 공간 속의 내가 진정으로 건강하다고 말할 수 있을까요? 병든 육체는 지금 이곳의 '공간'을 고통으로 가득 채우겠지만, 뒤이어 정신은 지나온 시간과 나아갈 시간, 즉 과거와 현재 그리고 미래를 포괄하는 나의 '시간'을 온통 후회와 불안으로 가득 채울 것입니다.

니체가 병과 고통을 실마리로 삶을 다시 이해해보고자 했던 이유는, 병과 고통이 항상 삶을 가두려 하기 때문이었습니다. 우리는 병과 고통을 일상의 문제로 간주하지 않습니다. 병과 고통은 매 순간 확장되어 결국 우리의 삶을 불안과 두려움 등 괴로움이 가득한 세계로 만듭니다. 즉 병은 곧 나의 세계를 고통 속에 빠뜨립니다. 니체가 두 번 죽은 후 다시 태어나 삶을 그 자체로 사랑하게 된 '디오니소스(Dionysos)'라는 신을 내세워 병과 고통보다 지금 이곳의 삶이 우선임을 주장하는 이유는 이 때문입니다. 니체에게 있어 삶은 고통을 포괄하는 커다란 개념인 것입니다.

육체적 병이 정신적인 고통을 동반했을 때, 견고했던 삶의 의미는 혼란스러워지기 시작합니다. 삶의 의미는 내가 나로서 살아온 시간과 공간 속에 담아온 모든 것들을 대변해주는 가치입니다. 그렇다면 내가 나로서 살며 삶에 부여한 의미가 죽어있는 것일 수는 없을 것입니다. 그래서 니체는 고통을 삶의 관점에서 다시 탐구했던 것입니다. 그 이유는 고통을 오해하게 되면 인간의 본질을 오해하게 되고, 나아가 인간 안에 내재된 변화의 가능성, 즉 병으로부터 다시 건강해질 수 있는 기회를 상실하게 될 것이기 때문입니다.

$\mathscr{P}$

이 탐구의 과정에서 디오니소스는 고통 속에서도 삶이 어떻게 긍정될 수 있는지를 보여주는 니체의 철학적 토대이자 사상적 모범으로 제시됩니다. 어머니였던 세멜레의 죽음으로 인해 배에서 꺼내져 아버지 제우스의 허벅지에서 태어나고, 거인족에게 온몸이 찢겨 죽은 후 다시 태어난 이 신이 겪었던 고통은 삶과 죽음, 건강과 병, 행복과 불행의 경계에 선 인간에게 삶을 그 자체로 긍정해야만 하는 철학적 모범으로 제시됩니다. 와인의 신으로 알려진 이 신은 여러 명화 속에서 와인잔을 손에 든 모습으로 자주 표현됩니다. 이 신에게 와인은 고통의 망각이 아니라, 고통 속에서도 삶은 기쁨의 근원이어야 함을 일깨워주는 역할을 합니다.

이를 통해 알 수 있듯이 이 신은 그 언젠가를 위해서 오랜 시간 와인을 숙성시키는 신이 아닙니다. 디오니소스는 지금 이 순간을 위해 와인을 마시는 신입니다. 두 번째 맞게 된 삶이 얼마나 소중했을까요? 아마도 이 신에게 이번의 삶은 병으로 고통받기에도 아까운 기회였을 것입니다. 이 신은 고통이 살아있다는 증거이며, 기존의 방식을 버리고 새로운 방식으로, 다시 말해 "디오니소스적(dionysisch)"으로 자신을 사랑하라는 실존의 신호라는 사실을 우리에게 전해주고 있습니다.

삶의 가장 낯설고 가혹한 문제들에 직면해서도 삶 자체를 긍정한다;
자신의 최상의 모습을 희생시키면서 제 고유의 무한성에 환희를 느끼
는 삶에의 의지 — 이것을 나는 디오니소스적이라고 불렀다.[1]

한 인간이 살아온 삶의 세계는 고통이 지배할 정도로 약하지 않을 것입니다. 그의 삶은 언제나 고통보다 오래되었고 그만큼 견고합니다. 또한 삶은 이미 수많은 고통을 경험해왔기 때문에 새로운 고통이 있을 수 없다는 것을 알고 있습니다. 삶은 나 자신으로 보내는 시간과 나 자신으로 머무는 공간에 붙여진 명칭입니다. 그래서 삶은 언제나 실존합니다. 그리고 삶은 언제나 살아가야만 하는 일에 충실합니다. 삶은 건강을 통해서, 심지어 병을 통해서도 살아있다는 증거를 내보입니다. 이 증거는 병과 고통이 내가 죽어가고 있음이 아니라, 여전히 살아있다는 것을 알리는 신호입니다. 이렇듯 고통도 살아있는 것입니다. 그렇기 때문에 나타났다가 다시 사라지는 것입니다. 만약 고통이 영원히 사라진다면, 우리의 삶도 사라질 것입니다. 고통을 실존의 관점에서 살펴봐야만 하는 이유는 이 때문입니다.

고통은 시간을 역류할 수 있는 기회를 제공해줍니다. 만약 고통이 삶의 흐름을 거슬러 올라가보는 기회를 제공해준다고 생각해보면 어떨까요? 그보다 고통이 삶을 되돌아보고 보다 나은 삶을 사유하고 계획할 수 있는 기회를 제공해준다면 어떨까요? 만약 그렇다면 병과 고통은 오히려 삶을 되돌아보고 다시 건강한 미래를 계획하게 해주는 실존의 자극제로서의 역할을 해주게 될 것입니다. 그렇게 고통도 비로소 의미를 가지게 되며, 삶의 의미를 구성하는 요소가 됩니다. 고통이 의미를 가지게 될 때, 삶은 더 이상 그 안에 갇히지 않고, 오히려 그것마저 담는 커다란 세계로 변화될 것입니다.

---

[1]   니체, 『이 사람을 보라』, 「비극의 탄생」, 3, 393쪽.

하지만 이를 위해서는 육체와 정신, 건강과 병이 이원화되지 않고, 삶의 이름으로 하나가 되어야만 합니다.

　그래서 니체는 영혼과 육체를 이원화하지 않고, 유기적으로 상호 관계하는 "몸(der Leib)"으로 일원화하는 것입니다. 정신과 육체가 일원화된다면, 고통 역시 일원화될 수밖에 없습니다. 예를 들어 병원에 입원한 친구를 찾아가 함께 시간을 보내는 이유는, 비록 친구의 병이 육체에서 발생한 것이지만 고통이 그의 정신을 억압할 것을 알고 있기 때문입니다. 정신은 고통 속에 서 있는 사람을 불안과 두려움으로부터 해방시켜주는 역할을 합니다. 니체가 제시하는 실존의 진정한 건강은 지금 이곳에서 건강한 정신과 육체로 존재하는 것으로부터 시작됩니다. 이렇듯 육체와 정신은 그 누구도 끊을 수 없는 '나'라는 존재의 고리로 연결되어 있기 때문에, 결코 육체는 정신을 혹은 정신은 육체를 가둘 수 없습니다. 만약 육체가 정신을 가두었다고 느끼는 경우에도, 그 반대의 경우에도 이미 그 둘은 관계하고 있는 것입니다. 니체가 형이상학과 종교를 강하게 비판했던 이유는, 그 오랜 사고의 체계가 육체와 정신이 관계하지 않는다고 주장했기 때문이었습니다.

　이렇듯 니체에게 있어 병이 주는 고통보다 중요한 문제는 '고통 속에서 어떻게 삶을 사유하는가?'입니다. 병 속에서 삶을 사유하게 되면 삶은 고통 안에 갇히게 될 것입니다. 그래서 니체는 삶 속에서 병과 고통의 의미와 가치를 평가하는 사유의 전환, 즉 관점의 전환을 시도하게 된 것입니다. 병과 고통을 사유하는 관점은 따로 존재하지 않습니다. 니체가 시도했던 "모든 가치의 전도(Umwertung aller Werte)"는 바로 사유의 전환, 즉 관점의 전환을 통해서 실현될 수 있습니다.

병과 고통에 대한 관점은 내가 삶을 바라보는 관점, 다시 말해 내가 나의 삶을 긍정하고 사랑하는 관점 안에 담겨 있습니다. 만약 병과 고통이 내 삶을 초월한 어떤 존재로부터 받은 것이라면, 이것들은 결코 나의 정신과 의지로 긍정될 수도 극복될 수도 없을 것입니다. 중요한 것은 내가 내 삶의 주인이 되지 못한다면, 병과 고통의 주인 역시 될 수 없다는 것입니다. 즉 자신만의 고유한 삶의 관점을 가지지 못할 것입니다. 그래서 니체는 "신의 죽음(der Tod Gottes)"을 선언하면서까지 모든 인간이 자신들의 삶에서 발생하는 모든 문제에 직접 참여하여 해결하는 자기 실존의 주인이 되기를 요청했던 것입니다.

신의 죽음이 유발하는 허무주의가 실존적 위기임에도 불구하고, 인간에게 긍정적인 역할을 하는 이유는, 이 사건이 나의 삶을 신의 관점이 아니라, 나만의 고유한 관점으로 사유하고 창조해나갈 수 있는 토대로서의 역할을 하기 때문입니다. 그리고 니체의 요청처럼, 이 실존의 위대한 기회를 실현하기 위해서 나는 결코 육체와 정신이 이원화된 존재여서는 안 된다는 것입니다. 오히려 고통 속에 놓인 육체로부터 정신을 해방시켜야만 합니다. 병든 육체 속에서 정신은 그 어느 때보다 큰 힘을, 즉 삶을 긍정하고 사랑하는 힘을 발휘해야만 하기 때문입니다. 심지어 니체는 이 힘을 발휘하기 위해 오히려 지금까지 겪은 적이 없는 "커다란 고통(der grosse Schmerz)"이 필요하다고 말하기까지 합니다. 그 이유는 이러한 고통만이 삶의 일부가 아니라, 삶 전체를 문제시할 수 있는 깨달음의 기회를 제공해주기 때문입니다.

> 커다란 고통이야말로 정신의 최종적인 해방자이다. [⋯] 커다란 고통,
> 시간을 끄는 길고 오랜 고통, 생나무 장작에 불태워지는 고통만이 비로

소 우리들 철학자들로 하여금 우리가 지닌 궁극적인 깊이에까지 이르게 하고, 모든 신뢰와 선의, 부드러운 가식, 온순, 중용 등 아마도 우리가 이전에는 우리의 인간성을 쏟았던 것들과 결별하도록 만든다. 나는 그러한 고통이 우리를 "더 낫게 만든다"는 것에 대해서는 회의적이다. 하지만 그것이 우리를 더 심오하게 만든다는 것은 알고 있다. 우리가 그 고통에 대해 긍지와 경멸, 의지력을 내세우는 것을 배워, 아무리 고문을 가할지라도 독기를 품은 혀로써 이를 버텨내는 인디언처럼 행동하건, 아니면 고통 앞에서 사람들이 열반이라고 부르는 저 동양의 무(無)로, 입과 귀를 닫는 완고한 자기포기, 자기망각, 자기소멸로 빠져들건 간에 우리는 이 길고 위험한 극기 훈련을 거쳐 다른 사람이 된다. [⋯] 삶에 대한 신뢰는 사라져버리고 삶 자체가 문제가 되어버린다. 하지만 이것이 사람을 필연적으로 우울하게 만들 것이라고 믿지는 말라! 삶에 대한 사랑은 여전히 가능하다. 다만 사랑의 방식이 바뀌는 것일 뿐이다.[2]

건강만을 신뢰하는 사람은 건강 안에 갇히게 됩니다. 하지만 병에 걸린 사람은 비로소 건강을 다시 생각하게 되며, 나아가 자신의 삶 전체를 숙고해보게 됩니다. 그럼으로써 기존의 건강에 대한 신뢰가 깨지고, 다시 새롭게 건강해지기를 희망하게 되기 때문입니다. 고통은 내가 나를 사유하게 되고 내가 진정한 내가 될 수 있도록 밀어내는 생명의 또 다른 힘인 것입니다. 이렇듯 커다란 고통은 지금까지 자신을 향하지 않았던 정신과 더불어 의지까지 깨움으로써 다시 새롭게 자신을 사랑할 수 있도록 변화시키는 실존의 기회인 것입니다. 그래서 니체는 자신을 향해 한순간도 잠들지 않는 정신의 자유를 무엇보다 중요하게 여기며, 이를 "자유정신(der freie Geist)"이라는 개념

---

2)   니체, 『즐거운 학문』, 「제2판 서문」, 3, 28-29쪽.

안에 담았습니다.

　정신의 자유는 곧 내가 나의 삶을 자유롭게 사유할 수 있는 자유입니다. 그리고 이 자유 안에서 비로소 나는 나만의 고유한 삶의 관점을 가질 수 있게 됩니다. 내가 나로서 살아있고, 앞으로도 변함없이 나로서 살아갈 수 있기 위해서 필요한 것은 바로 내 삶을 바라보는 나만의 "관점"입니다. 그리고 삶에 대한 나의 관점은 육체 혹은 정신이 아니라, 이 둘이 함께하는 "몸"으로부터 만들어지는 것입니다. 관점은 병과 고통 속에 놓인 삶마저도 사랑하게 되는 건강한 실존의 조건입니다.

　사람들은 삶에 대한 관점을 통해서 자신 안에 내재된 힘을 발산합니다. 그리고 이 힘은 삶에 대한 긍정과 부정으로 표출됩니다. 자신의 삶을 조건 없이 사랑하면 사랑할수록 관점의 힘은 더욱 거대해집니다. 그리고 이 힘의 근거는 바로 하나 된 육체와 정신입니다. 그 이유는 육체와 정신은 내 안에 내재된 단 하나의 힘을 공유하기 때문입니다. 힘은 언제나 하나의 덩어리인 것입니다. 육체적 힘과 정신적 힘의 비율이 다를지 몰라도, 힘은 언제나 하나의 덩어리일 뿐입니다. 그리고 두 힘이 함께 삶의 관점을 만들어냅니다. 니체의 개념 "힘에의 의지(der Wille zur Macht)"와 "관점주의(Perspektivismus)"는 이러한 사실을 잘 보증해줍니다.

　'어떻게 하면 모든 인간들이 자신만의 고유한 관점을 가질 수 있을까?', '어떻게 하면 모든 인간들의 관점을 과거에서 구출하고 건강한 현재로부터 다시 건강한 미래를 창조해나갈 수 있도록 할 수 있을까?', '어떻게 하면 병들었던 과거를 건강한 현재와 미래의 조건으로 긍정할 수 있도록 만들 수 있을까?', '어떻게 하면 삶을 있는 그대로 사랑하게 할 수 있을까?'. 니체는 스스로 제기한 수많은 물음들을 바탕으로 인간이 가진 능력을 축소하고 다른 존재를 부각시키는 등, 지금 이곳의 삶을 초월한 철학적 사유를 하지 않았습니다. 오히려 그 반대였습니다. 심지어 병과 고통마저 다른 존재를 통해서 해석하지 않았습니다. 1889년 1월 3일, 이탈리아 토리노의 카를로 알베르트 광장에서 쓰러지기 직전까지 작성한 니체의 글에는 자신만의 고유한 철학적 문제의식과 이 문제들을 풀어나갈 사상적 관점들이 가득합니다.

니체가 삶을 과거와 현재로부터 구출하고 미래로 나아가게 만드는 사유의 정점으로서 "영원회귀(die ewige Wiederkehr)"를 제시하고, 이를 위해 지금 당장 삶을 사랑하라는 "운명애(Amor fati)"를 외쳤을 때, 그 어떤 병과 고통 속에서도 자신의 실존을 망각하지도 상실하지도 않는 철학적 지혜를 우리에게 전해주었던 것입니다. 나를 병들게 하고 고통스럽게 만드는 원인은 바로 '나 자신'입니다. 그리고 이 증상을 치유하는 방법은 나 자신에게 있습니다. 니체는 자신의 철학을 통해 그 어떤 진리도 전하지 않았습니다. 그는 항상 고유한 자기 자신으로 살아가는 건강한 실존의 지혜를 전하고자 했습니다. 니체는 "디오니소스적 지혜(die dionysische Weisheit)"로 명명한 이 지혜를 통해서 내가 나를 어떻게 사유해야 하는지, 나를 고통스럽게 만드는 실존의 병을 어떤 관점으로 해석해야 하는지를 전하고자 했습니다. 그리고 이 지혜는 니체가 얼마나 인간을 깊이 있게 이해하고자 했는지를 잘 보여줍니다. 그렇다면 이제는 우리도 니체라는 철학자를 오해 없이 이해해봐야 할 것입니다.

병과 고통은 삶의 일부입니다. 이것이 없다면 삶은 동력을 상실하게 될지도 모릅니다. 그리고 동력을 상실한 삶은 의미를 창조해야 할 필요를 느끼지 못할 것입니다. 건강은 그 자체로 삶의 동력이 될 수 없습니다. 또한 "건강 그 자체는 존재하지 않는다"[3]는 니체의 말처럼, 건강은 그 자체로 삶의 의미를 대변할 수는 없습니다. 건강은 오직 병과의 관계 속에서 가치를 드러내기 때문입니다. 병 역시 마찬가지입니다. 건강과 병은 그 자체로 존재할 수 없습니다. 그렇기 때문에 한 인간으로서 나는 그 어떤 변화도 없이 그 자체로 삶에 머무를 수 없습니다. 건강과 병은 삶과 죽음보다 더 가깝게 나의 일상에서 경험하는 존재론적인 변화입니다. 이렇듯 병과 고통은 내가 내 삶을 다른 차원에서 경험하는 기회를 제공해줍니다. 그렇기 때문에 건강을 병이 제거된 상태로 이해하게 되면, 나와 내 삶은 온전히 경험될 수 없습니다.

니체는 평생을 병과 고통 속에서 사유해왔습니다. 만약 니체가 철학자로서의 삶을 살지 않았다면, 그는 자신을 괴롭히는 병과 고통에 대해 의학적인 치료를 기대했을 것입니다. 평생 동안 자신을 따라다닌 병과 고통 속에서 니체는 철학자로서 할 수 있는 일을 했습니다. 물론 그가 자신의 병에 대한 정보를 찾기 위해 의학 관련 서적을 많이 읽었었다는 일화는 잘 알려져 있습니다. 그럼에도 그는 전문적인 의학적 지식을 가진 사람이 아니었기 때문에 좋은 기후의 도시를 찾아다니고, 술과 커피를 멀리하는 등의 "섭생(Diätetik)"을 지킬 뿐이었습니다.

하지만 니체는 변함없이 철학자로서 사유하는 일을 멈추지 않았습니

---

3)   니체, 『즐거운 학문』, 120, 195쪽.

다. 그는 자신의 철학 속에서만큼은 그 누구보다 건강했고, 건강한 사유를 한 철학자였습니다. 그리고 소크라테스, 플라톤, 칸트, 헤겔, 쇼펜하우어 등 수많은 철학자들을 비판할 만큼 그 스스로 건강한 사유의 철학자임을 자부했습니다. 니체는 이성을 인간의 본질로 이해한 철학자들과 동일한 방식으로 세계와 인간을 이해할 수 없었습니다. 육체적 병과 정신적 괴로움으로 가득 찬 자신의 삶을 이해함에 그들이 제시하는 이성은 인간과 삶을 이해하는 본질적인 역할을 할 수 없었기 때문입니다. 그 이유는 니체가 자신의 삶으로 경험하고 있는 병과 고통은 육체와 정신에서 발생하는 총체적인 몸의 문제, 즉 '나'라는 존재의 문제이기 때문이었습니다.

니체는 육체 혹은 영혼의 고통이 아니라 내 몸에서 일어나는 증상을 모두 포괄할 수 있는 이성, 다시 말해 병든 육체뿐만 아니라, 점점 더 병에 지배당하는 정신까지도 함께 사유할 수 있는 "커다란 이성(die grosse Vernunft)"[4]이 필요하다고 생각했습니다. 이러한 이성이야말로 병든 자신과 건강한 자신마저 이원화하지 않고 지금 이곳의 나를 온전히 이해하는 역할을 해줄 것이기 때문입니다. 그럼에도 니체는 병자였습니다. 보다 정확히 표현하면 그는 편두통, 위장 및 안구의 장애, 불면증 등의 병과 고통 속에서 사유했던 철학자였습니다.

그리고 니체는 이러한 삶의 경험 속에서 건강뿐만 아니라, 병에 대한 관점을 얻게 되었습니다. 자신이 느끼는 정신적 괴로움을 철학적으로 사유함과 동시에 이 사유를 철학 전반에 적용시키는 일은 어쩌면 당연하고 자연스러운 일이었을 것입니다. 형이상학과 종교 및 도덕에 대한 니체의 비판이 의학적인 관점이 아니라 철학적인 관점에서, 다시 말해 실존철학적인 관점에서 이루어졌다는 사실은 그가 누구보다 병을 깊이 있게 사유하고 있다는

---

4)   니체, 『차라투스트라는 이렇게 말했다』, 「몸을 경멸하는 자들에 대하여」, 52쪽.

것을 잘 보여줍니다.

사실 니체가 자신의 철학을 통해 말하는 병과 고통에 관한 내용들은 직접 겪고 있는 육체적 · 정신적 증상에 대해서가 아니라, 철학적인 관점에서 해석된 것입니다. 다시 말해 니체가 철학자로서 말할 때에 병과 고통은 서구 정신사에 유전되어온 병적 요인과 더불어 이것들이 인간의 삶에 어떤 실존적 병의 증상을 유발하는지를 밝혀내는 진단기호로서의 역할을 합니다. 그리고 이를 바탕으로 니체는 병과 고통을 통해 얻게 된 실존적 지혜를 전달하고자 했습니다. 하지만 그가 철학을 하는 한 인간으로서 말할 때에는 자신의 병적 증상과 고통에 대해 자신의 감정을 직접적으로 드러냅니다. 이에 대한 내용은 그가 생전에 지인들과 주고받았던 편지에 잘 담겨 있습니다.[5]

---

5) 니체는 가족 및 지인들과 주고받은 수많은 편지에서 자신이 겪고 있는 병의 고통스러운 증상과 감정에 대해서 솔직하게 적고 있습니다. 예를 들어 니체가 슐포르타에서 공부하던 시기인 1859년 3월 20일에는 어머니 프란치스카 니체(Franziska Nietzsche)에게 두통과 오한으로 인해서 식사도 제대로 못하고 있으며 가까스로 약간의 과일만을 먹고 있다는 소식을 전합니다[Friedrich Nietzsche, Sämtliche Briefe, Bd. 1, 58, p. 52, in: Kritische Studienausgabe in 8 Bänden, hrsg. von Giorgio Colli und Mazzino Montinari, Berlin - New York 2003. (이하 KSB)]. 그리고 같은 해 3월 23일에는 어머니에게 두통과 더불어 복통(Leibschmerz)까지 호소합니다(KSB 1, 59, 53-54쪽). 1863년 4월 27일에는 어머니에게 목이 잠긴 증상(Heiserkeit)을 알리기도 합니다(KSB 1, 352, 238쪽). 하지만 이 증상들은 시간이 흘러도 완치되지 않고 니체의 삶을 따라다니게 됩니다.
바젤에 머물던 1870년 12월 12일 어머니와 동생에게 보낸 편지에도 니체는 전체적으로 건강하지만 여전히 목은 조심해야 한다는 소식을 전합니다(KSB 3, 112, 164쪽). 그리고 1871년 3월 1일에는 불면증(Schlaflosigkeit)이 자신을 괴롭히는 주요 증상이라는 소식을(KSB 3, 127, 185쪽), 같은 해 3월 29일에는 친구 로데(E. Rohde)에게 이틀 밤을 이루지 못할 정도의 불면증에 시달리고 있으며, 이와 더불어 아랫배의 통증, 치질(Hämorrhoiden) 증상까지 겪고 있다고 말합니다(KSB 3, 130, 189-191쪽 참조).
1872년 10월 1일 어머니에게 보낸 편지에서는 두통 때문에 다음 날 아침에 일어났다는 말을(KSB 4, 257, 53쪽), 그리고 1875년 6월 19일에는 어머니에게 두통 및 안구와 더불어 만성이 된 위장병으로 인해 식단을 조절하지 않고서는 건강을 유지할 수 없다고 말하기도 합니다(KSB 5, 454, 61-62쪽). 1876년 2월 18일 로데에게 보낸 편지에는 더 이상 볼 수도 쓸 수도 없을 정도로 머리가 아파서 바젤에서의 강의마저 포기했다는 안타까운 소식을 전합니다(KSB 5, 501, 135쪽). 1876년 3월 13일 동생에게 보낸 편지에서는 두통으로 인해 목요일은 반나절, 금요일은 하루 내내 침대에 누워있었다는 소식을 전합니다(KSB 5, 508, 141쪽). 시간이 흐를수 니체는 건강과 병을 자신으로서 존재함에도 불구하고 자신만의 고유한 삶의 의미를 창조하지 못하는 인간의 실존을 해부하는 철학적 수술 도구로 사용했습니다. 나아가 그는 실존적 고통 속에서 자신 아닌 다른 존재에게 의존하는 나약한 정신과 의지의 인간에게 삶은 나로서 살아갈 때 비로소 의미를 가지게 된다는 철학적 교훈을 전합니다. 니체는 계속해서 병과 고통에 대한 경험을 자신의 철학적 관점으로 확장시켜나갑니다. 그리고 그는 자신의 철학에서 인간의 실존적 병을 진단하고 치유하고자 하는 의사, 즉 철학을 진단과 치유의 도구로 사용하는 "철학적 의사(ein philosophischer Arzt)"[6]가 되어갑니다.

니체가 사람들을 향해 전하고자 했던 삶의 지혜는 다음과 같은 의미를 담고 있습니다. '병에 걸리는 것보다 중요한 것은 병을 다시 건강해질 수 있는 실존의 조건으로 긍정하는 것이지만, 우선 자신이 병에 걸렸다는 사실을

록 니체의 두통은 점점 더 심해졌으며 이 증상은 기후의 영향을 크게 받았습니다. 니체가 바젤대학을 퇴임하고 기후 좋은 도시를 찾아다니는 방랑의 시간을 보낸 이유는, 지금까지 드러난 증상들 때문입니다.

이후 1883년 3월 6일 친구 오버벡(F. Overbeck)에게는 제노바에 도착한 순간부터 발열, 두통, 야간발한증, 극심한 피로를 호소하기도 합니다(KSB 6, 386, 338쪽). 그리고 오버벡과 쾨젤리츠(H. Köselitz)에게 보낸 편지에서는 두통으로 인해서 침대에 누워있는 시간이 많아졌고, 심지어는 심한 우울증까지 겪고 있다 말하기도 합니다(KSB 6, 387, 340쪽, KSB 6, 388, 341쪽, KSB 6, 390, 343-344쪽). 그리고 니체는 불면증으로 수면제를 복용하기도 했습니다(KSB 6, 408, 368쪽). 평생을 따라다닌 여러 증상들로 니체는 이제 삶에 낙담하고 때로는 절망감을 느끼기까지 했습니다(KSB 8, 864, 95쪽). 물론 건강을 회복하는 날도 있었습니다(KSB 8, 867, 99쪽). 하지만 또다시 니체는 고통을 호소하며 스스로 지쳐가고 있음을 호소하곤 했습니다(KSB 8, 891, 129쪽). 이렇듯 니체는 평생 동안 건강과 병의 경계에서 사유해왔습니다. 그토록 건강을 희망했지만 병과 더욱 가까운 삶을 살았던 니체에게 어쩌면 자신의 병을 사유하는 일이 자연스러웠을지도 모릅니다. 하지만 철학자로서의 니체는 병과 고통으로 인한 괴로움 속에서도 철학함(philosophieren)을 멈추지 않았습니다. 스스로 자신의 삶을 한탄했을지 몰라도, 철학자로서의 니체는 자신의 철학에서만큼은 삶의 긍정을 주장했습니다. 이렇듯 그가 자신의 철학에서 제시하는 디오니소스적 지혜는 스스로의 경험으로부터 건져 올린 실존의 지혜입니다.

6) 니체, 『즐거운 학문』, 「서문」, 2, 27쪽.

인식해야만 한다.' 그래야만 비로소 치유가 진행될 수 있기 때문입니다. 이렇듯 니체는 스스로 겪었던 병과 고통의 경험들과 사유 속에서 자신만의 고유한 철학적 문제의식과 이를 표현하는 자신만의 철학적이고 의학적인 언어를 획득해나갑니다. 아래의 글은 병과 고통이 니체의 삶과 철학에 어떤 영향을 주었는지 또한 그 영향이 어떤 철학적 사유로 드러나는지를 잘 보여줍니다.

어떤 때보다 내 삶의 가장 어려웠던 시절에 더 깊이 감사해야 하지 않을까라고 나는 종종 자문했었다. 내 가장 내적인 본성이 가르쳐주듯이, 높은 곳에서 바라보면 모든 것은 다 필연적이며, 거시경제적 의미에서는 모든 것은 다 그 자체로 유용하기도 하다 — 그것들을 사람들은 견뎌야 할 뿐 아니라 사랑해야 한다. [...] 운명애: 이것이 내 가장 내적인 본성이다. — 그리고 나의 오랜 질환(Siechthum)에 대해 말하자면, 나는 내 건강보다도 그것에 말할 수 없을 정도로 더 많은 덕을 입은 것은 아닌가? 자기를 죽이지 않는 모든 것에 의해 더 강력해지는 내 고차의 건강(eine höhere Gesundheit)은 그 질환 덕택이다! — 내 철학 역시 내 질환 덕택이다. [...] 커다란 고통이야말로 정신을 최종적으로 해방하는 자인 것이다.[7]

---

7)   니체, 『니체 대 바그너』, 「후기」, 1, 544쪽.

위의 글에서 말하고 있듯이, 니체는 병과 고통으로 인해서 자신의 삶 전체를 돌아볼 수 있는 자기성찰의 기회를 가질 수 있게 되었습니다. 병이 자기 존재의 깊은 심연으로 내려갈 수 있는 사다리의 역할을 해주었던 것입니다. 만약 지금의 건강이 영원하다면 건강은 오히려 정신의 자유를 방해하는 장애가 될 수도 있을 것입니다. 이러한 의미에서 만약 정신이 자유롭지 못하다면, 예를 들어 내가 삶의 과정에서 나의 정신과 의지를 나 아닌 다른 존재에게 모두 위임해버린다면, 그렇게 나의 정신과 의지가 나와 관계하지 않고 나를 향하지 않는다면 어떨까요?

"속박된 정신(das gefesselte Geist)"[8]은 자신으로부터 그 어떤 변화도 도출해 낼 수 없을 것입니다. 니체가 병과 고통을 긍정하는 이유는 그것이 삶의 변화의 일부이기 때문이었습니다. 삶을 향한 인간의 의지를, 니체의 표현에 의하면 "삶에의 의지(der Wille zum Leben)"를 자극하는 추동력으로 작용하지 못하는 건강은 그 어떤 변화도 도출할 수 없을 것입니다. "우둔한 건강(die dumme Gesundheit)"[9]은 삶에 그 어떤 질문도 제기하지 않을 것입니다. 삶에 대한 질문은 언제나 고통으로부터 시작됩니다.

그렇다고 니체가 병을 찬양하는 것은 아닙니다. 그가 주목하는 것은 병으로 인해서 인간의 본성이, 다시 말해 자기 자신과 삶을 바라보는 관점 및 삶을 대하는 태도가 변화될 수 있다는 것이었습니다. 그래서 니체는 지

---

8) 니체, 『인간적인 너무나 인간적인』, 225, 227쪽.

9) Friedrich Nietzsche, *Sämtliche Briefe*, Bd. 8, 899, pp. 13, in: Kritische Studienausgabe in 8 Bänden, hrsg. von Giorgio Colli und Mazzino Montinari, Berlin ‒ New York, 2003(이하 KSB).

금 그대로의 자신을 온전히 사랑하는 의미의 "운명애"를 자신의 "내적인 본성"이라고까지 말하는 것입니다. 니체는 자신의 고통스러운 병을 통해서 자기 자신을 더욱 사랑하게 되었으며, 그 관점으로 자기 자신을 사랑하지 못하는 사람들을 발견하게 된 것입니다. 병으로 인해 더욱 확장된 관점과 보다 성숙해진 철학적 사유는 이제 그들의 실존적 병의 치유를 시도하기에 이릅니다.

자신으로부터 발생하는 모든 변화가 고통을 동반할지라도, 그것은 마땅히 긍정되어야만 합니다. 니체는 병과 그로 인한 고통과 고독 속에서도 사유의 춤을 멈추지 않았습니다. 그리고 병과 고통의 실존 속에서도 자신만의 고유한 삶의 의미를 창조하기 위해 끊임없이 변화를 시도하며 살아가는 사람의 모습이 마치 춤을 추는 듯하다고 생각했습니다. 니체는 절대적 진리의 상징이었던 "신의 죽음"을 본격적으로 주제화하는 『차라투스트라는 이렇게 말했다』에서 새로운 신을 제시하기도 했습니다. 그가 차라투스트라의 이름을 빌려 요청한 신은 바로 "춤추는 신(der tanzende Gott)"[10]입니다.

니체는 이러한 신이야말로 모두가 획일적으로 추구해야만 하는 절대적이고 보편적인 진리를 제시하며 이를 명령하는 신이 아니라, 모든 사람들이 진정으로 원하는 삶을 창조하기 위해 수행하는 자유로운 변화의 시도를 긍정해줄 것이라고 생각했습니다. 니체에 의하면 춤추듯 자유롭게 매 순간 스스로 삶의 규칙을 창조하며 살아가는 사람들이 실존적으로 건강한 사람들인 것입니다. 이러한 사람들은 행복은 근거를 나 아닌 다른 누군가로 설정하지 않습니다. 건강하다고 느낄 때 우리는 행복합니다. 또한 행복하다고 느낄 때 우리는 건강한 것입니다. 이 행복 속에서 결국 우리는 병과 고통도 긍정하게 됩니다.

---

10)   니체, 『차라투스트라는 이렇게 말했다』, 「읽기와 쓰기에 대하여」, 66쪽.

니체는 때때로 깊은 의미를 담고 있는 개념을 은유적으로 표현하곤 합니다. 그리고 이 은유는 니체가 남긴 저작 여러 곳에 흩어져 있습니다. 그 흔적들을 찾아가다 보면 비로소 하나의 커다란 사유의 체계가 모습을 드러냅니다. 이렇게 그가 남긴 저작과 유고에 남겨진 수많은 단편들을 정리하다 보면, 니체가 산책을 하며 떠올렸던 사유의 조각들이 어느 한 순간에 떠올라서 기록된 것이 아니라, 오랜 시간에 걸쳐 고민하며 사유한 결과들임을 깨닫곤 합니다. 이 은유들은 이론적 표현의 틀을 벗어나 있기에 이해하고 해명함에 시간이 걸리지만, 그 이후에는 오히려 보다 더 가깝게 우리의 삶에 들어와 자리하게 됩니다.

 문학적이기도 한 니체의 철학적 언어가 쉽게 경화되지 않는 이유는 바로 그의 개념이 다양한 메타포(Metaphor), 즉 은유로 표현되기 때문일 것입니다. 그리고 니체의 이러한 언어와 표현은 철학적이라기보다는 오히려 비철학적으로 보이기도 합니다. 하지만 인간이 철학적일 수 있는 이유가 합리적이기보다는 오히려 비합리적이기 때문이라고 생각해본다면, 니체의 언어는 인간이라는 존재의 본질을 그 누구보다 깊이 있게 이해하고 있다고 생각합니다. 인간이 철학적 사유의 대상이 되기 위해서는 있는 그대로의 인간을 탐구해야만 합니다.

 인간의 비합리적인 측면까지도 모두 포괄할 수 있을 때, 철학은 참된 지혜의 학문으로 우리의 삶에 자리하게 될 것입니다. 니체는 인간 안에 담긴 그 어떤 부분도 은폐하고 부정하지 않았습니다. 그리고 비철학적인 것을 철학적으로 탐구하는 그의 시도들은 오히려 더욱 철학적인 것이 되었습니다. 이 책은 니체가 자신의 철학에서 은유적으로 제시했지만, 그의 철학적 시도를 대변하는 개념이 될 수 있을 정도로 그 안에 담긴 의미가 풍부한 용어들을 해명하는 내용으로 이루어져 있습니다. 부디 이 책이 니체의 철학을 이해하는 작은 역할을 해줄 수 있기를 바랍니다.

♧

겸손한 마음으로 또 한 권의 책을 준비해보았습니다. 한 권의 책을 세상에 내보낼 때, 저는 반 정도의 보폭으로 세상에 나아갑니다. 이 한 권의 책은 저의 한 목소리로 이루어져 있지만, 이 책으로 철학자 니체에 대한 관심, 나아가 철학에 대한 관심이 한 목소리 이상이 될 수 있었으면 하는 바람을 가져봅니다.

인간이 철학적일 수 있는 이유는, 그가 비철학적이기 때문이라고 생각합니다. 그래서 철학은 인간 안에 은폐된 비밀들을 오직 그 안에서 발견해야만 합니다. 니체는 인간의 비철학적인 영역을 철학의 영역에서 탐구함으로써 철학이 인간의 삶을 온전히 이해할 수 있는 사상적 토대를 만들어주었습니다. 니체가 자신의 철학에서 궁극적으로 요구하는 것은 바로 자신의 삶을 사랑하라는 것, 다시 말해 지금 이 순간의 삶에 감사하라는 것입니다. 니체를 연구한 지 아주 오랜 시간 이후에야 이 사실을 글로 표현할 수 있게 되었습니다. 이 책으로 이 사실이 전해지길 바랄 뿐입니다.

감사의 인사를 드리고 싶은 분들이 계십니다. 우선 원광대학교 철학과의 김성관, 신종섭, 김학권, 김도종, 이상곤 교수님께 감사를 드립니다. 특히 평생에 걸쳐 연구하는 삶을 사시며 새로운 탐구에 주저함이 없으신 김정현 교수님의 배려와 응원에 감사를 드립니다. 또한 니체에 대한 다양한 해석과

연구로 즐거운 공부의 장을 마련해주는 한국니체학회 교수님들께도 감사의 마음을 전합니다.

또한, 사랑으로 길러주시고, 변함없이 사랑으로 바라봐주시는 부모님, 변함없이 응원하는 마음으로 연구를 지지해주는 아내 윤정, 그리고 장인어른과 장모님께도 존경과 사랑의 마음을 전합니다. 아울러 어려운 출판환경에도 출판을 허락해주신 북코리아의 이찬규 사장님께 진심으로 감사를 드립니다. 저의 작은 연구를 돋보이게 만들어준 김지윤 선생님을 비롯한 편집부 선생님들께 감사의 마음을 전합니다. 마지막으로, 항상 따뜻한 웃음과 가까운 마음으로 대해주셨던 울산대학교 철학과 故 이상엽 교수님(1967.12.12-2022.08.04)께 이 책을 바치며, 생전에 직접 전하지 못했던 감사함과 그리운 마음을 대신하고자 합니다.

2022년 7월 16일
전주 동서학동 서재에서
이상범

CONTENTS

CONTENTS

CONTENTS

약어표

KSA: Friedrich Nietzsche, Sämtliche Werke. Kritische Studienausgabe in 15 Bänden, hrsg. von Giorgio Colli und Mazzino Montinari, Berlin – New York 1999. (니체비평전집 전 15권)

KSB: Friedrich Nietzsche, Sämtliche Briefe. Kritische Studienausgabe in 8 Bänden, hrsg. von Giorgio Colli und Mazzino Montinari, Berlin – New York 2003. (니체서간전집 전 8권)

GT: Die Geburt der Tragödie(비극의 탄생)

SE: Schopenhauer als Erzieher(교육자로서의 쇼펜하우어)

MA I: Menschliches, Allzumenschliches(인간적인 너무나 인간적인 I)

MA II: Menschliches, Allzumenschliches(인간적인 너무나 인간적인 II)

M: Morgenröthe(아침놀)

FW: Die fröhliche Wissenschaft(즐거운 학문)

Za: Also sprach Zarathustra(차라투스트라는 이렇게 말했다)

JGB: Jenseits von Gut und Böse(선악의 저편)

GM: Zur Genealogie der Moral(도덕의 계보)

WA: Der Fall Wagner(바그너의 경우)

GD: Götzen-Dämmerung(우상의 황혼)

AC: Der Antichrist(안티크리스트)

EC: Ecce Homo(이 사람을 보라)

NW: Nietzsche contra Wagner(니체 대 바그너)

N Nachgelassene Fragmente(유고 단편)

Bd. 7: Nachgelassene Fragmente 1869~1874

Bd. 8: Nachgelassene Fragmente 1875~1879

Bd. 9: Nachgelassene Fragmente 1880~1882

Bd. 10: Nachgelassene Fragmente 1882~1884

Bd. 11: Nachgelassene Fragmente 1884~1885

Bd. 12: Nachgelassene Fragmente 1885~1887

Bd. 13: Nachgelassene Fragmente 1887~1889

프리드리히 니체, 『한국 표준판 니체전집』, 김기선 외 옮김, 책세상, 2001-2008.

니체전집: 1 『언어의 기원에 관하여 · 이러한 맥락에 관한 추정 · 플라톤의 대화연구 입문 · 플라톤 이전의 철학자들 · 아리스토텔레스 수사학 I · 유고(1864년 가을~1868년 봄)』, 김기선 옮김(책세상, 2003)

니체전집: 2 『비극의 탄생 · 반시대적 고찰』, 이진우 옮김(책세상, 2005)

니체전집: 3 『유고(1870~1873년)』, 이진우 옮김(책세상, 2005)

니체전집: 4 『유고(1869년 가을~1872년 가을)』, 최상욱 옮김(책세상, 2001)

니체전집: 5 『유고(1872년 여름~1874년 말)』, 이상엽 옮김(책세상, 2002)

니체전집: 6 『바이로이트의 리하르트 바그너 · 유고(1875년 초~1876년 봄)』, 최문규 옮김(책세상, 2005)

니체전집: 7 『인간적인 너무나 인간적인 I』, 김미기 옮김(책세상, 2003)

니체전집: 8 『인간적인 너무나 인간적인 II』, 김미기 옮김(책세상, 2002)

니체전집: 9 『유고(1876년~1877/78년 겨울) · 유고(1878년 봄~1879년 11월)』, 강용수 옮김(책세상, 2005)

니체전집: 10 『아침놀』, 박찬국 옮김(책세상, 2004)

니체전집: 11 『유고(1880년 초~1881년 봄)』, 최성환 옮김(책세상, 2004)

니체전집: 12 『즐거운 학문 · 메시나에서의 전원시 · 유고(1881년 봄~1882년 여름)』, 안성찬 · 홍사현 옮김(책세상, 2005)

니체전집: 13 『차라투스트라는 이렇게 말했다』, 정동호 옮김(책세상, 2005)

니체전집: 14 『선악의 저편 · 도덕의 계보』, 김정현 옮김(책세상, 2005)

니체전집: 15 『바그너의 경우 · 우상의 황혼 · 안티크리스트 · 이 사람을 보라 · 디오니소스 송가 · 니체 대 바그너』, 백승영 옮김(책세상, 2002)

니체전집: 16 『유고(1882년 7월~1883/84년 겨울)』, 박찬국 옮김(책세상, 2005)

니체전집: 17 『유고(1884년 초~가을)』, 정동호 옮김(책세상, 2004)

니체전집: 18 『유고(1884년 가을~1885년 가을)』, 김정현 옮김(책세상, 2004)

니체전집: 19 『유고(1885년 가을~1887년 가을)』, 이진우 옮김(책세상, 2005)

니체전집: 20 『유고(1887년 가을~1888년 3월)』, 백승영 옮김(책세상, 2005)

니체전집: 21 『유고(1888년 초~1889년 1월 초)』, 백승영 옮김(책세상, 2004)

일러두기

1. 니체의 저작은 KSA(Friedrich Nietzsche, Sämtliche Werke. Kritische Studienausgabe in 15 Bänden, hrsg. von Giorgio Colli und Mazzino Montinari, Berlin – New York, 1999)와 이를 완역한 니체전집(전 21권, 책세상, 2001~2008)을 사용했다. 그리고 서간집은 KSB(Friedrich Nietzsche, Sämtliche Briefe. Kritische Studienausgabe in 8 Bänden, hrsg. von Giorgio Colli und Mazzino Montinari, Berlin – New York, 2003)을 사용했다.

2. 이 책에 인용된 니체의 저작과 글들은 니체전집(전 21권, 책세상, 2001~2008)을 사용했다. 하지만 맥락에 따라서는 저자가 직접 번역한 경우도 있다.

3. 이 책은 저자가 국내 학회지에 논문으로 발표한 글들을 수정 후 실었다. 그 세부 현황은 아래와 같다.

   1) 「니체철학의 의학적 특징과 철학적 의사」, 『범한철학』 제96집(범한철학회, 2020 봄호), 61-92쪽.

   2) 「니체의 의사(Arzt) 개념에 대한 연구. 세 의사 유형, 소크라테스와 금욕주의적 성직자 및 차라투스트라를 중심으로」, 『니체연구』 제37집(한국니체학회, 2020년 봄호), 69-107쪽.

   3) 「니체의 철학에 나타난 "정념(Pathos)"의 건강철학적 해명」, 『범한철학』 제100집 (범한철학회, 2021년 03), 275-322쪽.

   4) 「니체 철학에 나타난 고통과 진리 그리고 정념의 관계에 대한 연구」, 『동서철학연구』 제99집 (한국동서철학회, 2021년 02), 377-412쪽.

   5) 「미래철학에 대한 연구. 그의 미래 메타퍼에 대한 해명을 바탕으로」, 『니체연구』 제26집 (한국니체학회, 2014년 가을호), 213-252쪽.

   6) 실존의 고통으로서의 마음의 병과 삶에 대한 니체의 실존적 사랑」, 『니체연구』 제27집 (한국니체학회, 2015년 여름호), 41-87쪽.

   7) 「니체의 철학적 메타포 "춤(Tanz)"에 대한 텍스트 내재적 분석」, 『철학연구』 제154집 (대한철학회, 2020년 04), 151-177쪽.

   8) 「4차 산업혁명 시대의 인간다움에 대한 성찰과 철학의 역할. 니체의 신의 죽음을 중심으로」, 『니체연구』 제38집(한국니체학회, 2020년 가을호), 165-198쪽.

   9) 「4차 산업혁명 시대의 철학적 인간학. 니체의 인류애를 중심으로」, 『동서철학연구』 제98집 (한국동서철학회, 2020년 12), 357-389쪽.

   10) 「니체의 철학적 메타포 연구: 춤과 몸의 예술을 중심으로」, 『범한철학』 제103집 (범한철학회, 2021년 12), 87-110쪽.

   11) 「니체의 철학적 메타포 연구: 춤과 문화의 건강을 중심으로」, 『동서철학연구』 제102집 (한국동서철학회, 2021년 12), 259-293쪽.

I

니체철학의
의학적 특징과
"철학적 의사"

1.
의사와
철학자

니체의 철학에는 "의사(Arzt)"라는 단어가 많이 등장한다. 철학자의 저서에 이 단어가 많이 발견된다는 것을 어떻게 이해해야만 할까? 니체가 병자였다는 사실만으로 이 단어의 사용을 보증할 수 있을까? 병자였던 그가 간절히 원하던 건강을 실현시켜줄 수 있는 존재가 의사라는 사실이 병든 문화와 인간성을 치유하고 싶어하는 니체의 철학적 관점에 영향을 준 것일까? 이 단어 "의사"가 니체의 철학에서 그의 철학적 시도를 대변해줄 수 있는 하나의 사상적 개념이 될 수 있을까? 만약 "의사"가 전문적인 직업으로서 건강과 병에 연관된 것이라면, 니체는 이 의학적 관점을 자신의 철학에 어떻게 적용하는 것일까?

결론적으로 니체의 개념 "의사"는 그의 철학의 의학적 특징과 더불어 그의 철학적 시도를 구체화시켜주는 역할을 한다. 그리고 니체철학의 의학적 특징은 그가 자신의 철학적 문제의식을 '의학적'으로 진단하고 이 문제의 해결을 위한 자신의 철학적 시도를 '치료'로 이해하고 있다는 사실로부터 보다 분명하게 드러난다. 물론 니체의 철학에 등장하는 개념 "의사"는 단어 그 자체의 의미에서 생물학적 건강 혹은 육체적인 증상 및 고통을 치료하는 현실적 의사의 임무를 의미하지는 않는다.[1]

그럼에도 실존적 병과 고통 그리고 이로부터 발생하는 심리 · 생리적 증상들에 대한 니체의 진단과 처방은 의학적 치료의 방식을 따르고 있다. 하지만 니체의 문제의식이 철학적이기 때문에 그의 치료이론 역시 철학적일 수밖에 없다. 중요한 것은 의사가 의학을 바탕으로 병과 투쟁하듯이, 니체는 자신의 철학을 통해 인간의 정신과 의지를 나약하게 만든 '병적인 것'과 투쟁한다는 것이다. 이렇듯 의사와 철학자, 의학과 철학은 '인간의 건강'이라는 동일한 목표를 공유한다.

니체의 "의사" 개념이 일반적인 의사의 직업과 같을 수는 없다. 하지만 그의 철학에서 병의 증상을 진단하고 고통을 유발하는 원인을 탐구하며 치유하고자 하는 사명감 아래 의사와 철학자는 공동의 목적을 추구한다. 쉽게 호전되지 않는 병과 극심한 고통 속에서 방랑의 시간을 보내던 니체는 의사의 도움 없이 자신의 고통에 직접 대면하는 날들을 보냈다. 그리고 평생 동안 육체의 여러 증상으로 고통받아온 그가 병과 건강의 경계에서 깨달은 것은 삶을 향한 의지, 다시 말해 "건강에의 의지(Wille zur Gesundheit)"였다.[2]

"건강에의 의지"는 평생에 걸쳐 겪어온 병과 치유의 경험에 대한 그의 진지한 철학적 성찰로부터 도출된 개념이다. 이 개념 안에는 삶을 향한 강한 정신과 의지 속에서 병과 고통을 본질적으로 극복하고자 하는 생명의 생명력 역시 강해진다는 개인적인 체험이 담겨 있다. 물론 그의 이러한 깨달음이 일시적인 회복에 대한 기쁨일지도 모르지만, 이 경험으로부터 니체의

---

1) Paul Van Tongeren, Schank Gerd und Siemens Herman (Hrsg.), *Nietzsche Wörterbuch. Band I: Abbreviatur-einfach*, Berlin, 2004, pp. 129.

2) 니체, 『이 사람을 보라』, 「나는 왜 이렇게 현명한지」, 2, 백승영 옮김, 책세상, 2002, 334쪽.

생철학(Lebensphilosophie)은 철학적으로 더욱 공고해졌다.

오히려 그에게 있어 정말 무서운 병은 고통 속에서 삶의 의미와 가치를 망각하는 데카당스 증상이었다. 그 이유는 실존의 하강과 퇴화로 대변되는 데카당스라는 증상 속에서 인간의 생명은 그 힘을 온전히 발휘할 수 없기 때문이다. 데카당스에 대한 니체의 비판적 분석에는 나약한 정신과 의지가 육체의 병을 극복할 수 없는 것으로 만들기도 하고, 역으로 육체의 병이 삶에 대한 강한 희망으로 호전될 수도 있다는 사실이 함의되어 있다. 이와 같은 개인적인 경험에 대한 철학적인 해석은 『즐거운 학문』과 『이 사람을 보라』에 잘 나타나 있다.

이러한 의미에서 니체는 『우상의 황혼』의 「의사들을 위한 도덕」이라는 단편에서 의사들에게 새로운 책임을 부여한다. 그리고 그 책임을 양심의 가책으로 전환함으로써 삶의 퇴화를 느끼지 못하게 하는 그리스도교적 치료의 시도에 반하여 상승하고 성장하는 삶으로 관심을 증가시키기 위해 스스로 경멸하도록 만드는 것으로 규정한다.[3] 니체에게 있어 의사의 책임은 곧 철학자의 책임과 다르지 않다. 니체는 이들을 문화적·인간적 병에 대한 증상으로서 진단되는 데카당스를 치유하는 자로 규정한다. 의사와 철학자는 힘에의 의지, 모든 가치의 전도 등과 같은 철학적 메스를 사용해 데카당스를 해부한다. 그리고 이 병의 치유를 위해 신의 죽음, 허무주의를 제시하며 삶의 의미와 가치를 상실한 자에게 자신을 고통스럽게 하는 원인에 직면하게 한다. 이때 자유정신, 위버멘쉬, 영원회귀와 운명애는 인간 실존의 치유를 위한 니체의 철학적 처방으로 제시된다. 니체의 철학적 치유는 의학적 진단을 전제로 한다.

---

3)　니체, 『우상의 황혼』, 36, 백승영 옮김, 책세상, 2002, 171쪽 참조. '자기 경멸'의 긍정적인 의미에 대해서는, 이상범, 「건강한 인간유형으로서의 위버멘쉬. 위버멘쉬와 그의 실존적 건강에 대한 해명을 중심으로」, 『니체연구』 제35집(한국니체학회, 2019년 봄호), 171-214쪽 참조.

이렇듯 니체의 철학에서 "의사"라는 개념은 은폐되어온 고통의 원인을 드러내고 대면하게 함으로써 스스로 자기 실존의 조건이 될 수 있는 위버멘쉬적 변화를 도와주는 철학자에 대한 명칭이다. 그에게 있어 철학은 『차라투스트라는 이렇게 말했다』에서 위버멘쉬로의 변화를 위한 명제 "대지에 충실하라!"와 같이 삶에 대한 태도의 변화를 유발하는 생동하는 실천에 기여해야만 한다.[4] 고통에 대한 형이상학적·종교적 해석에 갇힌 병든 정신과 의지를 해방시키는 철학자는 건강한 삶의 자세로 새로운 미래를 창조할 수 있는 위버멘쉬로의 변화에 기여하는 "철학적 의사(ein philosophischer Arzt)"[5]이다. 니체의 철학에서 의사는 건강과 병의 의미와 가치의 전환을 시도하고, 영원회귀를 가르치며 위버멘쉬로의 변화를 제시하는 등 건강한 미래를 위해 현재의 실존적 병을 치유하는 "미래의 철학자"에 대한 명칭이다.[6] 니체 철학의 의학적 특징을 구체적으로 증명하기 위해서는 우선 니체가 자신의 문제의식과 이를 해결하는 과정에서 사용하는 "의사" 개념에 대한 의미와 의학적 표현들을 살펴보아야만 한다.[7]

4) Diana Aurenque, *Die medizinische Moralkritik Friedrich Nietzsches. Genese, Bedeutung und Wirkung*, Wiesbaden, 2018, pp. 253-254 참조.

5) 니체, 『즐거운 학문』, 「서문」, 2, 안성찬·홍사현 옮김, 책세상, 2005, 27쪽.

6) 니체, 『선악의 저편』, 210, 김정현 옮김, 책세상, 2005, 185쪽. 이러한 의미에서 들뢰즈는 미래의 철학자를 "의사"라고 표현한다(Gilles Deleuze, *Die einsame Insel. Texte und Gespräche 1953-1974*, Frankfurt am Main, 2003, pp. 202).

7) 니체가 특정한 전문직으로서의 의사가 아니기 때문에, 그의 철학의 의학적 특징은 철학과 의학의 관계에 대한 논의보다 그가 자신의 철학에서 사용한 개념과 표현들에 대한 논의가 선행되어야만 한다.

2.
니체의 철학에 등장하는
의학적 표현들

　　니체의 철학에는 다양한 의학적 표현들이 등장한다. 니체의 철학적 시도를 대변하는 개념들로서의 이 표현들은 전통 형이상학과 종교, 도덕 비판의 내용을 담고 있기 때문에 단순한 표현을 넘어선다. 오히려 이 표현들은 한 현상과 원인을 건강과 병의 토대 위에서 의학적으로 접근하는 니체의 고유한 진단기호로서 그의 철학적 관점과 견해를 드러내는 사상적 특징으로 표출된다. 이에 대한 예로 니체의 심리학과 생리학은 현대 문명과 현대인의 내·외적 나약함의 증상을 힘에의 의지의 관점에서 원한과 복수[8], "최면"[9], "의지의 커다란 병"[10], "의지마비증"[11], "소진의 생리학"[12], "생리적 장애"[13]

---

8)　　니체, 『도덕의 계보 III』, 15, 김정현 옮김, 책세상, 2005, 491-495쪽 참조.

9)　　니체, 『도덕의 계보 III』, 17, 500쪽 참조.

10)　니체, 『즐거운 학문』, 347, 330쪽.

11)　니체, 『선악의 저편』, 208, 김정현 옮김, 책세상, 2005, 181쪽.

12)　니체, 『유고(1888년 초~1889년 1월 초)』, 15[13], 백승영 옮김, 책세상, 2004, 255쪽.

13)　니체, 『도덕의 계보 III』, 16, 497쪽.

등으로 진단하며, 이로부터 발생하는 병을 "우울증(Depression)"으로 진단한다.

"무리를 이루는 것은 우울증과의 투쟁에서 중요한 진보이며 승리이다"[14]라는 니체의 말처럼, 이 증상은 무리의 가치에 매몰된 개인의 고유한 본능의 억압 증상, 즉 인간의 물상화(Verdinglichung), 소인화(Verkleinerung)로부터 발생하는 자기소외, 자기상실 등과 같은 증상을 대변한다. 또한 니체는 스스로 자신만의 고유한 삶의 의미와 가치를 창조할 수 없는 인간의 증상으로서 "우울증"의 근본적인 원인을 의학과 섭생(Diätetik)의 관점에서 "불충분한 영양 섭취와 소화"로 제시하기도 한다.[15] 그의 이 말은 무리의 절대적 가치가 과연 진정으로 자신이 원하는 것인지, 자기 삶의 의미를 충만하게 채워주는 것인지를 알지 못하고 무조건적으로 삶의 허기를 채우는 방식에 대한 비판을 담고 있다.

니체가 이 개념들을 통해 주목하는 현상은 자기보존을 위해 섭취하고 소화시켜온 보편적 가치들은 모두와 공유하는 공통의 이상을 설정할 수밖에 없도록 만든다는 것이다. 니체는 이 병의 치유를 위해 평균적 전문인을 양산하는 현대 문명에 날카로운 "해부의 메스"[16]를 들이대야 한다고 말한다. 그 이유는 실존적 자기인식을 바탕으로 매 순간 스스로를 극복하고자 하는 인간이 자기 실존의 변화를 위한 유용한 영양을 모를 수 없기 때문이다.

니체에게 있어 중요한 문제는 자기 실존의 변화를 위한 가능성이 모든 개인에게 내재되어 있음을 일깨우고, 이 고유한 특권을 다시 그들에게 되돌려주는 것이다. 여기서 "해부"와 "메스"는 문명과 문화의 발전 속에 잠식된

---

14) 니체, 『도덕의 계보 III』, 18, 505쪽.

15) "불충분한 영양 섭취나 소화의 결과로 인한 우울증(Depression)이 이상(das Ideal)을 결정한다."(니체, 『유고(1881년 봄~1882년 여름)』, 11[113], 안성찬 · 홍사현 옮김, 책세상, 2005, 472쪽)

16) 니체, 『선악의 저편』, 212, 190쪽.

인간의 실존적 변화가능성을 드러냄으로써 삶의 새로운 변화의 실현과 그 조건을 제시하고자 하는 니체의 의학적·철학적 표현이다. 그리고 해부와 메스는 결국 니체의 문화철학적·실존철학적 관점에서 신의 죽음, 허무주의 등의 사건을 발생시키고, 자유정신, 힘에의 의지, 위버멘쉬, 운명애, 모든 가치의 전도 등과 같은 실존적 변화의 조건을 드러내는 철학적 실험과 치유의 도구로 사용된다.

> 소위 말하는 '아름다운 영혼' 전부에게는 근본적인 생리적인 지병이 있다. — 그 모든 지병을 다 말하지는 않으련다. 그렇지 않으면 내가 의학자처럼 되어버릴 테니. 그뿐 아니라 평등권에 대한 투쟁도 병의 한 증후이다: 모든 의사가 알고 있다.[17]

현대인의 실존적 병의 원인을 추적하는 과정에서 그의 계보학은 현대 문명에 잠복해온 전통 형이상학과 종교 그리고 도덕에 의한 절대적 진리의 영향과 그 흔적을 발견한다. 니체는 보편적 가치를 추구하며 끊임없이 스스로를 소진시키는 현대인에 대한 실존적 무기력의 병을 형이상학적·종교적·도덕적 가치 없이는 자기 자신의 삶을 긍정할 수 없는 증상, 다시 말해 이 가치들의 위로와 도움 없이는 스스로 호흡할 수 없는 실존적 말기 증상으로서 "폐결핵"이라고 표현한다. 폐결핵은 인류의 폐 — 구체적인 삶의 세계로서의 대지 — 에 들어온 형이상학적·종교적·도덕적 관념이라는 결핵균이 발병해서 인간을 병들게 한 정신적 감염의 병이다. 니체는 이 관념의 흔적을 현대의 도덕적 무리본능에서 발견한다. "특정한 도덕적 세련됨 안에

---

17) 니체, 『이 사람을 보라』, 「나는 왜 이렇게 좋은 책들을 쓰는지」, 5, 385쪽.

서 폐병의 시작을 보는 의학…(폐결핵?)."[18]

니체에 의하면 지금까지 낡은 가치를 섭취해오는 과정에서 드러나지 않은 만성의 병으로서의 폐결핵 역시도 결국 영양불량과 소화불량에 의한 것이다. 이 증상은 온전히 자기 자신으로 존재해오지 못한 인간 실존의 병이다. 원형질에 대한 니체의 비유처럼,[19] 모든 생명체는 힘에의 의지의 작용을 통해 끊임없는 내적 투쟁, 즉 자신 안에 내재된 내적 힘의 동화와 이화라는 신진대사에 의해 건강을 보증받는다. 절대적 가치에 의존하는 인간은 자신의 힘을 소유한 자유로운 정신과 의지의 인간, 다시 말해 힘에의 의지의 인간일 수 없다. "신진대사의 속도는 정신의 발이 움직이느냐 아니면 무기력하느냐와 정확히 비례한다. '정신' 자체가 진정 신진대사의 한 측면이라 할 수 있는 것이다."[20] 이렇듯 니체는 자유정신으로의 변화의 전제를 "신진대사의 속도와 힘"[21]으로 설명한다.

병과 그 증상은 다양한 명칭으로 표현되지만, 니체가 자신의 철학을 통해 실현하고자 하는 것은 일시적인 병의 치유가 아니라 지속적인 건강의 원리이다. 오랜 시간 증식되어 발생한 감염을 막기 위해 니체는 새로운 "강장체계"를 제시한다. 그리고 동정 및 이웃사랑과 같은 낡은 그리스도교적 가치들을 "의기소침하고 전염적인 본능"[22]으로 규정하며 비판하기 시작한다. 그 이유는 이 감정들이 생명감과 활력을 강화함에 강장적(tonisch)으로 작용하지 않고, 오히려 위로와 위안의 방식으로 고통받는 자의 정신과 의지를 약화시키기 때문이다. "사람들은 사실상 병들고 위험한 그런 동정의 축적

---

18) 니체, 『유고(1887년 가을~1888년 3월)』, 11[401], 백승영 옮김, 책세상, 2005, 513쪽.

19) 니체, 『유고(1888년 초~1889년 1월 초)』, 14[174], 191-192쪽 참조.

20) 니체, 『이 사람을 보라』, 「나는 왜 이렇게 영리한지」, 2, 354쪽.

21) 니체, 『선악의 저편』, 241, 237쪽.

22) 니체, 『안티크리스트』, 7, 백승영 옮김, 책세상, 2002, 219쪽.

에 구멍을 내는 수단을 생명 본능에서 찾아야 할지 모른다."[23] 니체에 의하면 동정 역시 감정치료의 일환이다. 하지만 그는 동정이 아닌 인간 본연의 감정, 다시 말해 정동(Affekt)을 자기 내면의 힘을 증대시키기 위해 의지를 자극하는 인간의 생명성과 자연성의 조건으로 복원함으로써 일시적인 치료를 넘어서기를 시도한다.[24]

니체가 비판하는 것은 낡은 가치의 현대성과 그 이면에 자리하는 '심리적 도덕화' — 니체의 표현에 의하면 덕과 행복을 일치시킴으로써 개인의 개인성을 은폐하는 "심리적 모순(psychologischer Widersinn)" — 이다.[25] 이러한 심리적 모순은 인간의 내적 자연성으로서의 힘에의 의지를 약화시킴으로써 자기원한과 복수의 감정을 유발하는 금욕주의적 성직자의 심리학적·도덕적 최면의 전제가 된다. 그래서 니체는 "병적인 유약화와 도덕화(die krankhafte Verzärtlichung und Vermoralisirung)"를 자신의 (생명)본능을 부끄럽게 여기는 증상으로 진단하는 것이다.[26]

니체에 의하면 도덕철학은 "수면제"에 불과할 뿐이다.[27] 이렇듯 니체의 심리학은 자신 안에 내재된 변화의 가능성을 망각한 자기인식 불능 증상과 그 가능성을 부정하고 무리의 가치를 따라가는 내적 힘의 소진 증상을 진단하는 방법론의 역할을 한다. 그의 생리학은 심리학적 증상에 대한 진단으로부터 도출된다.[28] 그 이유는 절대적 가치에 속박된 나약한 정신은 자기 내면

23) 니체, 『안티크리스트』, 7, 221쪽.

24) 이상범, 「니체의 개념 "힘에의 의지"의 심리학적 해명. 그의 정동 개념을 중심으로」, 『니체연구』 제34집(한국니체학회, 2018년 가을호), 45-100쪽 참조.

25) 니체, 『이 사람을 보라』, 「나는 왜 이렇게 좋은 책들을 쓰는지」, 5, 384쪽.

26) 니체, 『도덕의 계보 II』, 7, 408쪽.

27) 니체, 『선악의 저편』, 228, 213쪽.

28) 니체철학의 의학적 특징을 드러내기 위해서는 그의 철학적 시도를 심리학과 생리학의 관점에서 명확하게 규명해야만 한다. 아래의 저서는 최근에 나온 저서 중 니체의 철학을 의학적으

의 힘을 의지를 통해 행동으로 옮기지 못하기 때문이다. "신의 죽음"을 통해 정신과 의지를 해방시키고 "모든 가치의 전도"를 통해 자기 내면의 힘을 온전히 자신만을 위해 사용할 수 있도록 하는 니체의 철학적 시도 역시 결국 허무주의라는 병으로부터의 회복, 즉 실존적 건강을 향한다.

니체가 "철학적 의사"로서 현대의 문명과 인간의 실존에 해부의 메스를 들이대는 시도는 의학적 작업으로서의 수술일 뿐만 아니라, 철학적 작업으로서의 계보학이기도 하다.

로 해석하고 있는 중요한 참고자료이다(Diana Aurenque, *Die medizinische Moralkritik Friedrich Nietzsches. Genese, Bedeutung und Wirkung*, Wiesbaden, 2018). 물론 이 저서는 니체의 도덕비판을 의학적 관점에서 성공적으로 다루고 있다. 하지만 니체의 도덕비판이 심리학적 관점에서 구체적으로 다루어지고 있지 않다. 니체는 특정한 의학적 의무를 지닌 의사는 아니었기 때문에, 니체철학의 의학적 특징을 드러내기 위해서 그의 생리학은 심리학으로부터 도출되어야만 한다. 실제로 니체의 의학적 표현들은 대부분 심리학적 진단으로부터 시작된 후 생리학적 증상으로 전개된다.

3.
바그너에 대한
의학적 비판

"바그너의 문제들은 병원에서 겨우 다섯 발짝 정도 떨어져 있는 문제들이지요!"[29] 니체의 이 말처럼, 그의 의학적 표현은 바그너를 비판하는 과정에서도 잘 드러난다. 1888년 초의 한 유고에서 니체는 바그너와 그의 음악을 생명감을 강화하지 못하고 오히려 "유기체적 결함", 즉 "불규칙한 호흡", "혈액순환 장애", "급작스러운 혼수상태를 동반하는 극도의 민감성" 등과 같은 생리적인 곤궁 상태를 유발한다고 말한다.[30] 니체에 의하면 미적인 가치와 쾌감은 오직 인간의 심리와 생리를 전제로 할 수밖에 없다.[31] 다시 말해 음악의 가치와 쾌감은 자신과 삶에 대한 긍정, 용기, 의지, 열정 등 신화 속 영웅의 심리와 생리를 관객에게 전달할 때 비로소 의미를 가진다. 바이로이트에서 니체가 바그너에게 느낀 실망은 그의 음악이 고대 그리스의

---

29) 니체, 『바그너의 경우』, 백승영 옮김, 책세상, 2002, 46쪽.

30) 니체, 『유고(1888년 초~1889년 1월 초)』, 16[75], 378쪽.

31) 니체, 『유고(1888년 초~1889년 1월 초)』, 16[75], 378쪽.

비극 정신을 상실했다는 사실, 다시 말해 그의 음악 속에서 관객이 더 이상 비극 정신을 수용함으로써 자신의 삶을 향한 영웅적 의지를 발현할 수 없다는 사실에 기인한다.

이렇듯 바그너에 대한 니체의 비판은 "생리적 반박"[32]이다. 그래서 니체는 미학이 본질적으로 "응용생리학"에 지나지 않는다고 말하는 것이다.[33] 니체의 생리적 관점은 바그너와 그의 음악을 의학적으로 비판하는 근본전제이다. "바그너는 알코올을 지속적으로 사용하는 것 같은 효과를 냅니다. 무감각하게 만들고, 위에는 점액이 차게 합니다."[34] 그의 이 말에는 마치 알코올이 있는 그대로의 삶의 실재를 인식할 수 없도록 만듦으로써 정신과 의지의 나약함을 유발하듯이, 바그너의 음악 역시 삶에의 의지를 약화시키는 효과를 낼 뿐이라는 — 의학적 진단을 내포한 — 철학적 진단이 담겨 있다. 아래의 글 역시 바그너에 대한 니체의 의학적 비판을 잘 보여준다.

내 발은 박자와 춤과 행진을 필요로 한다 — 그런데 바그너의 황제행진곡에 맞추어서는 독일의 젊은 황제라도 행진할 수 없다 — 내 발은 음악에 무엇보다도 황홀감을. 그런데 내 위도 항의하고 있는 것은 아닌가? 내 심장은? 내 혈액 순환은? 내 내장은 탄식하고 있지 않은가? 이때 내 목소리도 돌연 쉬어버리는 것은 아닌가. […] 바그너를 감상하기 위해서는 나는 쿼랑델표 안정제(Pastilles Géraudel)가 필요하다 […] 바그너는

---

32) 니체, 『니체 대 바그너』, 「내가 반박하는 곳」, 백승영 옮김, 책세상, 2002, 521쪽. 생리적 증상에 대한 니체의 진단 이면에는 심리적 증상이 존재한다. 이러한 의미에서 바그너에 대한 니체의 생리학적 비판은 디오니소스적 심리의 마비, 즉 디오니소스적 정동(감정)의 마비의 증상을 전제로 한다. 그 이유는 니체에게 있어 정신의 나약함은 의지의 나약함으로 드러날 수밖에 없기 때문이다.

33) 니체, 『니체 대 바그너』, 「내가 반박하는 곳」, 521쪽.

34) 니체, 『바그너의 경우』, 「추신」, 59쪽.

병들게 한다.[35]

바그너의 예술에 대한 니체의 생리적 비판은 도덕적 측면에서도 동일
하게 적용된다. 그에 의하면 바그너의 대중예술은 "'도덕적' 엑스터시라는
경련"을 유발함으로써 모든 관객을 보편적 대중으로 전락시키는 병의 원인
일 뿐이다.[36] 니체는 이제 바그너를 "전염균(Infektion)"으로, 그리고 그로 인해
발생한 관객의 증상을 "취향의 〈부패〉"와 "신경의 타락"이라고 표현한다.[37]
이와 관련하여 "취향의 〈부패〉" 및 "신경의 타락"과 같은 표현이 의학적이
라고 평가하기 어려울 수도 있다. 하지만 '병적인 도덕적 취향'[38]이 잘못된
영양섭취의 근본 원인이며, 경험한 것들을 자신만의 가치로 해석하지 못함
으로써 스스로 자기 행위의 주인이 되지 못하는 내적 빈약함의 증상으로서
의 "내장의 태만(Eingeweide-Trägheit)"이 "나쁜 습관"이라는 표현[39]처럼, 한 현상
에 대한 니체의 진단이 의학과 철학의 특징을 동시에 담고 있는 경우도 있
다. 하지만 니체가 스스로를 "철학적 의사"로 명명하는 것을 감안한다면, 그
의 철학적 시도가 의학적 진단과 치유를 목적으로 한다는 사실을 이해할 수
있을 것이다.

---

35) 니체, 『니체 대 바그너』, 「내가 반박하는 곳」, 521쪽.

36) 니체, 『니체 대 바그너』, 「내가 반박하는 곳」, 521-522쪽 참조.

37) 니체, 『바그너의 경우』, 「추신」, 59쪽.

38) "도덕적 취향의 모든 변화의 근거는 생리학적 사실이다."(니체, 『유고(1881년 봄~1882년 여
름)』, 11[112], 471쪽). 다음의 글도 함께 참조하자. "매번 어느 하나의 발전으로 이끄는 취
향은 건강한 것이다: 그러나 그것은 다른 발전과 상치될 수 있다. 단지 도달해야 할 이상과
의 관련하에서만 "건강한" 또는 "병적인"이라는 말은 의미가 있다."(니체, 『유고(1881년 봄~
1882년 여름)』, 471-472쪽). "취향은 어떻게 바뀌는가? 취향은 언제 무기력해지고 부자유스
럽게 되는가? 또 언제 강압적으로 되는가? ─ 선과 악에 대한 판단에서도 도덕적 취향의 모든
변화의 근거는 생리학적 사실이다."(니체, 『유고(1881년 봄~1882년 여름)』, 11[112], 471쪽)

39) 니체, 『이 사람을 보라』, 「나는 왜 이렇게 영리한지」, 2, 354쪽.

심리학, 생리학, 해부의 메스, 우울증, 폐결핵, 강장제, 신진대사, 영양섭취, 소화와 소화불량, 전염균, 신경의 타락 등 니체가 인간의 실존적 병과 그 원인을 탐구하고 진단하는 과정에서 사용하는 언어들은 그의 철학적 시도가 건강과 병의 관점에서, 다시 말해 의학의 관점에서 수행되고 있음을 확인할 수 있게 해준다. 물론 니체가 단순히 의학적 표현들을 사용한다고 해서 그의 철학적 시도가 의학일 수도 없고, 또한 그가 의사일 수도 없다.

하지만 니체의 의학적 표현들은 건강과 병의 경계에서 평생을 고통 속에 살아온 그에게는 철학만큼이나 관심을 가진 단어와 표현이었을 것이다. 중요한 것은 니체가 자신의 철학에서 수행했던 해체와 건설, 파괴와 창조의 반복이 병과 건강처럼 유기적으로 연결된 생명현상이라는 것을 니체가 이해하고 있었다는 것이다. 그가 스스로를 "문화의 의사", "철학적 의사"로 명명하는 이유는 아마도 생명 현상에 내재한 강화와 약화의 반복을 누구보다 잘 이해하고 있었기 때문일 것이다.

4.
철학자로서의
문화의 의사

1878년 니체 철학의 중기를 알리는 저서『인간적인 너무나 인간적인』의 출간 이전까지 니체는 문화와 철학의 관계, 즉 건강한 문화의 건설을 위한 철학의 역할에 대하여 많은 고심을 했다. 그리고 그 흔적은『비극의 탄생(1872)』과『반시대적 고찰(1873~1875)』그리고 이 시기의『유고(1870~1873)』와 강연문에 담긴 당시 유럽의 학문과 교육(교양)에 대한 니체의 의견과 비판 속에서 찾아볼 수 있다. 니체에 의하면 학문과 교육(교양)에 의한 평준화는 다양한 개인의 다채로운 실존의 양식을 억압할 뿐이다. 그 이유는 문화란 다양한 실존의 양식을 반영하고 대변해주는 토대이기 때문이다.

이러한 의미에서 개인의 본성보다 지식의 양으로부터 행복을 도출하고자 하는 당시 교육 체계에 대한 니체의 비판은 소크라테스의 주지주의로 대변되는 이성적 낙관주의에 대한 비판과 다르지 않다.[40] 니체는 소크라테스와 알렉산드리아 문화의 넘치는 이성적 · 과학적 인식 충동 아래 억압

---

40) 니체,『우리 교육기관의 미래에 대하여』,「강연 I」, 이진우 옮김, 책세상, 2005, 195쪽 참조.

된 예술 충동과 순화된 자연성(동물성, 야수성)을 해방시키고,[41] 오히려 이를 새로운 문화의 조건으로 제시하고자 한다. 그리고 이때 예술과 철학은 존재의 근원적 고통을 신화적 · 디오니소스적 · 비극적 삶에의 의지로 전환하는 치유의 역할, 즉 의학의 역할을 한다.

> 모든 예술, 모든 철학은 성장하거나 하강하는 삶의 치유 수단이나 보조 수단으로 간주될 수 있다: 이것들은 언제나 고통과 고통받는 자를 전제한다. 그런데 고통받는 자는 두 종류가 있다. 하나는 삶의 충일에서 고통받는 자다. 그는 디오니소스적 예술을 원하고, 삶에 대한 비극적 통찰과 비극적 개관 또한 원한다 — 또 다른 하나는 삶의 빈곤으로 인해 고통받는 자다. 그는 안식과 고요, 잔잔한 바다 또는 도취와 경련과 마비를 예술과 철학에 요구한다.[42]

삶의 비극적 관점과 예술적 창조성을 배제한 채, 이론적 인간만을 양성하는 현대의 학문(과학)과 교육 문화에 대한 니체의 비판은 시대진단을 넘어 치유의 시도로 나아간다. 니체에게 있어 철학은 실존의 예술, 즉 자신의 삶을 넘어서는 형이상학적 인식의 도구가 아니라 자신의 실존을 탐구하고 고유한 삶의 의미를 창조하는 예술적 도구이다. "예술가와 철학자가 고향

---

41) "'인간'이라는 맹수를 온순하고 개화된 동물, 즉 가축으로 길들이는 데 모든 문화의 의미가 있다는 것이 어찌 되었든 오늘날 진리로 믿어지고 있는데, 만일 이것이 진실이라면, 고귀한 종족과 그들의 이상을 결국 모욕하고 제압하게 된 저 반응 본능과 원한 본능은 모두 의심할 여지없이 본래의 문화의 도구라고 보아야만 할 것이다. [⋯] 이러한 '문화의 도구'는 인류의 치욕이며, 오히려 '문화'일반에 대한 회의(懷疑)이며 반론인 것이다!"(니체, 『도덕의 계보 I』, 11, 374쪽)

42) 니체, 『니체 대 바그너』, 「우리 대척자들」, 529-530쪽.

으로 느끼는 세계를 새로 만들어내는 것."[43] 이 말은 고대 그리스를 향한 니체의 염원과 더불어 새로운 문화건설에 대한 그의 초기 철학적 문제의식을 잘 보여준다.

"의사"의 요청 역시도 이미 이 시기에 등장한다. 교육과 의사라는 두 개념은 철학자의 관점에서 깊은 연관성이 없어 보인다. 하지만 니체는 1875년의 한 유고에서 「교육자의 학교」라는 계획에 "자연과학자, 경제학자, 문화사가, 교회사 전문가, 그리스 전문가, 국가 전문가" 등을 나열하고 있지만, 첫 번째로 "의사"를 제시하고 있다.[44] 의사에게 의학이 치유의 도구이듯이, 철학자에게는 철학이 그렇다. 니체에게 있어 철학자는 병든 문화와 인간들의 삶을 진단하고 치유하는 의사인 것이다.

고대의 도덕을 아는 사람은, 현재 의학적으로 다루어지는 것이 당시에는 도덕적인 것으로 간주되었음을, 영혼과 두뇌의 수많은 장애를 치료하는 것이 당시에는 철학자, 현재는 의사의 해당 사항임을, 특히 현재는 신경과 신경의 진정을 위해 알칼리나 마취제가 고려되고 있음을 알면 놀라게 될 것이다. [⋯] 장래의 교육자는 다시 인간에게 좀 더 엄격한 식이요법을 제정해주리라는 점은 의심할 여지가 없다. 사람들은 의학적 자극과 독을 통해, 또한 공기, 태양, 집, 여행 등을 통해 현대인을 건강하게 만들 수 있다고 믿는다.[45]

위의 글에서 확인할 수 있는 것처럼, "장래의 교육자(die einstmaligen

---

43) 니체, 『유고(1972년 여름~1874년 말)』, 19[3], 이상엽 옮김, 책세상, 2002, 9쪽.

44) 니체, 『유고(1875년 초~1876년 봄)』, 4[5], 최문규 옮김, 책세상, 2005, 149쪽.

45) 니체, 『유고(1872년 여름~1874년 말)』, 31[4], 437쪽.

Erzieher)"는 철학자이며, 그가 "의사"로서의 역할을 해야 한다는 니체의 생각을 통해 의사로서의 철학자의 역할이 보다 분명해진다. "진정한 철학자(ein wahrer Philosoph)"[46]가 교육자로서의 역할을 해야 한다는 것은 곧 "교육하는 철학자(ein erziehender Philosoph)"[47]의 역할이 억압된 인간의 획일화 된 인간성을 해방시키고, 오히려 그 가치를 건강한 실존의 새로운 조건으로 밝히는 "철학적 의사"로서의 역할과 다르지 않다는 것을 의미한다. 이러한 의미에서 철학자이자 의사이며, 의사이자 철학자인 철학적 의사는 "비극적 인식의 철학자"와 다르지 않다.

> 비극적 인식의 철학자. 그는 고삐 풀린 인식욕구를 통제한다. 그러나 하나의 새로운 형이상학을 통해서는 아니다. 그는 새로운 신앙을 세우지 않는다. 그는 형이상학의 파괴된 토대를 비극적으로 인식한다. 그러나 그는 결코 학문들의 화려한 소용돌이 안에서 만족할 수는 없다. 그는 새로운 삶을 건설한다: 그는 예술에 권리를 다시 되돌려준다. 절망적 인식의 철학자는 맹목적인 학문에 전념할 것이다: 어떤 희생을 치르더라도 지식을 위해.[48]

"철학의 가치는 인식 영역에 있는 것이 아니라 삶의 영역에 있다: 현존

---

46) 니체, 『반시대적 고찰 III』, 「교육자로서의 쇼펜하우어」, 2, 이진우 옮김, 책세상, 2005, 396쪽.

47) 니체, 『반시대적 고찰 III』, 「교육자로서의 쇼펜하우어」, 2, 396쪽. 쇼펜하우어를 새로운 문화의 전제로서 독일 청년들의 건강한 실존을 가르치는 교사로 여기고 있다는 사실은 다음의 글에 잘 나타나 있다. "우중충한 구름 속을 떠다니는 듯한 마비 상태에서 벗어나 자신을 발견하고 정신을 차릴 수 있는 다른 방법이 분명 있을 것이다. 그러나 자신의 교육자, 형성자를 기억하는 것보다 더 좋은 방법이 있는지 나는 모르겠다. 그래서 오늘 나는 자랑으로 생각해야만 할 선생이며 엄한 규율 감독자인 아르투어 쇼펜하우어를 기리고자 한다 ― 다른 사람들은 나중에 기억할 것이다."(니체, 『반시대적 고찰 III』, 「교육자로서의 쇼펜하우어」, 1, 396쪽).

48) 니체, 『유고(1872년 여름~1874년 말)』, 19[35], 22쪽.

에의 의지는 좀 더 고귀한 현존재 형식을 위해 철학을 사용한다."[49] 니체의 이 말처럼 삶의 고통과 모순, 불합리를 덮은 진리의 베일을 걷고, 이에 용감하게 대면할 수 있는 철학자는 결코 형이상학과 도덕적 원리에 의존하지 않는다. 오히려 그는 세계와 인간의 실존을 미적 현상으로서 해석하고 정당화한다.[50] 그래서 니체는 철학의 가치를 아폴론적·이성적·합리적 인식에 잠식된 디오니소스적·원초적·예술적 감정을 새로운 문화의 조건으로 되살리고자 하는 것이다. 이러한 문화만이 삶과 끊임없이 관계하며 인간의 실존적 고양에 기여할 수 있기 때문이다. 문화는 인식의 총체가 아니라, 끊임없는 창조적 인식을 가능하게 하는 예술적 창조의 토대여야만 한다. 즉 건강한 문화는 예술을 통해 힘(충동)을 발산하고 또한 예술 안에서 그 힘을 통일하는 등 삶의 다양한 양식들을 반영할 수 있어야만 한다.[51]

> 너희는 형이상학으로 도피해서는 안 된다. 대신 실천적으로 생성하는 문화에 적극적으로 희생하라! 그렇기 때문에 나는 몽상적 이상주의에 강력히 대항하고 있다.[52]

이 시기 병든 문화와 그 증상들의 치유를 위한 니체의 시도는 철학적 사명감으로 확립되며, 이는 그의 철학의 후기에까지 지속된다. 특히 니체의 첫 저작인 『비극의 탄생』은 고대 그리스의 문화적 생명력이 아폴론과 디오니소스의 심층적 긴장과 조화로부터 유지된다는 문헌학적 탐구를 담고 있

---

49) 니체, 『유고(1972년 여름~1874년 말)』, 19[45], 29쪽.

50) 니체, 『비극의 탄생』, 「자기비판의 시도」, 5, 이진우 옮김, 책세상, 2005, 16쪽.

51) "문화는 무엇보다 어떤 민족의 삶의 표현에서 나타나는 예술적 양식의 통일이다."(니체, 『반시대적 고찰 I』, 1, 187쪽)

52) 니체, 『유고(1872년 여름~1874년 말)』, 19[153], 70쪽.

다. 하지만 이 저서는 비극의 부활을 통해 새로운 문화의 탄생을 시도한다는 점에서 니체의 독창적인 철학적 시도 역시 담고 있다. 그리고 『반시대적 고찰』에서는 학문, 역사, 종교, 교육, 교양 영역 등 비극 문화의 사멸로 인해 발생하는 다양한 현상들을 구체적으로 논의한다.

다양한 문화적 현상들을 심도 있게 논의하는 니체의 이러한 시도는 그의 철학의 중기 『인간적인 너무나 인간적인』에서부터 후기의 시작 『차라투스트라는 이렇게 말했다』를 거쳐 『이 사람을 보라』에 이르기까지 계속된다. 그 과정에서 문화적 · 인간학적 증상과 그 원인을 해명하는 건강과 병에 대한 철학적 의미가 분명해지며, 니체의 문화철학은 보다 분명한 철학적 진단과 치유의 언어를 갖게 된다. 또한 철학자로서의 의사 — "철학적 의사" — 에 대한 명칭과 개념적 의미 역시 명확하게 확립된다.

니체의 초기 저작에서 찾아볼 수 있는 "의사" 개념 중 그 의미와 가치를 구체적으로 유추할 수 있는 명칭은 "문화의 의사로서의 철학자(der Philosoph als Arzt der Cultur)"[53]이다. 이 명칭은 쇼펜하우어와 바그너의 철학적 염세주의와

---

53) 니체, 『유고(1872년 여름~1874년 말)』, 23[15], 이상엽 옮김, 책세상, 2002, 175쪽. 니체에게 있어 철학자는 스스로 삶의 새로운 조건과 양식을 탐구하고 실험하는 실험실 같은 존재이다. 이때 그의 실험은 일회성이 아니라, 삶의 변화된 양식을 미래 문화의 조건으로 각인하는 작업이다(Paul van Tongeren, *Vom „Arzt der Cultur" zum „Arzt und Kranken in einer Person". Eine Hypothese zur Entwicklung Nietzsches als Philosoph der Kultur(en)*, in: Andreas Urs Sommer (Hrsg.), Nietzsche-Philosoph der Kultur(en)?, Berlin, 2008, p. 28 참조). 이렇듯 문화의 의사로서의 철학자는 건강한 삶의 세계를 진단하는 자이자 그 세계와의 병든 관계를 치유하는 자로서의 사명감을 느끼는 자이다(Heinrich Schipperges, *Am Leitfaden des Leibes zur Anthropologik und Therapeutik Friedrich Nietzsches*, Stuttgart, 1975, p. 128). 또한 "문화의 의사"라는 개념은 니체의 철학적 문제의식이 단지 문화에만 국한되었다는 것을 의미하는 것은 아니다. 오히려 그의 철학적 관점은 형이상학, 종교, 도덕 등 인류의 문명이 발전되어오는 과정에서 유전되어 온 내재적인 원인을 포괄한다. 이러한 의미에서 들뢰즈는 "문화의 의사"를 "문명의 의사(Arzt der Zivilisation)"라고 표현한다(Gilles Deleuze, *Die einsame Insel. Texte und Gespräche 1953-1974*, Frankfurt am Main, 2003, p. 202). 문화의 의사로서의 철학자에 대한 내용으로는 다음의 글도 함께 참조. Vanessa Lemm, *Biopolitische Betrachtungen zur Figur des Arztes in Nietzsches Philosophie*, in: Nietzsche, Foucault und die Medizin. Philosophische Impulse für die Medizinethik, Orsolya

염세적 낭만주의에 의해 자신의 기대가 좌절되자 스스로 문화를 치유하고 새로운 삶의 문화를 창조하는 철학자가 되고자 하는 니체의 의도를 함의하고 있다. 나아가 니체는 철학 역시도 "문화의 의사로서 결속시키는 힘의 연합이어야만 한다"라고 말한다.[54] 그에 의하면 국가는 역사, 학문, 교양 등과 같은 보편적 가치로 모든 개인을 평준화하는 것이 아니라, 오히려 고귀한 개인과 인간성을 창출하는 수단이자 토대일 뿐이다.

그리고 철학은 상이한 가치들을 추구하는 개인들을 결속시키는 힘으로서의 역할을 해야만 한다.[55] 『반시대적 고찰』의 「제2논문」에서 역사에 잠식되고 억압된 일상적 삶의 변화 가능성에 대한 병으로 진단된 "역사적 병(die historische Krankheit)"을 치료하는 것도 문화의 의사", 즉 시대를 진단하고 치유할 수 있는 철학과 철학자의 임무이다. 이렇듯 "문화의 의사"라는 개념을 통해 니체가 철학을 의학과 비교하고, 철학자를 의사와 비교하고 있음을 확인할 수 있다. 이러한 의미에서 "건강과 병이라는 측면에서 우리 시대는 어떠한지, 그걸 알 만한 의사가 누가 있겠는가!"[56]라는 니체의 물음을 통해 그가 자신의 문제의식을 건강과 병의 관점에서, 즉 의사의 관점에서 바라보고 있다는 사실 역시 확인할 수 있다.

문화의 의사로서의 철학자는 개인의 건강을 넘어 인류의 건강을 지향하기 때문에 모든 가치를 건강과 병의 관점에서 진단하고 치유할 수 있는 의사로서의 역할을 할 수 있어야만 한다. "의학적 지리학(eine medicinische

---

Friedrich, Diana Aurenque, Galia Assadi, Sebastian Schleidgen (Hrsg.), Bielefeld, 2016, pp. 183–201 참조.

54)　니체, 『유고(1872년 여름~1874년 말)』, 30[8], 418쪽.

55)　"모든 철학은 내가 요구하는 것을 할 수 있어야 한다. 인간을 집중시킬 수 있어야 한다 — 그러나 현재 어떤 철학도 이것을 하지 못한다."(니체, 『유고(1872년 여름~1874년 말)』, 29[211], 392쪽).

56)　니체, 『반시대적 고찰 III』, 「교육자로서의 쇼펜하우어」, 6, 463쪽.

Geographie)"⁵⁷⁾이라는 니체의 개념은 이러한 그의 의도를 잘 대변해준다. 현대의 문화에 유전된 낡은 관습들을 밝혀내고 새로운 건강의 대지를 만들 수 있는 의사로서의 역할이 곧 미래의 철학자의 역할이다. 의미론적 관점에서 의사의 미래는 곧 철학자의 미래이며, 철학자의 미래는 곧 의사의 미래이다. 니체의 철학에서 이 두 유형은 동일한 미래의 건강을 지향한다. 자신 안에서 건강과 병을, 다시 말해 의사와 환자를 모두 경험해본 니체의 체험은⁵⁸⁾ 곧 철학자와 의사로서의 사명감으로 드러난다. 니체는 철학자로서 병을 진단하고 의사로서 그 병을 치유하는 철학적 의사이다.

---

57) 니체, 『인간적인 너무나 인간적인 II』, 188, 340쪽.

58) 니체, 『인간적인 너무나 인간적인 II』, 「서문」, 5, 16쪽 참조.

5.
철학적 의사와
건강의 조건

1882년 니체철학의 중기 마지막 저작 『즐거운 학문』의 「서문」에 등장하는 "철학적 의사"는 니체의 철학적 시도와 의학적 특징을 잘 대변해준다. 이 개념을 통해 형이상학과 종교, 도덕의 파괴(해체)와 새로운 문화와 실존 양식의 건설(창조) 작업은 보다 구체적으로 진단과 치유의 의학적 성격을 띠게 된다. 니체가 형이상학과 종교를 비판하며 세계를 이편과 저편으로, 인간을 영혼과 육체로 이원화하지 않는 이유는 그의 철학이 유기적 생명 현상을 전제로 하기 때문이다. 니체의 심리학과 생리학이 철학과 결합하여 인간의 내·외면을 모두 포괄하는 생명의 관점에서 수행됨으로써 일반 학문을 넘어 생명에 발생한 병적 증상을 탐구하는 철학적 방법론으로서 작용하는 이유는 이때문이다. 이렇듯 니체의 "철학적 의사"는 철학자와 철학의 관계를 의사와 의학의 관계로 전환하는 역할을 한다.

"철학적 의사"는 니체의 철학에서 의사의 역할을 수행하는 철학자에 대한 명칭이다. 그리고 니체는 이러한 "철학적 의사"를 세계의 존재론적 대지와 인간의 내재적 자연성을 생명의 관점에서, 다시 말해 건강과 병, 강함과 약함, 상승과 하강, 성장과 퇴화의 관점에서 탐구하는 "올바른 의사(der rechte Arzt)"[59]로 표현하기도 한다. 아래의 글은 "철학적 의사"라는 개념처럼, 철학자와 의사의 역할을 구분하지 않고 오히려 이 둘의 역할이 '진단과 치유'라는 목적을 공유하고 있다는 사실을 잘 보여준다.

> 우리의 병든 현대성의 한가운데에서 그리스도교적 동정보다 더 병들어 있는 것은 없다. 여기서 의사이고 여기서 가차 없게 되며 여기서 칼을 들이대는 것 — 이것이 우리의 일이며, 이것이 우리 방식의 인간애이다. 이렇게 해서 우리는 철학자인 것이다.[60]

니체가 건강의 회복과 되찾은 활력 속에서 가장 먼저 주의 깊게 살펴본 것은 자신을 고통스럽게 만들었던 병에 대한 의미와 더불어 '건강과 철학의 관계'에 대한 물음이었다. 병자이자 철학자였던 니체는 이 물음을 '철학과 철학자의 관계'에 대한 물음으로 전환하며, 이를 구체화시켜 '병과 철학자의 관계'로 해석하기 시작한다. 그리고 다음과 같은 심리·생리학적 결론을 얻는다. "인격을 지닌 사람이라면 그 인격에 적합한 철학을 가지고 있을 것이다. 하지만 여기에는 커다란 차이가 있다. 혹자는 자신의 결핍에서 철학을 하고, 또 혹자는 자신의 풍요로움과 활력에서 철학을 한다. [⋯] 그러나 모든 병든 사상가가 그렇듯이 — 아마도 철학사에는 병든 사상가가 압도적으로 많을 것이다 — : 심각한 고통이 철학을 하게 만드는 보다 일반적인 경우에, 병의 압박에 의해 생겨난 사상은 어떤 모습으로 나타날 것인가?"[61]

---

59) 니체, 『유고(1880년 초~1881년 봄)』, 7[285], 최성환 옮김, 책세상, 2004, 493쪽.

60) 니체, 『안티크리스트』, 7, 221쪽.

61) 니체, 『즐거운 학문』, 「서문」, 2, 25쪽.

니체는 고통스러운 병 속에서도 결코 자신의 정신과 의지가 나약해지지 않도록 ― 일종의 자기치유의 시도로서 ― 철학적 사유를 멈추지 않았다. 고통스러운 병으로 인해 점점 나약해지는 정신과 의지 속에서도 그는 결코 형이상학적 · 종교적 위안과 구원, 내세에 의존하지 않았다. 이러한 경험 속에서 니체는 낡은 이원론적 가치를 추구하는 철학자의 인격, 즉 그의 심리 · 생리적 상태와 철학의 유기적 관계를 결정짓는 원인을 고통 속에 놓인 육체에 대한 부정으로 규정한다. 그 이유는 육체에 대한 부정은 결국 매 순간 생기하는 인간의 내적 자연성에 대한 부정, 나아가 생성하는 대지세계에 대한 부정에 불과할 뿐이기 때문이다.

영혼의 병을 치유하기 위해 위안과 구원을 치료제로 제시한 또 다른 의미에서의 철학적 의사들, 즉 "영혼의 의사(Arzt der Seele)"[62] 역할을 했던 철학자들과 금욕주의적 성직자들로 인해 오히려 삶이 고통으로 가득 차게 되었다는 니체의 주장은 이러한 측면에서 의미를 가진다.[63] 육체를 부정한다는 것은 결국 육체의 고통을 긍정할 수 없다는 것을 의미한다. 그래서 니체는 형이상학과 종교의 이면에는 육체에 대한 오해, 즉 고통에 대한 오해가 숨겨져 있다고 말하는 것이다.[64]

니체는 "병든 육체(der kranke Leib)"[65]를 실마리로 하여 형이상학적 존재세

---

62)   니체, 『인간적인 너무나 인간적인 II』, 「방랑자와 그의 그림자」, 83, 283쪽.

63)   니체, 『아침놀』, 52, 박찬국 옮김, 책세상, 2004, 65쪽 참조.

64)   "병리학적인 필요에 의해서 생겨난 것을 객관적인 것, 이념적인 것, 순수하게 정신적인 것 등의 외피로 감추려는 무의식적인 시도는 놀라울 정도로 널리 퍼져 있다. 나는 전체적으로 보아 철학은 단지 육체에 대한 해석, 혹은 육체에 대한 오해에 불과한 것은 아닐까라는 질문을 자주 던져 보았다."(니체, 『즐거운 학문』, 「서문」, 2, 26-27쪽)

65)   니체, 『즐거운 학문』, 「서문」, 2, 26쪽. 여기서 필자가 몸(Leib)을 육체(Körper)로 번역하는 이유는 "형이상학의 저 모든 과감한 미친 짓거리, 특히 현존재의 가치에 대해 형이상학이 내놓는 답변은 항상 특정한 몸의 증상(Symptome bestimmter Leiber)의 증상으로 간주될 수 있다(니체, 『즐거운 학문』, 「서문」, 2, 27쪽)"라는 니체의 말 때문이다. 니체에 의하면 몸은 육체와 영혼이

계와 종교적 저편세계를 추구하는 철학자의 사상적 전제를 삶의 고통을 긍정하고 극복하지 못한 정신과 의지의 나약함으로 이해한다. 그리고 그 원인을 "몸의 오해(ein Missverständniss des Leibes)"[66]로, 다시 말해 육체의 병이 영혼의 건강성에 위배되었기 때문이라는 존재론적 현상에 대한 오해로 규정한다. 만약 인간의 몸이 육체와 영혼으로 이원화된 것이라면, 병과 건강 역시도 이원화된 가치일 수밖에 없다. 보다 구체적으로 말해 존재의 이원화 속에서 병든 육체는 그에 반한 건강한 영혼을 전제로 할 수밖에 없다. 그렇다면 육체의 폄하로 인해 구체적 현실세계로서의 대지는 가치를 잃고, 형이상학적·종교적 세계만이 가치를 얻을 수밖에 없을 것이다. 특정한 증상에 의한 "병든 육체"는 이편세계와 저편세계의 경계에서 철학자와 그의 철학의 성격을 구분해주는 일종의 메타포인 것이다. 이렇듯 "병든 육체"에 대한 긍정은 철학적 의사가 밝혀낸 새로운 건강의 조건, 즉 다시 건강해질 수 있는 조건이다.

결합된 '나'의 총체이지만, 그가 몸의 특정하고 제한된(bestimmt) 증상을 지시하고 있는 것으로 미루어 보아 '육체'에 대한 증상으로, 즉 병든 육체(der kranke Leib)"로 이해하는 것도 해석의 오류는 아닐 것이다.

66) 니체, 『즐거운 학문』, 「서문」, 2, 27쪽. 이 개념의 경우에는 "몸(Leib)"으로 이해하는 것이 옳다. 그 이유는 몸의 오해는 몸을 구성하는 영혼과 육체 중 어느 한 특정 영역에 대한 오해가 아니라, 영혼과 육체의 이원론, 즉 이 두 영역의 유기적 연관성에 대한 오해이기 때문이다.

6.
철학적 의사와 실험철학
그리고 새로운 건강의 비철학적 조건

　　"철학적 의사"와 그가 제시하는 새로운 건강의 개념적 특징은 니체가 1888년 유고에 제시한 "실험철학"의 성격을 통해서 보다 분명해진다. 철학적 의사와 실험철학, 즉 철학과 실험은 삶이 단 하나의 절대적 진리에 의해서가 아니라, 오히려 "건강, 미래, 성장, 힘(Macht)" 등과 같이 삶의 생명성을 표출하는 다양한 실존의 조건을 탐구한다는 목적을 공유한다. 다음의 글은 실험철학의 중심 내용이다. "내가 지금까지 이해하고 있는 철학, 내가 지금까지 실행하고 있는 철학은, 삶의 저주받고 비난받던 면 또한 자발적으로 찾아가는 것이다. […] 오히려 이 철학은 그 정반대에까지 이르기를, ― 공제나 예외나 선택함이 없이, 세계를 있는 그대로 디오니소스적으로 긍정하기에 이르기를 원한다."[67]

　　니체의 이 말처럼, "철학적 의사"는 더 이상 육체와 그 활동으로서의 욕구, 욕망, 충동, 본능, 감정 등과 같은 정념(pathos)의 가치를 은폐하지 않는다.

---

67)　니체, 『유고(1888년 초~1889년 1월 초)』, 16[32], 354쪽.

또한 고통을 근거로 육체의 가치를 폄하하고 또 다른 세계를 추구하지도 않는다. "철학적 의사"는 지금까지 병든 가치였던 것들이 오히려 삶의 실재를 이루는 존재론적 조건이었다는 사실을 건강과 병의 관점에서 발견한다. 그는 더 이상 "병든 육체"를 부정하지 않는다. 육체의 병은 절대적 가치에 위배된 결과일 수 없다. 건강과 병은 정도의 차이일 뿐, 인간학적 조건을 대변하는 절대적 · 보편적 가치일 수 없다.[68]

『즐거운 학문』의 「서문」에서 제시한 "커다란 고통"처럼, 니체는 더 이상 병든 육체와 고통을 삶의 불안과 두려움의 요소가 아니라, 오히려 이로부터 정신과 의지를 해방시키는 역할로 규정한다.[69] 고통을 긍정하고 그 의미를 변화의 조건으로 전환할 수 있을 때, 삶은 비로소 그 자체로 실재하는 실존의 문제가 된다. "철학적 의사"와 "실험철학"이 공유하는 전제는 바로 삶에 대한 디오니소스적 자세인 것이다. 이렇듯 "철학적 의사"는 지금까지 전통 철학자들이 추구해온 철학적 개념들이 아니라, 부정되고 은폐되어온 비철학적 개념들을 탐구하는 자이다.

그는 더 이상 고통을 철학적 · 형이상학적으로 해석하지 않고, 오히려

---

68) 삶이 본질적으로 건강과 병, 도덕과 비도덕을 모두 포괄하기 때문에 상이한 두 개념들 역시 불균형이나 부조화로 확정될 수 없다. 건강과 병의 형이상학적 · 종교적 이원화는 도덕화되었기 때문이다(Werner Stegmaier, *Gesundheit und Krankheit im aussermoralischen Sinn*, in: Nietzsche, Foucault und die Medizin. Philosophische Impulse für die Medizinethik, Orsolya Friedrich, Diana Aurenque, Galia Assadi, Sebastian Schleidgen (Hrsg.), Bielefeld, 2016, pp. 49-51 참조). 건강은 영혼과 육체가 역동적 · 유기적으로 관계하는 인간의 전체성에 대한 개념이기 때문에 형이상학과 종교, 도덕에서 요구하는 단 하나의 진리에 의해 실현될 수 없다. 건강이 단 하나의 요소로 구성되지 않는다는 측면에서 건강의 개념적 특성은 단수(Singularität)가 아니라, 오히려 복수(Pluralität)이다. 니체는 건강의 이러한 복수성을 통해 전통 형이상학과 종교의 건강 개념을 극복한다(Diana Aurenque, *Nietzsche und die "unzählige[n] Gesundheit des Leibes." Aktualität und Kritik eines pluralistischen Gesundheitsverständnisses*, in: Nietzsche, Foucault und die Medizin. Philosophische Impulse für die Medizinethik, Orsolya Friedrich, Diana Aurenque, Galia Assadi, Sebastian Schleidgen (Hrsg.), Bielefeld, 2016, pp. 29-32 참조).

69) 니체, 『즐거운 학문』, 「서문」, 3, 28쪽 참조.

실존적 변화의 조건으로 긍정하는 철학자 유형이다.[70] 즉 "철학적 의사"는 열정, 용기, 사랑, 경멸, 고독, 취향, 웃음, 춤 등 인간과 그의 삶의 비철학적 조건들을 철학적으로 진단하고 치료하는 의사이다. 그가 제시하는 건강이 소크라테스와 금욕주의적 성직자와 달리 실험적이며 동시에 새로울 수밖에 없는 이유는 이때문이다.

새로운 건강은 인간의 비철학적 조건들을 모두 몸의 활동으로 긍정할 수 있을 때에야 비로소 획득할 수 있는 개념이다. 지금까지 철학이 배제해온 비철학적 현상들을 삶의 조건으로 긍정할 때 다시 철학이 인간의 실존적 건강을 위한 도구가 될 수 있듯이, 인간의 비철학적 조건들을 모두 긍정할 때 철학자는 인간의 실존적 병을 치유하는 철학적 의사가 될 수 있는 것이다.

---

70) 니체, 『즐거운 학문』, 「서문」, 3, 27쪽.

7.
니체의 철학적 사명과 의사의 개념적 역할

"우리는 침묵해서는 안 될 경우에만 말해야 한다; 그리고 극복해낸 것에 대해서만 말해야 한다. — 다른 모든 것은 잡담이고 '문학'이며 교양의 부족이다. 내 저서들은 오직 나 자신이 극복해낸 것에 대해서만 말하고 있다: 거기에는 다른 모든 것과 더불어 한때 나의 적이었던 나, 가장 나 자신과 똑같은 나, 아니 그뿐만 아니라 좀 더 자랑스러운 표현이 허락된다면 가장 독자적인 존재인 '나'가 있다."[71] 『인간적인 너무나 인간적인 II』의 「서문」을 여는 이 글은 니체의 사상적 특징을 잘 대변해주고 있다. 니체가 철학자로서 자신이 무엇을 이야기하고자 하는지 그리고 어떠한 방식으로 표현하고자 하는지는 이 저서에서부터 좀 더 명확해진다. 이 저서의 집필이 시작되고 출간되기까지의 1879년에서 1880년은 니체의 건강이 악화되어 대학을 퇴직하고 신선한 기후의 도시를 찾아 방랑을 하던 시기이다.

병으로 인해 시작된 방랑과 고독 속에서 니체의 병과 고통은 철학적 문

---

[71] 니체, 『인간적인 너무나 인간적인 II』, 「서문」, 1, 김미기 옮김, 책세상, 2002, 9쪽.

제의식과 유기적으로 연관되기 시작한다. 이제 평생 동안 자신을 괴롭혀온 편두통, 위장 및 안구의 장애 등의 병은 더 이상 육체에만 국한되지 않는다. 하지만 오히려 고통들 속에서 사유된 사상들은 니체의 고유한 철학적 표현들을 결정짓는 요소로 작용한다. 쇼펜하우어에 대한 철학적 애착으로부터의 해방과 바그너와의 불화 그리고 이와 더불어 이 시기에 경험된 니체의 방랑과 고독의 시간들은 그의 철학을 정신적 자유, 구체적으로 말해 내면의 짐을 덜어내는 심리적 자유를 지향한다. 그리고 이러한 자유로부터 그의 철학은 더욱 깊어지고 넓어지며 성숙해진다.

육체적 고통 속에서 사유된 삶에 대한 염세주의적 관점들, 즉 쇼펜하우어의 의지의 형이상학과 바그너의 낭만주의 예술은 니체에게 있어 극복해야만 하는 심리적 장애였다. 물론 고통에 대한 형이상학적·종교적 사유가 긍정적인 영향을 줄 수도 있지만, 그러기에 니체는 고통 속에서도 힘의 충만함으로 삶을 긍정하는 디오니소스의 철학자였다. 그래서 니체는 절대적 진리가 존재하는 세계의 배후가 아니라, "내 저서들은 언제나 '나의 배후(Hinter-mir)'에 대해 말하고 있다"[72]라고 표현하는 것이다. 또한 근대 유럽의 계몽주의 역시 신의 자리를 채우는 국가, 정치, 사회, 경제 등 절대적 도덕의 체계 역시 그 이면에 형이상학적-종교적 특징을 전제로 하기에 비판의 대상이 될 수밖에 없다. 하지만 여기서 중요한 것은 「자유정신을 위한 책」이라는 부제의 『인간적인 너무나 인간적인』에서부터 니체의 철학적 문제의식은 비판을 넘어 치유로 진행된다는 것이다. 니체가 자신의 이러한 개인적인 경험으로부터 도출한 심리학적 깨달음을 "건강의 가르침"이라고 표

---

72) 니체, 『인간적인 너무나 인간적인 II』, 「서문」, 1, 9쪽. 니체에게 있어 철학은 자기 자신의 배후를 탐구함으로서 자기 실존의 병과 고통의 근원을 발견하고 스스로 치유할 수 있는 중요한 실존의 도구였다(Günter Gödde, Nikolaos Loukidelis, Jörg Zirfas, *Nietzsche und die Lebenskunst. Ein philosophisch-psychologisches Kompendium*, Stuttgart, 2016, pp. 364-365 참조).

현하는 이유는 이때문이다.

〈혼합된 의견과 잠언들〉은 〈방랑자와 그의 그림자〉처럼, 처음에는 앞에서 말한《인간적인 너무나 인간적인》'자유정신을 위한 책'의 속편 이자 부록으로 각각 따로 간행되었다. 동시에 그것은 하나의 정신 치료, 즉 낭만주의의 가장 위험한 형식으로 인한 일시적인 병에 저항하는 나의 건강한 본능이 스스로 발명해내고 처방한 반낭만주의적인 자기 치료의 연장이며 강화였다. [⋯] 그 가르침은 바로 다음 세대의, 훨씬 더 정신적인 본성을 가진 사람들에게 의지의 단련을 위하여 추천될 수 있는 건강의 가르침이다.[73]

모든 현상과 증상의 배후를 탐구하는 철학적 작업은 니체를 심리학자라고 부르기에 충분하며, 그 역시 스스로에게 이 명칭을 부여했다. 육체적 고통 속에서 사유한 복잡했던 자신의 내·외적 상황과 철학적 과제에 대한 심리학적 탐구는 그를 심리학자로서 느끼게 하기에 충분한 경험이었을 것이다. "자유정신을 위한 이 책에는 심리학자의 명쾌하고 호기심에 차 있는 듯한 약간의 냉담함이 들어 있다."[74] 니체에게 있어 병으로 인한 고통은 육체적 극복의 문제이기도 하지만, 동시에 정신적 문제이기 때문에 결국 온전히 자기 자신에 대한 극복의 문제이기도 하다. 보다 높은 자기로의 변화, 즉 고통의 억압으로부터 해방된 위버멘쉬로의 변화는 육체적·정신적, 생리적·심리적 영역을 모두 포괄한다.[75]

---

73) 니체, 『인간적인 너무나 인간적인 II』, 「서문」, 2, 12쪽.

74) 니체, 『인간적인 너무나 인간적인 II』, 「서문」, 1, 11쪽.

75) Jochen Zwick, *Nietzsches Leben als Werk. jochen Zwick nietzsches Leben als Werk*, Bielefeld, 1995, pp. 132-133 참조.

위버멘쉬적 변화를 제시해주는 것이 "철학적 의사"의 근본적인 역할이라면, 그는 그 변화를 위해 먼저 고통받는 자의 내면에 은폐된 고통의 원인을 철학적 · 의학적 해부를 통해 발견해야만 한다. 그리고 그 안에 억압된 힘을 발견하고 다시 이를 새로운 변화를 위한 힘으로 전환해야만 한다. 그 이유는 고통도 실존을 억압하는 힘에 다름 아니기 때문이다. 스스로 경험한 병과 고통 속에서 그 어느 때보다 삶의 본질을 명확하게 인식하게 된 니체는 스스로 자신의 삶을 통해 디오니소스적으로 긍정하는 삶의 지혜를 확인했다. "철학적 의사"는 고통받는 인간이 위버멘쉬적 변화를 위한 낯선 경험을 긍정하고 매 순간 스스로를 극복함으로써만 획득할 수 있는 — 건강을 위해 병을 부정하지 않는 "커다란 건강" 지혜를 — "새로운 건강(die neue Gesundheit)"의 가치[76]를 가르치는 존재이다.

> 의사가 환자에게 '지금까지'의 모든 것, 즉 걱정, 친구, 소식, 의무, 어리석은 일, 추억의 고통을 제거해주기 위해 그리고 새로운 영양, 새로운 태양, 새로운 미래를 향해 손과 감각을 뻗쳐나가는 것을 배우도록 해주기 위해 그를 완전히 낯선 환경에 처하게 하는 것과 같이, 한 사람 속에 의사와 환자를 동시에 지니고 있는 나는 지금까지 시도된 적이 없는 정반대의 영혼의 풍토로, 즉 낯선 고장과 낯선 것 속으로 물러서는 방랑과 모든 종류의 낯선 것에 대한 호기심을 나에게 강요했다. […][77]

이제 그의 철학적 사명은 분명해지며 이후 보다 명확하게 자신의 철학적 주제를 구체화한다. 『인간적인 너무나 인간적인 II』에서 제시된 "건강의

---

76) 니체, 『즐거운 학문』, 382, 392쪽.
77) 니체, 『인간적인 너무나 인간적인 II』, 「서문」, 5, 16쪽.

가르침"은 이후 출간되는 저서 『즐거운 학문』의 "커다란 건강"을 통해 그 원리를 획득하고, 그 건강을 가르치는 "철학적 의사"를 통해 사상적 고리를 이어간다.[78] 니체의 철학에 등장하는 "의사"는 그의 철학적 사명감을 대변하고 이를 사상적으로 구체화시켜주는 개념인 것이다.

---

78) 이상범, 「니체의 커다란 건강에 대한 연구」, 『니체연구』 제29집(한국니체학회, 2016년 봄호), 229-284쪽 참조.

니체의 "의사(Arzt)" 개념에 대한 연구

세 의사 유형, 소크라테스와 금욕주의적
성직자 및 차라투스트라를 중심으로

1.
의사로서의
철학자

의사는 병으로 고통받는 환자를 치유해야만 하는 의무를 가진 존재이다. 철학자에게도 의사라는 명칭을 부여할 수 있을까? 그렇다면 철학자는 어떻게 의사의 역할을 수행할 수 있는 것일까? 만약 인간이 육체적 병에 의해서만 고통받는 존재가 아니라는 사실을 인정한다면, 철학자는 영혼의 병, 다시 말해 철학적 병을 치유하는 의사로서의 역할을 수행해야만 한다. 니체의 철학에는 다양한 명칭의 "의사(Arzt)" 개념이 등장한다. 그리고 니체가 스스로를 "문화의 의사로서의 철학자(der Philosoph als Arzt der Cultur)"[1] 혹은 "철학적 의사(ein philosophischer Arzt)"[2]로 명명하고 있는 것을 통해서 의사라는 개념에 담긴 의미를 유추할 수 있을 것이다. 니체는 의사와 철학자, 의학과 철학을 구분하지 않는다.

니체에게 있어 철학자의 임무는 세계와 삶을 인식하는 것에 그치지 않

---

1) 니체, 『유고(1872년 여름~1874년 말)』, 23[15], 이상엽 옮김, 책세상, 2002, 175쪽.

2) 니체, 『즐거운 학문』, 「서문」, 2, 안성찬 · 홍사현 옮김, 책세상, 2005, 27쪽.

는다. 그는 치유하는 자이고, 이때 철학은 그의 다양한 관점을 대변해주는 방법론적 도구로서의 역할을 해야만 한다. 철학자는 마치 의사가 환자를 진찰하고 진단하듯이 일차적으로 세계와 인간의 삶을 그 본질 안에서 인식하고 해석해야만 한다. 또한 그는 마치 의사가 환자를 치유하듯이 인간의 고통에 귀를 기울이고 그의 내면에 은폐된 병적인 원인을 가감 없이 드러내며 실존적 건강에 이르는 방법을 제시해줄 수 있어야만 한다. 이 임무를 수행함으로써 철학자는 비로소 의사로서의 명칭을 부여받을 수 있다. 그리고 니체는 이 임무를 수행함으로써 스스로에게 "의사"라는 명칭을 부여한다. 이렇듯 "의사"는 니체의 철학적 시도를 구체화해주는 역할을 한다.

이러한 의미에서 1870년대 초 유고에 등장하는 "문화의 의사로서의 철학자"[3]는 삶의 다양한 가치들이 함께 호흡할 수 있는 건강한 생명문화를 창조하고, 예술적 실존을 가르치는 교육을 통해 인간의 고양에 기여할 수 있는 철학자에 대한 명칭이다. 그리고 1880년대 초 『즐거운 학문』에 등장하는 "철학적 의사"[4]는 욕구, 욕망, 충동, 본능, 의지, 감정 등 형이상학과 종교에 의해 그 가치가 폄하된 정념(Pathos)을 생명의 원리로 다시 전환하는 실존의 실험을 감행하는 철학자에 대한 명칭이다.

이 두 "의사" 모두 니체 철학의 의학적 특징을 잘 보여주는 개념이다. 니체는 소크라테스를 "늙은 의사"[5]로 표현하며, 그로 대변되는 주지주의와 이성적·과학적 낙관주의 그리고 금욕주의적 성직자가 행한 종교적 치유의 시도들을 의사의 역할과 비교한다. 하지만 니체는 이들을 의사로서 인정하지 않는다. 그 이유는 인간의 실존적 건강은 그의 내재적 자연성을 부정

---

3) 니체, 『유고(1872년 여름~1874년 말)』, 23[15], 175쪽.

4) 니체, 『즐거운 학문』, 「서문」, 2, 27쪽.

5) 니체, 『선악의 저편』, 212, 김정현 옮김, 책세상, 2005, 191쪽.

하지 않고, 오히려 그 조건 자체로부터 도출되어야만 하기 때문이다. 니체의 "의사" 개념은 건강의 의미를 오직 인간의 실존적 조건 속에서 발견하고 또한 그로부터 도출하는 철학자에 대한 명칭인 것이다.

이렇듯 니체는 자신의 철학적 시도를 치료의 일환으로 생각했다. 물론 니체의 "의사" 개념이 비단 의학적인 전문기술과 약을 통해 병을 치료하는 특정한 의사의 임무를 의미하지는 않는다.[6] 또한 의학에 대한 니체의 이해 역시 체계적이지 않다. 그럼에도 니체는 자신의 철학에서 의학을 인간의 병든 실존을 치유하고 새로운 건강을 실현하는 구체적인 행위이론으로 사용하고 있다.[7] 그에게 철학은 인간의 실존을 변화시키는 도구, 다시 말해 병으로부터 다시 건강해질 수 있는 치유의 도구인 것이다. 병으로부터 건강으로 상승하고 또한 건강으로부터 병으로 하강할 수도 있는 실존의 원리를 일원론적 생명의 관점에서 포괄하는 시도로부터 그의 철학의 의학적 특징은 보다 구체화된다.

니체가 자신의 철학에서 사용하는 진단과 그 표현들은 '의사로서의 철학자'의 임무를 보다 명확하게 해준다. 예를 들어 우울증, 폐결핵, 강장제, 신진대사, 영양과 영양섭취, 소화와 소화불량 등의 표현들은 19세기 유럽에 발생한 다양한 인간학적 현상에 대한 니체의 철학적 진단이 건강과 병의 관점에서, 즉 의학적 진단과 치유의 관점에서 수행되고 있음을 알 수 있게 해준다. 그리고 데카당스로 진단된 시대의 병을 분석하고 그 원인을 찾아 치유하기 위해 문화적 · 철학적 의사로서 당당하게 시대의 가슴에 날 선 메스를 들이대는 해부를 시도했다는 니체의 작업과 그 표현 역시 그의 철학의

---

6) Paul Van Tongeren, Schank Gerd und Siemens Herman (Hrsg.), *Nietzsche Wörterbuch. Band I: Abbreviatur-einfach*, Berlin, 2004, p. 129.

7) Diana Aurenque, *Die medizinische Moralkritik Friedrich Nietzsches. Genese, Bedeutung und Wirkung*, Wiesbaden, 2018, pp. 76-77 참조.

의학적 특징을 잘 드러내준다.[8]

이렇듯 "의사" 개념에 대한 해명은 곧 니체철학의 의학적 특징을 드러내준다. 중요한 것은 니체가 이 표현들을 어떤 증상에 대한 진단명으로 사용하고 있는지의 여부이다. 위에 언급된 증상들에 대한 니체의 진단과 그 명칭은 철학적이기보다는 오히려 의학적이다. 하지만 그 개념을 의학적으로 평가하기에 그 안에 담긴 의미는 철학적이다. 이러한 의미에서 니체가 낡은 형이상학과 종교, 도덕으로부터 병든 실존의 치유를 위해 요청한 "의사", 즉 "철학적 의사"의 의미를 보다 명확하게 규명할 수 있을 것이다. 이 의사는 인간 실존의 병을 진단하고 치유할 수 있는 의학적 관점을 가진 철학자이다. 이러한 철학자는 건강의 조건을 단 하나로 규정하거나 건강의 의미를 인간의 실존을 초월한 세계로부터 찾지 않는다. 오히려 그는 "의학적 지리학(eine medicinische Geographie)"[9]을 통해 모든 문화가 가지고 있는 고유한 건강의 조건을 긍정한다. 즉 니체가 제시하는 건강은 자기 자신을 실재로서 인식할 수 있도록 해주는 몸(Leib)과 몸으로서 살아가는 구체적인 삶의 실재를 온전히 반영하는 대지(Erde)를 토대로 한다. 단 하나의 원리를 제시하는 형이상학적-종교적 이원론이 건강의 조건이 될 수 없는 이유이다.

---

8)   니체, 『선악의 저편』, 212, 190쪽 참조.
9)   니체, 『인간적인 너무나 인간적인 II』, 188, 340쪽.

2.
의사로서의 소크라테스

　니체의 "철학적 의사"는 형이상학적·종교적 관점에서 인간을 영혼과 육체로 이원화하지 않고, 오히려 이 두 영역을 유기적 생명의 원리로 이해한다. 그의 "커다란 이성"과 "몸"의 개념을 통해서 알 수 있는 것처럼,[10] 인간의 전인성은 오직 영혼과 육체가 유기적으로 관계하는 일원론적 몸의 이성을 통해서만 보증될 수 있다. 이렇듯 니체의 철학적 의사는 서구정신사에서 부정되어온 욕구, 욕망, 충동, 본능, 정동 등과 같이 그 가치가 폄하되어온 비이성적 가치들, 다시 말해 '비철학적인(unphilosophisch)' 것들을 실험철학의 관점에서 사유한다. 비철학적 조건을 삶의 철학적 조건으로 전환하는 니체의 철학이 실험적일 수밖에 없는 이유는 이때문이다. 다음과 같은 실험철학의 명제는 철학적 의사의 시도를 잘 보여준다. "내가 지금까지 이해하고 있는 철학, 내가 지금까지 실행하고 있는 철학은, 삶의 저주받고 비난받던 면

---

10)　니체, 『차라투스트라는 이렇게 말했다』, 「몸을 경멸하는 자들에 대하여」, 정동호 옮김, 책세상, 2005, 52-53쪽.

또한 자발적으로 찾아가는 것이다."[11]

영혼과 육체가 합일된 인간 존재의 존재성은 그 무엇보다 복잡하다. 인간 내면의 비이성적 활동들은 그의 존재규명을 어렵게 만들어왔다. 하지만 니체에게 있어 인간이 철학적 탐구의 대상이 될 수 있는 이유는 그가 철학적 존재이기 때문이 아니라, 오히려 비철학적 존재이기 때문이다. 니체는 인간의 내·외면의 관계성을 이해하기 위해 인간을 비철학적으로 사유한 철학자이다. 소크라테스의 이성적 존재이해에 반하여 니체는 인간의 비이성적 측면의 이해를 강조한다.

형이상학적 세계질서와 인간해석은 생명의 자연성을 철학적 이성의 척도 위에서 재단함으로써 매 순간 실재를 경험하는 인간의 인간적인 사유, 다시 말해 비철학적인 사유를 억압해왔다. 니체가 '지금까지 저주받고 비난받아온' 인간의 내면세계와 그 활동들을 대변하는 정념(Pathos)을 철학적으로 사유하는 이유는 이때문이다. 니체의 "커다란 이성"과 "몸"은 그의 고유한 철학적 개념임과 동시에 인간의 비철학적인 영역을 철학적으로 사유한 결과이다.

> 나는 너희가 [⋯] 형이상학적인 것들을 믿는 것을 금지한다. 이런 것들을 불신하는 것이 당연하며 이런 물음에 대한 가치 평가가 일찍이 어디에서 유래했는지를 통찰하는 것이 적절한 일이다. 우리의 사유방식은 철저히 인간적이어야만 한다.[12]

니체의 철학에서 자기 실존의 비철학적 조건들을 철학적으로 인식하

---

11) 니체, 『유고(1888년 초~1889년 1월 초)』, 16[32], 354쪽.
12) 니체, 『유고(1882년 7월~1883/84년 겨울)』, 4[117], 193쪽.

는 인간유형은 "위버멘쉬"이다. 니체의 실험철학이 인간의 비철학적인 영역을 철학의 영역에서 다시 논의하는 이유는 삶의 상승과 성장, 즉 삶의 실존적 건강성이 지극히 인간적인 사고를 통한 자기긍정과 극복의 문제이기 때문이다. 위버멘쉬는 이러한 자유로운 정신과 의지의 활동을 통해 현재를 살며 매 순간 미래를 희망하는 인간유형이다. 그에게 삶은 언제나 실재이기 때문에 고통마저도 실재를 더욱 실재로 만들어주는 실존의 자극제가 되는 것이다. 니체의 의학적 관점에서 위버멘쉬는 "의사 없이" 사는 존재, 다시 말해 "의사도 약도 귀찮은 조치도 없이 살아가는" 존재이다. 고통을 자기 실존의 조건으로 긍정하고 극복할 수 있는 자기치유의 존재로서의 "위버멘쉬"는 더 이상 신을 "의사"로 여기지 않는다.[13] 다음의 글은 위버멘쉬와 그의 건강의 특징 그리고 니체의 건강이론의 특징을 잘 보여준다. "의사와 병을 잊어버리면, 그때서야 건강이 회복된 것이다."[14]

니체의 "철학적 의사"는 삶의 실재가 결코 이성을 통해서만 인식될 수 없다는 사실을 명확하게 알고 있으며, 이를 대지에서 증명하고 실현하고자하는 '철학적 실험가'이다. 소크라테스에 대한 니체의 강한 비판은 바로 인간의 정념 — 소크라테스에게 있어 "어둠의 욕구" — 을 부정하고 오직 이성을 통해 세계와 인간을 해석했다는 사실에 기인한다. 그렇다면 이성적 사유를 통해 덕을 인식하고 실천함으로써 비로소 진정한 행복에 도달하게 된다는 진리를 설파했던 소크라테스도 철학적 의사일 수 있을까? 니체에 의하면 "이성=덕=행복"이라는 소크라테스의 변증법은 인간의 정념을 부정하는 "데카당스의 공식"[15], 즉 병의 원리일 뿐이다.

---

13) 니체, 『아침놀』, 322, 291쪽; 니체, 『유고(1880년 초~1881년 봄)』, 4[101], 163쪽.

14) 니체, 『유고(1881년 봄~1882년 여름)』, 16[2], 697쪽.

15) "가장 눈부신 햇빛, 어떤 대가를 치르든 이성성이라는 것, 밝고 냉정하고 신중하고 의식적이기는 해도 본능은 없으며, 본능에 대적하는 삶은 하나의 병증일 따름이며 또 다른 병증일 따름이

비록 소크라테스가 영혼의 치유와 참된 행복을 제시해주는 의사로서의 역할을 해왔지만, 이성을 통해 인간의 정념을 부정하는 그와 그의 사상은 결과적으로 '데카당스 의사'라는 니체의 비판에 직면하게 된다. 이러한 의미에서 아래와 같은 니체의 말은 소크라테스가 결코 삶을 치유하는 의사일 수 없음을 잘 보여준다. 니체가 철학적 의사라는 개념을 통해 의사 개념을 새롭게 규정하는 이유는 소크라테스의 경우와 같이 의사에 의해서도 사람들은 병이 들 수 있기 때문이다.

소크라테스가 무엇을 가지고 매혹시켰는지에 나는 암시를 주어왔다: 그는 의사처럼, 구원자처럼 보였던 것이다. "어떤 대가를 치르든지 이성성"이라고 믿는 그의 믿음에 놓여 있는 오류를 더 지적할 필요가 있는가?[16]

니체가 제시하는 건강과 병의 변증법, 즉 새로운 건강에 이르기 위해 기존의 건강을 포기하고 다시 새롭게 건강해지기 위해 매 순간 병을 긍정하는 "커다란 건강"의 관점에서 소크라테스의 변증법은 이성을 통한 진리의 인식과 그 진리를 따르는 덕 있는 삶의 행복을 도덕적으로 정당화함으로써 모든 개인의 삶을 평준화한 근본 요인이다.[17] 니체에게 있어 이러한 현상은 실존적 상승이 아니라, 하강일 뿐이다. 어떻게 인간의 행복이 영혼과 육체의

다 ─ 그리고 결코 '덕'과 '건강'과 행복으로 향하는 귀로는 아니었다. [⋯] 본능들에 맞서 싸우지 않으면 안 된다 ─ 이것은 데카당스의 공식이다: 삶이 상승하는 한, 행복은 본능과 같은 것이다."(니체, 『우상의 황혼』, 「소크라테스의 문제」, 11, 95쪽)

16) 니체, 『우상의 황혼』, 「소크라테스의 문제」, 11, 94쪽.

17) Werner Stegmaier, *Nietzsches Befreiung der Philosophie. Kontextuelle Interpretation des V. Buchs der Fröhlichen Wissenschaft*, Berlin / Boston, 2012, 314, 606쪽 참조; 니체, 『선악의 저편』, 212, 190-191쪽 참조.

유기적인 합일로부터 도출되지 못하고 또한 그의 내-외적인 본질적 조건을 모두 충족시킬 수 없는 것일까? 니체에게 있어 행복은 건강과 같은 것이다. 그 이유는 행복은 자신이 건강하다는 사실에 대한 표현이기 때문이다. 니체에 의하면 영혼의 건강을 위해 육체를 병적인 것으로 규정하는 소크라테스의 변증법은 전인적 인간 이해를 가로막는 근본적인 장애일 뿐이다.

니체에게 있어 영혼과 육체를 모두 포괄하지 못하는 건강이란 존재할 수 없다. 영혼과 육체 중 어느 하나라도 그 가치가 부정된다면 건강은 망상일 뿐, 실재로는 병이 든 것이다. 이러한 의미에서 니체는 소크라테스의 변증법을 "불합리한 동일성 이론"[18]이라고 표현한다. 소크라테스의 이성적 자기동일성은 비이성을 긍정할 수 없었기 때문에 발생한 인간 인식의 병이다. 니체에게 있어 본능, 충동, 욕구, 정동 등과 같은 비이성의 억압은 생명체의 생명성의 억압, 구체적으로 말해 힘에의 의지의 억압을 통한 고유한 개인성의 부정일 뿐이다. 니체의 '건강의 변증법'은 이성적·차별적 동일성에 반해 오히려 그 차이를 살리며, 그 관계를 유기적 생명의 관점에서 해석하는 실존적 건강의 방법론이다.

소크라테스가 했던 것처럼 이성을 폭군으로 만들 필요가 있다면, 다른 어떤 것이 폭군이 되는 위험도 결코 적지는 않을 것이다. 그 당시에 이성성은 구조자로 여겨졌었다. 소크라테스도 그의 환자들도 자기 마음대로 이성적이거나 이성적이지 않거나 할 수는 없었다 ─ 이성적이라는 것은 어길 수 없는 것이며, 그들에게는 최후 수단이었으니. 그리스적 숙고 전체가 이성성에 몸을 던지면서 보여주었던 열광은 특정한 위급

---

18)   니체, 『유고(1888년 초~1889년 1월 초)』, 14[92], 80쪽.

상황을 드러내고 있다.[19]

이와 관련하여 니체가 "비극적 성향"을 "소크라테스의 성향"의 대립자로 제시하는 이유 역시 소크라테스의 변증법이 인간의 비이성을 긍정하지 않았기 때문이다. 이렇듯 소크라테스의 변증법은 삶의 비극적·디오니소스적 모순과 불합리 등 삶의 고통을 견딜 수 없는 데카당스의 원리일 뿐이다. 소크라테스의 변증법은 행복을 지향하지만, 이때 이 행복은 인간의 내적 힘의 충만함을 전제로 하지 않기 때문에 비극적 예술가만이 느낄 수 있는 자기 존재의 환희를 대변할 수 없다.[20] 그래서 니체는 그의 변증법을 "변증법적 가뭄(die dialektische Dürre)"[21]이라고 표현하는 것이다.

또한 니체는 자신의 철학적 자서전인 『이 사람을 보라』의 「나는 왜 이렇게 현명한지」에서 병과 고통 속에서 깨달은 자신의 "현명함(die Klugheit)"을 소크라테스의 현명함과 비교한다. 이 비교로부터 소크라테스의 변증법은 다시 한 번 데카당스라는 비판을 받는다. 니체는 병과 지독한 고통 속에서 오히려 삶을 냉정하게 숙고할 수 있는 "변증론자의 탁월한 명석함"을 가지게 되었다는 개인적 경험을 바탕으로 소크라테스의 변증법을 인간의 생명력을 약화시키는 "데카당스의 징후"일 뿐이라고 말한다.[22] 니체에 의하면 소크라테스의 현명함의 근본적인 문제는 인간의 내적 자연성인 "본능(Instinkt)"과 "충동(Trieb)"의 부정으로부터 발생했다.

---

19) 니체, 『우상의 황혼』, 「소크라테스의 문제」, 10, 94쪽.

20) 같은 책, 「어느 반시대적 인간의 편력」, 24, 162-163쪽 참조.

21) 니체, 『유고(1888년 초~1889년 1월 초)』, 14[92], 80쪽.

22) 니체, 『이 사람을 보라』, 「나는 왜 이렇게 현명한지」, 1, 332-333쪽 참조.

"폭군(본능)에 맞서는 폭군으로서의 현명함'"[23]

"충동의 야수성에 맞서는 무기로서의 현명함."[24]

건강을 위해 건강과 함께 병을 사유함으로써 깨닫게 된 "관점의 전환"과 "가치의 전환"이 바로 이성을 위해 비이성을 사유하지 않은 소크라테스의 변증법을 극복할 수 있었던 니체의 현명함이었던 것이다. 진정한 행복은 이성이 아니라, 비이성을 이성적으로 사유했을 때, 다시 말해 이성과 비이성을 유기적 생명의 원리로서 사유할 때에 비로소 얻을 수 있는 실존의 가치인 것이다. 소크라테스가 의사일 수 없는 이유와 그의 철학이 치유의 방법론적 도구일 수 없는 이유는 이때문이다.

소크라테스와 니체 모두 인간적 삶의 관점에서 '어떻게 건강해질 수 있는가?'와 '어떻게 행복해질 수 있는가?' 등, 건강과 행복의 의미에 대한 물음을 제기하며 답하고자 했다. 하지만 이 둘의 차이는 명확하다. 소크라테스는 육체와 영혼의 관계를 부정함으로써 건강과 행복을 내·외적 자기관계로부터 도출하지 않았음에 반해 니체는 두 영역이 유기적으로 관계하는 "몸(Leib)" 개념을 바탕으로 건강과 행복의 조건을 '나 자신'으로 규정했다.

소크라테스가 의사일 수도 그의 철학이 진정한 의미에서의 치유일 수도 없는 또 하나의 이유는 그의 변증법이 그리스의 비극적·헬레니즘적 문화를 파멸시켰다는 데에 있다. "소크라테스 이래로 그리스 철학자들의 출현은 데카당스의 징후다; 반헬레니즘적 본능들이 상위에 오른다. [...]"[25] 스스로를 문화의 의사로서 표현했던 1872년 유고에서 니체는 소크라테스를 전

---

23) 니체, 『유고(1888년 초~1889년 1월 초)』, 14[92], 80쪽.

24) 같은 책, 14[92], 81쪽.

25) 니체, 『유고(1887년 가을~1888년 3월)』, 11[375], 491쪽.

승하는 플라톤을 "문화의 독살자(der Giftmischer der Kultur)"[26]라고 표현한다. 니체의 문화철학적 문제의식은 소크라테스 이전과 이후의 차이를 인식하고 구분하는 것으로부터 시작된다.[27] 그리고 그의 문화철학적 비판은 소크라테스가 의사로서의 역할을 수행했다는 오해를 해소하는 것으로부터 구체화된다. 니체에 의하면 소크라테스 이래로 철학자는 문화의 적대자가 된 것이다. 즉 이때부터 "철학자의 반작용"[28]이 시작된 것이다.

> 그리스 철학자들이 토대로 삼았던 내적 경험의 근본 사실은 소크라테스의 그것과 동일한 것이었다: 과도와 아나키와 무절제로부터 다섯 걸음쯤 떨어져 있다. 그 모두가 데카당스-인간이었고, 그들은 소크라테스를 의사로 여겼다.[29]

형이상학과 종교, 도덕과 관련하여 플라톤에 대한 니체의 비판 역시 강하지만, 소크라테스와 그의 변증법에 대한 비판은 플라톤에 대한 비판보다 강하다. 그 이유는 플라톤의 이데아와 변증법 역시 스승인 소크라테스로부터 이어진 것이기 때문이다. "변증법 — '이것은 플라톤에게서도 이미 역겹

---

26) 니체, 『유고(1872년 여름~1874년 말)』, 23[16], 175쪽.

27) "나는 플라톤 이전의 철학자들에 대해 말한다. 문화에 대한 명백한 적의, 즉 부정은 플라톤에서 시작되기 때문이다. 그러나 나는 현존하는 또한 변화하는 문화에 대해 철학이 어떤 태도를 취하는지 알려 한다. 철학은 문화의 적대자가 아니다: 이 경우 철학자는 문화의 독살자이다." (같은 책, 23[16], 175쪽)

28) 니체, 『유고(1887년 가을~1888년 3월)』, 11[375], 492쪽.

29) 니체, 『유고(1888년 초~1889년 1월 초)』, 14[92], 81쪽. "소크라테스의 시대에는 오직 피로에 지쳐버린 본능의 인간들이 있어 보수적인 아테네인들은 태평하게 살아갔으며 — 말로는 '행복을 위한다'고 하지만, 행동하는 것은 쾌락을 추구하면서 — 이 경우 그들의 삶이 이미 오래 전부터 그들에게 권리를 주지 않았던 낡은 미사여구를 여전히 입에 담고 있었지만, 그들에게는 아마도 영혼의 위대함 때문에 아이러니가 필요했던 것이며 늙은 의사와 천민의 저 소크라테스적인 악의에 찬 확신이 필요했던 것이다."(니체, 『선악의 저편』, 212, 190-191쪽)

고도 현학적인 개념과의 씨름이 아닌가?'라는 생각이 든다."[30] 물론 플라톤에 대한 비판 역시 강하지만, 『선악의 저편』의 「서문」에서 니체가 "의사"로서 제기한 물음은 플라톤보다도 변증법의 시초로서의 소크라테스를 향하고 있다. 그럼에도 플라톤에 대한 비판은 니체철학의 후기에 이르기까지 소크라테스와 함께 계속된다.

> 플라톤의 순수 정신과 선 자체의 고안 [⋯] 플라톤이 그랬던 것처럼, 정신과 선에 대해 말한다는 것은 확실히 진리를 전복하고 모든 생명의 근본 조건인 관점주의적인 것을 스스로 부인함을 의미한다. 우리는 의사로서 다음과 같이 물을 수 있을 것이다. "그 병은 어디에서 고대에 가장 아름답게 자라난 존재 플라톤에게 옮겨왔는가? 사악한 소크라테스가 그마저도 타락시켰던 것일까? 소크라테스야말로 청년들을 타락시킨 자가 아닐까? 그 스스로 독배를 받을 만했던 것은 아닐까?"[31]

이제 니체는 소크라테스의 죽음을 통해 그가 의사일 수 없음을 다시 한 번 확인한다. 니체에 의하면 참된 진리를 추구하며 이성과 비이성, 영혼과 육체, 선과 악을 이원화했을 때 소크라테스는 이미 병들어 있을 뿐이었다. 만약 소크라테스가 진정한 의사라면 그는 자신의 병을 어떻게 치유해야만 하는 것일까? 무지와 악이 가득한 비이성적 육체의 세계를 벗어나 신과 함께하는 진정한 영혼의 행복이 있는 세계로 가고자 독배를 거부하지 않은 그의 행위가 자신을 치유하는 철학적 실천으로 보여질 수도 있다.[32]

---

30) 니체, 『유고(1887년 가을~1888년 3월)』, 11[375], 493쪽.

31) 니체, 『선악의 저편』, 「서문」, 10-11쪽.

32) 플라톤, 『파이돈』, 최명관 옮김, 을유문화사, 2006, 142-146쪽 참조.

소크라테스는 마지막까지 스스로 추구했던 이성을 따르는 삶을 살았다. 하지만 니체에 의하면 그가 추구했던 철학은 이성을 통해 영혼을 육체의 비이성으로부터 해방시켜주는 "죽음의 연습"[33]일 뿐이었다. 니체에 의하면 소크라테스는 의사가 아니며 그 누구의 의사일 수도 없었다. 오히려 영혼의 건강과 행복을 실현해준 "죽음"이 그에게 의사이자 치유로서의 역할을 했다. 이러한 니체의 생각으로부터 소크라테스에 대한 비판의 정도를 알 수 있다. 니체는 결코 소크라테스를 의사로서 인정하지 않는다.

모든 자기 기만자들 가운데 가장 똑똑했던 소크라테스가 이 점까지 파악했을까? 죽음에 임하는 그의 용기라는 지혜 안에서 그는 이 점을 자기 자신에게 결국 말했었던가? [⋯] 소크라테스는 죽기 원했다: — 아테네가 아닌 자신이 스스로에게 독배를 주었으며, 그가 아테네로 하여금 자신에게 독배를 주게 강요했다. [⋯] "소크라테스는 의사가 아니라"라고 그는 자신에게 나직이 말했다: 오로지 죽음만이 여기서 의사이고 [⋯] 소크라테스 자신은 오랫동안 병들어 있었을 뿐이다. [⋯]"[34]

---

33) 같은 책, 146쪽.
34) 니체, 『우상의 황혼』, 「소크라테스의 문제」, 11, 95쪽.

3.
의사로서의
금욕주의적 성직자

니체에게 있어 이성을 통해 단 하나의 참된 진리를 찾고 행복을 실현하고자 했던 소크라테스의 철학은 결국 모든 인간을 평등하게 만드는 도덕적 실천에 불과했다. 니체가 소크라테스를 "도덕-편집광"[35]으로 표현하는 이유는 이때문이다. 형이상학과 종교 그리고 그 관념의 실천원리로서의 도덕에 대한 니체의 강한 비판은 절대적 진리와 영원한 행복을 찾는 인간의 인식이 욕구, 욕망, 본능, 충동, 정동 등 자신의 자연성으로부터 도출될 수 없다는 것이었다. "정신이 풍요롭고 독립적인 곳에서는 도덕과 관계하는 것이 가장 큰 반발을 산다."[36]

이제 니체는 어떻게 인간이 자신의 고유한 정념의 자연적 활동을 긍정하며 자유로운 정신과 의지의 주인으로 변화될 수 있는가에 대한 물음을 종교적 관점에서 탐구하기 시작한다. 정념의 부정은 곧 자기 존재의 부정일

---

35) 니체, 『유고(1888년 초~1889년 1월 초)』, 14[92], 81쪽.

36) 같은 책, 14[92], 81쪽.

수밖에 없다. 니체가 자신의 철학에서 진단하는 가장 위급한 문제는 형이상학과 종교, 도덕이 삶의 실천적 원리와 원칙으로 작용하고 있다는 사실에 있다. "모든 '실천' 철학은 위급 상황에서는 즉각 전면에 등장한다. 주요 관심사로서의 도덕과 종교는 위급 상황에 대한 표시이다."[37]

니체는 소크라테스를 비판하는 과정에서 그가 의사일 수 없는 이유를 증명함과 동시에 스스로 비도덕주의자라는 사실을 드러냈다. 그리고 "금욕주의적 성직자"가 의사일 수 없는 이유를 증명하는 과정에서는 반그리스도인이라는 사실을 드러낸다. 나아가 자신만이 "철학적 의사"일 수밖에 없는 사실을 보다 강하게 부각시킨다. 금욕주의적 성직자라는 명칭에서 이미 알수 있는 것처럼, 삶의 금욕적인 원리는 필연적으로 인간의 내적 자연성을 억압하는 자기인식의 불능이라는 병을 유발할 수밖에 없다. 그리고 그들의 금욕주의적 원리의 도덕적 원천은 그리스도교이다. 아래의 글에서 니체는 "문헌 학자"와 "의사"의 임무를 "철학적 의사"의 특징으로 포괄하고 있다. 니체가 문헌 학자였다는 사실을 감안하면, 그가 이제 자신의 새로운 철학적 임무를 의사의 임무와 동일시하고 있다는 사실을 추론할 수 있다.

사실상 문헌 학자이고 의사이려면 동시에 반그리스도교인이지 않을 수 없다. 문헌 학자로서는 사람들은 '성스러운 서적'의 배후를 보고, 의사로서는 전형적인 그리스도교인의 생리적 타락의 배후를 본다. 의사는 '치유 불가'라고 말하고, 문헌학자는 '사기'라고 말한다. […][38]

니체가 『도덕의 계보』의 「제2논문」에서 사용하는 계보학은 오랜 문

---

37) 같은 책, 14[92], 81쪽.
38) 니체, 『안티크리스트』, 47, 285쪽.

화의 조건과 그 영향을 문헌학적 · 의학적 관점에서 새롭게 해석하는 철학적 방법론이다. 그리스도교를 "'대중'을 위한 플라톤주의"[39]로 표현하는 니체의 의도처럼, 그에게 있어 영혼의 구원은 인간의 심리 · 생리적 나약함을 유발하는 실존적 병의 근원이다. 그렇다면 구세주는 의사가 될 수 없는 것일까? 그리스도교에 대한 니체의 비판은 이 물음에 대해 불가능하다고 답한다.[40] 이와 관련하여 니체는 『인간적인 너무나 인간적인 II』에서 "구세주(Heiland)"와 "의사"의 차이를 명확하게 구분한다.

> 구세주와 의사 — 자명한 사실인 것처럼, 그리스도교의 창시자는 인간 영혼에 정통한 자로서는 커다란 결함과 선입견을 가지고 있었고, 또한 영혼의 의사로서도 지극히 의심스럽고 돌팔이 같은 만병통치약에 대한 믿음에 빠져 있었던 사람이었다. 그는 종종 방법적으로는 모든 통증을 이를 뽑아냄으로써 치료하려고 하는 치과 의사와 비슷하다. […] 그러나 차이점으로 남는 것은 그 치과 의사는 적어도 환자의 고통을 없애는 목적은 달성한다는 사실이다; 물론 우스꽝스러울 정도로 우둔한 방법이긴 하지만 그 충고에 따라 자신의 육체적 욕망을 죽여버렸다고 믿는 그리스도교인들은 착각을 하고 있는 것이다: 그의 육체적 욕망은 어떤 기분 나쁜 흡혈귀 같은 방법으로 계속 살아있어 불쾌한 복면을 하고 그를 괴롭히기 때문이다.[41]

---

39) 니체, 『선악의 저편』, 「서문」, 11쪽.

40) "금욕주의적 성직자"가 건강한 개인들의 의사가 될 수 없는 이유에 대해서는 다음의 글을 함께 참조. Vanessa Lemm, *Biopolitische Betrachtungen zur Figur des Arztes in Nietzsches Philosophie*, in: Nietzsche, Foucault und die Medizin. Philosophische Impulse für die Medizinethik, Orsolya Friedrich, Diana Aurenque, Galia Assadi, Sebastian Schleidgen (Hrsg.), Bielefeld, 2016, pp. 195–200 참조.

41) 니체, 『인간적인 너무나 인간적인 II』, 「방랑자와 그의 그림자」, 83, 283쪽.

니체가 구세주를 "영혼의 의사(Arzt der Seele)"로서 인정하지 않는 이유는, 영혼의 치유를 위해 그가 시도한 치료 — 니체의 표현에 의하면 "돌팔이 같은 만병통치약"을 통한 치료 — 가 결국은 인간의 정념을 모두 제거한 일종의 위안과 마취에 불과하기 때문이다. 하지만 니체의 견해처럼 인간의 정념은 결코 완벽하게 제거될 수 없다. 이 사실을 알고 있는 그리스도교와 성직자들은 금욕을 통해서 정념을 심리적으로 억압하고 나아가 이를 죄와 벌이라는 도덕적 문제로 전환한다.

『1888년 초』의 유고에는 이에 대한 니체의 견해가 다시 한 번 반복되고 있다. 「그리스도교 도덕-돌팔이 의사」라는 제목의 이 유고는 그리스도교 안에서 신학자들의 심리학적 오류가 "의무"와 "덕"이 되었음을 지적하고 있다.[42] 또한 인간의 정념을 제거하는 그리스도교의 "파괴자 본능"이 구원으로 체계화되었다고 진단한다.[43] 영혼의 구원과 이를 향한 욕망 속에서 사람들은 더 이상 자신의 삶에 주인으로 참여하지 못하게 된다. 니체는 이 현상을 다음과 같이 의학적으로 표현한다.

여기서는 모든 수술에서 손상이 일어나며, 그 에너지가 건강 회복의 전제가 되는 그런 기관들의 제거까지도 일어난다. 그리고 최상의 경우라도 치유는 되지 않으며, 오히려 악의 일련의 징후들이 다른 징후들로 바뀌어 등장하는 것에 불과하다. [...] 그리고 이런 위험한 난센스, 삶을 더 럽히고 거세하는 시스템이 신성한 것으로, 불가침의 것으로 간주된다.[44]

---

42) 니체, 『유고(1888년 초~1889년 1월 초)』, 14[164], 176쪽.

43) 같은 책, 14[164], 176쪽.

44) 같은 책, 14[164], 176-177쪽.

니체의 견해는 명확하다. 정념의 제거는 불가능하다. 하지만 그리스도교는 불가능한 수술을 치료로 가장하며 시도한다. 그렇게 자신의 정념을 죄로 인식하는 인간은 더 이상 스스로 자기 삶의 조건이 되는 삶을 살 수 없다. 그 이유는 위에 인용된 니체의 글 중 다음과 같은 표현 "그 에너지가 건강 회복의 전제가 되는 기관들의 제거"에서 그 기관들이 바로 인간의 고유한 정념을 의미하기 때문이다. 니체에게 있어 그리스도교적 치료의 명제는 인간 본능의 순화를 목표로 하며, 그로 인해 강한 도덕적 성격을 띠게 된다. 그리고 이 목표를 실현하기 위한 네 가지 명제 중, 특히 마지막 명제는 순화된 인간이 어떤 인간유형인지를 의학적 관점에서 제시하고 있다.[45] 이는 결국 금욕주의적 성직자가 의사로서 시도한 치료에 대한 비판, 다시 말해 의사로 인해 병이 들 수도 있는 상황에 대한 니체의 비판을 잘 보여준다.

> 제4명제: 자신에 대해서 타인에 대해서 위험하지 않게 된 인간, 유약하고 겸허와 겸손에 몸을 굽히며 자신의 약한 면을 의식하는 인간, '죄인' ― 바로 이런 인간이 가장 바람직한 유형이며, 영혼에 약간의 외과수술(mit einiger Chirurgie der Seele)을 가해 산출해낼 수 있는 유형인 것이다. […][46]

그리스도교적 구세주가 의사일 수 없다면, 금욕주의적 성직자 역시도 의사일 수 없다. 니체는 이들의 그리스도교적 치료, 다시 말해 의사로서의

---

45) 세 가지 명제는 다음과 같다. "제1명제: 영혼의 건강을 질병으로 간주하고, 불신한다. […] 제2명제: 강력하고 만개하는 삶의 전제들인 강력한 욕망들과 격정들을, 강력하고 만개하는 삶에 대한 이의 제기로 간주한다. 제3명제: 인간을 위험에 직면하게 하는 모든 것, 인간을 지배하고 인간을 몰락시킬 수 있는 모든 것은 악하고 비난받아 마땅하다 ― 인간의 영혼에서 뽑아버려야 한다."(같은 책, 14[164], 177쪽)

46) 니체, 『유고(1888년 초~1889년 1월 초)』, 14[164], 177쪽.

행위에 대하여 소크라테스와 그 도덕적 원리에 행했던 동일한 비판의 메스를 들이댄다. "병자는 건강한 자들에게 가장 큰 위험이다. 강자에게 닥치는 재앙은 가장 강한 자에게서 오는 것이 아니라, 가장 약한 자에게서 온다."[47] 니체가 약자를 위험하게 여기는 이유는 그가 스스로 자기 실존의 고통을 긍정하고 극복할 수 없는 심리 · 생리적 나약함으로 인해 성직자들을 신뢰하고, 오히려 고통의 진정한 원인을 드러내주는 "의사"를 혐오하기 때문이다.[48] 자신의 고통에 용감하게 대면할 수 없는 그들의 나약함이 진정한 의미에서의 치유를 불가능하게 만드는 요인으로 작용하는 것이다. 금욕주의적 성직자가 "구원자, 목자, 변호인"으로 명명됨에도 불구하고 의사일 수 없는 이유는 그들의 치료가 오히려 건강한 자를 병들게 했을 뿐, 그 누구도 건강하게 만든 적이 없기 때문이다.[49]

이러한 의미에서 금욕주의적 성직자가 "의사"로서 행하는 치료의 원리, 보다 구체적으로 약자를 지배하는 종교적 · 도덕적 원리는 심리 · 생리적 자기모순일 수밖에 없다. 그 이유는 이 모순은 고통받는 자가 스스로 자기 고통의 의미를 해석하는 주인이 될 수 없도록 그의 정신에 신에 대한 죄의 감정을 주입함으로써 영원히 죄를 지은 자신을 경멸하도록 만드는 원한의 감정에 사로잡히게 하는 것이기 때문이다. 이제 고통받는 자가 자신을 괴롭히는 고통의 원인을 찾게 될 때, 그는 그 원인을 원죄로, 그리고 고통을 벌로서 느끼게 된다. 그래서 니체는 "성직자란 원한의 방향을 변경시킨 자이다"라고 말하는 것이다.[50]

---

47) 니체, 『도덕의 계보 III』, 14, 486쪽.
48) 니체, 『즐거운 학문』, 24, 99-100쪽.
49) 니체, 『도덕의 계보 III』, 15, 492쪽 참조.
50) 같은 책, 15, 493쪽 참조.

"내가 불쾌한 것은 그 누군가에게 틀림없이 책임이 있다" — 이러한 방식으로 추론하는 것은 모든 병자의 특징이며, 실상 그들이 느끼는 불쾌함의 참된 원인, 즉 생리학적인 원인은 더욱 그들에게 감추어진 채 있게 된다.[51)]

이러한 자기원한의 감정 속에서 강자도 건강한 자도 결국은 병들게 된다. 다시 말해 그들의 자유로운 내면의 정념은 유순하게 길들여지고 그들은 더 이상 성직자들에게 위험하지 않은 인간유형이 된다. 여기서 중요한 것은 만약 고통받는 자가 자기 고통의 주인일 수 있다면 혹은 비록 자기원한의 감정일지라도 그 감정의 주인이 될 수 있다면 이는 긍정적인 의미에서의 자기 경멸로 작용할 수 있을 것이라는 사실이다.[52)] 하지만 자기 고통의 의미를 부여하는 해석능력을 성직자에게 위임한 자는 결코 자기원한의 감정을 극복할 수 없다. 오히려 그는 자기 자신을 향해 배출하는 죄인의 감정, 즉 자기원한의 감정 속에서 비로소 고통의 의미를 깨닫게 된다.[53)] 그리고 성직자들이 제시한 해답 속에서 고통에 대한 해석가능성은 정지되고, 자신의 고통에 새로운 의미를 부여하는 심리·생리적 힘은 결국 스스로를 억압하는 힘으

---

51) 같은 책, 15, 494쪽.

52) 자기 경멸의 긍정적인 의미와 역할에 대한 내용으로는, 이상범, 「건강한 인간유형으로서의 위버멘쉬. 위버멘쉬와 그의 실존적 건강에 대한 해명을 중심으로」, 『니체연구』 제35집 (한국니체학회, 2019년 봄호), 171-214쪽 참조.

53) "어쨌든 생리적으로는 우리 안에 갇혀 있는 동물처럼, 왜, 무엇 때문에를 잘 알지 못한 채 인간은 절실히 그 이유를 찾기를 바라며 — 이유는 고통을 경감시켜준다 —, 또한 절실하게 치료제나 마취제를 갈구하고, 마침내는 비밀을 알고 있는 한 사람에게 조언을 구한다 — 보라! 그는 어떤 암시를 받는다. 그는 자신의 마법사인 금욕적 사제에게서 자신의 고통의 '원인'에 대한 최초의 암시를 받는다. 그는 그 원인을 자기 자신 안에서, 죄책 안에서, 과거의 한 단편에서 구해야 한다. 그는 자신의 고통 자체를 벌의 상태로 이해해야만 한다. […] 병자는 죄인이 되어버렸다."(니체, 『도덕의 계보 III』, 20, 512쪽)

로 작용하게 된다. 스스로 자기 자신의 힘에 억압될 수밖에 없는 증상에 대하여 니체가 "심리적 자가당착(der psychologische Widersinn)"[54]이라고 말하는 이유는 이때문이다.

이러한 의미에서 니체는 다음과 같이 말한다. "누구든지 '정신적 고통'을 해결하지 못하게 되면, 거칠게 말해서, 그것은 그의 '영혼'의 탓이 아니라, 아마 아직은 그의 배(복부, 腹部)의 탓일 것이다."[55] 니체의 의학적 관점에서 자기 고통의 의미를 해석할 수 없다는 것, 다시 말해 성직자의 치료에 따라 고통의 원인을 "죄책감"[56]으로부터 도출하는 하는 것은 결국 자신의 경험을 스스로 해석할 수 없는 "소화불량(Indigestion)"[57] 증상에 불과할 뿐이다. 이와 관련하여 니체가 중요하게 제시하는 사실은 고통에 대한 성직자의 주장 역시 하나의 해석일 뿐이라는 것이다.

> 인간에 대한 '죄스러움'이란 사실이 아니라, 오히려 어떤 사실, 즉 생리적 장애에 대한 해석일 뿐이다. — 생리적 장애란 우리에게 더 이상 구속력을 갖지 않는 도덕적 종교적 관점에서 본 것일 뿐이다. — 그 누군가에게 '책임이 있다'든지, '죄가 있다'고 느끼는 것으로는, 그가 건강하다고 느끼기 때문에 그가 건강하다고는 할 수 없는 것처럼, 그가 그렇게 느끼는 것이 옳다는 것을 전혀 증명하지 못한다.[58]

---

54) 니체, 『이 사람을 보라』, 「나는 왜 이렇게 좋은 책들을 쓰는지」, 5, 384쪽.

55) 니체, 『도덕의 계보 III』, 16, 497쪽.

56) 같은 책, 20, 512쪽.

57) 같은 책, 16, 497쪽. 이 증상은 심리적 · 생리적 힘의 결여, 즉 심리적으로 느끼고 생리적으로 표출하는 힘의 약화에 의한 것이다. "생리적 장애 감정"이라는 니체의 개념은 이를 잘 보증해 준다(같은 책, 17, 498쪽).

58) 같은 책, 16, 496쪽.

니체에 의하면 죄스러움은 감정의 문제이다. 하지만 이 감정에 누군가를 향한 원한이, 다시 말해 종교적·도덕적 의미가 개입되면 강자 역시도 자기감정의 주인이 될 수 없다. 중요한 것은 자기감정의 주인이 될 수 없다는 것이 곧 자신을 구성하는 내·외적 힘을 상실했다는 것과 다르지 않다는 것이다. 자신의 고통에 좌절한 나약한 심리를 가진 자는 결국 자신의 힘을 실재로서 발현할 수 없는 나약한 생리를 드러내게 된다. 니체가 금욕주의적 성직자들의 "단순한 감정치료(eine blosse Affekt-Medikation)"[59]를 비판하는 이유는 치료를 가장한 그의 시도로 인해 인간의 내·외적 힘, 즉 실재로 고통과 그 감정을 극복할 수 있는 심리·생리적 힘 자체가 약해지기 때문이다. 이 힘의 약화로 인해 정신과 의지 역시 병들 수밖에 없다. 결론적으로 성직자들의 치료는 고통받는 자의 불쾌한 심리를 위로하고 완화시킬 뿐, 진정한 의미에서 고통의 심리·생리적 원인을 은폐시킬 뿐이다.[60]

고통의 원인이 인간 자신이라면 치유의 가능성도 그 자신 안에 있다. 그 가능성을 성직자에게 위임할 때, 자신 안에 있는 힘은 모두 사라질 수밖에 없다. 이렇듯 죄스러움은 죄에 의해서가 아니라, 불쾌하고 불만족한 감정을 해석할 수도 극복할 수도 없는 심리·생리적 무기력에 기인한다. "생성의 무죄(Unschuld des Werdens)"[61]라는 니체의 표현처럼, 건강은 죄가 없다는 느낌이 아니라 죄를 느낄 필요가 없는 상태, 다시 말해 힘의 증대를 통해 매 순간 변화되고 있다는 느낌에 의해 보증된다. "성직자적인 치료(die priesterliche Medikation)"[62]가 결코 인간의 병든 실존을 치유하는 의사일 수 없다는 사실을

---

59) 같은 책, 16, 496쪽.
60) 같은 책, 17, 498-499쪽 참조.
61) 니체, 『유고(1884년 가을~1885년 가을)』, 36[10], 362쪽; 『유고(1887년 가을~1888년 3월)』, 9[91], 63-64쪽 참조.
62) 니체, 『도덕의 계보 III』, 17, 498쪽.

확신한 니체는 다음과 같이 말한다.

이 금욕주의적 성직자가 진정 의사란 말인가? — 우리는 그가 아무리
스스로를 '구세주'로 느끼고, '구세주'로 존경받고자 한다고 해도, 그를
의사라고 부르는 것이 어째서 허용되지 않는지를 이해하고 있다.[63]

지금까지의 논의를 바탕으로 그리스도교적 구세주와 금욕주의적 성직
자가 인간의 실존적 건강을 위한 치유주체로서의 의사일 수는 없다는 사실
이 분명해졌다. 그렇다면 니체는 자신의 철학에서 어떤 의사를 요청하고 있
는 것일까? 또한 그는 누구이며 어떤 치료를 시도해야만 하는 것일까? 그는
구세주이며 동시에 의사일 수 없는 것일까? 이에 대한 답은『인간적인 너무
나 인간적인 I』의「의사의 미래」라는 단편에서 찾을 수 있을 것이다. 이 글에
서 니체는 의사의 진정한 특성과 역할을 다음과 같이 규정한다. 미래의 의
사는 영혼의 치료와 구원 등과 같은 "마술적 기술(Beschwörungskünste)"을 사용
하지 않고, 영혼과 육체를 모두 포괄하는 "귀족적" 인간으로의 성장에 기여
할 수 있는 자이다.[64] 니체에 의하면 이러한 의사는 "기적"을 행하는 자가 아
니라, 진정한 의미에서의 "치료하는 자"이다.

하지만 니체는 그를 묘사함에 있어 한 걸음 더 나아간다. 니체에게 있
어 미래의 의사는 단순히 "치료하는 자(Medicinmann)"를 넘어, 인간 영혼의 고
민과 그들의 양심의 가책을 치료할 수 있는 미래의 "구세주(ein Heiland)"인 것
이다.[65] 니체는 미래의 의사, 다시 말해 미래를 구하는 구세주에 대하여 다

---

63) 같은 책, 17, 497-498쪽.

64) 니체,『인간적인 너무나 인간적인 I』, 243, 243-244쪽.

65) 같은 책, 243, 244쪽.

음과 같이 말한다. "그는 기적을 행할 필요도 없고 또 십자가에 못 박힐 필요도 없다."[66] 이러한 그의 표현은 그리스도교와 금욕주의적 성직자의 구세주 및 의사의 행위에 대한 강한 반감에 기인한다.

의사의 미래는 곧 병으로부터 회복되어 다시 건강해질 인간의 미래이다. 그리고 미래의 의사는 소크라테스와 금욕주의적 성직자에 반한 건강의 새로운 조건을 실험하고 창조하는 철학적 의사이다. 니체가 추구하는 의사 유형은 삶을 위로하고 구원하는 의사도 아니고, 건강을 위해 종교적 · 도덕적 처방을 제시하는 의사도 아니다. 그의 행위는 마법일 수 없다. 니체는 이와 같은 새로운 구세주 유형, 다시 말해 병든 실존을 치료하며 보다 건강한 미래를 열어주는 의사의 특성을 차라투스트라의 특성으로 연결시킨다.

> 의사들이 마법사의 신앙으로부터 그리고 "악마의 손아귀"에 대한 가
> 르침으로부터 멀리 떨어져 있듯 도덕적인 현상으로부터 자신을 멀리
> 떼어놓을 것.[67]

---

66) 같은 책, 243, 244쪽.

67) 니체, 『유고(1884년 초~가을)』, 26[23], 204쪽.

4.
의사로서의
차라투스트라

마침내 이 고통에 대한 치료제에 대해 다시 한 번 진지하게 생각하고,
최고의 명성을 누리며 지금까지 습관적으로 인류의 영혼의 질병을 치
료해온 전대미문의 엉터리 치료제를 고발할 사람은 어디에 있는가?"[68]

위의 글은 『아침놀』에 실려 있는 「영혼을 치유하는 새로운 의사들은 어
디에 있는가?」라는 제목의 단편 중 일부이다. 이미 위에서 살펴본 것처럼,
니체는 "영혼의 의사"로 명명되어온 소크라테스와 금욕주의적 성직자와 같
은 치료를 강하게 비판한다. 그 이유는 니체에게 있어 그들이 행하는 치료
의 이원론적 전제는 영혼의 안정에 저해되는 비이성적·비철학적 정념을
억압하는 등, 삶의 건강을 위해 오히려 삶을 병들게 하는 방식에 불과했기
때문이다. 이 증상에 대하여 니체는 심각한 진단을 내린다. 그 이유는 한 번
위안에 의지한 자들은 두 번 다시 스스로 자기 삶의 고통을 극복하지 못하

---

68)   니체, 『아침놀』, 52, 65쪽.

기 때문이다. 보다 정확하게 말하면 형이상학적 · 종교적 위안 속에서 사람들은 더 이상 고통의 원인을 알고자 하지 않는다. 그리고 이러한 위안 속에서 인간의 정신과 의지는 병들고, 결과적으로 그의 미래는 변화의 가능성을 상실하게 된다.

니체에게 있어 영혼의 안정(건강)은 육체의 억압(병)을 전제로 하기 때문에 위험하다. 그리고 이 건강의 유지를 위한 처방으로서의 위안은 육체적 자연성의 마비를 토대로 하기 때문에 더욱 위험하다. 이제 니체는 인간 내면의 자유로운 정신과 강한 의지를 마비시켜온 낡은 건강의 이론들을 해체하고 고통의 원인을 가감 없이 드러냄으로써 "몸에 대한 오해"[69]를 해소할 수 있는 "새로운 의사(der neue Arzt)"[70]를 요청한다. 영혼의 치유를 위해 제시된 "순수한 정신"이 오히려 "음울하고 긴장에 사로잡힌 억눌린 영혼"을 만들었다는 니체의 견해는 새로운 의사의 치료가 형이상학적이고 종교적일 수 없음을 다시 한 번 확인시켜준다.[71] 아래에 제시된 "영혼의 의사(der Arzt der Seele)"[72]와 그들의 형이상학적 · 종교적 치료에 대한 비판은 니체의 문제의식을 잘 보여준다.

> 사람들은 인생에는 근본적으로 고통이 가득 차 있다고 믿는다. 그런데 위안이라는 약이야말로 인생이 이런 근본적인 성격을 갖게 된 원인이다. 인간의 가장 큰 병은 사람들이 병마와 싸워 이겨냈기 때문에 생겼다. 그리고 치료제라고 생각되었던 것이 장기적으로는 그것에 의해서 고쳐져야 할 병보다 더욱 악성인 병을 만들어냈다. 무지하기 때문에 사

---

69) 니체, 『즐거운 학문』, 「서문」, 2, 27쪽.

70) 니체, 『아침놀』, 52, 65쪽.

71) 같은 책, 39, 54쪽.

72) 같은 책, 52, 65쪽.

람들은 순간적인 효과는 있지만 마비시키고 도취시키는 약, 이른바 위안이 치료의 힘을 갖는다고 생각했다. 더 나아가 사람들은 이러한 즉각적인 진통 효과에 대한 대가로 전반적으로 자주 고통이 심각하게 악화되는 결과가 초래된다는 사실을 깨닫지 못했다. 즉 병자들이 도취의 부작용 때문에 나중에는 도취를 더 이상 맛볼 수 없었고 더 나중에는 불안, 신경 장애, 나쁜 건강과 같은 짓누르는 감정 때문에 고통에 시달려야 했다는 사실을 사람들은 깨닫지 못했다. 어느 정도까지 병이 깊어지면 사람들은 더 이상 회복하지 못했다.[73]

위의 글을 바탕으로 영혼의 병과 그 증상에 대하여 구체적으로 정리하면 다음과 같다. 니체는 '인간은 자기 삶의 고통을 어떻게 이겨냈는가?', '인간은 정말 자신의 고통을 극복했는가?'라는 의문 섞인 물음을 제기하며 이에 대한 답으로, ① 인간의 가장 큰 병은 고통에 대한 형이상학적·종교적 위로와 위안이라는 치료제를 선택했다는 것이다. ② 이 치료제는 순간적인 도취의 효과는 있지만, 결국 고통받는 자의 정신과 의지를 마비시킬 뿐이다. ③ 무서운 것은 도취에 대한 내성 때문에 인간은 더 큰 도취를 필요로 하지만, 그 이상의 효과를 얻을 수 없는 그는 이제 불안, 신경 장애, 나쁜 건강 등과 같은 무거운 감정으로 인해 또 다른 고통을 겪게 된다. ④ 지금까지 모든 고통의 원인을 육체에 돌려온 자들은 이제 육체의 사소한 자극에도 걱정하고 불안해하는 등 민감하게 반응하는 신경쇠약을 겪게 된다. 니체는 이러한 증상을 "일반적인 만성 신경과민(Eine allgemeine, chronisch gewordene Übernervosität)"[74] 이라고 표현한다. 그리고 이 증상이 만성이 되면 삶에 대한 깊은 불만과 좌절

---

73) 같은 책, 52, 65쪽.
74) 같은 책, 39, 54쪽.

의 감정, 즉 실존적 무기력으로 대변되는 우울증으로 발전한다. ⑤ 건강에 대한 강한 바람이 오히려 병에 대한 중독을 만들어낸 것이다.

> 병에 대한 사상! — 병자가 최소한 지금까지처럼 병 그 자체 때문에 괴로워하기보다는 병에 대한 그의 생각 때문에 더 많이 고통을 받지 않도록 병자의 공상을 진정시킬 것. — 이것이 중대한 일이라고 나는 생각한다! 그리고 그것은 하찮은 일이 아니다! 그래, 그대들은 이제 우리의 과제를 알겠는가?[75]

"새로운 의사"는 민감해진 신경과 감정을 안정시키는 일시적인 치유가 아니라, 고통의 원인에 직접 대면하며 극복하는 방법을 시도한다. 그렇다면 새로운 의사는 고통받는 자의 고통을 어떻게 치료하는 것일까? 우리는 "새로운 건강(die neue Gesundheit)"이라는 그의 개념을 통해서 새로운 의사의 치료 방식을 유추할 수 있다. 『즐거운 학문』의 382번 단편 「커다란 건강」에 제시된 새로운 건강은 건강(영혼)을 위해 병(육체)을 제거했던 형이상학적 · 종교적 방식이 아니라, 오히려 건강으로부터 병의 가치를 숙고하고 병으로부터 건강의 가치를 확인하는 등 건강과 병, 영혼과 육체의 유기적 관계를 부각시킨다.[76] 새로운 의사는 "새로운 건강"을 위해 고통받는 자들로 하여금 자신의 병과 그 원인에, 즉 자신의 육체와 욕구, 욕망, 충동, 본능, 감정 등 그

---

75) 같은 책, 54, 66쪽.

76) "커다란 건강 […] — 이것은 사람들이 보유하는 것만이 아니다. 지속적으로 획득하고 계속 획득해야만 하는 것이다. 왜냐하면 그 건강은 계속해서 포기되고 포기되어야만 하기 때문이다."(니체, 『즐거운 학문』, 398, 392쪽) 이렇듯 커다란 건강은 건강 혹은 병의 상태에 대한 표현이 아니라, 건강과 병 그리고 치유의 과정이 연속되고 있다는 사실에 대한 표현이다(Marion Schmaus, *Psychosomatik. literarische, philosophische und medizinische Geschichten zur Entstehung eines Diskurses (1778-1936)*, Tübingen, 2009, p. 316).

자연성을 긍정할 수 있는 정신과 의지의 힘을 강화시킨다.

니체에게 있어 철학은 "변형의 기술(die Kunst der Transfiguration)"[77]이다. 삶에 고통이 가득하다고 할지라도 철학자는 고통의 의미와 치유의 시도를 위해 결코 세계와 인간을 이원화해서는 안 된다. "우리 철학자들에게는 일반 민중처럼 영혼과 육체를 분리할 수 있는 자유가 없다. 영혼과 정신을 분리할 수 있는 자유는 더더욱 없다."[78] "커다란 고통"이라는 니체의 개념에 담긴 의미처럼, 고통은 지난날들을 점검하게 하며 현재 삶의 의미와 가치 자체를 문제시하게 해준다.[79] 니체의 철학적 위안은 자신의 고통을 극복하고 새로운 미래를 열어가고자 하는 자들을 위한 것으로서 치료 이상의 것이다. 그가 형이상학적 · 종교적 위안을 마취와 마비라 비판하며 부정하는 이유는 인간의 실존적 변화를 도출하지 못하기 때문이다. 변화는 건강한 자들의 가르침이며, 동시에 건강한 자의 특권이다. 병든 자는 변화를 두려워할 수밖에 없다. 니체가 실존의 병을 치유하는 의사를 요청하는 이유는 이때문이다.

"철학적 의사"와 "새로운 의사"의 역할은 서로 다르지 않다. 두 명칭의 의사 모두 영혼의 병으로 고통받고 있는 자에게 그 고통에 새로운 의미를 제시해줌으로써 삶에 대한 자세의 변화를 시도한다. 즉 두 의사는 고통을 위안과 도취가 아닌, 삶의 상승과 성장을 위한 자극제로 긍정할 수 있도록 그의 정신과 의지를 강화시켜야만 하는 임무를 공유한다. 니체의 말처럼 삶에 대한 자세의 변화를 통해서도 삶에 대한 사랑은 변하지 않는다.[80] 형이상학적 · 종교적 위로와 위안도 결국 자신의 삶을 사랑했기 때문이었다. 하지만 이제는 사랑의 방식을 바꿔야만 한다. 이것이 이 두 의사의 임무이다.

---

77) 니체, 『즐거운 학문』, 「서문」, 3, 28쪽.

78) 같은 책, 「서문」, 3, 28쪽.

79) 같은 책, 「서문」, 3, 28쪽.

80) 같은 책, 「서문」, 3, 29쪽.

그렇다면 니체의 철학에서 인간의 "새로운 건강"을 추구하는 "새로운 의사"는 누구일 수 있을까? 니체는 스스로를 "철학적 의사"로 이해했다. 그리고 철학적 의사의 임무는 기존의 형이상학적·종교적 건강이론을 해체하고 새로운 건강을 실현할 수 있는 "새로운 의사"의 임무와 동일하다. 니체의 철학적 성숙함이 다양한 개념으로 표출되는 저서 『차라투스트라는 이렇게 말했다』에서 차라투스트라는 니체의 철학적 건강의 이론을 실천하는 자이다. 니체의 사상을 대변하고 그대로 표출해주는 차라투스트라는 낡은 치료이론에 반하여 더 이상 세계를 이편과 저편으로, 인간을 육체와 영혼으로 이원화하지 않는다. 그 이유는 세계와 인간의 이원론에 은폐된 자연성이 복원되지 않는다면 세계를 바라보는 관점과 삶에 대한 자세는 변화될 수 없으며 동시에 영혼의 병 역시 극복될 수 없기 때문이다. 차라투스트라는 낡은 선악의 가치를 극복하고 그 가치 너머의 삶을 사유하는 자이다. 그는 절대적 가치 아래 보편적인 삶을 영위하지 않고, 오히려 자기 자신의 목소리에 귀를 기울이는 삶을 살아간다.[81]

　　차라투스트라는 세계와 오해되고 억압되어온 인간의 자연성을 복원하는 의사이다. 『차라투스트라는 이렇게 말했다』의 「건강을 되찾고 있는 자」에서 영원회귀라는 심오한 사상을 떠올린 뒤 쓰러져 이레가 지나 일어난 차라투스트라에게 동물들은 다음과 같이 말한다. "동굴 밖으로 걸어 나가 보아라. 세계가 마치 화원이라도 되는 양 그렇게 차리고는 그대를 기다리고 있으니. 바람은 그대에게 달려오려는 짙은 향기를 가지고 희롱하고 있고, 시냇물 또한 하나같이 그대를 뒤쫓아 달리고 싶어 안달이다. 그대가 홀로 있는 지난 이레 동안 만물이 그대를 동경했다. 동굴 밖으로 나가보아라! 만물

---

81)　니체, 『차라투스트라는 이렇게 말했다』, 「낡은 서판(書板)과 새로운 서판에 대하여」, 7, 334쪽.

이 의사가 되어 그대를 치유하고자 하니!"⁸²⁾

만물이 차라투스트라를 치유하는 의사가 되고자 한다는 말은 그가 모든 자연을 있는 그대로의 모습으로 인정하고 긍정한다는 사실을 함의하고 있다. 모든 것이 다시 되돌아온다는 영원회귀 사상 안에서 형이상학적·종교적 이원론은 더 이상 그 어떤 의미조차 가질 수 없다. 영원히 반복되는 순환 속에서 세계는 끊임없이 생성되어야만 하고, 인간은 생기해야만 한다. 이것만이 세계와 인간의 자연성을 보증해줄 수 있다. 차라투스트라는 스스로 이 무거운 사상을 가르쳐야만 하는 스승으로서의 임무를 숙명으로 받아들이며 "위대한 대지와 위대한 인간의 정오" 그리고 "위버멘쉬"를 가르친다.⁸³⁾

대지의 위대함은 오직 대지만이 살고 살아갈 유일한 실재세계라는 위버멘쉬의 확신으로 비로소 실현된다. 차라투스트라는 대지를 생성으로, 인간을 생기의 주체로, 다시 말해 대지와 인간의 자연성을 복원함으로써 모든 인간이 매 순간 자기 자신을 실재로서 경험하는 위버멘쉬로의 변화를 돕는 자이다. 그리고 그의 도움은 대지에 지쳐버린 자들의 속박된 정신과 나약한 의지의 병을 치유하는 것으로 구체화된다. 이제 그는 영혼의 병을 치유하기 위해 대지의 삶에 지쳐버린 자들에게 낡은 삶의 자세를 바꾸고 삶의 새로운 원칙을 세우기 위해 커다란 용기를 낼 것을 요청한다.

이 세계에 지쳐 있다는 자들이여! 이 땅의 게으름뱅이들이여! 누군가가 나서서 너희들을 회초리로 때려야 하리라. 그렇게라도 하여 너희들의 발에 다시 생기를 불어넣어 주어야 하리라. [⋯] 그리고 너희들이 다시 한 번 유쾌하게 달리고 싶지 않다면, 너희들은 아예 사라져버려야 하

---

82) 같은 책, 「건강을 되찾고 있는 자」, 2, 362쪽.
83) 같은 책, 「건강을 되찾고 있는 자」, 2, 368-369쪽 참조.

리라! 치유 불가능한 환자를 위해 의사가 되고자 해서는 안 된다. 이렇게 차라투스트라는 가르치노라. 그러니 너희들은 사라져버려야 한다! 끝장을 내기 위해서는 새로운 시구(詩句)를 지을 때보다 더 큰 용기가 필요하다. 모든 의사와 시인들은 알고 있다.[84]

어느 날 영원회귀라는 무거운 사상을 숙명으로 받아들이며 쓰러짐으로써 자신의 마지막 몰락을 시도한 차라투스트라가 깨어났을 때, 그는 더 이상 이 사상을 부정하는 자가 아니었다. 그는 심오한 이 사상을 영혼의 병으로 고통받는 자들에게 가르침으로써 그들의 병을 치유해야만 하는 스승이자 의사가 되어야만 하는 숙명을 긍정하게 된 것이다. 그렇게 그는 먼저 이 사상을 경험했고 긍정했다. 차라투스트라의 지혜는 바로 스스로 경험한 병과 자기치유로부터 도출된 것이다. 용기 역시 이미 경험한 후 스스로 검증한 차라투스트라의 지혜이다.

> 의사여 네 자신의 병을 고쳐라. 그렇게 하는 것이 너의 환자에게도 도움이 될 것이다. 환자로 하여금 먼저 그 자신을 치유한 경험을 지닌 자를 직접 보도록 하는 것, 그것이 그 환자에게는 최선의 도움이 될 것이다.[85]

차라투스트라는 니체의 철학에서 "철학적 의사"인 니체의 사상을 대변하며 새로운 의사 유형으로서의 역할을 하는 존재이다. 그는 더 이상 세계를 이편과 저편으로, 인간을 육체와 영혼으로, 덕의 가치를 선과 악으로 이분화하지 않는다. 『차라투스트라는 이렇게 말했다』에서 차라투스트라는 낙

---

84) 같은 책, 「낡은 서판(書板)과 새로운 서판에 대하여」, 17, 345쪽.
85) 같은 책, 「베푸는 덕에 대하여」, 2, 130쪽.

타-사자-아이의 정신으로의 변화와 "커다란 이성"으로서의 "몸"에 대한 가르침을 통해 그 어떤 절대적 가치에 의존하지 않고 자기 자신으로서 존재할 수 있는 방법을 제시한다. 그리고 그는 저편 세계를 신봉하는 형이상학적·종교적 믿음을 해체하며 대지에서 몸으로 살아가는 새로운 존재양식을 제시함과 더불어 동정 및 이웃사랑 등, 선과 악에 의해 평가되는 낡은 덕을 해체하고 자기극복의 덕을 추구하는 전사가 되기를 요청하기도 한다.

또한 구원과 내세를 주장하는 죽음을 설교하는 자들, 보편적 가치와 평등을 설교하는 자의 비유로서의 타란툴라, 철학적 노동자일 뿐 삶의 고양에 기여하지 못하는 고매한 자 및 학자와 시인, 삶의 근심과 좌절의 무게에 이끌려 자유로운 정신으로서 살지 못하는 중력의 악령 등을 비판한다. 그리고 거짓된 삶을 연기하는 마술사, 더없이 추악한 자, 제 발로 거지가 된 자, 허무에 휩싸인 자유정신으로서의 그림자 등을 치유하기도 한다. 차라투스트라는 소크라테스와 금욕주의적 성직자처럼 일시적인 건강을 위해 병을 치료하는 의사가 아니다. 그는 의사로서 할 수 있는 모든 치료를 시도한 존재이다. 아래의 글에서 확인할 수 있는 것처럼, 만약 "우리에게 있어서 차라투스트라는 누구인가? 우리는 그를 어떻게 불러야 하는가?"라고 묻는다면 그 답은 하나이다. 그는 구세주이자 의사이다.

> 앞을 내다보는 자, 갈망하는 자, 창조하는 자, 미래 자체, 그리고 미래를 향한 교량. 그리고 아, 말하자면 이 다리 곁에 있는 불구자. 차라투스트라는 이 모든 것이다. 너희들은 자주 "우리에게 있어서 차라투스트라는 누구인가? 우리는 그를 어떻게 불러야 하는가?" 하고 자문해왔다. 그리고 나처럼 질문을 함으로써 너희들 자신의 물음에 스스로 대답해왔다. 그는 언약하는 자인가, 아니면 성취하는 자인가? 정복하는 자인가? 아니면 상속하는 자인가? 가을인가? 아니면 쟁기(eine Pflugschar)인가? 의

사인가? 아니면 병으로부터 건강을 되찾고 있는 자인가?[86]

이러한 의미에서 니체는 『차라투스트라는 이렇게 말했다』의 「몽중보행자의 노래」에서 차라투스트라가 의사로서 인정받고 있음을 다음과 같이 표현한다. 자신의 동굴에 모인 사람들과 함께 밤 속을 걷던 중, 비로소 세계와 삶 그 자체를 긍정하게 된 "더없이 추악한 자"는 죽음을 향해 "그것이 바로 삶이었던가? [⋯] 좋다! 한 번 더!"라고 외친다. 하지만 뒤이어 그는 자신을 변화시켰고 또한 건강하게 만들어 준 차라투스트라에게 감사를 돌리며 다시 한 번 외친다. "그것이 바로 삶이었던가? 차라투스트라를 위해서라면, 좋다! 한 번 더!"[87] 그의 이 외침을 통해 차라투스트라가 형이상학적 진리 혹은 종교적 존재와 달리 실존적 건강을 실현해준 진정한 의사이자 병든 삶의 구원자였음을 확인할 수 있다.

---

86) 같은 책, 「구원에 대하여」, 237-238쪽.

87) 같은 책, 「몽중보행자의 노래」, 1, 525쪽.

5.
『차라투스트라는 이렇게 말했다』에 나타난 의사와 환자의 만남

니체에게 있어 중요한 것은 엄밀한 의미에서 의학과 의사가 아니라, 철학과 철학자의 역할이다. 니체에 의하면 철학은 마치 형이상학과 종교처럼 그 어떤 방식으로든 위로와 위안의 도구가 되어서는 안 된다. 만약 철학이 더 이상 시대의 시대성을 극복하는 반시대적 관점의 역할을 할 수 없다면, 인간의 병든 실존을 치유할 수 있는 골든타임을 놓칠 수밖에 없다는 것이 바로 니체의 의학적 진단이며, 이에 대한 치유는 그의 철학적 사명이다. 이러한 의미에서 "오늘날의 철학이 뇌출혈로 사망하지는 않을 것이다"라는 니체의 말을 통해 그가 아직 철학에 대한 희망을 내려놓고 있지 않다는 것과 더불어 철학에 대한 그의 사명감을 다시 한 번 확인할 수 있다. 또한 니체의 이 말에는 삶에 대한 사유의 정신적 토대로서의 철학이 인간과 시대를 변화시키지 못하는 반신불수의 학문으로서 뇌졸중에 빠지게 될 때, 인간 역시 자신의 삶을 사유하지 못하는 의식 장애를 겪을 수밖에 없다는 그의 철학적 치유의 관점이 잘 담겨 있다. 아래의 글은 철학에 대한 니체의 생각이 그리스도교와의 대조 아래 잘 표현되어 있다. 그리고 그의 의학적 표현 역시 확인할 수 있다.

　　많은 사물은 허약해지면 비로소 지속적인 것이 된다: 이때까지 갑작
스러운 몰락의 위험은 사물을 위협한다: 현재 기독교는 매우 열심히 보
호받고 있다. 왜냐하면 기독교가 가장 편안한 종교가 되었기 때문이다;
현재 기독교는 세계에서 가장 진저리 나는 사태인 인간의 태만과 안일
을 자신의 것으로 만든 후 영원한 미래 가능성을 갖고 있다. 그렇게 현
재 철학은 위대한 평가를 받고 있다. 왜냐하면 철학은 더 이상 사람들에
게 고통을 주지 않고 그들이 지껄이도록 만들고 있기 때문이다. 강렬하
고 강력한 사물은 갑자기 부패하고 꺾이고 벼락에 명중될 위험에 있다.
뇌출혈은 활기찬 자를 붙잡는다. 오늘날 우리 철학은 확실히 뇌출혈로
사망하지는 않을 것이다.[88]

　　니체는 위의 글에서 철학의 위기를 "뇌출혈(Schlagfluss)"로 표현하고 있
다. 그에게 있어 철학은 시대의 건강과 직결된다. 그리고 철학자는 시대의
병을 진단하고 치유함으로써 매 순간 새로운 건강을 실현할 수 있는 의사로
서의 역할을 수행해야만 한다. 또한 철학자는 인간의 실존적 건강을 고양시
킬 수 있는 강장제로서의 철학을 수행하며 건강의 조건을 끊임없이 실험함
과 동시에 새로운 미래 건강의 토대를 창조해야만 한다. 인간의 실존적 건
강을 향한 니체의 철학적 실험은 인간의 실존을 건강과 병의 관점에서 수행
한다는 점에서 의사의 역할과 비교될 수 있다.
　　니체가 『차라투스트라는 이렇게 말했다』에서 마지막 인간과 위버멘쉬
사이의 경계에 선 인간에게 기존의 건강과는 다른 새로운 건강을 향한 실존

---

88)　니체, 『유고(1872년 여름~1874년 말)』, 29[227], 401–402쪽.

적 선택을 요구했을 때[89], 니체는 이미 그의 선택함에 직접적으로 작용하는 내적 조건이 무엇인지 알고 있었다. 새로운 건강을 향한 실존적 변화의 실험은 오직 자신의 정신과 의지, 구체적으로는 욕구, 욕망, 충동, 본능, 감정, 의지 등과 같은 정념에 의해서만 가능하다. 그래서 니체가 제시하는 철학적 실험은 항상 그 무언가에 의존하지 않은 온전한 자기 실험인 것이다. 이 실험을 바탕으로 니체는 이 책에서 마지막 인간과 위버멘쉬의 심리 · 생리적 조건을 건강과 병의 관점에서, 다시 말해 의학적 관점에서 바라보며 전통 형이상학과 종교, 도덕에 의해 발생한 다양한 현상과 증상들의 치유를 시도 했다. 여기서 건강과 병이 비단 의학적 영역에만 국한되지 않는 이유는 니체가 이 두 가지 연관개념을 상승과 하강 및 성장과 퇴화라는 실존철학적 영역을 포괄하기 때문이다.[90]

니체에게 있어 건강의 조건을 끊임없이 실험하는 철학자의 시도는 본질적으로 의사의 임무와 다르지 않다. 그리고 차라투스트라가 행한 철학적 · 의학적 실험과 치유의 시도는 이 책의 서문에 제시된 다음과 같은 글로 시작된다. "나 너희들에게 위버멘쉬Übermensch를 가르치노라. 사람은 극복되어야 할 그 무엇이다. 너희들은 너희 자신을 극복하기 위해 무엇을 했는가?"[91] 여기서 "사람은 극복되어야 할 그 무엇이다"라는 니체의 표현은 곧 '사람은 치유되어야 할 그 무엇이다'라는 의미와 다르지 않다. 수없이 많은 고통을 겪고 긍정하며 극복해나가는 과정에서 인간은 "그 무엇"이라는 존재론적 보편성으로부터 해방된다. 그리고 그 과정에서 그는 "그 무엇"에 자신만의 고유한 삶의 의미를 부여하게 된다. 이러한 인간이해가 반영된 차라투

---

89) 니체, 『차라투스트라는 이렇게 말했다』, 「서문」, 4, 21쪽 참조.

90) 건강과 병, 상승과 하강, 성장과 퇴화의 연관성에 대한 논의로는, 이상범, 「니체의 커다란 건강에 대한 연구」, 『니체연구』 제29집(한국니체학회, 2016년 봄호), 229-284쪽 참조.

91) 니체, 『차라투스트라는 이렇게 말했다』, 「서문」, 3, 17쪽.

스트라의 건강이론이 현재를 넘어 미래를 향하는 것은 바로 그가 실험하는 "미래의 철학자"이기 때문이다.[92] 미래의 철학자의 근본적인 임무는 건강한 미래를 위해 인간 안에 내재된 치유의 가능성을 지금 이곳에서 다양한 실험을 통해 발굴해야만 한다.

이 책에 담긴 많은 주제와 내용들은 결국 '진정한 건강이란 무엇인가?' 그리고 '그 조건은 무엇인가?' 결과적으로 '인간은 어떻게 다시 건강해질 수 있는가?'에 대한 물음의 답을 찾아가는 차라투스트라의 여정과 그 과정에서의 만남을 통해 구체화된다. 니체철학의 후기를 여는 이 책은 차라투스트라와 다양한 사람들과의 만남으로 이루어져 있다. 그리고 이 만남들은 마치 의사와 환자의 관계를 연상하게 한다. 차라투스트라가 만나는 다양한 인물들의 명칭은 모두 특정한 병과 고통의 증상을 대변한다.[93] 그리고 이 증상들은 결국 소크라테스와 금욕주의적 성직자에 의해 유발된 증상들이다. 니체

---

92) 니체에 의하면 형이상학적·종교적 이원론에 대한 미래의 철학자의 비판은 비판을 넘어 치유를 향한다. 그 이유는 그의 비판이 인간의 새로운 삶의 조건을 창조하는 실험으로 수행되기 때문이다(니체, 『선악의 저편』, 221, 189쪽 참조). 아래의 글도 함께 참조. "만약 미래의 철학자들의 모습에 한 가지 특징이 있어 그들이 아마 마지막으로 서술한 의미에서의 회의론자임이 틀림없지 않나 추측하게 한다면, 이는 그들에게 있는 어떤 속성만 나타나 있을 뿐 — 그들 자신이 나타난 것은 아니다. 동등한 권리로 그들을 비판가라고 부를 수 있을 것이다. 그들은 확실히 실험의 인간이 될 것이다. 내가 감히 그들을 명명하고자 하는 그 이름을 통해 나는 이미 시험하는 것과 시험하는 즐거움을 명백히 강조했다: 그들이 육체와 영혼에 대한 비판가로 어떤 새로운, 아마 훨씬 광대하고 위험한 의미에서의 실험에 종사하는 것을 좋아하기 때문에 이런 일이 일어났던 것이 아닐까? 그들은 자신이 가지고 있는 인식의 열정 속에서 과감하고 고통스러운 시험을 계속하면서 민주주의적인 세기의 부드럽고 유약한 취미가 시인할 수 있는 것보다 더 나가지 않으면 안 되는 것일까?"(같은 책, 220, 185-186쪽)

93) 저편 세계의 가치와 동정과 이웃사랑의 덕을 신봉하는 자들, 여전히 육체와 영혼의 이원론을 따르며 몸의 존재로서 온전히 자기실현을 하지 못하는 자들, 보편적 가치와 대중적 유행에 민감한 시장터의 무리인간들, 여전히 행복의 조건을 자신 밖에서 찾는 자들, 자유정신을 상실한 시인과 철학자들, 삶을 관조하는 금욕주의적 인간들, 스스로를 경멸하지만 그 감정을 극복으로 승화하지 못하고 오히려 자신을 연민의 감정으로 동정하는 자들, 기존의 우상을 파괴했지만 결국 또 다른 우상을 창조하는 나약한 정신과 의지를 가진 자들 등이 이 책에서 다양한 제목 아래 다루어지는 병적 증상들이다.

는 "마지막 인간"의 자기보존적 삶의 방식의 이면에서 그들의 흔적을 발견하며 비판과 동시에 치유를 시도한다.

이 책의 문학적 특성은 이미 잘 알려져 있다. 하지만 차라투스트라와 수많은 사연과 고통을 가진 사람들과의 만남을 내용으로 하고 있는 이 책은 마치 일종의 임상사례집과 같다. 그리고 문학적 표현은 병과 치유의 과정을 설명하기에 적합한 형식으로 작용한다. 차라투스트라는 매번 만나게 되는 다양한 고통을 가진 사람들의 말에 귀를 기울이고 신의 죽음, 위버멘쉬, 힘에의 의지, 영원회귀와 운명애 등 다양한 철학적 개념들을 통해 그들을 치유했다. 니체철학에 담긴 목소리를 직접적으로 내보이는 차라투스트라의 실천을 통해서 니체의 철학적 사명감과 치유의 시도가 의사의 것과 다르지 않다는 사실을 확인할 수 있다. 니체에게 있어 철학과 의학, 철학자와 의사는 병의 치유와 건강의 회복이라는 목적을 공유한다. 니체는 "철학적 의사"이다.

니체의 철학에 나타난 "정념(Pathos)"의 건강철학적 해명

1.
니체철학에 등장하는 "정념(Pathos)", 어떻게 이해할 것인가?

한 개인의 감정, 즉 정동(Affekt)은 그 안에 내재된 변화의 가능성을 실현할 수 있는 본질적인 요소이다. 정동이 나에게 특정한 쾌감(힘)을 주는 개별적인 가치를 향한 욕구, 욕망, 충동, 의지 등을 자극하는 역할을 한다면, 이모든 요소들의 결합으로 대변되는 정념(파토스/Pathos)은 형이상학과 종교 그리고 도덕과 같은 절대적이고 보편적인 집단의 가치를 지탱하는 내·외적 원리의 양태로 발생하게 된다. 즉 정동은 욕구, 욕망, 충동, 의지 등과의 결합을 통해 보다 거대한 가치를 향한 신념으로서 외부로 표출될 때 정념의 현상으로 발전한다. 이렇듯 한 시대의 "파토스(정념)"라는 명칭 안에는, 그 시대를 살아가는 사람들이 추구하는 가치와 그 가치를 추구하는 원인과 이유가 담겨 있다.

예를 들어 "그리스도교는 대중을 위한 플라톤주의이다"[1]라는 니체의 표현에는 단 하나의 절대적인 진리 아래 삶을 보편화시키는 형이상학과 종

---

1)　　니체, 『선악의 저편』, 「서문」, 김정현 옮김, 책세상, 2005, 11쪽.

교의 도덕적 가치가 현대의 이념에 잔재해 있다는 사실을 함의하고 있다. 니체에게 있어 그리스도교가 플라톤주의일 수밖에 없는 이유는, 원죄라는 그리스도교적 가치가 이데아적인 절대적 특성 아래 인간들을 보편화하기 때문이다. 이렇듯 니체는 당시 유럽의 시대적 파토스를 형이상학적 · 그리스도교적 가치로 이해했다. 한 시대의 파토스, 다시 말해 시대의 정념은 인간이 추구하는 — 그들의 정념이 향하는 — 가치의 총체이다.

시대의 고통은 언제나 인간의 고통을 반영한다. 정념에 담긴 개념적 의미처럼,[2] 니체는 인간이 무언가를 의욕할 때 그 내적 정념의 이면에서 고통을 발견한다. 이렇듯 니체는 고통을 실마리로 시대의 가치와 그 가치를 추

---

[2]   정념(Pathos/πάθος)은 영어와 불어로 passion(열정), 영어와 독어로 emotion(감성), Leides-chaft(열정, 정열) 등과 같은 다양한 표현의 그리스 어원이다. 그리고 파토스의 어원은 파스코(πάσχω)이다. 파스코의 동사 파스케인(paschein/πάσχειν)은 '받다', '당하다', '견디다' 등과 같이 어떠한 (외적) 작용을 받은 (내적 반작용) 상태에 대한 표현으로서 '수동적인' 상태를 의미한다. 파토스, 즉 정념으로 표현되는 수동의 상태는 결국 주체가 자기 내면의 그 어떤 힘과 그 작용을 강하게 느끼는 상태와 이로부터 발생하는 불안, 두려움, 기쁨, 슬픔 등의 감정(정동/Affekt)까지도 포함한다. 인간의 내면세계를 순수한 영혼의 세계로 이해했던 형이상학에 반해 니체가 인간을 영혼과 육체를 포괄하는 "몸(Leib)"으로, 다시 말해 내면의 순수한 영혼을 자기 안의 또 다른 '나(자기/Selbst)'로 전환한 이유는 바로 이성과 비이성(정념), 의식과 무의식, 자아와 자기를 일치시키기 위한 시도였다. 나아가 그리스 어원 중 '아테(atê)'는 정념에 지배된 인간의 수동적인 상태인 광기를 표현하는 단어이다. 하지만 인간의 육체적 자연성으로서의 정념을 긍정하며 신을 죽인 "광인(der tolle Mensch)"을 등장시키는 니체는 오히려 "광기(Wahnsinn)"를 그 어떤 신적 존재에 의존하지 않은 채, 매 순간 자기 자신과 자유롭게 관계하는 인간, 다시 말해 보편적이고 평균적인 삶이 아닌 자신만의 고유한 삶을 살아가는 사람들의 특징으로 제시한다(박인철, 「정념의 근원」, 『탈경계 인문학』, 제3권 3호(이화여자대학교 이화인문과학원, 2010. 10), 121-151쪽 참조; 르네 데카르트, 『정념론』, 김선영 옮김, 문예출판사, 2013, 1-2항, 17-19쪽/Reinhart Meyer-Kalkus., Pathos, in: Joachim Ritter und Karlfried Gründer (Hrsg.), Historisches Wörterbuch der Philosophie Bd.7, Basel, 1989, p. 193 참조; Martin Gessmann, Pathos/pathetisch, in: Ästhetische Grundbegriffe, Bd. 4, K. Barck, M. Ffomtius, D. Schlenstedt, B. Steinwachs, F. Wolfzettel (Hrsg.), Stuttgart/Weimar, 2010, p. 724 참조). 스토아학파의 인간이해와 행복의 문제와 관련된 니체의 비판은 잘 알려져 있다. 이에 대한 논의로서 스토아학파가 이해하는 정념과 무정념(ἀπάθεια/without Pathos)에 대한 포괄적인 설명에 대해서는, 손병석, 「「무정념(ἀπάθεια)」: 현인(賢人)에 이르는 스토아적 이상과 실천」, 『철학연구』(철학연구회, 2008), 41-60쪽 참조.

구하는 인간의 정념을 분석한다. 니체에게 있어 시대의 파토스로부터 자유로워진다는 것은 결과적으로 고통에 대한 실존적 자기이해를 바탕으로, 다시 말해 고통에 지배되지 않은 정념을 바탕으로 자신만의 고유한 삶의 방향을 설정한다는 것을 의미한다.

이러한 의미에서 현대 이념의 정치적·문화적 평등원칙을 비판하며 이기주의와 이기심을 부각시키는 니체의 의도는, ① 이타주의와 이타심이나 아닌 다른 가치를 추구하는 정념의 방향 전환을 토대로 하고 있다는 사실을 향한다. 그 이유는 정념에 대한 형이상학적·종교적인 해석으로부터 인간은 온전히 자기 자신을 사유할 수 없기 때문이다. ② 니체가 제시하는 삶의 상승과 성장은 절대적 진리와 존재에 의존하지 않고 온전히 자신만의 '노력'으로 실현해야 하는 실존의 가치이며, 정념은 이를 위한 본질적인 조건이다. ③ 일상적인 용어로서의 '노력'을 예로 들어 정념의 의미를 구체화해보면, '노력을 한다는 것'은 니체의 철학에서 자기긍정과 자기극복의 의미를 온전히 담고 있다. 즉 '노력'은 욕구, 욕망, 충동, 감정, 의지 등과 더불어 열정, 정열, 신념 등과 같은 정념의 활동을 포괄적으로 반영한다. 즉 노력은 감정 혹은 행위 중 어느 하나의 요소를 통해 발현될 수 없다.

또한 '노력'은 니체의 철학에서 "용기(der Muth)"라는 의미와 동일한 의미를 담고 있다. 노력과 용기는 감정뿐만 아니라, 행위까지 포함하고 있다는 점에서 정념의 활동으로 이해될 수 있다. "이웃사랑이라는 것보다는 전쟁과 용기가 위대한 일을 더 많이 해왔다. 지금까지 불행에 처한 자들을 구해낸 것도 연민이 아니라 용맹이었다."[3] 니체의 이 말처럼, 용기는 자신만의 고유한 삶을 살아가기 위해서 감정과 의지를 지배하는 주인적인 인간유형, 니체

---

3) 니체, 『차라투스트라는 이렇게 말했다』, 「전쟁과 전사에 대하여」, 정동호 옮김, 책세상, 2005, 77쪽.

의 표현에 의하면 "뛰어난 전사(Ein guter Kriegsmann)"의 특권이다. 그는 자신의 정념을 바탕으로 매 순간 스스로에게 명령을 내린다.

> 뛰어난 전사에게는 "너는 해야 한다(du sollst)"는 말이 "나는 하고자 한다(ich will)"는 말보다 듣기에 좋다. 그러니 너희들은 너희들의 마음에 드는 것 모두를 먼저 너희들 자신에게 명령하도록 해야 한다. […] 나로 하여금 너희들에게 최고의 이념을 명하도록 하라. 사람은 극복되어야 할 그 무엇이라는 가르침을 말이다.[4]

이러한 의미에서 자신에게 내리는 명령이 "나는 하고자 한다(ich will)"가 아니라, "너는 해야 한다"라는 표현은 ―『차라투스트라는 이렇게 말했다』의 「세 단계의 변화에 대하여」에 등장하는 낙타, 사자, 어린아이의 내용과 어긋나는 것처럼 보이지만[5] ― 니체가 얼마만큼 '자기명령'을 중요하게 생각하고 있는지를 알 수 있게 해준다. 즉 나를 초월한 진리와 존재에 의한 명령이 "너는 해야 한다"라는 당위로 주어지는 것은 정념의 나약함을 증명하는 것이지만, 내가 나에게 내리는 당위의 명령은 강함의 증표이다. 그렇다면 인간은 자기 자신에게 무엇을 명령해야만 하는가? 그는 절대적인 가치에 반해 자신만의 고유한 삶의 의미의 창조를 명령해야만 한다. 그리고 이를 위해서는 매 순간 자신을 중심으로 모든 가치를 평가해야만 한다.

> 가치 평가, 그것이 곧 창조 행위이다. 귀담아 듣도록 하여라, 창조하는 자들이여! 평가된 모든 사물에게는 가치 평가 그 자체가 가장 소중한

---

4) 니체, 『차라투스트라는 이렇게 말했다』, 「전쟁과 전사에 대하여」, 78쪽.
5) 니체, 『차라투스트라는 이렇게 말했다』, 「세 단계의 변화에 대하여」, 38~41쪽.

보물이요 귀중한 물건이니. 평가라는 것을 통하여 비로소 가치가 존재하게 된다. 그런 평가가 없다면 현존재라는 호두는 빈껍데기에 불과할 것이다. [...] 가치의 변천, 그것은 곧 창조하는 자들의 변천이기도 하다. 창조자가 되지 않을 수 없는 자는 끊임없이 파괴를 하게 마련이다.[6]

여기서 "평가가 없다면 현존재라는 호두는 빈껍데기에 불과할 것이다(ohne das Schätzen wäre die Nuss des Daseins hohl)"라는 니체의 말은, 스스로 삶의 가치를 평가하고, 의미를 창조할 수 없는 존재는 결코 자신을 의욕할 수 없다는 것을, 다시 말해 정념의 주인이 될 수 없다는 것을 의미한다. 이러한 의미에서 니체가 형이상학적 · 종교적 구원을 자기구원으로 전환하고, 그 가능성을 지금까지 자신을 가두어두었던 의지의 "감옥(Kerker)"으로부터의 해방으로 제시하는 이유는, 그 감옥이 다름 아닌 자기 자신을 의욕하지 못해온 자신의 정념이라는 사실을 유추할 수 있게 해준다.[7] 의지는 그 자체로 감옥일 수 없다. 하지만 자신 안에 내재된 정동이 나 아닌 다른 가치를 향하도록 의지를 자극할 때 의지는 실존적 상승과 성장을 억압하는 감옥이 된다. 이렇듯 자신의 의지가 자기 자신을 의욕하지 못하는 증상은 정념의 병이다.

창조하는 자에게 가치를 평가하는 일은 감정만으로 혹은 의지만으로도 불가능하다. 이는 나에게 삶의 기쁨과 행복(쾌감)을 주는 힘을 추구하는 의지의 유기적 활동, 즉 "힘에의 의지"에 의해서 가능하다. 인간의 감정(정동, Affekt)은 쾌감을 주는 힘을 추구하도록 의지를 자극하는 역할을 하지만, 니체의 철학에서 이 현상은 욕구, 욕망, 본능, 충동과 더불어 열정, 신념 등과 같은 복수(複數)의 현상, 다시 말해 정념의 현상으로 드러난다.

---

6)   니체, 『차라투스트라는 이렇게 말했다』, 「천 개의 목표와 하나의 목표에 대하여」, 99쪽.

7)   니체, 『차라투스트라는 이렇게 말했다』, 「구원에 대하여」, 238-239쪽 참조.

이러한 내용을 바탕으로 정동과 정념의 관계를 살펴보면, ① 정동은 폭발적이고 일시적인 감정적 표출이기 때문에 가치평가 능력의 상실에 의한 것이기도 하다. ② 하지만 정념은 욕구와 욕망을 통한 지속적인 추구로 나타나기 때문에 판단 능력의 상실보다는 오히려 절대적 판단 아래 다른 가치들을 폄하하고 배제하는 위험성을 안고 있다. ③ 만약 정동이 폭발적이지만 일시적인 행동을 유발하는 자극이라면, 정념은 욕구와 욕망으로부터 유발되어 폭발적이고 일시적이지 않고, 지속적인 습관 — 절대적인 삶의 의미와 가치를 추구하는 상태 — 으로 발전할 수 있는 상태를 의미한다.

④ 정동과 정념이 감정적인 현상으로 표출되기 때문에, 이 두 감정의 구분이 명확하지 않을 수 있다. 하지만 이 두 감정의 본질적인 차이는 의지의 일시적 폭발과 지속성에 있다. ⑤ 니체의 철학에서 정념이 한 개인의 문제로 부각되지 않고, 집단의 가치로 대변되는 시대적이고 문화적인 가치의 문제로 비판되는 이유는 이때문이다. 이러한 의미에서 "항의, 불신, 탈선 등은 건강의 징후이다. 무조건적인 노력은 모두 병리학에 속한다"[8]는 니체의 말은, 무조건적인 것은 무조건적인 노력을, 즉 인간의 정념을 무조건적인 것을 향하도록 만들 수밖에 없다는 사실을 담고 있다. 형이상학과 종교 그리고 그 원리로서의 도덕에 대한 니체의 본질적인 비판은 '왜! 인간은 절대적이고 보편적인 진리를 추구하는가?'와 '어떻게 인간은 다시 자기 자신을 의욕하는 삶을 살 수 있는가?'에 답하기 위해서이다. 그리고 그의 이 시도는 인간 실존의 회복, 즉 다시 건강해질 수 있는 방법에 대한 탐구로 진행되며, 이때 정념은 이 문제를 풀어주는 역할을 하게 된다.

---

8)   니체, 『유고(1882년 7월~1883/84년 가을)』, 3[1], 143, 박찬국 옮김, 책세상, 2005, 89쪽.

2.
니체철학의 건강철학적 특징

니체의 건강철학은 인간의 고유한 존재론적 토대 위에서 병과 건강을 실존적 가치로서 탐구하고 해석하는 방법론에 대한 명칭이다. 형이상학적 · 종교적 이원론 아래 폄하되어온 육체의 의미를 되살림으로써, 인간의 영혼과 육체가 유기적으로 소통하는 "몸(Leib)"의 삶으로부터 건강의 의미를 도출하는 니체의 철학적 방법론은 결국 그의 자연성을, 즉 정념을 복권시키는 작업으로 진행된다. 그리고 정념의 복권은 인간 본연의 자연성으로의 회귀를 의미함과 동시에 인간이 자기 자신을 극복해야만 하는 존재로의 전환이기도 하다. 인간이 무언가를 끊임없이 의욕하는 정념의 존재라는 것은 본질적으로 인간은 매 순간 스스로를 긍정하고 극복해야만 하는 존재라는 사실을 함의한다. 그 이유는 정념은 인간의 본질을 재규정해주는 역할을 하지만, 이와 반대로 다시 또 다른 절대적 가치를 향한 심리적 · 생리적 전제가 될 수도 있기 때문이다.

그렇다면 여기서 인간이 자기 자신을 긍정하고 극복한다는 것은 구체적으로 무엇을 의미하는 것일까? 자기 자신을 극복한다는 것은 본질적으로 자신 안에 내재한 수많은 욕구, 욕망, 감정 등의 정념을 제어한다는 것이다. "힘에의 의지"로 대변되는 이러한 내면의 투쟁, 즉 다양한 정념의 활동은 결국 내가 나와 관계하는 활동이기 때문에 그 자체로 긍정되어야 할 뿐, 선과 악으로 평가될 수 없다. 오히려 지금까지 자신 안에서 발생하는 다양한 정념의 활동이 내 감정을 온전히 반영하는 "좋음(gut)"과 "나쁨(schlecht)"이 아니라, 선(Gut, 이타주의, 이타심)과 악(Böse, 이기주의, 이기심)의 절대적 이원론의 관점에서 평가되어왔다는 사실이 니체의 문제의식이다.

스스로 삶의 가치를 창조할 수 없다는 것은 곧 자신의 고유한 관점을 갖고 있지 못하다는 것을 의미하며, 니체는 그 원인을 정념에 대한 형이상학적 · 종교적 억압으로 이해한다. 니체는 이러한 증상을 실존의 병으로 규정한다. 건강이라는 가치는 자신만의 고유한 삶을 창조할 수 있는 자유로운 정신과 강한 의지를 가진 자에게 주어지는 특권이며, 이러한 자는 자신의 정념을 부정하거나 은폐하지 않고 오히려 자기관계의 조건으로 규정한다. 즉 그는 더 이상 나 아닌 가치를 제시하는 진리와 존재의 저편세계를 창조하지 않는다.

이러한 내용을 바탕으로 니체의 '건강철학적 파토스'는 인간의 생명성과 자연성으로서의 정념을 다시 인간에게 되돌려주는 시도로 규정될 수 있을 것이다. 그리고 "신의 죽음", "허무주의", "모든 가치의 전도", "자유정신", "힘에의 의지", "위버멘쉬", "영원회귀와 운명애" 등은 서구 정신사에서 나 아닌 다른 가치를 추구해온 인간 실존의 병으로서 정념의 병을 치유하기 위한 니체철학의 건강철학적 특징을 잘 대변해준다. 예를 들어 니체가 "신의 죽음" 이후 발생하는 "허무주의"의 극복으로 제시하는 방법은 다름 아닌 다시 인간이 자기 자신을 추구하는 것이다. 하지만 스스로를 다시 의욕하지 못한다면, 구체적으로 말해서 여전히 자신의 정념이 절대적 진리와 존재의 지배 속에 있다면 허무주의는 극복될 수 없다. 허무주의는 내가 나를 온전히 의욕하고 추구하는 정념의 자유로부터 극복된다.

니체에게 있어 건강은 그 자체로 오해되는 것일 수 없다. 그 이유는 인간의 실존적 건강은 자기 자신으로부터 발생하는 가치이기 때문이다. 하지만 니체에 의하면 만약 건강이 나로부터 초월된 진리와 존재에 의해 보증된다면, 나의 건강은 오해될 수밖에 없다. 그렇다면 과연 무엇이 나를 진정한 나로 규정해줄 수 있는 것일까? 니체에게 있어 그 조건은 욕구, 욕망, 충동, 본능, 감정, 의지를 포괄하는 정념이다. 형이상학과 종교에 대한 니체의 비판은 근본적으로 건강에 대한 오해의 해소를, 즉 이성과 신앙에 의한 결과가 아니라, 인간 안에 내재한 생명성과 생명력, 자연성의 올바른 인식을 향한다. 대지의 인간들이 삶의 건강한 의미와 가치를 창조하고 이로부터 건강한 미래를 열어가기를 희망하는 니체에게 있어 정념의 복권은 '진정한 건강이란 무엇인가?'와 '진정한 건강의 조건은 무엇인가?'라는 실존적 물음에 답할 수 있는 토대가 되어줄 것이다.

3.
건강철학의 철학적 전제:
인간의 생명성과 자연성으로서의 정념

니체가 인식하는 생명은 곧 인간의 자연이다. 그의 철학에서 생명의 생명성과 자연성은 동일한 의미를 지니며, 이때 생명성과 자연성을 힘으로서 느끼고 표출하는 생명력은 바로 정념이라는 명칭 아래 다양한 감정과 의지의 활동으로 표출된다. 니체가 『도덕의 계보』의 「제3논문」에서 "금욕주의적 성직자"에 의해 "금욕주의적 이상"을 추구하게 된 인간을 심리학적으로 분석하며, 이 원인을 "생명감의 총체적 약화(die Gesammt-Dämpfung des Lebensgefühls)"[9]로 진단하는 이유의 이면에는 스스로 자기 삶의 의미를 창조할 수 없기 때문에 나 아닌 다른 가치를 추구할 수밖에 없는 '정념의 병'이 내재되어 있기 때문이다. 생명감의 약화는 결국 자신의 욕구, 욕망, 충동, 본능, 감정, 의지 등과 같은 자연성의 약화, 즉 정념의 약화이다.

니체는 이러한 생명력의 약화 현상을 정념에 대한 형이상학적 · 종교적 · 도덕적 부정과 은폐의 현상으로부터 찾는다. 그 이유는 인간의 생명성

---

9)   니체, 『도덕의 계보 III』, 19, 김정현 옮김, 책세상, 2005, 506쪽.

과 자연성을 가장 잘 드러내주는 활동이 다름 아닌 정념이기 때문이다. 정
념이 생명체의 자연적 생명력으로서 인간의 내 · 외적 변화를 실현하는 힘
으로 작용하기 때문에, 정념의 억압 속에서 인간은 결코 고유한 자기 자신
으로 존재할 수 없다. 니체가 단 하나의 절대적 진리를 상정하고, 이를 추구
하기 위해 인간의 정념을 도덕적으로 억압했던 형이상학과 종교의 허구를
폭로한 이유는 '건강에 대한 오해'를 해소하기 위한 시도였다. 육체에 대한
오해, 즉 생명성과 자연성에 대한 오해는 결국 정념에 대한 오해로부터 발
생한다. 니체는 그동안 폄하되어온 육체의 오해를 해소하고 정념을 건강의
조건으로 규정할 수 있는 자를 "철학적인 의사"라고 표현한다.

> 나는 전체적으로 보아 철학은 단지 육체에 대한 해석, 혹은 육체에
> 대한 해석, 혹은 육체에 대한 오해에 불과한 것이 아닐까라는 질문을
> 스스로에게 자주 던져보았다. […] 지금까지 사상사를 이끌어온 최고의
> 가치 평가의 배경에는 육체의 특성에 대한 오해가 숨겨져 있다. 형이상
> 학의 저 모든 과감한 마친 짓거리, 특히 현존재의 가치에 대해 형이상
> 학이 내놓는 답변은 항상 특정한 육체의 증상으로 간주될 수 있다. […]
> 나는 여전히 단어의 예외적인 의미에서 철학적인 의사(醫師)를 고대하
> 고 있다.[10]

이제 니체는 플라톤 이래로 단 한 번도 시도되지 않았던 건강과 병에
대한 형이상학적 · 종교적 해석의 해체를 위해 인간을 생명과 자연의 관점
에서, 다시 말해 정념의 관점에서 탐구하기 시작한다. 그리고 니체는 자신의
생명성과 자연성으로서의 정념에 가장 충실한 상태, 다시 말해 진정한 자기

---

10)   니체, 『즐거운 학문』, 「제2판 서문」, 2, 안성찬 · 홍사현 옮김, 책세상, 2005, 27쪽.

자신으로서 살아가는 인간에게 '건강'이라는 가치를 부여한다. 건강철학은 니체의 이러한 철학적 시도를 표현하는 하나의 명칭이다. 이렇듯 정념은 인간의 생명성과 자연성을 구체화해주는 역할과 더불어 니체의 인간학적 명제 "너는 너 자신이 되어야만 한다(Du sollst der werden, der du bist)"[11]를 실현해주는 인간의 실존적 토대로서 작용한다.

니체의 건강철학은 자연스럽게 '생명이란 무엇인가?', '건강은 생명의 생명성과 어떤 관계에 있는가?' 그리고 '생명은 어떤 상태일 때 건강한 것인가?' 등의 물음을 제기할 수밖에 없도록 만든다. 그리고 이 물음들은 결국 '진정한 인간다움이란 무엇인가?'라는 물음으로 종합된다. 이러한 의미에서 니체의 인간학적 표어인 "인간은 아직 확정되지 않은 동물이다"[12]는 '어떻게 하면 인간이 자신을 초월한 형이상학적·종교적·도덕적 가치에 의존하지 않고 자신만의 고유한 삶의 의미를 창조하는 삶을 살 수 있는가?'라는 의문을 담고 있다.

니체의 이러한 철학적 의문은 인간의 실존적 건강에 대한 비밀을 밝히는 작업임과 동시에 실존적 병의 원인을 진단하고 치유하는 작업이다. '왜! 인간은 자신으로부터 벗어난 진리의 힘을 추구하는 나약한 의지의 병에 걸렸는가?'라는 물음은 언제나 '어떻게 하면 인간이 다시 건강한 삶으로부터 새로운 미래를 창조할 수 있는가?'라는 물음에 앞서 주어진다. 그리고 니체에게 있어 이 문제는 실존적 쾌와 불쾌를 구분하는 것을 넘어, '왜! 인간은 스스로를 쾌감(행복)의 원천으로 느끼지 못하는가?', '왜! 인간은 거짓된 진리와 이상을 쾌감을 주는 힘으로 오해하고 지속적으로 의욕하는가?'와 같은 정념의 문제로 확장된다.

---

11) 니체, 『즐거운 학문』, 270, 250쪽.
12) 니체, 『선악의 저편』, 62, 101쪽.

결국 이러한 정념의 병은 니체가 『선악의 저편』에서 논의하고 있는 것처럼, 절대적 가치로서의 선과 악을 "좋음"과 "나쁨"으로, 즉 스스로 선택할 수 있는 자유의 상실로부터 발생한다.[13] 내가 어떤 대상에 대해 '좋음' 혹은 '나쁨'이라고 평가할 때, ① 그 가치평가 안에는 그 대상이 나에게 쾌의 감정으로서 힘-증대의 느낌을 주기 때문이다. ② 그리고 나는 이제 그 가치를 의욕하게 된다. 쾌가 나로부터 발생하면 나는 나를 의욕하게 되지만, 만약 쾌가 나 아닌 것으로부터 발생하는 것으로 오해하게 되면, 나는 나 아닌 다른 가치를 추구하게 될 수밖에 없다. 건강과 병에 대한 오해 역시 마찬가지이다. 이렇듯 나로부터 벗어난 절대적 가치를 건강으로 인식할 때, 인간에게 병은 제거해야 할 가치가 될 수밖에 없다. 결국 영혼(선, 건강)에 반한 육체(악, 병)의 가치는 폄하되고 부정될 수밖에 없다.

이성과 감정, 영혼과 육체, 건강과 병의 이원론 속에서 인간의 존재론적 융합, 니체의 표현에 의하면 "몸(Leib)"의 조화는 깨지게 된다. 다시 말해 인간은 온전히 자기 자신으로서의 삶을 살아갈 수 없게 된다. 내가 나로서 살아가는 활동의 이면에는 정념 외에 그 어떤 활동도 존재하지 않는다. "힘에의 의지는 존재도 아니고 생성도 아니다. 오히려 파토스가 가장 원초적 사실이며, 이것으로부터 비로소 생성과 작용이 발생한다."[14] 니체의 이 말처럼, 내가 나로서 숨 쉬는 활동에 내가 나로서 살아가는 활동을 더하고 반복하지 않듯이, 생명은 살아가는 일의 원인이자 결과이다. 니체는 번개(Blitz)와 번쩍거림(Leuchten)이 하나의 활동으로 이해되지 않고 원인과 결과라는 문법적 해석의 오류로 이원화되어왔다는 사실에 반기를 들며, 생명의 활동과 삶

---

13) 니체, 『선악의 저편』, 260, 275-276쪽 참조; 니체, 『도덕의 계보 I』, 2, 353-355쪽/16, 386-389쪽 참조.

14) 니체, 『유고(1888년 초~1889년 1월 초)』, 14[79], 백승영 옮김, 책세상, 2004, 259쪽.

의 활동을 서로 분리된 것으로 해석하지 않는다. 생명활동은 인간 안에 내재된 자연성이며, 이 활동은 언제나 정념으로 드러난다.

> 활동, 작용, 생성 뒤에는 어떤 '존재'도 없다. '활동하는 자'는 활동에 덧붙여 단순히 상상에 의해 만들어진 것이다. ─ 활동이 모든 것이다. 사람들은 번개가 번쩍일 때, 실제로는 활동을 중복시킨다. 이것이 활동의 활동이다: 같은 사건을 한 번은 원인이라고 보고 다른 한 번은 결과라고 보는 것이다.[15]

모든 생명체가 그렇듯이, 인간 역시도 본질적으로 무언가를 의욕하는 동물이다. 그는 파토스적 존재, 즉 정념의 존재이다. 니체는 더 이상 인간이 자신 아닌 것을 추구할 수 없도록 하기 위해 "신의 죽음"을 선포했다. 그의 죽음으로부터 발생한 삶의 의미 상실은 허무주의라는 실존적 위기의 상황을 유발한다. 그리고 엄밀한 의미에서 허무주의는 그 무엇을 의욕해야 할지 모르는 정념의 방향상실의 증상을 의미한다. 허무주의는 내가 나를 의욕할 때에 비로소 극복된다.

니체가 허무주의를 극단적으로 사유하며 그 끝에서 영원회귀를 제시하듯이, 허무주의의 병은 순간을 영원으로 사유하는 지금 이곳의 나 자신에 대한 사랑과 열정을 통해 치유된다. 니체의 철학에서 형이상학과 종교에 의한 심리적 의존상태로부터 벗어난 "나로의 귀환(Rückkehr zu mir)"이 결국 자신의 자연성으로의 귀환을 의미하듯이,[16] 니체에게 있어 자신의 정념을 자연성으로서 인식하는 인간은 고유한 자신으로서의 삶을 살아갈 수밖에 없

---

15) 니체, 『도덕의 계보 I』, 13, 378쪽.
16) 니체, 『이 사람을 보라』, 「인간적인, 너무나 인간적인」, 4, 백승영 옮김, 책세상, 2002, 410쪽.

다. 그렇다면 '어떻게 인간을 다시 자신의 자연성을 의욕하도록 만들 수 있을까?' 니체는 "자기에의 의지(Wille zum Selbst)"[17]라는 개념을 통해서, 구체적으로 말해서 인간 앞에 내재한 정념이 다시 자기 자신을 추구하도록 함으로써 이 문제를 해결하고자 한다. 여기서 "자기에의 의지"는 "힘에의 의지"와 동일한 의미를 가지고 있지만, 힘(쾌감)을 "자기"로 전환한 개념이다. 니체는 매 순간 자기 자신을 쾌감(행복)을 주는 힘으로 느끼며 의욕하는 인간유형을 "위버멘쉬"로 제시한다.

니체에 의하면 건강은 자신만의 고유한 삶을 살아가는 인간만이 획득할 수 있는 가치이다. 그리고 정념은 자신의 생명성과 자연성을 인식할 수 있는 유일한 심리·생리적 기제로서 작용한다. 생명에 대한 니체의 철학적 논의를 통해서야 비로소 정념은 인간의 자연으로 해명될 수 있을 것이다. 다시 말해 정념이 인간의 자연성으로 규명될 때, 건강은 형이상학과 종교로부터가 아니라, 오직 그의 내재적 자연성으로부터 도출되는 실존의 가치가 될 수 있을 것이다.

---

17) 니체, 『차라투스트라는 이렇게 말했다』, 「창백한 범죄자에 대하여」, 62쪽.

4.
힘에의 의지의 파토스:
"파토스 중의 파토스인 긍정의 파토스"

니체의 개념 "힘에의 의지"는 그의 철학에서 모든 생명의 생명성과 자연성, 즉 존재론적 원리로서의 역할을 한다. 하지만 힘에의 의지는 단순히 보다 많은 힘을 향한 의지의 원리로서만 이해될 수 없다. 그 이유는 힘에의 의지 이면에는 힘의 보존이 아니라, 보다 많은 힘의 증대를 쾌로서 느끼고 욕망하는 감정, 즉 정동이 작용하고 있기 때문이다. 힘에의 의지 안에 내재된 정동으로 인해서 인간은 자신의 힘과 의지활동으로부터 벗어날 수 없으며, 만약 이 원리로부터 벗어나게 되면 자신의 존재를 온전히 인식할 수도, 표출할 수도 없게 된다. 결과적으로 자신만의 고유한 삶의 의미와 가치를 추구하며 창조하는 삶을 살아갈 수 없다. 이렇듯 힘에의 의지의 인식여부에 따라서 인간의 삶은 긍정(상승, 성장, 건강)과 부정(하강, 퇴화, 병)의 양식으로 드러나게 된다.

니체가 희망하는 건강한 인간의 실존적 특성은 자기 내면의 힘과 의지를 통해 자신의 존재를 스스로 증명하는 것이다. 니체가 데카르트의 "나는 생각한다. 고로 존재한다"라는 명제를 비판하는 이유는, 인간의 비이성적 정념을 부정한 채, 오직 이성적 사고의 능력을 통해서 그의 존재를 증명하고자 했기 때문이다.[18] 니체는 자신의 힘과 의지를 통해 스스로를 증명할 수 없는 상태, 다시 말해서 절대적 진리와 존재를 통해 자신의 존재이유를 확인받는 상태와 그 가치를 추구하며 살아가는 삶의 양식을 실존의 병으로 규정한다. 그리고 그 병의 원인을 나 아닌 가치를 추구하는 나약한 의지로 진단하며, 이 병을 "의지의 병"[19]으로 명명한다.

이러한 의미에서 니체가 자신의 철학에서 비판하는 "마지막 인간"의 자기보존 역시도 힘에의 의지 작용의 결과이다. 자기극복에도 힘과 의지가 필요하지만, 자기보존 역시도 이를 필요로 하기 때문이다. 그럼에도 니체에게 있어 자기보존이 문제가 되는 이유는 내적 감정(정동)의 문제, 즉 불쾌를 두려워함으로써 제거하려고 하는 자기보존이 쾌를 주는 힘으로 잘못 선택되었기 때문이다. 니체에게 있어 진정한 쾌는 힘의 변화 속에서 삶의 실존적 변화를 감정적으로 느끼고, 이로부터 매 순간 새로운 행복의 감정을 도출하는 상태를 의미한다. 그런데 여기서 중요한 것은 쾌는 쾌로부터가 아니고, 오히려 불쾌로부터 자극되며 또한 불쾌로부터 새로운 쾌를 향한 힘으로서의 추동력을 얻게 된다는 것이다. 그래서 니체는 "가장 강한 인간으로서의 정신적인 인간"에게 있어 행복은 자신의 행복을 타인의 것과 구분하는 "엄격함(Härte)"으로부터 도출되며, 자신만의 행복을 추구하고자 하는 이러한 "즐거움(Lust, 쾌)"은 결국 자기지배 아래 스스로를 극복(Selbstbezwingung)하는 것이다[20]라고 말하는 것이다. 행복은 고통에 의해 희망하게 되며, 고통을 극복할 때 실현되는 실존의 가치이다.

---

18) 니체,『유고(1885년 가을~1887년 가을)』, 2[93], 이진우 옮김, 책세상, 2005, 133쪽.

19) 니체,『선악의 저편』, 208, 181쪽.

20) 니체,『안티크리스트』, 57, 백승영 옮김, 책세상, 2002, 305쪽 참조.

자기 실존의 행복은 오직 자신의 힘과 이를 추구하고자 하는 강한 의지와 자기 존재에 대한 긍정에 의해 비로소 가능하다. 니체가 진단한 "의지의 병"은 바로 자신만의 고유한 삶을 살아가기 위한 힘의 부족과 더불어 이 힘을 자신을 초월한 존재와 삶을 넘어선 진리로부터 찾는 의지의 나약함과 부자유의 증상으로부터 도출된 것이다. 이렇듯 쾌의 의미와 목적이 상실될 때, 다시 말해 행복의 목적이 나로부터 시작되지 않을 때, 힘은 나 아닌 다른 것을 향하게 되고 의지는 그 힘 속에 지배되며 결국 — 실존적 변화를 경험할 수 있는 — 자유를 상실할 수밖에 없다. 이러한 의미에서 니체는 다음과 같이 말한다. "의지의 부자유를 느끼는 자는 정신적으로 병든 자다. 의지의 부자유를 부정하는 자는 우둔하다."[21] 힘에의 의지는 자신만의 힘을 추구할 수 있는 의지의 자유를 보증해준다.

그렇다면 인간은 본질적으로 힘에의 의지의 존재임에도 불구하고 '왜! 자기 실존의 건강과 직결된 쾌와 불쾌를 잘못 선택하게 되는 것일까?' 니체에 의하면 쾌와 불쾌가 혼동되는 근본적인 이유는 이 두 가치의 형이상학적·종교적 이원화 때문이다. 니체가 절대적인 형이상학과 종교 및 도덕을 해체하고자 하는 이유는 쾌와 불쾌의 절대적 차별의 이원화 속에서 이 두 가치가 서로 적대적인 것이 아니라, 유기적 관계 속에서 오히려 불쾌가 매 순간 새로운 쾌를 향한 자극제로서의 역할을 할 수 있어야만 하기 때문이다.

건강(쾌)을 바라는 감정이 병(불쾌)으로부터 발생하듯이 — 아무리 모든 생명체가 힘에의 의지의 존재라고 할지라도 — 지속적인 자기긍정과 극복을 가능하게 하는 것은 자기부정과 좌절이다. 그리고 힘-증대의 느낌은 언제나 순간을 위한 힘일 뿐, 삶을 영원히 지속시키는 힘일 수는 없다. 힘의 증대가 순간의 변화를 발생시키는 추동력일 수밖에 없는 이유는, 힘을 필요로 하는

---

21)   니체, 『유고(1882년 7월~1883/84년 가을)』, 3[1], 144, 89쪽.

만큼 인간은 상승하고 성장하기 때문이다. 지속적인 변화는 힘의 증대를 쾌로서 추구하는 지속적인 의지에 의해서만 가능하다. 이렇듯 쾌와 불쾌는 힘의 감정과 이 감정을 추구하는 의지의 문제, 즉 힘에의 의지의 속성이다.

결론적으로 모든 생명체는 힘에의 의지의 존재이다. 힘에의 의지가 니체의 '철학적 파토스'일 수밖에 없는 이유는 모든 생명체의 이러한 존재론적인 특성 때문이다. 니체가 『차라투스트라는 이렇게 말했다』에서 실존적 선택의 경계에 선 인간을 예로 들어 설명하고 있는 것처럼, 그가 "사랑받아 마땅한"[22] 이유는 마지막 인간과 위버멘쉬의 경계에서 위버멘쉬로의 실존적 상승과 성장을 향한 걸음을 쾌로, 마지막 인간으로의 하강과 퇴화를 불쾌로 인식했기 때문이다. 다른 표현으로 위버멘쉬를 향한 길은 건강한 개인으로의 변화를, 마지막 인간을 향한 길은 '무리의 파토스'로의 회귀를 의미한다. 쾌는 오직 힘에의 의지를 통한 자기 존재에 대한 긍정에 의해서만 가능하다. 그 이유는 무리의 가치를 추구하는 것은 자기보존에 불과할 뿐이지만, 중요한 것은 이때의 힘이 자기 자신에 대한 긍정이 아니라, 부정을 전제로 한다는 것이다. 니체의 철학에서 이 증상은 힘에의 의지의 마비일 뿐이다.

힘에의 의지의 인간은 매 순간 자신의 내적 힘의 변화를 감정적으로 느끼기 때문에 형이상학과 종교에 의존하지도 않고, 이 가치를 의지하지도 않는다. 그는 오히려 힘에의 의지로 인해서 대지의 삶을 실재로서 인식하고, 이 세계 속 자신의 존재를 사랑하며 보다 건강한 미래를 열정적으로 추구한다. 중요한 것은 이 모든 사실을 가능하게 하는 본질이 바로 힘에의 의지가 인간을 자기 자신과 관계할 수밖에 없도록 만든다는 것이다. 힘에의 의지를 통한 이러한 자기인식과 자기관계는 니체가 자신의 철학에서 제시하는 최고 긍정의 상태, 즉 디오니소스적 상태이다. 한 개인이 도달할 수 있는 최고

---

22)　니체, 『차라투스트라는 이렇게 말했다』, 「서문」, 4, 21쪽.

긍정의 상태는 더 이상 실존적 고통의 원인과 치유의 처방을 자신을 초월한 것으로부터 찾지 않는 상태이다. 그에게 고통은 삶이 상승하고 성장하는 과정 이외의 것이 될 수 없다.

그리고 인간의 실존적 건강에 대한 니체의 철학적 관점은 병과 고통 속에서 직접 겪은 자신의 개인적인 체험을 통해 보다 구체적으로 제시된다. 이러한 측면에서 니체는 1888년 초 극심한 병 속에서도 삶의 긍정을 잃지 않고 『즐거운 학문』과 『차라투스트라는 이렇게 말했다』 등 최고의 작품을 "출산"한 자신의 개인적인 체험을 "비극적 파토스(das tragische Pathos)", 다시 말해 "파토스 중의 파토스인 긍정의 파토스(das jasagende Pathos par excellence)"라고 표현한다.[23] 육체적 · 정신적 고통 속에서도 자신의 삶에 최고 긍정의 파토스가 깃들어 있었다고 표현하는 니체의 의도는 자신의 정념이 고통 속에서 삶의 긍정을 잃지 않았다는 것, 그리고 자신의 욕구, 욕망, 충동, 본능, 정동, 열정 등의 내적 정념이 모두 진정으로 자신이 원하는 삶의 목적 — 힘에의 의지의 관점에서 보면 쾌감을 주는 힘 — 을 잃지 않았고 또한 이에 온전히 집중했다는 사실을 함의하고 있다.

고통 속에서 삶의 의미를 상실하지 않고, 오히려 고통을 추동력으로 한 단계 더 높은 정신으로 삶에 대한 사랑을 실천하는 비극은 고통을 영원히 긍정하는 삶의 지혜이다. 하지만 이 지혜는 고통이 영원할 것이라는 사실에 대한 긍정이 아니다. 오히려 삶에 대한 영원한 사랑 속에서 아무리 큰 고통이라도 순간에 불과한 것임을 아는 지혜이다. 증대(명령, 만족, 충만)와 감소(복종, 불만족, 결여)의 관계 속에서 힘들의 투쟁을 지속함으로써 삶의 변화를 유발하는 힘에의 의지 역시도 이러한 비극적 지혜를 전제로 한다.

---

23)　니체, 『이 사람을 보라』, 「차라투스트라는 이렇게 말했다」, 1, 백승영 옮김, 책세상, 2002, 420쪽 참조.

5.
정동과 정념의 원리:
"힘에의 의지"

　니체의 철학에서 힘에의 의지가 자기긍정과 극복의 전제로서의 역할을 할 수 있는 이유는 이 개념이 힘을 향한 의지를 자극하는 내재적 활동으로서의 정동과 더불어 욕구, 욕망, 충동, 열정 등의 다양한 정념 활동들을 모두 대변하기 때문이다. 힘에의 의지의 원리가 인간이 스스로를 긍정할 수 있는 존재론적 토대가 될 수 있다는 위의 논의로부터 한 발 더 나아가면, 어떻게 이 개념이 정동과 정념의 원리로서의 역할을 하는 것인지 보다 구체적으로 알 수 있다.

　예를 들어 만약 정동이 일차적으로 힘의 증대를 쾌로 인식하고 매 순간 이를 추구하는 일시적인 감정적 폭발이라면, 이차적으로는 이 힘과 그 가치를 욕구하고 욕망하며 지속적으로 추구하게 되는 정념의 활동으로 나아갈 수밖에 없다. 그 이유는 정동이 쾌를 주는 힘을 일시적이지만 매 순간 추구한다는 사실을 보증해준다면, 정념은 '왜! 이 힘을 지속적으로 추구해야만 하는가?'에 대한 목적을 대변해주기 때문이다. 힘에의 의지는 생명체가 자신의 생명성, 즉 내재적 자연성에 따라 생을 유지하기 위해 '힘을 추구해야만 한다'는 사실을 넘어, 이 힘이 '무엇을 위한 힘'인지에 대한 해명으로부터 개념적으로 완벽해진다. 그리고 이에 대한 해명은 '일시적인 감정'을 대변하는 정동으로부터 어떤 가치를 추구하는 '지속적인 활동으로서의 정념'으로, 즉 스스로 욕구하고 욕망하며 감정을 쏟고 또한 이를 위해 열정을 다하는 정념의 활동으로 나아간다는 사실로부터 구체화된다.

힘에의 의지가 쾌와 불쾌의 자극으로 작용하는 의지의 활동이라면, 니체는 힘에의 의지의 존재로서의 인간이 쾌와 불쾌를 어떻게 구분하고 추구해야만 하는지를 밝혀내야만 한다. 그렇지 않다면 형이상학과 종교 및 도덕에 대한 니체의 비판은 주관적인 오류에 빠지게 된다. 다시 말해서 니체는 '왜! 인간이 절대적 진리를 추구하는지', '왜! 이 힘으로부터 삶의 위안과 위로를 느끼고자 하는지', 그리고 '왜! 고통이 삶으로 돌아오게 하는 힘이 아니라, 오히려 삶으로부터 멀어지게 만들게 되는지' 등 쾌와 불쾌의 경계에 선 인간의 선택과 그 내적 조건들을 해명해야만 한다.

니체가 형이상학과 종교, 도덕에 대한 비판 및 해체를 통해서 힘을 추구해야만 하는 이유와 목적의 방향 자체를 변경하는 이유는, 힘을 추구하는 의지의 이유와 목적을, 즉 정념의 방향을 '나 아닌 것'으로부터 '나 자신'으로 변경하기 위함이었다. 다른 내가 되고자 한다는 것은 자기 내면의 힘을 온전히 자신만을 위해서 사용하지 못한다는 것과 더불어 자신의 정념이 자신으로부터 벗어난 가치를 추구한다는 것을 의미할 뿐이다. 이것이 바로 정동의 근원적인 충동을 포괄하는 정념의 의미와 역할이며, 우리는 이러한 시도를 니체의 '철학적 파토스'로 규정할 수 있을 것이다. 이렇듯 인간의 정념을 해명함으로써 형이상학과 종교가 제시하는 삶의 의미와 목적을 해체하는 니체의 철학적 시도는 '어떻게 인간이 자기 자신으로 살아갈 수 있는가?'라는 물음, 다시 말해 '어떻게 인간은 건강한 실존의 삶을 살아갈 수 있는가?'에 답하기 위함이다.

나로서 존재하지만 나로서 살아가지 못하고, 또한 이러한 무기력을 인식하지 못하는 실존적 병의 치유를 위해 니체가 수행하는 철학적 시도는 근본적으로 힘에의 의지가 삶의 의미와 가치에 부합되는 합목적적인 성격을 획득하는 것, 즉 형이상학적 · 종교적 · 수동적인 쾌를 실존적 변화의 능동적인 쾌로 전환하기 위함이다. 자유정신, 신의 죽음, 위버멘쉬, 힘에의 의지, 허무주의, 영원회귀와 운명애 등 니체가 자신의 철학에서 시도하는 사상적 개념들과 그 사고의 실험들은 모두 인간 안에 내재된 정념들이 보다 건강하고 새로운 목적을 추구하도록 — 다시 말해 힘에의 의지의 관점에서 스스로를 건강하게 변화시킬 수 있는 힘을 추구하도록 — 만들기 위함이었다.

니체의 철학적 파토스는 인간이 다시 건강해지고 영원히 이 건강을 추구할 수 있도록 만들기 위한 '실험적 파토스'이기도 하다. 그 이유는 자신에게 쾌를 주는 힘을 추구한다는 것이 곧 자기 자신의 변화를 실현하는 "실험적 행위"이기 때문이다.[24] 그렇기 때문에 그의 이러한 철학적 · 실험적 파토스는 쇼펜하우어적인 결여와 염세주의적인 관점을 지향하지 않는다. 오히려 니체는 결여의 고통으로부터 삶의 충만의 가능성을 발견한다. 그래서 그는 존재(자기보존) 혹은 생성(자기극복)을 발생시키는 근본조건으로서의 힘에의 의지 대신에 "파토스(정념)"라는 명칭을 사용하기도 한다.

> 힘에의 의지는 존재도 아니고 생성도 아니다. 오히려 파토스가 가장 원초적 사실이며, 이것으로부터 비로소 생성과 작용이 발생한다.[25]

---

24) Volker Gerhardt, *Experimental-Philosophie*, in: Pathos und Distanz. Studien zur Philosophie Friedrich Nietzsches, Stuttgardt, 1988, p. 164.

25) 니체, 『유고(1888년 초~1889년 1월 초)』, 14[79], 259쪽. 이 문장에 대한 설명으로는, Günter Haberkamp, *Triebgeschehen und Wille zur Macht. Nietzsche. zwischen Philosophie und Psychologie*, Würzburg, 2001, p. 73 참조.

힘에의 의지를 "파토스"라는 명칭으로 규정한다는 것은 다음과 같은 사실을 함의한다. ① 이 개념을 구성하는 첫 번째 조건으로서의 '의지'보다 중요한 역할을 하는 것이 의지의 목적을 대변하는 '힘'이라는 쾌의 총체이다. 만약 나에게 쾌의 감정을 주는 힘이 형이상학적·종교적인 것이라면 의지는 마땅히 그 가치를 추구할 수밖에 없다. ② 그리고 인간이 어떤 가치를 의지할 때, 그 활동 안에는 욕구, 욕망, 충동, 감정(정동), 열정 등 인간의 내외적 변화, 즉 생성과 작용을 발생시키는 인간의 정념(파토스)이 모두 담기게 된다. ③ 힘에의 의지는 쾌에 대한 감정으로부터 시작하지만, 의지와의 결합을 통해서 실재로 그 가치를 욕구하고 욕망하는 정념의 활동으로 나아간다. 결과적으로 힘에의 의지는 선과 악 등 모든 논리와 도덕으로부터 자유로운 인간의 정념을, 다시 말해 매 순간 자기 자신을 추구하는 인간의 정념을 대변해준다. 니체에게 있어 정념은 중립적일 수 없다.[26]

이러한 의미에서 정동은 한 개인의 충동을 설명하기에 적합한 개념이다. 그리고 파토스는 어떻게 개인의 정동이 — 그것이 개인적인 것이건, 집단적인 것이건 — 하나의 가치를 지속적으로 추구해나가는지를 밝혀준다. 힘에의 의지를 예로 들어 이 내용을 구체화해보면, ① 정동이 쾌와 불쾌의 경계에서 힘의 증대를 쾌를 주는 것으로 느끼고 끊임없이 보다 큰 힘의 증대를 추구하도록 만드는 내적 자극이라면, ② 정념은 일시적인 감정적 자극을 넘어, 한 인간의 본질적인 상태로서 욕구, 욕망, 충동, 본능, 정동(감정), 의

---

26) 정념은 인간의 감정적 자극과 더불어 행위의 변화를 유발하는 근본조건이다. 그런데 만약 정념이 비이성적 활동이기 때문에 그 안에 도덕적인 선과 악에 대한 평가 기준을 담고 있지 않다면, 정념은 오직 이성과의 관계 속에서만 가치를 인정받게 된다. 이성과의 조화 속에서 정념을 선과 악으로 규정하는 토마스 아퀴나스의 견해는 정념에 대한 니체의 주장을 비교하고 이해함에 도움을 준다. 이에 대한 상세한 설명으로는, 이상일, 「정념의 도덕적 속성에 관한 연구. 토마스 아퀴나스의 '정념'을 중심으로」, 『철학논총』 제86집 제4권(새한철학회, 2016), 259-281쪽 참조.

지와 같은 내적 조건과 더불어 열정, 신념 등과 같은 삶의 관점과 행위, 자세까지 포함한다.

이 논의를 따라 정동이 '살아있다'는 순간적인 감정이라면, 정념은 '살아가고 있다'는 지속적인 감정으로, 나아가 '어떻게 살아갈 것인가?'와 '어떻게 살아가겠다!'와 같은 삶의 태도의 문제와 연결되어 있다. 즉 정동이 좁은 의미에서 생기 현상을 대변하는 개념이라면, 정념은 보다 넓은 의미에서 생성을 대변한다. 니체의 철학에서 이 두 개념은 결국 '인간을 되어가는 존재'로 규정해주는 역할을 한다. 이렇듯 니체가 자신의 철학에서 규명하는 정동과 정념에 대한 논의들은 단순히 형이상학적 · 종교적 진리와 존재로부터의 해방에 그치지 않고, 보다 건강한 미래를 향한 삶의 목적과 태도까지 포괄한다.

6.
힘에의 의지의 파토스와
"꾸며진 포즈의 파토스"

힘에의 의지는 자기보존의 원리임과 동시에 자기긍정과 극복의 원리이다. 힘에의 의지는 모든 생명체의 존재원리이기 때문에 편향된 개념일 수는 없다. 그리고 니체의 철학적 파토스인 '긍정의 파토스'는 그 어떤 인간 유형과 삶의 방식도 배제하지 않는다. 이러한 의미에서 파토스라는 명칭을 직접적으로 등장시키는 니체의 개념 "거리의 파토스(Pathos der Distanz)"[27]는 나 아닌 다른 누군가를 지배하는 권력이 아니라, 내가 나 아닌 다른 누군가가 될 수 없도록 만드는 실존의 원리로서의 역할을 한다. 거리의 파토스를 수행하는 인간은 매 순간 타인과 다른 삶의 목적을 추구하는 차이의 감정 속에서 자기 자신을 증명한다. 이에 대하여 니체는 자신의 경험을 바탕으로 다음과 같이 말한다.

---

27) 니체의 철학에서 거리의 파토스가 가지는 전반적인 설명에 대해서는, Volker Gerhardt., *Pathos der Distanz*, in: Joachim Ritter und Karlfried Gründer (Hrsg.), Historisches Wörterbuch der Philosophie Bd. 7, Basel, 1989, pp. 199-201 참조.

어떤 것을 '원하고', 어떤 것을 '추구하며', 특정한 '목적'과 '소망'을 염두에 둔다는 것 — 이 모든 것을 나는 내 경험상 알지 못한다. 이 순간에도 나는 내 미래를 멀리 잔잔한 대양을 바라보듯 바라본다 — 어떤 욕망도 잔물결을 일으키지 않는 미래를. 나는 어떤 것도 자기의 모습과 다르게 되는 것을 결코 원치 않는다: 나 자신도 다르게 되고 싶지 않다. 언제나 나는 그렇게 살았다.[28]

니체는 삶의 의미와 목적을 무너뜨리는 병과 고통 속에서도 자신이 수행하는 철학적 시도, 즉 나 아닌 다른 누군가가 되려고 하지 않는 존재의 원리로서의 파토스를 형이상학적·종교적 은폐로부터 해방시키기 위한 시도를 멈추지 않았다. 니체가 『선악의 저편』에서 문제시한 인간의 "위대함(Größe)"은 오직 자기 자신의 힘과 의지로 창조하는 삶의 의미로 실현될 뿐, 결코 자신을 초월한 가치 혹은 모두가 추구하는 보편적 가치를 통해서는 불가능하다. 그래서 니체는 다음과 같이 말하는 것이다.

내 본성에서 어떤 광신적 특징을 찾으려는 것은 부질없는 짓이다. 내 삶의 어떤 순간에서든 어떤 주제넘거나 격양된 꾸며진 포즈를 사람들은 입증할 수 없을 것이다. 꾸며진 포즈의 파토스는 위대함에 속하지 않는다(Das Pathos der Attitüde gehört nicht zur Grösse); 누군가가 포즈를 필요로 한다면 그는 가짜다. [...][29]

위의 글에서 확인할 수 있는 것처럼, '힘에의 의지의 파토스'는 "꾸며

---

28) 니체, 『이 사람을 보라』, 「나는 왜 이렇게 영리한지」, 9, 371쪽.
29) 니체, 『이 사람을 보라』, 「나는 왜 이렇게 영리한지」, 10, 372-373쪽.

진 포즈의 파토스", 즉 의식적으로 꾸며진 포즈와 같이 자기 자신을 기만하는 것일 수 없다. 힘에의 의지가 어떠한 방식으로든 표출될 수밖에 없는 것처럼, 정념 역시도 나 아닌 다른 가치로 꾸며질 수는 있어도 결코 은폐될 수 없다. 그래서 실존적 병의 본질적인 원인은 형이상학과 종교가 아니라, 인간자신이다. 다시 말해 이 병의 원인은 삶의 위안을 주는 힘이 아니라, 그 위안을 추구하는 인간의 정념이다. 인간이 신이 될 수 없는 이유는 바로 정념 때문이다. 그리고 신의 죽음 이후에도 인간이 다시 자유롭게 자신만의 삶을 살아갈 수 있는 가능성 역시도 정념 때문이다.

병들고 나약해진 정념을 치유하는 니체의 철학적 작업은 일차적으로는 형이상학과 종교 및 도덕의 본질을 드러내고 위험성을 폭로하는 것이지만, 이차적으로는 있는 그대로의 자신과 삶을 긍정할 수밖에 없도록 정념의 방향을 '나'를 향해 전환하는 것이다. 왜냐하면 인간은 결코 자신의 정념으로부터 벗어날 수 없기 때문이다. "나는 몸에 나쁜 피를 지니고 있는 모든 것에 오로지 내 존재로만 항거한다. […] 인간에게 있는 위대함에 대한 내 정식은 운명애다: 앞으로도, 뒤로도, 영원토록 다른 것은 갖기를 원하지 않는다"[30]는 니체의 말처럼, 나를 병들게 하는 것은 나의 밖에 있지 않다. 그리고 나를 치유하는 것도 나의 밖에 있을 수 없다. 다른 내가 되기 위해 나로부터 벗어나 있는 가치를 추구하는 것은 실존적 병일 뿐이다.

---

30) 니체, 『이 사람을 보라』, 「나는 왜 이렇게 영리한지」, 10, 373-374쪽.

7.
파토스적 인간:
"자기에의 의지"

힘에의 의지는 인간이 파토스를 가진 존재, 즉 파토스적 존재라는 사실을 보증해준다. 니체가 『도덕의 계보』의 「제3논문」에서 규명하고 있는 것처럼, 인간은 끊임없이 무언가를 의욕할 수밖에 없는 파토스적 존재, 즉 정념을 가진 존재이다. 보다 구체적으로 말하면 인간은 욕구, 욕망, 충동, 본능, 감정, 의지 등을 다해서 자기 자신 혹은 자신을 넘어선 무언가를 의욕한다. 그리고 이 문제는 단순히 인간이 정동의 존재, 즉 감정을 가진 존재라는 사실을 넘어선다.

인간의 정념은 스스로 자기 삶의 의미를 창조할 수 없을 때, 니체의 표현에 의하면 고통의 의미를 찾을 수 없을 때에는 심지어 허무조차 의욕하게 된다.[31] 다시 말해 정념이 허무를 향하는 한, 허무조차 삶의 의미가 될 수 있다. 여기서 인간이 무엇을 추구하는 것보다 중요한 것은 자신에게 쾌감을 주는 힘이 나 아닌 다른 누군가에 의해 — 니체에 의하면 "금욕주의적 성직

---

31)   니체, 『도덕의 계보 III』, 28, 540-541쪽 참조.

자"에 의해 — 결정됨으로써, 더 이상 스스로 의지하고자 하는 의미와 가치를 창조할 필요가 없어졌다는 것이다. 아래의 글에서 니체는 "허무를 향한 의지(Wille zum Nichts)"가 "금욕주의적 이상"이 부여한 삶의 의미와 목적을 추구함으로써 정념의 방향이 바뀌었다는 내용을 담고 있다. 아래의 글은 무언가를 추구하는 힘이 '나 아닌 것'으로 변경되면 욕구, 욕망, 충동, 정동, 의지 등의 모든 정념의 방향 역시 변경될 수밖에 없다는 사실을 잘 보여준다.

> 이제부터 인간은 무엇인가를 의욕할 수 있었다. — 우선 어디를 향해, 무엇 때문에, 무엇으로 인간이 의욕했는가는 중요하지 않다: 의지 자체가 구출되었던 것이다. 금욕주의적 이상에 의해 방향을 얻은 저 의욕 전체(ganze Wollen)가 본래 표현하고자 한 것은 도저히 숨길 수가 없게 되었다: 인간적인 것에 대한 이러한 증오, 더욱이 동물적인 것, 더욱이 물질적인 것에 대한 이러한 증오, 관능에 대한, 이성 자체에 대한 이러한 혐오, 행복과 미에 대한 이러한 공포, 모든 가상, 변화, 생성, 죽음, 소망, 욕망 자체에서 도망치려는 이러한 욕망 — 이 모든 것은, 감히 이것을 이해하고자 시도해볼 때, 허무를 향한 의지이며, 삶에 대한 적의이며, 삶의 가장 근본적인 전제들에 대항한 반발을 의미하는 것이다. 그러나 이것도 하나의 의지이며 하나의 의지(ein Wille)로 남아 있다! [⋯] 그래서 내가 처음에 말했던 것을 결론적으로 다시 한 번 말한다면, 인간은 아무것도 의욕(wollen)하지 않는 것보다는 오히려 허무를 의욕하고자 한다. [⋯][32]

이렇듯 인간이 파토스적인 존재일 수밖에 없기 때문에 인간과 세계, 인

---

32)   니체, 『도덕의 계보 III』, 28, 540~541쪽.

간과 인간의 관계를 규정하기 위해서는 인간 안에 내재된 파토스, 즉 정념의 활동과 의미를 해명해야만 한다. 금욕주의적 성직자가 고통에 대한 원한을 통해서 정념의 방향을 변경시킬 수 있었던 것은 인간이 파토스적 존재라는 사실을 알고 있었기 때문이다. 그렇기 때문에 그는 고통을 실마리로 인간의 원한을 자극하고 나약해진 감정이 치유될 수 있는 목적을, 다시 말해 더 이상 고통받지 않을 수 있는 목적을 설정해주었던 것이다.

이러한 '정념의 병'을 치유하기 위해 니체는 끊임없이 무언가를 의지하는 파토스의 토대가 (자기)원한인지 아니면 (자기)긍정과 극복인지를 해명하고자 한다. 그 이유는 파토스가 개인의 정동을 절대적이고 보편적인 가치를 향해 추동시키는 힘으로 작용하기 때문이다. 예를 들어 정동(Affekt)이 쾌와 불쾌로부터 발생되어 욕구, 욕망, 의지 등을 자극하는 일시적인 감정적 폭발이라면, 욕구, 욕망, 정동(감정), 의지의 복합체로서 파토스는 필연적으로 열정, 신념 등을 담은 집단적인 목적의식으로 발전한다. 또한 정동이 한 개인 안에 내재된 변화의 가능성을 실현할 수 있는 본질적인 요소라면, 정념은 한 개인의 정동이 부정되고 집단화되는 현상의 요소이자 집단의 가치를 규정해주는 원리로서의 역할을 한다.

개인들의 정동이 욕구와 욕망 그리고 의지를 통해 표출되면 이 감정들의 결합은 형이상학과 종교 그리고 도덕 등과 같은 집단적 현상과 그 집단을 지탱하는 신념과 같은 파토스의 원리로 발생할 수밖에 없다. 정동이 파토스화될 때, 다시 말해서 자신의 욕구, 욕망, 본능, 충동, 감정 등을 포괄하는 자신의 정념을 무리의 파토스에 위임하고 그 가치에 의존하게 될 때, 자신의 고유한 특권을 포기한 개인의 감정은 무리의 도덕 속에 은폐되며, 결과적으로 인간은 평준화될 수밖에 없다. 이렇듯 니체는 힘에의 의지의 관점에서 정동의 의미를 해명함으로써 인간의 심리적 변화가 생리적 변화와 직결되어 있음을 밝혀낸다.

니체가 스스로를 철학자임과 동시에 심리학자로서 이해하는 이유는, 고통을 실마리로 개인의 정동이 '무리의 파토스'로 발전되는 원인을 밝혀내기 위해서 고통에 대한 의식적 판단 이면에 자리한 무의식적 충동을, 니체의 표현에 의하면 "의지의 병"[33]의 원인을 해명했기 때문이다. "의지의 병"은 자신만의 고유한 삶의 의미와 가치를 창조하지 못하고 무리의 가치 속에서 보편적인 대중으로 전락한 인간들의 '평균적 파토스'로부터 유발된 병이다. 그리고 이러한 '평균의 파토스'는 니체가 제시하는 "거리의 파토스"에 대립하는 것이며, 그 원인은 힘에의 의지의 마비일 수밖에 없다. 이러한 의미에서 "평균적 유형에게는 평균적인 것이 행복이다"[34]라는 니체의 말처럼, 의지의 병과 그 원인으로서의 힘에의 의지의 마비증상 ― 구체적인 증상으로는 "의지마비증(Willenslähmung)"[35] ― 의 이면에는 이미 삶의 고통을 긍정, 극복할 수 없기 때문에 평균적인 무리의 가치에 의존하게 되는 '파토스(정념)의 병'이 내재되어 있다.

그렇다면 '어떻게 형이상학적 진리와 종교적 구원으로부터 인간을 해방시키고, 해방된 정념의 방향을 보다 건강한 미래를 향하게 할 수 있을까?' 다시 말해 '어떻게 인간의 정념을 절대적 가치가 아니라, 스스로 자신의 가치를 창조하는 변화의 조건으로 승화시킬 수 있을까?' 이 변화는 분명히 스스로 자신의 존재를 증명할 수 있는 정념의 변화, 즉 정념의 승화로부터 가능하다. 그리고 정념의 승화는 곧 힘에의 의지에 통한 자기 존재의 긍정과 극복으로부터 시작된다.

힘에의 의지의 존재로서의 위버멘쉬는 자신 안에 내재된 모든 정념을

---

33) 니체, 『선악의 저편』, 208, 181쪽.

34) 니체, 『안티크리스트』, 57, 백승영 옮김, 책세상, 2002, 307쪽.

35) 니체, 『선악의 저편』, 208, 181쪽.

건강의 조건으로, 자기 존재에 대한 긍정과 극복의 조건으로 승화시킨 자에 대한 명칭이다. 그 어떤 절대적 진리와 가치에도 속박되지 않은 자유정신으로서 신의 죽음과 허무주의의 고통스러운 위기 속에서도 삶의 영원한 회귀를 긍정하며 주어진 운명을 사랑하는 위버멘쉬의 건강성의 조건은 바로 정념이다. 이렇듯 니체의 건강철학적 시도는 본질적으로 정념의 승화를 지향한다.

이러한 의미에서 마지막 인간과 위버멘쉬 사이의 경계에 선 인간이 자기 삶의 목적과 방향을 선택할 때에 그로부터 발현되는 모든 내적 활동들은 일시적인 감정이 아니라, 지속적인 정념에 의한 것이다. 그리고 니체의 철학에서 위버멘쉬가 건강한 인간유형으로 제시되는 이유는, 그가 자기 삶의 주인이기에 앞서, 이를 가능하게 하는 자기 정념의 주인이기 때문이다. 니체가 철학자이자 심리학자로서 수행한 이 시도가 중요한 이유는 바로 정념 안에 담긴 힘과 의지의 심리 · 생리적 의미관계를 실재(Realität)로서, 다시 말해 시대, 문명, 문화(정치, 학문, 예술)로 확장하며 탐구했다는 것이다.

니체가 인간을 파토스적 존재, 즉 정념의 존재로 규정하는 이유는 오직 정념만이 그 자신으로서 존재하고 살아갈 수 있게 만들어주기 때문이다. 서구정신사에서 부정되어온 몸에 대한 니체의 긍정 역시도 "몸(Leib)"[36]이 힘에의 의지가 발생하는 장소, 다시 말해 정념이 발생하는 장소이기 때문이다. 육체와 영혼도 정념의 한 현상일 뿐이다. 정념은 힘에의 의지의 현상으로 표출된다. 하지만 힘에의 의지의 구체적인 작용과 본질적인 역할을 생각해본다면, 정념은 다른 나를 소망하지도 않고 나를 대변해주는 집단과 문화의 가치를 추구하지도 않으며 오직 나로서 살아가게 만들어주는 "자기에의

---

36) 니체, 『차라투스트라는 이렇게 말했다』, 「몸을 경멸하는 자들에 대하여」, 53쪽.

의지(Wille zum Selbst)"[37]인 것이다. 결과적으로 자신의 정념을 부정하지 않고, 이에 대한 긍정을 바탕으로 매 순간 자기 자신을 추구하는 인간유형이 바로 위버멘쉬이다.

37)   니체, 『차라투스트라는 이렇게 말했다』, 「창백한 범죄자에 대하여」, 62쪽.

8.
존재 부정의 파토스:
"금욕주의의 파토스"

    인간이 무엇인가를 의지할 수밖에 없는 파토스적 존재라는 사실에 대한 인식 이후에 니체가 자신의 철학에서 문제시하는 현상은 '어떻게 한 개인의 감정이 무리의 가치를 향하게 되는가?', 즉 '어떻게 한 개인의 정동이 무리의 파토스로 발전하게 되는가?'에 대한 해명이었다. 물론 이 문제는 근본적으로 인간이 자신 안에 내재된 변화의 가능성과 그 원리로서의 힘에의 의지를 인식하지 못하기 때문이다. 그리고 이 증상으로부터 자신 안에 내재된 힘에의 의지를 오해하고, 오히려 나 아닌 다른 존재와 가치를 의지하고 의존하는 자기기만과 자기확신의 파토스가 발생한다.

    하지만 스스로를 힘에의 의지의 존재로서 인식한다는 것은, ① 이 개념의 특성상, 매 순간 힘의 증대가 실현되는 것이 아니라, 증대와 감소의 경계에서 힘의 증대를 쾌감을 주는 힘으로서 의지하는 것을 의미한다. ② 힘의 증대는 힘의 감소라는 느낌을 추동력으로 다시 추구할 만한 것이 된다. ③ 상승과 하강, 성장과 퇴화, 건강과 병 역시 마찬가지이다. ④ 이 중 "커다란 건강"[38]이라는 니체의 개념은 파토스를 설명하기에 적합하다. ⑤ "커다란 건강"은 다시 건강해지기 위해서는 필연적으로 병을 극복해야만 한다는 의미를 담고 있다. 병의 극복이 새로운 건강을 위한 전제인 것이다. ⑥ 그렇기 때문에 병에 대한 긍정은 '나 아닌 다른 어떤 존재가 구원해줄 것'이라는 수동적 감정이 아니라, 오히려 병을 통해 새로운 건강을 희망하는 능동적인 감정이다. 이 감정 속에서 건강은 나를 초월한 것일 수 없다. ⑦ 이러한 의미에서 단 하나의 가치를 통해 건강과 병을 규정하는 자기기만과 자기확신의 파토스는 수동적인 감정일 뿐이다.

고통에 대한 니체의 관점은 여기서 중요한 의미를 가진다. 파토스라는 어원과 개념 안에는 이미 존재의 존재론적 근원으로서의 고통이 자리한다. 그리고 니체의 철학적 파토스 역시 고통을 전제로 한다. 그렇기 때문에 고통과 이로부터 유발된 근원적인 감정이 삶에 대한 '사랑과 열정' — 자기긍정과 극복 — 의 원인으로 작용하는지, 아니면 '동정과 연민'을 불러일으키는 원인으로 작용하는지의 여부가 니체에게 중요한 문제로 작용하는 것이다. 그 이유는 이 기준이 형이상학과 종교 그리고 그 실천원리로서의 도덕을 해체하고, 이로부터 해방된 인간이 다시 건강한 미래를 창조할 수 있는 토대로 작용하기 때문이다. 니체가 비판하는 동정과 이웃사랑 역시도 종교적 파토스이지만, 보다 구체적으로 그의 비판은 이러한 보편적인 사랑의 파토스를 '자기 자신에 대한 사랑의 파토스'로 전환하기 위한 시도이다.

니체에 의하면 고통에 대한 실존적 해석으로부터 인간은 형이상학적이고 종교적인 저편세계를 창조함으로써 생성하는 대지의 세계를 부정하게 될 수도 있고, 그 반대로 대지의 이편세계를 구체적인 삶의 세계로서 긍정하게 될 수도 있다. 니체가 무엇보다 중요하게 생각하는 것은 고통 그 자체

---

38) 니체, 『즐거운 학문』, 382, 392쪽 참조.

가 아니라, 고통을 대하는 관점과 태도이다. 초기 『비극의 탄생』에서부터 시작된 니체의 문제의식으로부터 알 수 있듯이, 고통을 존재론적 근원으로 이해하고, 이로부터 삶에 대한 예술적 관점과 창조적 태도의 변화를 도출하는 니체의 철학적 파토스는 고통 속에서 자기 삶의 고유한 의미와 가치를 창조하는 것이다.

니체가 예술을 실존의 원리로 규정하며 시도한 '삶의 예술적 파토스'는 삶이라는 예술 안에서 발생하는 고통을 '스스로를 창조하는 예술가의 고통'으로 긍정하기 위해서였다. 이렇듯 니체의 철학적 파토스는 병과 고통의 의미 해명을 넘어, 다시 건강해질 수 있는 방법을 창조하는 것이다. 나아가 이 방법을 모든 인간들이 자신의 힘과 의지를, 즉 자신의 정념을 다해서 추구할 수 있는 실존의 파토스로, 즉 실존적 건강의 원리로 제시하는 것이다.

이러한 의미에서 니체가 형이상학과 종교를 강하게 비판하는 이유는, 한 개인이 느끼는 실존적 불안과 두려움의 감정을 절대적 진리와 존재의 관점에서 구원의 대상으로 해석함으로써 자기 존재 부정의 파토스를 유발하기 때문이다. 이러한 '존재부정의 파토스'는 결국 자기경멸과 자기원한의 파토스로 발전되어 "금욕주의적 이상"[39]을 의지하는 힘으로 발전해나간다. 결론부터 말한다면, 금욕주의적 이상은 고통을 다시 건강해질 수 있는 기회가 아니라, 고통을 치유해줄 수 있는 진리와 존재를 향하게 한다는 점과 "금욕주의적 성직자"가 제시한 '치유의 파토스'를 추구한다는 점에서 "금욕주의의 파토스(Pathos des Asketenthums)"[40]일 뿐이다.

---

39) 니체, 『도덕의 계보 III』, 24, 526쪽.

40) 니체, 『유고(1875년 초~1876년 봄)』, 9[1], 최문규 옮김, 책세상, 2005, 274쪽. 니체에 의하면 고통은 인간에게 현재를 점검하고 새로운 변화를 추동하는 힘의 파토스로 작용해야만 한다. 즉 고통은 창조의 전제인 것이다. 하지만 이 반대의 결과를 유발하는 금욕주의의 파토스를 니체는 "성직자의 창의성(die priesterliche Erfindsamkeit)"으로 표현한다(니체, 『도덕의 계보 III』, 19, 507쪽; Busch Kathrin/Därmann Iris., *Pathos. Konturen eines kulturwissenschaftlichen*

이 이상이 위험한 이유는 고통이 삶에서 가지는 의미를 폄하함으로써 인간 안에 내재된 정념을 강화하는 비극적 관점을 부정하고 나아가 삶에 대한 "디오니소스적 지혜"[41]를 제거한다는 점에 있다. 이 지혜(知慧)는 인간의 지적 활동에 국한되는 것이 아니라, 존재의 의미에 대한 성찰과 실존적 목적까지 포괄하는 지(知)를 향한 능력이다. 이러한 의미에서 디오니소스적 지혜, 즉 고통을 향한 비극적 지혜는 니체의 철학 전체를 관통하는 철학적 파토스인 것이다. 그래서 니체는 비극을 고통 속에서 삶을 이해하는 것이라고 말하며,[42] 동시에 이 의지를 "고통에의 의지(Wille zum Schmerz)"[43]라고 표현하는 것이다.

> 그 어떤 위대한 것도 파토스 없이 발생하지 않는다면(이 점은 의심될 수 있지만 —), 삶은 섬뜩하게 조명될 것이다. 위대한 것의 발생 속에서 어떤 비극적인 것을 보는 것만으로 충분하다. 말하자면 삶 자체에서 비극을 보는 것 말이다.[44]

하지만 이때 니체는 단지 육체적 고통만을 지시하지 않는다. "괴로움을 향한 의지(Wille zum Leiden)"[45]라는 그의 개념처럼, 고통에 대한 그의 비극적 관점은 정신적 괴로움까지도 포함한다. "진리에의 의지(Wille zur Wahrheit)"[46]와

Grundbegriffs, Bielefeld, 2007, p. 11 참조).

41)   니체, 『비극의 탄생』, 19, 이진우 옮김, 책세상, 2005, 148쪽.

42)   "이 세상을 고통에서 이해해보려는 것, 그것이 바로 비극에서 비극적인 것이다."(니체, 『유고(1875년 초~1876년 봄)』, 6[20], 232쪽)

43)   니체, 『아침놀』, 354, 박찬국 옮김, 책세상, 2004, 305쪽.

44)   니체, 『유고(1875년 초~1876년 봄)』, 9[1], 275쪽.

45)   니체, 『유고(1884년 초~가을)』, 26[275], 정동호 옮김, 책세상, 2004, 292쪽.

46)   니체, 『유고(1888년 초~1889년 1월 초)』, 14[153], 162쪽.

더불어 "무에의 의지(Wille zum Nichts)"[47), "종말에의 의지(Wille zum Ende)"[48)가 자기기만과 확신의 파토스일 뿐, 인간 본연의 파토스가 될 수 없는 이유는 이 때문이다. 진리, 무, 종말을 향한 이 의지들은 금욕주의적 의지, 즉 자신의 정념을 오직 형이상학적 · 종교적 진리를 향해 발현하는 병든 의지일 뿐이다. 다시 말해 이 의지들은 자신의 정념이 자신을 향하고 있지 않은 상태를 대변할 뿐이다.

> 이 금욕주의를 강제하는 것, 즉 진리를 향한 무조건적인 의지(unbedingte Wille zur Wahrheit)란 금욕주의적 이상 자체에 대한 신앙인 것이다. [...] 이 것은 형이상학적 가치, 진리의 가치 그 자체에 대한 신앙이며, 또한 이 가치는 저 이상 속에서 보증되고 확인된다.[49)

『도덕의 계보』의 「제3논문」에서 니체가 해명하고자 하는 물음은 '어떻게 금욕주의적 이상이 대지를 지배하게 되었는가?'이다. 그리고 니체는 이 물음에 대하여 인간이 파토스적 존재이기 때문이라고 대답한다. 인간이 파토스적 존재일 수밖에 없는 이유는 그가 무엇인가를 의욕할 수밖에 없기 때문이다. 그런데 이러한 존재론적 결여는 (쇼펜하우어적인) 고통의 감정을 유발한다. 고통의 의미에 대하여 스스로 답할 수 없을 때, 금욕주의적 이상은 삶의 의미와 목적으로 주어진다. 금욕주의적 성직자가 병의 근원을 온전히 치유하는 의사일 수 없는 이유도,[50) 그들의 치유가 진정한 의미에서 인간을 건강한 삶과 미래로 이끄는 이상일 수 없는 이유도 이때문이다.

---

47) 니체, 『안티크리스트』, 18, 235쪽.

48) 니체, 『바그너의 경우』, 「서문」, 백승영 옮김, 책세상, 2004, 12쪽.

49) 니체, 『도덕의 계보 III』, 24, 526쪽.

50) 니체, 『도덕의 계보 III』, 17, 497-503쪽 참조.

중요한 것은 이 고통의 근원을 원죄로 여기며, 고통을 향한 원한의 감정을 자기 자신으로 규정함으로써 스스로 자신의 고통에 의미를 부여하지 못하게 되었다는 것이다. 고통스러운 삶 속에서 개인이 느끼는 감정은 이제 고통의 의미를 제시해주는 이상을 존재의 목적으로 규정하고 또한 이 이상을 신념과 열정으로 의욕하는 정념으로 나아가게 된다. 다시 말해 이러한 의미에서 금욕주의적 성직자가 "원한의 방향을 변경했다"[51]는 니체의 진단 안에는, 원한이 감정(정동)에 머무르지 않고 복수(復讐)의 대상을 향한 욕구, 욕망, 충동, 의지 등의 정념으로 나아가게 되었다는 사실이 함의되어 있다. 그래서 니체는 "금욕주의적 성직자는 자신이 지배했던 곳에서 영혼의 건강(die seelische Gesundheit)을 망가뜨려놓았다"[52]라고 말하는 것이다.

> 지금까지 인류 위로 널리 퍼져 있던 저주는 고통이 아니라, 고통의 무의미였다. — 금욕주의적 이상은 인류에 하나의 의미를 주었던 것이다! 그것은 지금까지 유일한 의미였다. 어떤 의미가 있다는 것은 아무런 의미가 없다는 것보다는 낫다. 금욕주의적 이상은 어떤 점에서 보더라도 지금까지 있었던 최상의 '어쩔 수 없는 것'이었다. 이 이상 속에서 고통은 해석되었다.[53]

"생성의 무죄(Unschuld des Werdens)"[54]라는 니체의 개념을 통해서 확인할 수 있는 것처럼, 니체는 인간의 내적 생기와 생성 현상에 대하여 그 어떤 죄도 묻지 않는다. 다시 말해 니체는 변해가는 모든 것도, 변화하고자 하는 모

---

51) 니체, 『도덕의 계보 III』, 15, 495쪽 참조.
52) 니체, 『도덕의 계보 III』, 22, 516쪽.
53) 니체, 『도덕의 계보 III』, 28, 540쪽.
54) 니체, 『유고(1887년 가을~1888년 3월)』, 9[91], 백승영 옮김, 책세상, 2005, 63-64쪽.

든 시도에도 죄를 묻지 않는다. 삶의 비극적 · 디오니소스적 지혜를 제시하는 니체는 그 어떤 — 형이상학적 · 종교적 — 이상(Ideal)을 통해서도 고통의 의미를 해석하고자 하지 않는다. 고통은 지금 이 순간 삶의 문제를 해결하기 위해 삶 그 자체를 긍정하라는 자기 실존의 요청이다. 그리고 이 존재의 요청은 결코 오해되어서는 안 된다. 그 이유는 이 요청이 자기기만과 확신의 파토스로 발전되어서는 안 되기 때문이다.

고통은 삶을 부정하는 원인이 될 수 없다. 하지만 삶을 그 자체로 사랑하지 않을 때, 고통이 삶을 부정하는 원인이 될 수 있다는 성찰이 니체가 진단하는 실존의 위기이다. 니체가 "커다란 고통(der grosse Schmerz)"이라는 개념을 통해 설명하듯이, 고통은 오히려 삶을 사랑하는 방식을 변화시키는 계기로 작용할 뿐이다.[55] 물론 이를 위해서는 인간 안에 내재된 정념이 나를 초월한 치유의 방법과 목적을 향해서는 안 된다. 니체가 동정과 이웃사랑 등의 형이상학적 · 종교적 사랑의 방식을 비판하는 이유는, 고통이 나의 문제라면, 치유 역시 나의 문제일 수밖에 없기 때문이다. 이렇듯 니체에게 있어 고통을 다른 방식으로 이해하기 전에 선행되어야만 하는 문제는 고통에 맞서 삶을 바라보는 관점과 삶에 마주하는 태도이다.

---

55) 니체, 『즐거운 학문』, 「제2판 서문」, 3, 28-29쪽 참조.

9.

거리의 파토스:
"비밀스러운 파토스"

"거리의 파토스(Pathos der Distanz)"는 그 명칭처럼 거리를 통해 느끼는 '감정'과 이 거리를 지속하고자 하는 '의지'활동을 대변해주는 개념이다. 비록 니체가 이 개념을 서열과 위계질서라는 표현으로 제시하기도 하지만,[56] 이

---

56) 니체,『유고(1887년 가을~1888년 3월)』, 9[153], 110쪽; 니체,『선악의 저편』, 257, 271쪽 참조. 니체의 "거리의 파토스"는 카스트와 노예제도 등 서열과 계층을 분리하는 개념으로 이해될 수 없다. 이 개념이 계층적인 사회에서만 가능할 뿐, 현대 사회에서 존재할 수 없다는 견해도 있다 (Hugo Drochon, *Nietzsche's Great Politics*, Princeton University Press, 2016, p. 96 참조). 하지만 니체의 거리의 파토스가 정신적인 영역에, 즉 차이를 느끼는 감성과 조율을 대변해주는 개념이라는 것을 오해하고 있기 때문이다(Daniel Conway, *Nietzsche and the Political*, Routledge, 1997, p. 40 참조). 니체에게 있어 거리의 파토스는 "차이를 의욕하고자(Different-sein-Wollen)"하는 의지, 그의 표현에 의하면 "다르게 존재하려고(ein Anders-sein-wollen)" 하는 의지인 것이다(Michael Steinmann, *"Tot vor Unsterblichkeit". Lebenskunst und Säkularisierung in Nietzsches "Ecce Homo" und Heideggers "Sein und Zeit,"* in: Günter Gödde, Nikolaos Loukidelis, Jörg Zirfas (Hrsg.), Nietzsche und die Lebenskunst. Ein philosophisch-psychologisches Kompendium, Stuttgart, 2016, p. 203 참조; Gerd Schank, *"Rasse" und "Züchtung" bei Nietzsche*, Berlin/New York, 2000, pp. 412-413 참조; 니체,『선악의 저편』, 9, 23쪽). 이렇듯 거리의 파토스에서 거리는 "차이(Differenz)"와 "구분(Unterscheidung)"의 의미를 담고 있으며, 파토스는 이를 추구하기 위해 의욕하는 삶의 "방향성(Orientierung)"을 결정하는 내적 작용을 의미한다(Werner Stegmaier, *Philosophie der Orientierung*, Berlin/New York, 2008, p. 600 참조).

때의 이 표현들은 형이상학적이지도, 종교적이지도 않으며 또한 도덕적이지도, 정치적이지도 않다. 오히려 니체는 절대적인 진리와 존재의 도덕 아래 형성된 세계질서 및 세계해석을 해체하기 위해 '좋음'과 '나쁨'이라는 개인적 감정을 부각시킴으로써 선과 악에 대한 전통 형이상학과 종교의 절대적인 이분법을 해체했다.[57]

그리고 이를 통해 자신이 진정으로 욕구하고 추구하는 의미는 절대적 의미에 대립된 '악'일 수 없음을, 즉 본질적으로 '선'일 수밖에 없다는 사실을 증명하고자 했다. "고귀한 인간, 강한 인간, 드높은 사람, 높은 뜻을 가진 사람" 등[58]과 더불어 고귀함, 귀족주의 성향, 주인도덕 등의 개념[59] 역시도 모두 자신의 정념을 부정하지 않고, 이를 바탕으로 자유롭게 자기 삶의 의미를 창조하는 강자의 인간유형과 그 특성을 과감하게 제시하기 위해서이다.

강력한 시대와 고상한 문화는 동정과 '이웃사랑'과 자아와 자의식의 결여를 경멸스러운 것으로 여긴다. — 각 시대는 그 시대의 적극적인 힘들에 의거해 측정될 수 있다 — 이럴 때 르네상스라는 그토록 풍요롭고

---

57) "고귀함과 거리의 파토스, 좀 더 높은 지배 종족이 좀 더 하위의 종족, 즉 '하층민'에게 가지고 있는 지속적이고 지배적인 전체 감정과 근본 감정 — 이것이야말로 '좋음'과 '나쁨'이라는 대립의 기원이다."(니체, 『도덕의 계보 I』, 2, 354쪽) '선과 악'을 '좋음과 나쁨'으로 전환하는 니체의 시도는 형이상학과 종교 및 도덕이 제시하는 절대적 가치가 개인의 가치(개인의 정념)를 지배할 수 없다는 사실을 토대로 한다. 그리고 금욕주의적 성직자 역시 원한을 통해 인간의 정념을 지배할 수 없다. 절대적인 진리 앞에서 자신만의 고유한 삶의 의미를 결코 포기하지 않아도 된다는 것이 바로 니체가 제시하는 건강의 원리인 것이다. 이렇듯 거리의 파토스는 니체의 철학에서 낡은 이원론적 관계를 전복시키는 역할을 하는 개념이다. "위에 있는 자는 밑에 있는 자의 도구로까지 자신을 격하시켜서는 안 되며, 거리의 파토스는 또한 영원히 양자의 임무를 마땅히 분리시켜야만 한다!"(니체, 『도덕의 계보 III』, 14, 490쪽)

58) 니체, 『도덕의 계보 I』, 2, 353쪽.

59) 니체, 『안티크리스트』, 43, 275쪽; 니체, 『선악의 저편』, 257, 271-272쪽; 니체, 『도덕의 계보 I』, 2, 354쪽.

그토록 숙명적인 시대는 위대했던 최후의 시대로 드러나고, 우리 현대는 자기에 대한 소심한 염려와 이웃 사랑, 노동과 겸허와 공정성과 과학성이라는 덕을 가지고서 — 수집적이고 경제적이며 기계적으로 의도하는 — 약한 시대로 드러난다. [⋯] 우리의 덕은 우리의 약함에 의해 제약되고 요청된다. [⋯] 어떤 것이 실제로 유사해지는 것을 의미하고, '평등권' 이론에서 그 표현을 얻는 '평등'은 본질적으로 쇠퇴에 속한다: 인간과 인간 사이의 간격, 계층과 계층 사이의 간격, 유형의 다수성, 자기 자신이고자 하는 의지, 자신을 두드러지게 하고자 하는 의지, 내가 거리를 두는 파토스Pathos der Distanz라고 부르는 것은 모든 강한 시대의 특성이다.[60]

거리의 파토스를 통해 알 수 있는 니체의 문제의식은, 인간과 더불어 세계와 시대에 대한 절대적 해석은 보편적이고 평균적인 질서를 만들어낼 수밖에 없으며, 이러한 도덕의 절대성 속에서 인간의 정념은 부정될 수밖에 없다는 사실이다. 소크라테스와 플라톤에 대한 비판에서도 드러나 있듯이, 선과 악에 대한 이원화는 본질적으로 인간의 육체와 영혼의 문제, 다시 말해 정념의 문제를 안고 있다. 그가 이들의 사상을 극복하고 추구하고자 하는 정념의 자유는 자기 삶의 의미와 가치를 자유롭게 창조할 수 있는 자유이다. 이 논의로부터 거리의 파토스에 내재된 보다 구체적인 특성을 도출할 수 있다. 서열과 위계질서는 스스로 느끼는 감정을 바탕으로 촉발되는 정념의 문제이기 때문에 내가 믿음으로 추구하는 모든 진리와 더불어 심지어 나 자신에 대한 믿음까지도 거리의 대상이 된다.

이렇듯 니체는 새로운 서열과 위계질서를 창조할 수 있는 가능성을 인

---

60) 니체, 『우상의 황혼』, 「어느 반시대적 인간의 편력」, 37, 백승영 옮김, 책세상, 2002, 175–176쪽.

간의 정념에서 발견한다. 그리고 내가 추구해온 모든 가치는 이 거리 안에서 긍정과 극복의 대상이 되기도 하고, 또는 비판과 해체의 대상이 되기도한다. 예를 들어 만약 내가 진정으로 희망하는 삶과 진리가 요구하는 삶 사이의 거리를 느끼게 되면, 그 순간 나는 이 경계에서 나와 진리 사이에서 발생하는 차이를 인식할 수밖에 없다. 또한 내가 추구하는 삶의 가치와 타인이 추구하는 삶의 가치 사이의 거리를 느끼게 되면, 그 차이 속에서 나는 내가치의 정당성을 보증받게 된다. 이렇듯 내가 인식하는 거리, 즉 차이가 쾌를 준다면 자신만의 고유한 삶을 살아가게 될 것이고, 반대로 불쾌를 준다면 보편적 가치를 추구하는 삶을 살아가게 될 것이다.

이제부터는 정념이 거리의 척도, 즉 가치평가 차이의 척도로 작용한다. 그리고 이 거리는 내가 추구하는 것 혹은 나 자신으로부터 멀어지는 것이 아니라, 오히려 매 순간 나와 진리 그리고 나와 나 자신과의 거리를 인식하게 함으로써 삶을 다양한 관점으로 바라볼 수 있게 해주는 역할을 해준다. 진리와 거리를 둘 때에 삶은 비로소 다양한 관점의 대상이 된다. 니체가 삶에 대한 절대적인 관점으로부터 자유로워지기 위해서 "관점주의"를 제시하며 "관점주의적 인식"을 요청하는 이유는, 관점이 감정과 의지 등을 포괄하는 정념을 전제로 하기 때문이다.[61]

이렇듯 거리의 파토스는 단순히 나와 다른 것들을 '차별'하는 원리가 아니라, '차이' 속에서 자신의 정념이 추구하는 삶의 의미와 목적을 커다란 관점으로 숙고할 수 있는 '자기반성의 파토스'인 것이다. 삶의 주인으로서의 정신적 강자와 그의 주인도덕은 거리의 파토스 속에서 보편적이고 평균적인 진리와 가치를 따르는 삶을 살 수 없다. 그래서 거리의 파토스는 "진리

---

61) 니체, 『도덕의 계보 III』, 12, 482-483쪽.

에의 의지"일 수 없으며, "허무주의자의 파토스,"[62] 즉 "'헛됨'의 파토스(das Pathos des 'Umsonst')"일 수도 없다. 또한 거리와 차이에 대한 감정 속에서 자신의 정념의 활동을 활성화시는 거리의 파토스는 "금욕주의의 파토스"일 수도 없다.

내가 진정한 나로서 살아가기 위해서는 내가 추구하는 목적에 대해서뿐만 아니라, 나 자신과도 거리를 두어야 한다. 여기서 중요한 것은, 절대적인 가치와 거리를 벌리고 그 거리의 차이를 느끼는 거리의 파토스가 역설적으로 자기 자신과의 관계를 전제로 한다는 것이다. 그렇다면 그 원리는 힘에의 의지일 수밖에 없다. 그 이유는 자신의 힘으로 자신만의 고유한 의미를 추구하는 삶을 살아갈 수 있다는 감정은 힘이 증대되었다는 느낌과 이 힘을 바탕으로 자신의 삶을 '살아갈 것'이라는 의지의 활동, 즉 힘에의 의지에 의해서만 가능하기 때문이다. 그래서 니체는 거리의 파토스 없이는 "다른 비밀스러운 파토스(geheimnißvollere Pathos)", 즉 "자기극복에의 의지"[63]로서의 힘에의 의지 역시 발생할 수 없다고 말하는 것이다.

> 거리의 파토스 없이는 다른 비밀스러운 파토스 역시 발생할 수 없다. 즉, 영혼 내부에서의 점점 더 새로운 거리의 확대에 대한 요구, 더욱더 높고 희귀하고 긴장되고 포괄적인 상태의 형성, 간단히 말해서 초(超)도덕적인 의미에서의 도덕적 정식을 사용하자면 "인간의 자기-극복"은 발생할 수 없다.[64]

---

62) 니체, 『유고(1887년 가을~1888년 3월)』, 9[60], 41쪽.

63) Walter Kaufmann, *Nietzsche, Philosoph-Psychologe-Antichrist*, übersetzt von Jörg Salaquarda, Darmstadt, 1982, p. 233.

64) 니체, 『유고(1885년 가을~1887년 가을)』, 2[13], 90쪽; 니체, 『선악의 저편』, 257, 271쪽 참조. 영혼의 거리가 확장된다는 차이의 느낌은 새로운 것을 추구하고자 하는 인간의 내적인 변화, 즉 정념의 변화를 전제로 한다(Van Tongeren, Paul., Schank, Gerd., und Siemens, Herman.,

위의 글에서 확인할 수 있는 것처럼, 니체는 ― 거리의 파토스가 그 자체로서도 사상적 의미를 가지고 있지만 ― 이 개념의 본질적인 역할을 인간 안에 내재된 다른 비밀스러운 파토스, 즉 인간의 "자기-극복"을 발생시키기 때문이라고 말한다. 1885년의 한 유고에서 니체가 거리의 파토스와 함께 ― 이미 『차라투스트라는 이렇게 말했다』에서 위버멘쉬와 함께 언급된 ― "인간은 아직 확정되지 않은 동물이다"를 제시하는 이유는,[65] ① 거리의 파토스가 인간이 스스로 자기 자신을 확정시킬 수 있는 실존적 방법이고, ② 그 원리가 힘에의 의지를 통한 끊임없는 자기극복이며, ③ 이러한 삶을 살아가는 인간유형이 위버멘쉬라는 사실을 함의한다.

이에 반해 스스로 거리의 주체가 되고자 하지 않는 인간유형은 자신 안에 내재된 힘과 의지를 믿지 못하기 때문에 자신으로부터 벗어난 가치를 추구할 수밖에 없다. 거리의 파토스에 담긴 니체의 문제의식은 여기서 보다 분명해진다. 내가 믿고 의지하는 가치들과 거리를 두지 못한다는 것은 곧 내가 거리와 차이의 중심이 아니라는 것을, 즉 내 삶의 주권이 나에게 있지 않다는 것을 의미한다. 니체는 이러한 의미상실과 주권상실의 증상을 인간의 "왜소화(die Verkleinerung)"로 규정한다.[66] 아래의 글은 이 증상에 대한 니체의 생각을 잘 보여준다.

> 객관적인 인간(der objektive Mensch)은 사실 하나의 거울이다: 그는 인식되기를 바라는 모든 것 앞에서 복종하는 데 길들여져 있고, 인식하고

(Hrsg.), *Nietzsche Wörterbuch. Band I: Abbreviatur-einfach*, Berlin, 2004, p. 668 참조).

65) 니체, 『유고(1885년 가을~1887년 가을)』, 2[13], 89-90쪽 참조.

66) "인간애", "도덕", "인간성", "공감", 정의로서 숭배하는 데 익숙한 모든 것은 어떤 위험하고 강력한 근본 충동들의 약화와 유화(Schwächung und Milderung)로서 일종의 피상적 가치를 가질 수도 있지만, 길게 보면 그럼에도 불구하고 "인간"이라는 전체 유형의 왜소화와 다를 바 없다."(니체, 『유고(1885년 가을~1887년 가을)』, 2[13], 88-89쪽)

'비추는 것' 외에는 다른 즐거움을 알지 못한다. — 그는 어떤 것이 다가 올 때까지 기다리고 있으며, 유령 같은 존재가 가볍게 걸어가는 발자국 이나 미끄러지듯 지나가는 소리도 자신의 피부 표면이 놓치지 않도록 자신을 부드럽게 펼쳐놓는다. 아직 '개인적인' 것이 어느 정도 남아 있 으면, 그것은 그에게는 우연적인 것으로 때로는 자의적인 것으로 또 때 로는 방해되는 것으로 생각된다: 그렇게까지 그는 스스로 낯선 형태와 사건의 통로나 반영이 되어버렸다. 그는 노력하여 '자기' 자신으로 되돌 아갈 생각을 하지만, 적지 않게 잘못을 저지르게 된다."[67]

니체에 의하면 이러한 인간유형의 증상은 ① "자기-목적"으로서의 삶 을 살고 있지 않기 때문에, ② 자신이 아닌 다른 누군가를 비추는 "거울"로 서의 삶을 살 수밖에 없다.[68] 의미상실과 주권상실은 결국 힘에의 의지의 존 재로서 변화의 가능성이 자신 안에 있다는 사실을 인식하지 못하는 자기망 각의 증상이기도 하다. 여기서 거리의 파토스는 인간이 다시 자기 삶의 중 심이 될 수 있도록 본질적인 자기관계의 가능성을 실현해주는 역할을 한다. 건강한 자기관계와 건강한 정념으로부터 삶의 목표 역시 건강하게 설정된 다. 그래서 니체는 인간의 왜소화를 치유하기 위한 근본조건을 "의지, 책임 감, 자신감, 목표를-자신에게-설정-할 수 있음"으로 제시하는 것이다.

---

67) 니체, 『선악의 저편』, 207, 176쪽.

68) 니체, 『선악의 저편』, 207, 176쪽 참조. 거리의 파토스는 고귀한 인간이 살아가는 방식이다. 그 리고 그의 고귀한 삶의 방식은 소인화(Verkleinerung)를 유발하는 시대의 보편적 파토스를 추 구하지 않고 자신의 정념을 따르는 삶을 살기 때문에, 자신의 삶을 부끄러워하지 않는다. 다 시 말해 그의 정념에는 "부끄러움(Scham)"이 없다(Florian Haubi, *Scham Und Wurde. Eine The-matische Untersuchung Zu Nietzsches Jenseits Von Gut Und Bose*, Basel/Berlin, 2019, pp. 15, 33-34 참조).

인간의 점점 도를 더해가는 왜소화가 바로 더 강한 종족의 사육을 생각하게 하는 추진력이다: 축소된 종이 약해지고 더 약해지게 될 곳에서는 바로 이 추진력이 넘쳐흐른다(의지, 책임감, 자신감, 목표를-자신에게-설정-할 수 있음) […] 거리의 파토스: 오늘날 가장 과소평가되고 가장 금지되는 것에서 자유로운 양심.[69]

니체는 거리의 파토스를 통해서 보편적이고 평균적인 목적 아래 과소평가된 자유롭게 살아갈 권리를 다시 인간에게 되돌려주었다. 그리고 이 권리 안에 인간은 모든 가치평가의 중심이 된다. 그는 더 이상 타인을 비추는 거울로서의 삶을 살지 않는다. 이제 삶은 더 이상 선과 악의 지배를 받지 않는다. 삶의 의미와 가치의 전제는 자유로운 정념이다. 결론적으로 거리의 파토스는 인간의 실존적 변화를 그 자신으로부터 도출하는 철학적 개념이다.

그리고 이 변화는 자신 안에 내재된 정념을 통해서, 보다 구체적으로 말해 '나는 나만의 고유한 삶을 살고 있다!', '나는 내 삶의 주권을 가지고 있다!', 그렇기 때문에 '나는 앞으로도 나만의 방식으로 삶을 의욕할 것이다!' 와 같은 감정과 동시에 이를 실제로 실현하고자 하는 삶의 자세로서의 욕구, 욕망, 본능, 충동, 열정 등의 정념을 통해서 매 순간 실현된다.[70] 니체가 거리의 파토스를 "고귀함의 파토스(ein Pathos der Vornehmhait)"[71]라고 표현하는 이유는 이때문이다.

---

69) 니체, 『유고(1887년 가을~1888년 3월)』, 9[153], 109-110쪽.

70) 니체의 개념 "거리의 파토스"에서 "파토스"는 감정적인 추동력을 의미함과 동시에 실존적 위대함의 실현을 위한 삶의 자세까지 포괄한다(Cornelia Zumbusch, *Pathos. Zur Geschichte einer Problematischen Kategorie*, Berlin, 2010, p. 17 참조).

71) 니체, 『선악의 저편』, 2, 354쪽.

10.
위버멘쉬와 정념,
실존적 건강의 조건

    니체는 더 이상 자신의 정념을 억압하지 않는 인간, 매 순간 자기 내면의 소리에 귀를 기울이고 자기 자신과 관계하는 인간에게 "위버멘쉬"라는 명칭을 부여한다. 그런데 위버멘쉬가 "최고의 활동성(höchste Aktivität)"에 대한 명칭일 뿐, 특정한 "존재상태(Seinzustand)" 혹은 "존재유형(Seinart)"도 아니고, 오히려 "자기 되기(Selbstwerdens)"의 과정적 특성이라는 피이퍼의 말처럼,[72] 이 개념은 삶에 대한 인간의 관점과 태도(자세)에 대한 의미를 담고 있다. 이렇듯 위버멘쉬는 특정한 인간에 대한 개념으로 이해되어서는 안 된다. 그래서 위버멘쉬가 된다는 것은 언제나 힘에의 의지의 존재로서 저편이 아니라 이편을, 하늘이 아니라 대지를, 진리가 아니라 생성을, 자기부정이 아니라 자기긍정을, 좌절이 아니라 극복을 선택하는 삶을 살아간다는 것을 의미한다. 위버멘쉬가 된다는 것은 자신의 정념을, 즉 온전히 자기 자신을 믿는 자가

---

72)   Annemarie Pieper, *Zarathustra als der Verkünder des Übermensch*, in: Stiftung Weimarer Klassik von Rüdiger Schmidt und Andreas Schirmer (Hrsg.), Entdecken und Verraten. Zu Leben und Werk Friedrich Nietzsches, Hermann Böhlaus Nachfolger Verlag, Weimar, 1999, p. 242.

된다는 것이다.

이러한 의미에서 '위버멘쉬적 변화를 향한 인간'은 절대적인 가치 아래 자기 자신과의 관계를 포기하지 않으며, 그 가치 아래 보편적이고 평균적인 삶을 지향하지도 않는다. 그러한 인간유형은 자신 안에서 활동하는 다양한 힘과 의지의 작용 속에서 매 순간 자기 자신과 관계하고, 동시에 자기 자신과의 거리를 만들며 스스로를 객관화할 수밖에 없다. "거리의 파토스"가 누군가에 의해 "객관적인 인간"이 되는 것이 아니라, 내가 나를 객관화하는 삶의 관점과 태도의 변화를 가능하게 하듯이, 그 원리인 힘에의 의지를 대변하는 정념의 활동 역시 끊임없는 생기활동에 의해 단 하나의 절대적 관점을 가질 수 없다.

니체의 철학에서 위버멘쉬는 자신의 정념을 부정하지 않는 인간유형이다. 그는 일시적인 힘의 감정에 자극을 받지만 결코 그 자극에 지배되지 않는다. 그에게 자극은 삶의 변화를 향한 추동력으로 작용할 뿐이다. 이를 설명함으로써 위버멘쉬에서 정념이 가지는 의미와 역할을 살펴보면 다음과 같다. ① 인간은 『차라투스트라는 이렇게 말했다』의 「서문」에서 제시된 것처럼, 동물과 위버멘쉬, 마지막 인간과 위버멘쉬 사이에 서 있는 경계인이다. ② 그리고 그 경계에서 끊임없는 내·외적 자극에 영향을 받으며 삶을 살아간다. ③ 하지만 이 자극이때로는 인간을 위버멘쉬를 향해 성장하게 만들기도 하도, 또 때로는 마지막 인간을 향해 퇴화하게 만들기도 한다.

④ 여기서 니체는 다음과 같은 의문을 제기할 수밖에 없다. '인간의 이 변화는 어떤 자극으로 인한 것인가?', '그리고 인간은 그 자극에 어떻게 반응했으며 또한 어떻게 해석했는가?' ⑤ 삶에 대한 불안 및 두려움과 같은 고통을 실마리로, 정동은 이 자극에 대한 지극히 주관적인 감정적 반응이지만, ⑥ 이 감정적인 반응으로부터 해방되기 위한 욕구와 욕망이 현실을 초월하거나 대체하는 환상으로서의 진리와 존재를 만들어내는 집단의 현상으로

발전하게 되면, 이때 이 현상은 파토스적일 수밖에 없다. 여기서 '파토스적'이라는 표현은 인간이 자신의 욕구, 욕망, 충동, 감정, 의지, 열정, 신념 등의 모든 감정을 다해 추구하는 총체적 행위에 대한 표현이다.

이렇듯 정동이 고통에 반응하는 폭발적인 감정으로 나타난다면, 정념은 이 감정을 바탕으로 보다 견고한 이상을 만들어내고 추구한다. 예를 들어 자신을 괴롭히는 고통에 반응하는 정동은 분노와 슬픔의 일시적인 감정으로 표출될 수 있지만, 정념은 고통스러운 감정을 극복하기 위해서 현실에서 환상을 만들어낸다. "삶을 향한 많은 선의 — 그러나 고통을 향한 아주 적은 의지 — 그것이 안락한 사람을 만든다."[73] 형이상학적 진리와 종교적 구원에 대한 니체의 비판을 통해서 알 수 있는 것처럼, 정념은 생성에 대한 불안과 두려움, 즉 '살아가는 일'에 대한 나약한 감정으로부터 절대적 이상을 만들어내고 이를 지속적으로 추구해나가는 믿음으로까지 나아간다. 하지만 위버멘쉬는 환상이 아니라, 매 순간 생기하는 자신의 정념을 따르는 삶, 즉 실재로서의 삶을 만들어가는 인간유형이다.

인간이 생성을 두려워하는 이유는, ① 생성이 끝없는 변화를 긍정해야하기 때문이다. ② 하지만 본질적으로 생성과 변화에 대한 불안은 지극히 '살아가는 일'에 대한 불안이다. ③ 형이상학적 진리와 종교적 존재에 대한 니체의 강한 비판은 바로 인간의 '살아가는 일', 즉 삶 그 자체를 영원히 극복될 수 없는 고통의 관점에서 해석했기 때문이다. 삶과 고통의 관계에 대한 해석이 이원화되면, 필연적으로 삶은 고통을 제거해야만 하는 것으로 규정하게 된다. 즉 이 관계에서 고통에 중점을 두면 삶이 가진 의미는 폄하된다. 하지만 삶에 중점을 두면, 고통은 삶의 과정, 살아가는 과정, 위버멘쉬가 되어가는 과정의 일부가 된다. 그래서 위버멘쉬는 협의의 관점에서 고통을

---

73) 니체, 『유고(1882년 7월~1883/84년 가을)』, 3[1], 142, 88쪽.

극복하는 자이지만, 광의의 관점에서는 자기 자신의 삶을 극복하는 자인 것이다.

고통은 순간의 치유를 희망하게 하지만, 삶은 영원한 건강을 희망하게한다. 그리고 영원 속에서 순간은 영원을 위한 자극에 지나지 않는다. 신의죽음을 선포한 삶의 철학자로서의 니체의 철학적 가르침은 바로 위버멘쉬를 향한 삶을 살아갈수록, 삶은 점점 더 내가 소망하고 희망했던 방향으로변화되어간다는 것이다. 니체에게 있어 자신이 진정으로 원하는 미래를 향해 나아가는 것은 곧 지금 이 순간의 실재를 인식하는 것이자 실재를 향해나아가는 것이다. 이렇듯 니체는 신의 죽음을 통해 삶의 환상과 그 베일을걷어내고 대지를 살아가는 모든 인간들이 참된 행복의 삶을 살아가기를, 그렇게 매 순간을 자기극복의 순간으로 긍정하는 위버멘쉬로서의 삶을 살아가기를 희망했다.

니체의 말처럼, 인간이 극복되는 곳에서 위버멘쉬는 언제나 "최고의 실재(höchste Realität)"가 된다.[74] 그리고 자기 자신을 극복한다는 것은 위버멘쉬에담긴 개념적 의미처럼, "최고의 활동성"으로 대변된다. 또한 인간은 "아직확정되지 않은 동물"[75]이라는 인간학적 명제처럼, 위버멘쉬가 최고의 실재가 된다는 것은 곧 스스로의 힘과 의지로 자기 자신의 존재의미를 확정한다는 것을 의미한다. 이렇듯 니체는 위버멘쉬를 오직 자기긍정과 극복에 의해서만 실현가능한 실존의 이상으로 제시한다. 그리고 이 변화는 감정(정동)에의해서가 아니라, 이를 포괄하는 정념에 의해서만 실현 가능하다. 니체는 형이상학과 종교가 시도했던 것과 반대로 인간의 자연성을, 즉 정념을 부정하지 않는다. 오히려 정념을 스스로 자신의 삶을 변화시키는 본질적인 토대로

---

74) 니체, 『이 사람을 보라』, 「차라투스트라는 이렇게 말했다」, 백승영 옮김, 책세상, 2002, 430쪽.
75) 니체, 『유고(1885년 가을~1887년 가을)』, 2[13], 890쪽.

이해한다.

　이 사실을 건강철학의 관점에서 구체적으로 설명하면, 위버멘쉬는 자기 존재에 대한 긍정을 바탕으로 자신의 감정이 향하는 목적을 자유롭게 욕구하고 욕망할 수 있는 정념의 자유를 통해서야 비로소 실현되는 변화에 대한 명칭이다. 스스로를 극복하면 할수록 나는 기존의 극복된 나와 나의 정념을 포함하여 수천 개의 나를 경험하게 된다. 그리고 이 경험은 나를 관념적으로 해석할 수 없게 만든다. 이때 위버멘쉬는 가상이 아니라, 매 순간 최고의 실재로 인식된다. 위버멘쉬가 '건강한 인간유형'일 수 있는 이유와 정념이 건강철학의 관점에서 건강의 조건일 수밖에 없는 이유는, 바로 그가 자신의 욕구, 욕망, 충동, 감정, 의지 등의 정념을 이성에 반하는 비이성적 장애로 인식하지 않고, 오히려 이를 포괄하는 "몸(Leib)"으로서 존재하는 인간유형이기 때문이다.

　마지막으로 니체가 자신의 철학에서 제시하는 건강한 삶의 모습은 단 한순간도 나 아닌 다른 가치를 추구함으로써 자기 자신과 삶의 실재를 망각하지 말라는 것이었다. 이러한 의미에서 "영원회귀"는 고통스러운 지금과 고통 속의 내가 영원히 반복할 것이기 때문에, 영원히 반복될 오늘을 지금 이 순간 긍정하고 극복해야만 한다는 실존의 지혜를 전해준다. 그리고 운명에 대한 사랑(운명애, amor fati)은 언제나 지금의 과제일 뿐이다. 행복은 모든 순간을 위한 것일 뿐, 결코 영원을 보증해주지 않는다. 순간의 고통을 극복하기 위해 존재자와의 일치를 통한 행복을 희망하며, 내적 정념의 토대를 삶에 대한 불만과 원한으로 채워서는 안 된다는 니체의 경고는 오늘날에도 변함없는 실존적 건강의 지혜로서의 역할을 한다.

IV

니체 철학에 나타난
고통과 진리 그리고
정념의 관계에 대한 연구

1.
니체의 철학적 파토스:
정념(Pathos)의 치유

인간은 '파토스적 존재', 즉 '정념의 존재'이다. 인간은 감정의 존재이기 때문에 그의 내면은 끊임없이 생기한다. 구체적으로 말해서 욕구, 욕망, 충동, 본능, 감정, 의지 등, 그의 내면에서 발생하는 다양한 생명 활동으로서의 정념은 단 한순간도 멈추지 않는다. 그리고 이때 고통은 감정을 강하게 자극하는 내외적 조건으로 작용한다. 중요한 것은 고통에 대한 감정적 자극으로부터 의지의 활동은 자기보존(마지막 인간)과 자기극복(위버멘쉬)의 방식으로 달라진다는 것이다. 니체는 고통으로부터 도출되는 쾌와 불쾌의 두 가지 감정적 자극을 정동(Affekt)을 통해 설명하고, 이 자극을 포함한 총체적인 의지의 활동을 정념(Pathos)으로 이해한다.

이렇듯 정념은 쾌와 불쾌라는 감정의 자극, 즉 정동의 자극으로 활동을 시작한다. 여기서 쾌는 상승, 성장, 힘의 증대 등의 감정이고, 불쾌는 하강, 퇴락, 힘의 감소 등과 같이 고통을 주는 감정이다. 물론 "마지막 인간"의 경우, 그의 쾌는 삶의 상승과 성장을 향한 자기극복일 수 없을 것이다. 그에게 쾌는 오히려 보편적이고 대중적인 진리 안에 스스로를 보존하는 것이다.

하지만 "위버멘쉬"의 경우에는 그 반대이다. 그에게 있어 마지막 인간이 추구하는 자기보존적 쾌는 하강과 퇴화를 느끼게 하는 실존적 불쾌일 뿐이다. 그래서 니체는 자신의 철학적 인간학이 가장 잘 드러나는 저서 『차라투스트라는 이렇게 말했다』의 시작에, 고통을 이해하는 감정과 이로부터 발생하는 의지의 문제를 중심으로 두 가지 인간유형, 즉 마지막 인간과 위버멘쉬를 구분하는 것이다.[1]

육체에서 발생하는 병으로 인한 고통에 의해서도 정동은 여전히 쾌감과 불쾌감의 경계에서 정념을 자극한다. 보다 구체적으로 말하면, 정동은 '병과 고통에 맞서 어떤 행위를 할 것인가?' 혹은 '병과 고통을 극복하기 위해 자신의 삶을 더욱 사랑할 것인가?' 아니면 '나 아닌 다른 존재에 의지할 것인가?'에 맞서 '어떤 의지를 가지고 행위 할 것인가?'와 같은 물음으로 정념을 자극한다. 이렇듯 정념은 인간의 감정적 자극과 더불어 의지의 변화까지 포괄하는 개념이다. 자기보존이 감정과 행위의 유기적 결과, 즉 정념의 결과이듯이, 자기극복 역시 마찬가지이다.

그래서 니체는 자신의 철학에서 병과 고통의 의미를 형이상학과 종교의 관점에서 해석하지 않는 것이다. 고통은 나를 나로서 존재하도록 자극하는 힘일 뿐, 나로부터 멀어지게 만드는 힘으로 작용해서는 안 된다. 고통에 지배되어 나 아닌 다른 가치를 추구하는 증상은 결과적으로 내 안의 욕구, 욕망, 감정, 의지가 더 이상 나를 향하지 않는 '정념'의 병이다. 니체에게 있어 병에 지배된 상태는 '병에 걸린 상태'가 아니라, 오히려 '병이 극복되지 않은 상태', 다시 말해 "새로운 건강(die neue Gesundheit)"[2]을 획득하지 못한 상태를 의미한다.

---

1) 니체, 『차라투스트라는 이렇게 말했다』, 「서문」, 4, 정동호 옮김, 책세상, 2005, 20-23쪽 참조.
2) 니체, 『즐거운 학문』, 382, 안성찬 · 홍사현 옮김, 책세상, 2005, 392쪽.

예를 들어 병에 의해 건강이 매 순간 새로워질 수 있다는 그의 개념 "커다란 건강(die grosse Gesundheit)"[3]에 내포된 의미처럼, 병과 더불어 고통 역시 건강의 관점에서 제거되어야 할 요소가 아니라, 오히려 건강의 정신적 · 실천적 전제로서 '다시 건강해질 수 있는 기회'인 것이다. 니체가 자신의 철학이 고통스러운 삶에 낙담한 비참한 상황에서도 결코 "비참과 낙담의 철학(eine Philosophie der Armuth und Entmuthigung)"일 수 없다고 말하는 이유는 이때문이다.

> 내 건강에의 의지와 삶에의 의지를 나는 나의 철학으로 만들었다.
> [⋯] 왜냐하면 다음의 사실을 주목해보라: 내 생명력이 가장 낮았던 그
> 해는 바로 내가 염세주의자임을 그만두었던 때였다: 나의 자기 재건 본
> 능이 내게 비참과 낙담의 철학을 금지해버렸던 것이다. [⋯][4]

또한 영원회귀를 고통스러운 현재를 영원히 겪는 것이 아니라, 영원히 회귀할 현재의 고통을 긍정하고 극복함으로써 건강한 미래의 오늘을 다시 희망할 수 있는 변화의 계기로 제시하는 니체에게 있어 고통은 현재를 잠식하는 힘이 아니라, 오히려 치유를 자극하는 힘으로 작용한다. 영원회귀는 지금 이곳에서 자신의 삶을 긍정할 수 없는 자에게만 고통스러운 실존의 무게로 작용할 뿐이다. 다시 말해 현재의 고통으로부터 벗어나기 위해서 영원히 반복될 지금 이 순간을 더욱 사랑하며 행복으로 전환하는 것이 아니라, 영원히 살아갈 형이상학적 · 종교적 저편의 세계를 추구하는 자에게 이 사상은 결코 그의 감정과 의지, 즉 정념을 변화시킬 만큼의 쾌를 줄 수 없을 것이다. 그래서 니체는 자신의 "철학적 파토스(ein philosophisches Pathos)"를 고통 속에

---

3) 니체, 『즐거운 학문』, 382, 392쪽.
4) 니체, 『이 사람을 보라』, 「나는 왜 이렇게 현명한지」, 2, 백승영 옮김, 책세상, 2002, 334쪽.

서도 삶의 의미를 잃지 않고 오히려 고통 속 '삶의 비극'을 긍정하고 추구하는 "디오니소스"로 규정하는 것이다.[5]

정념의 제거를 철학적 중심개념으로 제시한 스토아학파는 — 정념에 자극을 받지 않는 — 무정념(apatheia/without Pathos)에 의한 고통이 없는 상태, 즉 영혼의 평화를 추구한다. 그렇다면 한 사람이 자신의 정념으로부터 자유로운 삶을 살고 있다고 가정할 때, 그의 삶은 스토아학파의 금욕주의적 관점에서는 참된 행복을 추구하는 것일 수도 있다. 하지만 인간을 끊임없이 무언가를 욕망하는 존재, 즉 '파토스적 존재'라고 가정한다면, 금욕주의적 삶을 그 사람의 진정한 삶이라고 말할 수 있을까? 인간의 육체를 부정함으로써 그의 본질적인 생명성이자 자연성으로서의 정념을 폄하해온 이성의 철학사 전반에 대한 니체의 철학적 문제의식은 이러한 의문으로부터 시작된다.

> [···] 모든 영혼의 의사들이 내리는 처방과 관련하여, 그리고 단호한 근본적인 치료에 대한 그들의 찬양과 관련하여, 다음과 같은 질문을 던질 수 있다. 스토아적인 화석화된 생활 방식과 교환하는 것이 이득일 만큼 우리의 삶이 정말로 그토록 고통스럽고 부담되는 것일까? 우리는 스토아적 방법으로 열악하게 살아야 할 만큼, 그렇게 열악한 상황에 처해 있는 것은 아니다.[6]

---

5) 니체, 『이 사람을 보라』, 「비극의 이해」, 3, 393쪽.

6) 니체, 『즐거운 학문』, 296쪽. 고통과 행복의 단절된 관계에 대한 에피쿠로스의 철학적 관점 역시 니체에게는 비판의 대상이 된다. 만약 고통을 실재하는 것으로 긍정하지 못한다면, 행복도 실재가 될 수 없다. "에피쿠로스는 전형적인 데카당이다: 나는 이 점을 최초로 알아차렸다. — 고통에 대한 공포, 한없이 작은 고통에 대해서마저도 갖는 공포 — 이런 공포는 오로지 사랑의 종교 안에서만 종결될 수 있다. [···]"(니체, 『안티크리스트』, 30, 백승영 옮김, 책세상, 2002, 254쪽)

니체에게 있어 정념은 무의 상태에 있을 수 없다. 고통이 없는 상태로서의 무를 추구할 때 ― 니체의 표현에 의하면 "무에의 의지(Wille zum Nichts)" ― 정념의 활동은 정지된다. 이성중심주의적인 서구정신사에서 활동을 멈추지 않는 정념은 언제나 이성에 의해 제어되고 억압되어야만 하는 장애일 뿐이었다. 하지만 니체의 구체적인 문제의식은 정념이 이성에 의해 억압되고 또한 그 안에 은폐될 때, 인간의 본질적인 생명성과 자연성, 즉 그의 존재 역시 은폐된다는 것이다. 절대적 진리와 존재 아래 은폐되어온 정념을 활성화하고, 나아가 실존적 변화의 조건으로서 강화하고자 하는 니체에게 있어 스토아적으로, 즉 무정념의 상태로 살아가는 것은 스스로 자기 존재를 부정하는 것에 불과할 뿐이다.

니체는 정념의 부정현상을 비단 철학적 인간학의 주제로서만 국한시키지 않는다. 이 주제는 그의 철학에서 시대, 문명, 문화(학문, 정치, 예술) 등을 탐구하는 다양한 철학적 주제의 토대로 작용한다.[7] 이 모든 문제들의 토대는 인간이다. 그리고 인간을 향한 니체의 철학적 시도는 절대적 진리와 존재의 가치를 추구하며 보편적이고 평균적으로 살아가는 그의 병든 실존의 치유이다. 정념은 인간의 본질이지만, 이 본질적 특성은 다양한 현상으로 나아간다.

여기서 니체의 문제의식은 보다 내밀해진다. 그 이유는 정념의 현상은 인간이 평균적인 존재가 된 사실을 설명해주지만, '왜! 인간이 평균적인 가치를 추구하는 보편적인 삶을 살아가고자 하는가?'와 같은 의지의 근원적

---

7) 니체는 파토스를 자신의 문제를 표현함에도 사용한다. 그에 의하면 좋은 문체 자체는 "아름다움 그 자체", "선 그 자체", "물 그 자체"일 수 없다. 좋은 문체 안에는 "파토스의 내적 긴장 상태 (eine innere Spannung von Pathos)"가 담겨 있어야만 한다. 그래야만 글은 비로소 특정한 이상 (Ideal)을 담지 않게 된다. 좋은 글이 좋은 독자를 불러들이는 힘을 니체는 파토스를 통해 설명한다(니체, 『이 사람을 보라』, 「나는 왜 이렇게 좋은 책들을 쓰는지」, 4, 382-383쪽).

원인에 대해서는 명확한 답을 주지 못하기 때문이다. 정념을 자극하는 감정적 요인으로서의 고통을 탐구하지 않는다면, 이 문제는 해결되지 않는다. 나아가 인간 안에 내재된 변화가능성으로서의 "위대함" 역시 실현될 수 없다.

2.
"위대함(Größe)"의
실존적 조건으로서의 정념

　　니체가 자신의 철학에서 수행하는 형이상학과 종교 그리고 도덕비판
의 근본적인 목적은, ① 스스로를 긍정하고 극복하지 못하는 인간은, ② 결
국 자신이 살고 있는 세계 역시 긍정하고 극복할 수 없다는 사실을 전제로
한다. 그리고 여기서 신의 죽음은 이 두 가지 문제를 한 번에 해결할 수 있는
중요한 사상적 사고실험이다. 신의 죽음을 해방으로 느끼는 자는 이제 오직
자신의 정념에 따라 고유한 실존적 의미와 가치를 창조하는 삶을 살아가면
되기 때문이다.

　　신의 죽음으로부터 발생한 허무주의를 통해서 니체는 인간 안에 내재
된 변화의 가능성, 다시 말해 그의 실존적 "위대함"을 실현하고자 한다.[8] 그

---

8)　"나는 모든 드문 것, 낯선 것, 특권적인 것, 보다 높은 인간과 영혼, 더욱 높은 의무와 책임, 창조
　　적인 힘의 충일과 지배권을 공동으로 얻기 위한 싸움을 하며 다음과 같이 말하고자 한다. ― 오
　　늘날 고귀하다는 것, 독자적인 존재가 되고자 한다는 것, 달리 존재할 수 있다는 것, 홀로 선다
　　는 것, 자신의 힘으로 살아야만 한다는 것이 '위대함'의 개념에 속한다. 그리고 철학자는 다음
　　과 같이 주장할 때, 자기 자신의 이상의 단면을 보이게 된다: "가장 고독한 자, 가장 은폐된 자,
　　가장 격리된 자, 선악의 저편에 있는 인간, 자신의 덕의 주인, 의지가 넘쳐나는 자가 될 수 있는

리고 그는 인간이 스스로 위대함의 조건이 될 수 있도록, 그의 안에 내재된 변화의 가능성을 탐구하며 그 조건으로서 욕구, 욕망, 충동, 감정, 의지 등의 활동을 모두 포괄하는 정념의 복권(復權)을 시도한다. 이러한 의미에서 금욕주의와 금욕주의적 성직자에 대한 니체의 비판은 근본적으로 고통에 대한 삶의 관점과 자세, 즉 그의 정념에 대한 심리 · 생리적 탐구를 바탕으로 수행된다.

> [···] 실제로 금욕주의적 성직자는 주저 없이 인간 안에 있는 들개 무리 전체를 자신에게 봉사하도록 해왔고, 때로는 이 개를, 또 때로는 저 개를 풀어놓으면서, 완만한 슬픔으로부터 인간을 불러일으키고, 적어도 잠시만이라도 그의 숨 막힐 듯한 고통이나 머뭇거리는 비참함을 쫓아 버리는 동일한 목적에 언제나 이르렀으며, 또한 언제나 종교적 해석이나 '정당화' 아래 이를 행했다. 그와 같은 모든 감정의 무절제함은 후에 대가를 치르게 된다는 것, 이것은 명백한 일이다 — 이것은 병자를 더 병들게 만든다 — : 따라서 이러한 방식의 고통의 치료법은, 현대의 척도로 잰다면 '죄 있는' 방식이다.[9]

위의 글에서 확인할 수 있는 것처럼, "인간 안에 있는 들개 무리 전체(die ganze Meute wilder Hunde im Menschen)"는 감정과 의지를 포괄하는 정념 그 자체를 의미한다. "들개"로 표현되고 있는 것처럼, 인간 안에 있는 정념 활동은 그 자체로 안정적이거나 평균적일 수 없다. 하지만 고통은 들개조차도 순화시

자가 가장 위대한 인간이 될 수 있을 것이다. 다양하면서도 전체적이고 폭이 넓으면서도 충만할 수 있다는 이것이야말로 위대함이라 부를 수 있을 것이다.'"(니체, 『선악의 저편』, 212, 김정현 옮김, 책세상, 2005, 191쪽)

9)   니체, 『도덕의 계보 III』, 20, 511쪽.

킨다. 니체가 금욕주의적 성직자의 치료법을 비판하는 이유는 그들이 고통에 대한 인간의 반응을 "'죄 있는' 방식"으로, 즉 수동적인 방식으로 전환시켰기 때문이다. 고통에 대한 정념(정신과 의지)의 수동적인 반응은 곧 삶에 대한 수동적 반응으로 드러날 수밖에 없다.

니체에게 있어 고통에 대한 수동적인 자세는 — "힘에의 의지"에 담긴 개념적 의미처럼 — 언제든지 다시 능동적으로 변화될 수 있어야만 한다. 니체가 문제시하는 성직자에 대한 본질적인 비판은 그들이 고통에 대한 "원한"의 원인을 인간 그 자신에게 주어진 원죄로 규정함으로써, 다시 능동적으로 변화될 수 있는 가능성을 차단했다는 것이다.[10] 인간 안에 내재된 변화의 가능성과 본질적인 조건으로서의 정념의 약화는 곧 그의 실존적 위대함의 실현을 억압하는 것과 동일한 의미를 가진다. 그리고 인간의 실존적 위대함이 스스로를 기만하거나 가장된 것일 수 없듯이, 나 아닌 다른 가치를 향해 생기하는 정념은 위대함의 조건이 될 수 없다.

> 내 본성에서 어떤 광신적 특징을 찾으려는 것은 부질없는 짓이다. 내 삶의 어떤 순간에서든 어떤 주제넘거나 격양된 꾸며진 포즈를 사람들은 입증할 수 없을 것이다. 꾸며진 포즈의 파토스는 위대함에 속하지 않는다(Das Pathos der Attitüde gehört nicht zur Grösse); 누군가가 포즈를 필요로 한다면 그는 가짜다. [...][11]

"꾸며진 포즈의 파토스는 위대함에 속하지 않는다"는 니체의 말처럼,

---

10) 니체, 『도덕의 계보 III』, 15, 495쪽 참조; Volker Caysa, *Asketismus*, in: Henning Ottmann (Hrsg.), Nietzsche Handbuch, Stuttgart/Weimar, 2000, p. 195 참조.
11) 니체, 『이 사람을 보라』, 「나는 왜 이렇게 영리한지」, 10, 372-373쪽.

IV. 니체 철학에 나타난 고통과 진리 그리고 정념의 관계에 대한 연구 177

인간 내면의 다양한 활동을 구체적으로 대변해주는 정념은 꾸며진 것, 즉 가장된 행위의 전제일 수 없다. 니체가 자기 안의 정념을 부정하고 나 아닌 다른 가치를 추구하는 인간의 행위를 '꾸며진 것'으로 비판하는 이유는, 그 행위의 이면에 형이상학적 진리와 종교적 존재의 실천원리로서의 도덕적 의무가 내재해 있기 때문이다. "무조건적인 의무" 속에서 인간의 정념은 억압될 수밖에 없다. 절대적 의무 안에서 스스로 삶의 쾌를 선택할 수 없는 그의 정념이 실존의 위대한 변화를 실현하는 조건일 수 없음은 당연하다.

> 무조건적인 의무, — 어떻게든 영향을 미치기 위해서는 강력한 언어와 음성, 웅변적인 몸짓과 태도가 필요하다고 느끼는 모든 사람들, 절반의 성공이란 있을 수 없는 혁명가, 사회주의자, 그리스도교 교도건 아니건 모든 참회의 설교자들은 모두 항상 "의무"에 대해서, 그것도 무조건적인 성격을 지니는 의무에 대해서 이야기한다. 이것이 없으면 위대한 파토스에 대한 권리도 없다는 것을 이들은 잘 알고 있는 것이다! 그리하여 이들은 정언명법을 설교하는 도덕철학에 다가가거나 […] 종교적인 것을 상당 부분 받아들인다. […] 모든 세련된 방식의 복종은 정언적 명법을 고수하려 하며, 이 점에서 의무로부터 무조건적인 성격을 빼앗으려 하는 자들의 불구대천의 적이 된다.[12]

절대적 의무를 통해 실현되는 "위대한 파토스(das grosse Pathos)"는 니체가 『도덕의 계보』의 「제3논문」에서 집중적으로 논의하고 있는 것처럼, 금욕주의적일 수밖에 없다. 형이상학과 종교에 대한 니체의 비판과 해체는 근본적으로 절대적 의무 안에 억압된 인간의 정념을 해방시키고, 이를 통해 매 순

---

12) 니체, 『즐거운 학문』, 5, 74-75쪽.

간 스스로를 의욕하고 자신만의 고유한 의미를 창조하는 삶으로의 변화를 실현하기 위해서이다. 니체에게 있어 변화의 조건이 내 안에 없다면, 진정한 의미에서의 변화는 불가능하다. 위대함 역시 마찬가지이다. 자신이 그 변화의 조건이 될 수 없다면, 위대함은 결코 실현될 수 없다. 그리고 이러한 인간은 결코 자신만의 고유한 삶의 의미를 창조하는 주인으로서의 삶을 살 수 없다.

인간의 위대함은 자기 자신으로서 살아갈 수 있는 힘과 그렇게 살아가기를 원하는 의지, 즉 힘에의 의지를 통해서 실현될 수 있다. 그리고 매 순간 힘의 증대를 쾌로 느끼고, 이 쾌감을 추구하는 의지의 모든 활동은 정념으로 대변된다. 의지가 활동이라면, 힘은 그 활동의 방향을 설정해준다. 만약 고통으로부터 의지가 발생한다면 힘은 두 가지 방향의 경계에 서게 된다. 『차라투스트라는 이렇게 말했다』의 마지막 인간과 위버멘쉬의 관계를 이미 예로 들었던 것처럼, 인간은 언제나 고통 속에서 자신을 보존하고자 하는 경우와 고통을 삶의 성장을 위한 자극제로 긍정하고 극복하고자 하는 선택의 경계에 서게 된다.

그리고 전자의 경우는 고통이 죄에 대한 벌로 전환되어 결국 의무가 되고, 후자의 경우에는 실존적 변화의 토대가 된다. 고통으로 인해 내가 나를 더 이상 의욕하지 못할 때, 정념은 나 아닌 다른 진리와 존재를 추구하게 된다. 이렇듯 고통을 치유해줄 수 있는 힘을 자기긍정과 극복 혹은 형이상학적·종교적 진리와 존재 중 무엇을 설정하는가에 따라서 인간의 힘에의 의지, 즉 그의 정념이 의욕하고 추구하는 대상과 가치는 완전히 달라진다. 고통의 관점에서 볼 때, 니체의 영원회귀와 운명애는 고통에 대한 형이상학적·종교적·도덕적 해석을 해체하는 실존적 건강의 방법론이다. 그 이유는 운명에 대한 사랑은 고통 속의 삶을 숙명적으로 만들지 않기 때문이다.

인간에게 있는 위대함에 대한 내 정식은 운명애다: 앞으로도, 뒤로도,

영원토록 다른 것은 갖기를 원하지 않는다.[13]

　　니체의 철학에서 나 아닌 그 어떤 다른 것도 원하지 않는 의지는 힘에
의 의지로 명명된다. 힘에의 의지는 힘-증대의 쾌감을 주는 것이라면 고통
마저도 의지한다. 다시 말해서 힘에의 의지는 고통 이후에 얻어지는 성장의
느낌을 힘-증대의 쾌감으로서 추구하기 때문에 고통과 직접적으로 대면하
고자 하는 의지이다. 그래서 니체는 힘에의 의지를 "고통에의 의지(Wille zum
Schmerz)"[14] 혹은 "괴로움을 향한 의지(Wille zum Leiden)"[15]라고 표현하는 것이다.

---

13)　니체, 『이 사람을 보라』, 「나는 왜 이렇게 영리한지」, 10, 373-374쪽.

14)　니체, 『아침놀』, 354, 박찬국 옮김, 책세상, 2004, 305쪽.

15)　니체, 『유고(1884년 초~가을)』, 26[275], 정동호 옮김, 책세상, 2004, 292쪽.

3.
"자기기만"의 파토스와
"확신"의 파토스

힘에의 의지는 다양한 정념의 활동과 원리를 대변해주기 때문에 어떤 방식으로든 인간이 '자기 자신과 관계하는 방식'으로 드러날 수밖에 없다. 하지만 자기보존에의 의지는 나 아닌 다른 가치를 추구하기 때문에, 나 자신과 관계하는 활동일 수 없다. 이 의지는 고통 속에서 나 아닌 형이상학적·종교적 힘을 삶의 의미와 목적으로 의욕할 수밖에 없다. 즉 이 의지는 힘에의 의지로 대변되는 인간의 모든 정념이 자기보존을 쾌로 느끼며 향하고 있음을 보여준다. 여기서 중요한 것은 힘에의 의지가 언제나 스스로를 긍정하고 극복하는 형식으로 발현되지는 않는다는 것이다. 힘에의 의지는 고통 속에서야 비로소 '자기보존에의 의지' 및 '자기극복에의 의지' 등과 같은 구체적인 활동으로 드러난다.

세계와 인간의 본질을 힘에의 의지의 존재로 이해하는 니체의 견해를 통해,[16] 그가 이 개념에 부여하는 사상적 역할이 얼마나 큰지 알 수 있다.

---

16) "디오니소스적 세계 […] 이러한 세계가 힘에의 의지다 — 그리고 그 외에 아무것도 아니다!

모든 생명체는 힘에의 의지의 원리에 따라 '자기 자신과 관계하는 생'을 살아갈 수밖에 없다. 니체에 의하면 힘에의 의지는 인간 안에서 생기하는 모든 정념이 온전히 자기 자신을 의욕하도록 만드는 "자기에의 의지(Wille zum Selbst)"[17]인 것이다. 하지만 심지어 자기 자신을 힘에의 의지의 존재로 인식하지 못하는 경우에도 인간은 변함없이 힘에의 의지의 존재이다. 다시 말해 고통 속에서 자기극복에의 의지로서 힘에의 의지를 부정하며, 결국 자기관계를 상실한 경우에도 인간은 여전히 무언가를 의욕하는 파토스적 존재, 즉 힘에의 의지의 존재이다. 형이상학과 종교 그리고 실천원리로서의 도덕에 대한 니체의 강한 비판에서 알 수 있듯이, 니체가 문제시하는 것은 인간은 본질적으로 '자기 자신' 아니면 '자신을 초월한 다른 존재의 목적'을 의욕한다는 것이다.

> 우리에게 가장 잘 알려진 존재 형식인 삶은 전형적으로 힘 축적에의 의지다.
> : 보존을 원하는 것은 없다. 모든 것은 집적되고 축적되어야 한다.
> 한 가지 구체적 경우로서의 삶: 이것의 성격을 생존하는 것의 총체적 성격이라고 하는 가설.
> : 힘의 극대적 느낌을 추구한다.
> : 본질적으로 좀 더 많은 힘을 추구한다.
> : 추구는 힘에 대한 추구일 뿐 다른 것이 아니다.[18]

그대들 자신 역시 이러한 힘에의 의지다 — 그리고 그 외에 아무것도 아니다!"(니체, 『유고 (1884년 가을~1885년 가을)』, 38[12], 김정현 옮김, 책세상, 2004, 436쪽)

17)　니체, 『차라투스트라는 이렇게 말했다』, 「창백한 범죄자에 대하여」, 62쪽.

18)　니체, 『유고(1888년 초~1889년 1월 초)』, 14[82], 백승영 옮김, 책세상, 2004, 72쪽.

"힘 축적에의 의지(Wille zur Accumulation der Kraft)"라는 니체의 표현처럼, 무엇보다 중요한 것은 힘에의 의지로서의 인간이 어떤 힘을 쾌로 선택하고 의지하며 살아갈 힘을 축적하는가이다. 그래서 힘과 의지의 문제는 무엇보다 중요하다. 그 이유는 힘과 의지가 향하는 목적이 곧 삶의 의미를 대변해주기 때문이다. 물론 나에게 쾌감을 주는 '힘'이 나와의 관계 속에서 발생하고 계속해서 그 쾌감을 '의지'하는 것이라면, 이 활동은 힘에의 의지의 관점에서 문제가 되지 않는다. 그런데 만약 "종말에의 의지와 허무적 의지(der Wille zum Ende, der nihilistische Wille)"[19]가 힘을 추구한다면, 그 힘은 어떤 것일까? 그 힘에 담긴 어떤 목적이 인간에게 쾌감을 주는 것일까?

이 힘과 의지는 인간 안에서 발생하는 것이기 때문에, 그 영역을 벗어나는 순간 '나를 나일 수밖에 없도록 만드는 역할'을 할 수 없게 된다. 모든 정념을 다해서 나를 벗어난 가치를 추구하며 삶의 상승, 성장, 건강과 같은 실존적 변화를 희망한다는 것은 존재의 원리에 어긋난다. 즉 이러한 증상은 자신 안에 내재된 변화의 가능성을 부정하는 자기모순이자 기만일 수밖에 없다. 이러한 의미에서 니체는 『안티크리스트』에서 자신이 그리스도교와 전쟁을 벌이는 본질적인 이유에 대하여 설명하며, 어떻게 인간의 정념(파토스)이 신앙으로 발전될 수 있는지에 대하여 다음과 같이 말한다.

> 이런 신학자-본능과 나는 전쟁을 한다: 나는 그것의 흔적을 여기저기서 발견한다. 신학자-피를 몸 안에 갖고 있는 자는 처음부터 만사에 대해 삐딱하고 부정직한 태도를 취한다. 그리고 거기에서 발전된 파토스(das Pathos, das sich daraus entwickelt)를 신앙으로 부른다: 치유 불가능한 허위의 측면으로 고통받지 않도록 자신에 대해서는 영원히 눈을 감아버

---

19) 니체, 『안티크리스트』, 9, 223쪽.

리는 것, 만사에 대한 이러한 그릇된 관점에서 사람들은 도덕과 덕과 신성함을 만들어내며, 그것을 양심을 그릇되게-보는 것과 엮어버린다. — 자기 자신의 광학을 '신', '구원', '영원'의 이름으로 신성불가침으로 만든 다음, 사람들은 다른 종류의 광학은 더 이상 어떤 가치도 가져서는 안 된다고 요구한다. 신학자-본능을 나는 도처에게 캐내었다: 그것은 지상에 존재하는 것 중에서 가장 널리 퍼져 있으며, 본래는 지하적인 형식의 허위다. 어떤 신학자가 참이라고 느끼는 것은 거짓이지 않으면 안 된다.[20]

니체의 견해는 명확하다. ① 니체가 전쟁을 벌이는 "신학자-본능"은 다름 아닌 인간 안에 내재된 정념을 병들게 한 원인이다. ② 이 병의 증상은, 자신을 초월한 가치를 추구하기 때문에 근본적으로 삶의 적대성으로 드러난다. ③ 그리고 이러한 감정과 의지로부터 "발전된 파토스"가 바로 "신앙"이다. ④ 그런데 인간의 정념이 신앙으로 발전될 수 있는 이유가 다름 아닌 더 이상 고통받고 싶지 않기 때문이라는 것이다. 니체는 이러한 증상을 자신에 대해서 "영원히 눈을 감아버리는 것"이라고 진단한다. 정념의 상실은 곧 나의 상실이다. ⑤ 사실 여기서 중요한 것은 나 아닌 다른 가치를 추구하는 자에게도 정념의 상실은 있을 수 없다는 것이다. 그 이유는 니체에게 있어 형이상학적 · 종교적 진리를 추구하는 정념은 나를 초월한 목적 속에서 '나 아닌 나를 찾는 행위'이기 때문이다.

⑥ 인간 내면의 총체적 활동으로서의 정념이 중요한 철학적 가치를 가지는 이유는, 정념이 단순히 느끼고 의지하는 것을 넘어 자신이 쾌로 선택하고 추구하는 목적 이외의 모든 것을 배제해버리기 때문이다. ⑦ "자기기

---

20)   니체, 『안티크리스트』, 9, 223쪽.

만"과 "자기확신"으로부터 발현되는 정념이 실존의 병일 수밖에 없는 이유는 이때문이다. "인식하는 자에게는 경건한 기만(die pia fraus)이 경건하지 않은 기만(die impiafraus)보다 더욱 취미에 거슬린다."21) ⑧ 니체는 의지의 병이 발생하는 모든 곳에서 "신학자-본능"을 발견했다. 이 위험한 본능은 인간의 정념을 유혹하는 "가장 지하적인 형식"으로 드러난다. ⑨ 그리고 이 형식은 선과 악, 참과 거짓, 옳고 그름의 가치를 전환함으로써 인간의 정념이 추구해야 할 쾌감의 방향을 변경해버렸다. ⑩ 이렇듯 정념의 병적 증상은 나로서 살아가는 강한 주인의 삶을 선(쾌)이 아니라 악(불쾌)으로 느끼는 감정과 잘못된 가치를 추구하는 의지로부터 더욱 깊어진다.

> 신학자의 영향이 미치는 한, 가치판단은 뒤집히고, '참'과 '거짓'이라는 개념도 필연적으로 뒤바뀐다: 삶에 가장 해로운 것. 이것이 여기서 '참'이라 불리고, 삶을 고양하고 증대시키고 긍정하고 정당화하며 승리하게 만드는 것. 이것이 '거짓'이라고 불린다.22)

니체에 의하면 선과 악, 참과 거짓, 옳고 그름의 가치판단이 변경되었다는 사실 이면에는 "확신과 거짓"에 대한 대립이 놓여있다. 그의 말처럼, 거짓보다 더 위험한 것은 확신이다. 왜! 거짓보다 확신이 더 위험한 것일까? 그 이유는 인간은 어떤 가치가 거짓임을 알고 있지 않는 한, 거짓을 참으로 확신할 수도 있기 때문이다. 혹은 거짓임을 알고 있음에도 불구하고, 자신의 삶에 확신할 수 없을 때, 자신의 고통을 치유할 수 있다고 믿고 싶을 때, 거짓마저도 참으로 확신하게 된다. 니체는 이러한 가치전환의 역사 속에서 진

---

21)   니체, 『유고(1882년 7월~1883/84년 겨울)』, 3[1], 378, 박찬국 옮김, 책세상, 2005, 125쪽.
22)   니체, 『안티크리스트』, 9, 223쪽.

행된 정념의 전환을 읽어내며, 그 전환의 중심에서 신과 진리를 발견한다.

> 허구, 유용성, 추측, 그럴듯함, 확실성, 확신 — 거짓이 시발점에,
> 그들의 신(神)이 시발점에 서 있는 내적 파토스의 역사….
> '나는 어떤 것을 진리로 간주하고 싶다': 이것이 진리에의 본능이 아
> 닐까? 아니면 다른 어떤 본능, 즉 진리를 별로 엄격하게 받아들이지는
> 않지만, 진리에 대한 믿음이 가져오는 이익을 알고 있는 본능 아니겠는
> 가? [···][23)

힘에의 의지의 존재임에도 불구하고 나 아닌 다른 가치를 의욕하고 의
지하는 것은 자기기만이다. 그리고 자기기만은 더 이상 의심하지 않는 자기
확신으로 발전한다. 그 반대의 경우도 마찬가지이다. 자기확신은 결국 자기
기만으로 나아갈 수밖에 없다. 중요한 것은 니체가 "자기기만의 파토스(das
Pathos der Selbst-Belogenheit)"와 "확신의 파토스(Pathos der Überzeugung)"의 차이를 "신
앙"으로 규정하지만, 신앙을 확신하는 것과 신앙을 통해 자기 자신을 기만
하는 것은 결국 진리에 대한 증명이 아니라, 삶에 대한 결여의 감정으로 인
한 자기기만이자 확신일 뿐이라는 것이다.[24) 확신하는 인간은 의심하지 않
는 인간이다. 의심하지 않는 인간은 자기 삶의 주권을 가질 수 없다. 자기기
민과 자기확신으로부터 실존적 위대함은 결코 실현될 수 없다. 그래서 니체
는 "확신은 감옥"일 뿐이라고 단언하는 것이다.

오도되게 놔두지 마라: 위대한 정신들은 회의주의자다. 차라투스트

---

23) 니체, 『유고(1888년 초~1889년 1월 초)』, 14[159], 171쪽.
24) 니체, 『유고(1888년 초~1889년 1월 초)』, 14[159], 172쪽 참조.

라는 회의주의다. 정신의 강력함에서, 정신의 힘과 힘의 넘침에서 나오는 자유는 회의를 통해 입증된다. 확신하는 인간은 가치와 무가치의 문제에서 근본적인 것 전부를 전혀 고려하지 못한다. 확신은 감옥이다. 이것은 충분히 넓게 보지 않고, 발아래를 보지 않는다: 하지만 가치와 무가치에 대해 말참견을 할 수 있으려면, 오백 가지 확신들을 자신의 발아래로 굽어보아야만 한다 — 자신의 뒤에 있는 것으로 보아야만 한다. [⋯] 위대한 것을 원하고, 그것을 위한 수단을 원하는 정신은 필연적으로 회의주의자다. 온갖 종류의 확신으로부터 자유는 자유롭게-볼-수 있는 강한 힘에 속한다. [⋯] 위대한 열정은 확신들을 사용하고 남김없이 사용해버리기도 하지만, 확신에 굴복하지는 않는다 — 그것은 자신이 주권자임을 알고 있다.[25]

자신의 삶에 대한 확신이 없을 때, 정동은 무기력해지고, 정념은 다른 확신을 얻기 위해 나를 초월한 존재 혹은 나를 대변해주는 이념에게 실존의 주도권을 넘기게 된다. 니체에 의하면 민주주의와 같은 정치적 이념 역시도 무리의 본능 안에 인간의 정념을 약화시키는 가치일 뿐이다.[26] 니체의 말처럼, 자신 아닌 다른 무언가를 '믿는 자'는 자기 자신에게 속하지 않는다. 니체의 철학에서 힘에의 의지가 자유정신, 신의 죽음, 위버멘쉬, 허무주의, 영원회귀와 운명애 등의 개념들을 실현하는 본질적인 역할을 하는 이유는, 내가 나로서 느끼며 살아갈 수 있도록 만들어주는 정념과 그 활동을 대변해주

---

25) 니체, 『안티크리스트』, 54, 297쪽.
26) "민주주의는 자연화된 그리스도교이다: 극도의 반자연성을 통해서만 반대되는 가치평가가 극복될 수 있었던 이후의 일종의 '자연으로 돌아감' — 결과: 귀족적 이상이 지금이야말로 자신을 탈자연화했다."(니체, 『유고(1887년 가을~1888년 3월)』, 10[77], 백승영 옮김, 책세상, 2005, 195쪽)

기 때문이다. 니체가 자신의 철학에서 제시하는 모든 사상적 개념들은 이를
실현할 수 있는 주체로서의 인간을 필요로 하며, 이때 그의 존재원리로서의
힘에의 의지와 그 구체적 활동으로서의 정념은 인간을 본질적으로 규정해
주는 역할을 한다.

> 믿음을 가진 자, 온갖 종류의 '신앙을 가진 자'는 필연적으로 의존적
> 인 종류의 사람이다 — 자신을 목적으로 설정하지 않고, 더욱이 자발적
> 으로는 목적을 도대체가 설정할 수 없는 자들이다. '믿는 자'는 자기 자
> 신에게 속하지 않는다. 그는 단지 수단일 수 있을 뿐이며, 사용되지 않
> 으면 안 된다. 그는 그를 사용할 누군가를 필요로 한다. 그의 본능은 탈
> 아(Entselbstung)의 도덕에 최고의 명예를 부여한다.[27]

---

27)   니체, 『안티크리스트』, 54, 298쪽.

4.
"진리에의 의지"의 파토스(1):
"진리의 파토스"

내가 나로서 살아갈 수 없다는 것은 고통이다. 고통받는 자는 고통 속에서 자기 자신 혹은 나 아닌 대상과 상황을 비난하기도 한다. 즉 고통은 그 자체로 원한과 복수의 감정을 불러일으킨다. 하지만 니체의 문제의식처럼, 고통은 결코 자기 자신과의 관계를 끊는 금욕주의적 결과를 유발해서는 안 된다. 고통은 오히려 자신의 삶 안으로 거세게 불러들이는 힘이자 지금까지와는 다른 방식으로 사랑하게 만드는 힘으로서 작용해야만 한다.[28]

그래서 니체는 고통에 대한 금욕주의적 해석, 즉 원죄에 의한 벌로 이해하는 성직자의 시도에 반대한다. 그 이유는 이러한 해석 속에서 인간의 정념은 죄의 본질적인 원인이 될 수밖에 없기 때문이다. 자신의 고통을 실존적 상승과 성장을 위한 실존적 자극제로 긍정하지 못한다면, 내 안에 내재된 치유의 힘은 은폐될 수밖에 없다. 치유의 힘은 언제나 나를 초월한 진리와 존재가 아니라, 온전히 나 자신을 의욕할 수 있는 정념의 자유로부터

---

28) 니체, 『즐거운 학문』, 「서문」, 3, 29쪽.

발생한다. 그렇지 않으면 고통의 치유는 내 안에 내재된 변화가능성의 조건이 될 수 없다.

고통받는 자는 자신의 고통을 치유할 수 있는 방법을 찾을 수밖에 없다. 그리고 이때 그가 희망하는 것은 고통의 제거이다. 이 희망이 삶의 의미와 목적을 대변하는 것은 자연스러운 일이다. 그리고 고통받는 자는 이 희망을 실현하기 위해서 자신의 힘에의 의지를, 즉 자신의 정념을 모두 사용하게 된다. 니체가 "금욕주의적 성직자"를 강하게 비판하는 이유는, 치유와 건강을 향한 병자의 힘에의 의지를 금욕주의적으로 해석된 건강을 향하도록 기만했기 때문이다. 고통의 무의미와 삶의 허무주의에 지친 자들의 병든 의지로서의 "무에의 의지"는 결국 나 아닌 다른 존재, 현상이 아닌 가상, 이편세계가 아닌 저편세계를 추구하는 "진리에의 의지"를 전제로 할 수밖에 없다. 니체는 고통을 원죄의 결과로 이해함으로써, 스스로 자신의 고통을 해석할 수 있는 주권을 상실한 인간, 그렇게 고통의 원인을 자기 자신으로 규정하고 스스로에게 복수를 행하는 극단적인 금욕주의적 반작용의 이면에서 "금욕주의의 파토스(Pathos des Asketenthums)"[29]를 발견한다.

> 형이상학적 세계에 대한 요구는 인간이 현전하는 세계에서 아무런 의미를, 아무런 목적을 끌어낼 줄 모른다는 사실의 결과이다. '그래서 인간은 이 세계란 단지 가상적일 수밖에 없다고 결론짓는다.'[30]

형이상학과 종교 안에 내재된 '특정한 유형의 파토스'는 결과적으로 그에 상응하는 '특정한 유형의 인간'을 도출할 수밖에 없다. 니체가 자신의 철

---

29) 니체, 『유고(1875년 초~1876년 봄)』, 9[1], 최문규 옮김, 책세상, 2005, 274쪽.
30) 니체, 『유고(1887년 가을~1888년 3월)』, 9[73], 50쪽.

학적 파토스를 통해서 병으로부터 치유되어 보다 건강해진 인간유형으로서의 위버멘쉬를 제시하며, 힘에의 의지를 그의 존재원리로서 규정하는 것에 반해 "진리에의 의지"로 대변되는 형이상학적 · 종교적 파토스는 나약한 정념의 인간을 탄생시킨다. 삶의 의미와 목적을 진리로 설정하는 한, 고통받는 자는 자신의 모든 정념을 오직 단 하나의 진리를 위해 발산하게 된다. 니체가 인간의 모든 정념을 통해 표출되는 삶에 대한 관점과 태도를 반영하는 진리에의 의지를 "진리의 파토스(Pathos der Wahrheit)"[31]로 규정하는 이유는 이 때문이다. 이 파토스에 대하여 니체는 아래와 같이 강하게 표현한다.

> 비록 사람이 고문과 죽음을 자신의 신앙으로 견딜 수 있다 할지라도 사람은 진리를 증명하는 것이 아니라, 오히려 단지 사람들이 진리라고 간주하는 것에 대한 신앙의 강도만을 증명한다. […] "진리"의 파토스는 그 자체로 진리를 위해 쓸모 있는 것이 아니다. 파토스는 진리와 결합된 일종의 맹목성이다. 물론 사람은 이러한 파토스로 바보가 된다.[32]

여기서 '진리를 추구하는 파토스로 사람은 바보가 된다'는 니체의 말은, 나를 초월한 것을 맹목적으로 추구하는 정념으로 인해서 자신으로 존재하고 있음에도 불구하고, 진정한 자기 자신으로 살아가지 못하는 증상과 그 원인을 함의하고 있다. 중요한 것은 이러한 의지 역시 그 안에 힘을 담고 있다는 것이다. 한 인간이 어떤 힘을 추구하는지, 어떤 세계를 희망하는지는 그의 진지한 삶의 관점과 자세 — 니체의 표현에 의하면 "진지함의 파토

---

31) 니체, 『유고(1876년~1877/78년 겨울)』, 23[38], 강용수 옮김, 책세상, 2005, 197쪽.
32) 니체, 『유고(1876년~1877/78년 겨울)』, 23[38], 197쪽.

스(Pathos von Ernsthaftigkeit)"[33] — 에 의해 밝혀진다. 니체의 말처럼, 이 파토스는 "우리가 비중을 두는 곳과 그렇지 않은 곳을 보여준다."[34]

만약 우리가 삶에서 진지하게 비중을 두는 의미와 목적이 '진리'라면 삶의 방식은 '금욕'으로 드러날 수밖에 없을 것이다. 금욕주의적 성직자에 대한 니체의 비판이 그들이 치유의 시도를 가장해서 인간의 정념을 병들게 했다는 사실을 향했다면, 진리에의 의지는 의지의 병적 증상과 그 특성을 구체적으로 드러내주는 역할을 해준다. 힘에의 의지가 매 순간 자기 내면의 힘을 느끼는 감정으로서의 정동과 욕구, 욕망, 충동, 의지, 열정 등을 포괄하는 정념을 통해 자기관계를 가능하게 한다면, 진리에의 의지는 근본적으로 세계에 대한 잘못된 이해와 더불어 자기 자신에 대한 피상적인 이해를 토대로 할 뿐이다. 그래서 니체는 "진리의 파토스는 믿음과 연관된다"[35]라고 말하는 것이다. 그리고 이때의 믿음은 금욕을 전제로 한다.

> 진리와 연관해볼 때 금욕(der Askese)은 무엇에 조응하는가? — 인류가 존속하기 위한 모든 계약과 전제로서 진실성은 행복주의의 요구이다: 이에 반해 인간의 최고 행복은 오히려 환상에 있다는 인식이 등장한다: 그러니까 행복주의의 기본 법칙에 따라 진리 그리고 거짓이 사용되어야 한다는 것이다 — 그렇게 일어나고 있는 것처럼. 금지된 진리 개념, 즉 행복주의의 진리를 은폐하고 위장하는 진리의 개념. 반대: 금지된 거짓. 허용된 진리가 자신의 영역을 차지하는 곳에서 등장한다.[36]

---

33) 니체, 『즐거운 학문』, 88, 157쪽.

34) 니체, 『즐거운 학문』, 88, 157쪽.

35) 니체, 『유고(1872년 여름~1874년 말)』, 29[20], 이상엽 옮김, 책세상, 2002, 292쪽.

36) 니체, 『유고(1872년 여름~1874년 말)』, 29[8], 280쪽.

"진리의 파토스"의 이면에는 진리를 맹목적으로 믿고 추구하는 "진리 욕구의 파토스(das Pathos des Wahrheitstriebes)"[37]가 내재해 있다. 지금까지 인류가 헌신해온 진리의 파토스를 비판하며 니체는 다음과 같이 말한다. "우리는 인류의 모든 파토스(das ganze Pathos der Menschheit)를 우리에게 대적시켰다 — 진리는 무엇이어야 하고, 진리에 헌신하는 것이 무엇이어야 하는지에 대한 그들의 개념을 말이다."[38] 이 글과 위에 인용된 글을 함께 종합해보면, 인류는 본질적으로 행복을 추구하며, 진리는 이들의 행복을 보증해준다는 것이다.

중요한 것은 행복이 감정적인 문제에 국한되지 않고, 감정과 의지를 모두 자극하는 정념의 문제라는 것이다. 그렇다면 행복이 내가 아니라, 진리에 의해 보증되는 순간, 이 행복은 영원히 도달될 수 없는 환상과 이로부터 심리적 위안을 얻는 거짓된 감정으로 대체될 수밖에 없다. 더욱 위험한 것은 진리가 행복의 실현을 위해 인간에게 맹목적인 믿음, 즉 "정념과 의무의 감정(Das Pathos, das Pflichtgefühl)"[39]을 요구한다는 것이다. 진리가 맹목성을 요구할 때, 그리고 그 진리가 금욕주의로 드러날 때, 인간의 정념은 마비되고 행복 역시 마찬가지이다.

> 진리에 대한 믿음의 분석: 왜냐하면 모든 진리를 가지고 있음은 기본적으로 다만 진리를 가지고 있다는 믿음일 뿐이기 때문이다. 정념과 의무감은 이러한 믿음에서 출발하는 것이지 이른바 진리에서 출발하는 것이 아니다. 믿음은 개인의 무조건적인 인식 능력을 전제한다.[40]

---

37) 니체, 『유고(1872년 여름~1874년 말)』, 19[228], 99쪽.
38) 니체, 『안티크리스트』, 13, 227쪽.
39) 니체, 『유고(1872년 여름~1874년 말)』, 29[8], 281쪽.
40) 니체, 『유고(1872년 여름~1874년 말)』, 29[8], 281쪽.

진리에의 의지는 '진리'를 쾌감을 주는 '힘'으로 인식하는 의지의 활동을 의미한다. 즉 이 의지의 활동 역시 힘에의 의지인 것이다. 이렇듯 '진리에 대한 믿음'과 진리에의 의지는 본질적으로 다르지 않다. 무언가에 대한 믿음은 인간이 무언가를 의욕할 수밖에 없는 '파토스적 존재'이기 때문에 발생하는 자연스러운 특성이다. 그럼에도 니체가 이 믿음에 대한 맹목성과 의무감을 비판하는 이유는, 진리가 요구하는 맹목적이고 의무적인 믿음이 인간의 "무조건적인 인식 능력(eine unbedingte Erkenntnißkraft)"을 전제로 하기 때문이다.

인간이 '파토스적 존재'일 수밖에 없는 이유는 그가 '인식하는 존재'이기 때문이다. 그가 자신의 고통을 인식하지 못한다면, 결코 고통을 치유해줄 다른 존재와 진리를 요구하지 않을 것이다. 그가 삶의 행복을 인식하지 못한다면, 결코 자신을 초월한 행복을 추구하지 않을 것이다. 인간의 인식에 대한 니체의 문제의식은 그의 철학의 초기에서부터 이미 시작된다.

> 인간이 단지 인식하는 동물에 지나지 않는다면, 이것은 인간의 운명일지도 모른다. 진리는 인간을 절망하게 하고, 파멸의 길로 몰아넣을 것이다. 비진리에 대해 영원히 저주받았다는 것이 바로 진리이다. 인간에게는 얻을 수 있는 진리에 대한 믿음, 친밀하게 다가오는 환상에 대한 믿음만이 어울린다. 인간은 본래 지속적으로 기만당함으로써 살아가지 않는가?[41]

그리고 인간의 인식에 대한 그의 문제의식은 중기를 거쳐 후기에 이르면서 다양한 개념으로 더욱 견고해진다. 예를 들어 자유정신, 신의 죽음, 허

---

41) 니체, 『씌어지지 않은 다섯 권의 책에 대한 다섯 개의 머리말』, 「1. 진리의 파토스에 관하여」, 이진우 옮김, 책세상, 2005, 303쪽.

무주의, 위버멘쉬, 힘에의 의지, 예술생리학, 영원회귀와 운명애, 모든 가치의 전도 등은 모두 인간 인식의 해방과 자유의 문제, 나아가 창조적 인식으로의 변화를 지향한다. 인간의 인식이 진리를 향하게 되면, 그의 삶은 환상으로 채워진다. 그는 이 환상을 자기기만으로 여기지 않는다. 오히려 그는 이 환상을 의심하지 않고 확신하게 된다. "자기기만의 파토스와 확신의 파토스"[42]로 대변되는 이 믿음은 신의 죽음을 통해 발생하는 허무주의 속에서야 비로소 실존의 병으로 드러나게 된다.

---

42)   니체, 『유고(1888년 초~1889년 1월 초)』, 14[159], 172쪽.

5.
"진리에의 의지"의 파토스(2):
"허무주의자의 파토스"

    허무주의는 신의 죽음으로 발생하는 실존적 위기이다. 진리의 파토스가 허위로 드러난 대지는 절대적 의미가 사라진 공간, 즉 삶의 의미상실의 공간이 된다. 니체에게 있어 신의 죽음은 삶의 의미와 실천양식을 부여해주는 진리의 상실을 의미한다. 그리고 이때 도덕은 진리를 추구하는 사람들의 삶을 보편화하는 형이상학적이고 종교적인 질서의 원리로서의 역할을 한다. "진리의 파토스"는 도덕적 질서에 의해 유지된다. "도덕은 실천적이고 이론적인 허무주의에 대한 커다란 치료제였다."[43] 그래서 니체는 진리를 향한 실천적 행위원리로서의 도덕에 대한 믿음이 몰락할 때, 진리를 추구하는 자들 역시 몰락할 수밖에 없다고 말하는 것이다.

    도덕은 모든 사람에게 무한한 가치, 형이상학적인 가치를 부여하고
또 세속적인 권력과 위계질서와 일치하지 않는 질서 속에 그들을 배치

---

43)   니체, 『유고(1885년 가을~1887년 가을)』, 5[71], 1, 이진우 옮김, 책세상, 2005, 263쪽.

함으로써, 불리한 사람들을 허무주의로부터 보호했다. 도덕은 복종, 겸손 등등을 가르쳤다. 이러한 도덕에 대한 믿음이 몰락한다고 전제한다면, 불리한 자들은 자신들의 위로를 더 이상 받지 못하고 — 몰락할 것이다.[44]

허무주의는 지금까지 추구해온 "진리에의 의지"가 결국 "무에의 의지"[45]에 불과했다는 사실을 증명하는 사건이다. 오랫동안 추구해온 진리를 상실한 인간과 그의 정념은 다시 새로운 의미와 가치를 필요로 하게 된다. 마땅히 새로운 진리는 나로부터 시작되어 내 안에 머무는 실존의 지혜여야만 한다. 의미상실의 실존적 고통 속에서도 정념이 다시 나를 의욕하게 되었을 때, 비로소 인간은 자기 실존의 지혜 — 니체의 표현에 의하면 "디오니소스적 지혜"[46] — 를 경험하게 된다. 이 지혜 속에서 의미의 공백은 새로운 의미로 다시 채워질 수 있는 가능성으로, 그리고 인간은 이 가능성을 자신의 변화로 실현하는 존재로 긍정된다. 이렇듯 "진리에의 의지"를 "무에의 의지"로 폭로하고, 다시 이 의지를 "힘에의 의지"로 전환하고자 하는 니체의 시도는 결국 쾌감(행복)을 주는 근원을 다시 인간 자신으로 되돌리기 위해서이다.

니체는 결코 허무주의의 도래를 비난하지 않는다. 그 이유는 허무주의는 실존적 위기가 아니라, 오히려 자기반성의 기회로 작용할 수 있기 때문

---

44) 니체, 『유고(1885년 가을~1887년 가을)』, 5[71], 10, 268쪽.

45) 브루소티에 의하면 니체의 철학에서 신과 진리와 무는 동일한 의미를 가진다. 그 이유는 진리를 말하는 신과 의지의 목적으로서의 진리는 결국 존재하지 않는 무를 의욕하는 것에 지나지 않기 때문이다(Marco Brusotti, *Die "Selbstverkleinerung des Menschen" in der Moderne. Studie zu Nietzsches "Zur Genealogie der Moral"*, in: Nietzsche-Studien Bd. 30, Berlin/New York, 1992, p. 116 참조).

46) 니체, 『비극의 탄생』, 19, 이진우 옮김, 책세상, 2005, 148쪽.

이다. 하지만 이를 위해 우선되어야 하는 것은 인간이 이 허무주의적 위기를 자기 실존의 병을 치유하는 기회로 긍정할 수 있어야만 한다는 것이다. 다시 말해 허무주의가 긍정되기 위해서는 ① 자신의 힘이 스스로를 변화시킬 수 있다는 것과 더불어, ② 그동안 자신의 힘이 자기 자신을 위해 사용되지 않았다는 것을, ③ 보다 구체적으로 말해서 자신의 정념이 자기 자신의 변화를 쾌(힘)를 주는 조건으로 설정하고, 이 쾌감(힘)의 증대를 의욕하지 않았다는 것에 대한 반성적 자기인식이 이루어져야만 한다. 이렇듯 신이 사라진 시대에 자신의 정념을 따라 고유한 삶의 의미를 창조할 수 있는 자만이 허무주의를 극복할 수 있다.

> 나는 무엇이 다가오는지를 기술한다: 허무주의의 도래. 내가 여기서 기술할 수 있는 이유는 여기서 필연적인 어떤 것이 시작되고 있기 때문이다 — 그것에 대한 징후는 도처에 있고 이 징후를 보는 눈들만이 아직 결여되어 있다. 나는 여기서 허무주의가 다가오는 것에 찬사를 보내지, 그것을 탓하지 않는다: 나는 가장 큰 위기들 중의 하나, 즉 인간이 가장 깊은 자기반성을 하는 한순간이 있다는 것을 믿는다: 인간이 과연 이 위기에서 회복되는지, 인간이 과연 이런 위기를 지배하는지가 바로 그의 힘에 관한 문제이며: 위기의 지배는 가능한 일이다. [...][47]

자신의 힘을 인식하지 못하는 인간은 결국 다시 새로운 우상을 창조하게 될 수밖에 없다. 자신들을 치유해줄 차라투스트라가 잠시 동굴을 비운 사이에, 그 안에서 나귀를 새로운 우상으로 창조한 사람들의 이야기에

---

47) 니체, 『유고(1887년 가을~1888년 3월)』, 11[119], 354쪽.

서 확인할 수 있는 것처럼,[48] 신의 부재로 발생하는 허무주의는 언제든지 새로운 우상의 창조로 다시 시작될 수도 있다. 그 이유는 자신 안에 내재된 힘을 인식하지 못하는 자는 새로운 우상을 필요로 할 수밖에 없기 때문이다. 무(Nichts)와 무를 의욕하는 것(Nichtwollen)이 동일하듯이,[49] 자기 자신을 의욕하지 않는 것과 허무를 의욕하는 것은 동일한 것이다. 니체에게 있어 힘을 인식한다는 것은 결과적으로 자기 자신을 인식한다는 것과 동일한 의미이다. 이러한 의미에서 자기반성은 곧 자신의 힘에 대한 인식과 더불어 자신 안에 내재된 변화의 가능성에 대한 인식이다.

니체에게 있어 이러한 인식의 변화는 본질적으로 힘과 의지의 변화를, 즉 "진리에의 의지"에서 "힘에의 의지"로의 전환을 의미한다. 이 변화 속에서 인간은 더 이상 나 아닌 것을 추구하지도, 나로부터 시작되지 않는 의미와 가치를 생산하지도 않는다. 그리고 그는 자신을 초월한 세계를 창조하지도, 그 세계가 실제로 존재한다고 믿지도 않는다. 하지만 이에 반한 인간유형은 존재하지 않는 진리와 신을 추구하기 때문에 결국 나 아닌 것을, 즉 무를 의욕하는 허무주의자일 뿐이다. 니체는 이러한 "허무주의자의 파토스"를 "'헛됨'의 파토스(das Pathos des 'Umsonst')"라고 표현한다.

> 허무주의자란 있는 그대로의 세계에 대해서는 그런 세계란 존재해서
> 는 안 된다고 판단하고, 있어야만 하는 세계에 대해서는 그 세계는 존재
> 하지 않는다고 판단한다. 따라서 생존한다는(행위하고, 괴로워하고, 원하며, 느
> 끼는) 것은 아무런 의미도 갖지 않는다: '헛됨의 파토스'는 허무주의자의

---

48) 니체, 『차라투스트라는 이렇게 말했다』, 「나귀의 축제」, 518-519쪽 참조.
49) Marco Brusotti, *Wille zum Nichts, Ressentiment, Hypnose. 'Aktiv' und 'Reaktiv'* in Nietzsches Geneal-ogie der Moral, in: Nietzsche-Studien, Bd. 30, Berlin/New York, 2001, p. 117.

파토스(das Nihilisten-Pathos)이다 ─ 여전히 파토스인 한, 그것은 동시에
허무주의자의 모순(eine Inconsequenz)이다.[50]

---

50)   니체, 『유고(1887년 가을~1888년 3월)』, 9[60], 41쪽.

6.
"진리에의 의지"의 파토스(3): "헛됨의 파토스"

위의 글에서 확인할 수 있는 것처럼, 허무주의자는 대지에서의 삶을 살아가고 있음에도 또 다른 저편의 진리세계를 추구한다. 그렇기 때문에 그는 대지에서의 삶을 실재(Realität)로 느끼게 해주는 행위, 괴로움, 욕구, 감정 등 자신의 정념에 의미를 부여하지 않는다. 니체에 의하면 내 삶의 고유한 관점으로 해석할 수 없는 세계는 헛된 것일 뿐이다. 살아있으면서 살아있지 않은 것을 의욕하는 것도, 존재하는 세계에 살고 있으면서 존재하지 않는 세계를 추구하는 것도, 내 힘으로 나를 의욕하지 않는 것도 결국은 모순적 인간의 파토스, 즉 허무주의자의 '모순적 파토스'일 뿐이다. 이러한 내용을 바탕으로 허무주의자의 의지가 현재를 살며 현재를 추구하지 않는 "진리에의 의지"이자 "무에의 의지"라는 사실을 알 수 있다. 그의 의지에 대하여 니체는 다음과 같이 말한다.

존재해야 하는 세계가 있고 실제로도 존재한다는 믿음은 존재해야만
하는 세계의 창조를 원하지 않는 비생산적인 자들의 믿음이다. 그들은

그 세계를 이미 있는 것으로 정해버리고, 그 세계에 도달하기 위한 수
단과 방법을 찾는다. — '진리에의 의지' — 창조에의 의지가 무력해진
것(als Ohnmacht des Willens zum Schaffen).[51]

허무주의자의 모순적인 의지로서의 진리에의 의지는 근본적으로 진
리를 말하는 존재자에 대한 믿음이며, 그 이면에는 이미 생성과 변화에 대
한 불신과 경시, 즉 자신의 삶에 대한 불안과 두려움이 내재되어 있다. "존
재자(das Seiende)에 대한 믿음은 단지 하나의 결과인 것〈으로〉 입증된다: 원래
의 최초의 동인(primum mobile)은 생성하는 것에 대한 불신, 생성하는 것을 신
용하지 않음, 모든 생성에 대한 경시이다."[52] 창조할 수 없는 의지의 "무기
력(Ohnmacht)"은 결국 창조를 쾌감(힘)으로 긍정하지 못하는 의지로부터 발생
하는 병, 즉 정념의 병이다. 그렇기 때문에 창조할 수 없는 인간은 존재한다
고 믿는 (저편의) 참된 세계 반한 대지와 생성에 대하여 불쾌를 느낄 수밖에
없다. 그가 기존의 힘과 의지를 다시 새로운 목적을 향해 전환하고 이로부
터 변화를 도출하는 시도, 즉 "변화와 기만과 모순"으로부터 불안과 두려움
등의 괴로움을 느끼는 이유는 이때문이다. 또한 이 이유는 그들이 진정으로
행복해질 수 없는 근거이기도 하다.[53]

왜 인간은 변화와 기만과 모순으로부터 바로 괴로움을 도출시키는
것일까? 이 대신에 자신의 행복을 도출시키면 안 되는 것일까? […] 여

---

51) 니체, 『유고(1887년 가을~1888년 3월)』, 9[60], 40쪽.
52) 니체, 『유고(1887년 가을~1888년 3월)』, 9[60], 40쪽.
53) "행복은 단지 존재자(Das Seiende) 안에서만 보증받을 수 있다: 변화와 행복은 서로 배타한다.
     따라서 가장 최고의 소망은 존재자와 하나 되기를 염두에 둔다. 이것이 최상의 행복에 이르
     게 한다는 그야말로 기묘한 방법인 것이다."(니체, 『유고(1887년 가을~1888년 3월)』, 9[60],
     39쪽)

기에서 진리에의 의지는 명백히 단지 지속하는 것의 세계(eine Welt des Bleibenden)로 들어가자는 요구일 뿐이다.[54]

니체에 의하면 허무주의자의 진리에의 의지는 생성하는 세계가 아니라, 절대적 진리로 고정된 "지속하는 것의 세계"로서의 저편세계를 향한 의지에 불과할 뿐이다. 세계는 생성으로 지속될 수 있을 뿐이며, 인간 역시 그 안에 생기함으로써 살아갈 뿐이다. 허무주의자가 "신의 죽음"으로부터 삶의 변화가능성이 아니라, 허무감과 의미상실의 감정을 느끼는 이유는 자신들의 정념이 추구해온 "진리의 파토스"의 허구가 폭로되었기 때문이다.

하지만 인간에게 영원은 존재할 수 없으며, "영원회귀와 운명애"에 담긴 개념적 의미처럼, 마치 삶이 영원히 회귀할 것처럼 현재의 자신을 사랑할 수 있는 순간의 기회만이 주어져 있을 뿐이다. 영원을 희망하는 자의 정념은 구체적인 삶의 실재세계로서의 대지를 긍정하지 못한다. 니체에 의하면 영원을 꿈꾸는 것은 "헛됨의 파토스"일 뿐이다. 그리고 영원을 말하는 진리 역시도 그러한 파토스일 뿐이다.

---

54) 니체, 『유고(1887년 가을~1888년 3월)』, 9[60], 38-39쪽.

7.
디오니소스적 파토스:
"공격적 파토스"

니체의 "철학적 파토스"는 고통을 다른 방식으로 이해하지 않는다. 그렇기 때문에 그는 고통으로부터 그 어떤 진리도 도출하지 않는다. 고통은 변화의 시작에도 추동력으로 작용하고, 변화 이후에도 변함없이 동일한 힘으로 작용할 뿐이다. 이에 대하여 니체는 고통에 대한 자신의 철학적 파토스를 다음과 같이 문장으로 확립한다. "나의 파토스(Mein Pathos): 죄책감의 엄청난 고통을 추후에 지각하는 것. 주의하라!"[55] 그리고 니체의 이러한 철학적 파토스는 "디오니소스"로 대변된다.

삶의 가장 낯설고 가장 가혹한 문제들에 직면해서도 삶 자체를 긍정한다; 자신의 최상의 모습을 희생시키면서 제 고유의 무한성에 환희를 느끼는 삶에의 의지 ― 이것을 나는 디오니소스적이라고 불렀다. […] 이런 의미에서 나는 나 자신을 최초의 비극적 철학자로서 […] 말하자면

---

55) 니체, 『유고(1880년 초~1881년 봄)』, 6[246], 최성환 옮김, 책세상, 2004, 343쪽.

염세적 철학자에 대한 극단적인 대립이자 대척자로서 이해할 권리가 있다. 나 이전에는 디오니소스적인 것을 이렇게 철학적 파토스(ein philosophisches Pathos)로 변형시키지는 않았었다: 비극적 지혜가 결여되어 있었던 것이다.[56]

니체가 "디오니소스(Dionysos)"와 "디오니소스적인 것(das Dionysische)"을 자신의 철학적 파토스로 규정하는 이유는, 이 두 개념이 단순한 사상이 아니라, '사상(이론)과 행위(실천)의 일치'를 대변해주기 때문이다. 니체의 '디오니소스적 파토스'는 인간의 가장 강한 순간이 "디오니소스적"일 때라는 사실과 더불어 가장 강한 본성을 가진 인간의 조건이 "디오니소스"라는 사실을 보증해준다. 원한은 고통에 대항할 수 없을 때, 그리고 고통을 삶의 상승과 성장, 즉 실존적 건강의 조건으로 긍정할 수 없을 때 발생한다.

고통 속에서 정념이 병이 들면, 고통은 자기 원한의 원인이 된다. 그래서 니체는 자신의 철학적 파토스를 "공격적 파토스(das aggressive Pathos)"[57]로, 그리고 그 특징을 "싸움(der Krieg)"[58]으로 규정한다. 즉 이 파토스는 고통에 대한 "복수심과 뒷감정(das Rach- und Nachgefühl)"[59]에 고통받지 않는다. 그렇기 때문에 이러한 정념의 인간은 스스로에게 원한을 갖지도 않고, 금욕주의적 성직자가 제시하는 "금욕주의적 이상"[60]과 같은 목적을 추구하지도 않는다. 자

---

56) 니체, 『이 사람을 보라』, 「비극의 탄생」, 3, 393쪽.
57) 니체, 『이 사람을 보라』, 「나는 왜 이렇게 현명한지」, 7, 344쪽.
58) 니체, 『이 사람을 보라』, 「나는 왜 이렇게 현명한지」, 7, 343쪽.
59) 니체, 『이 사람을 보라』, 「나는 왜 이렇게 현명한지」, 7, 343쪽.
60) 니체, 『도덕의 계보 III』, 11, 478쪽; Helmut Heit, *Wissenschaftskritik in der Genealogie der Moral. Vom asketischen Ideal zur Erkenntnis für freie Menschen*, in: Helmut Heit und Sigridur Thorgeirsdottir(Hrsg.), Nietzsche als Kritiker und Denker der Transformation, Nietzsche Heute, 6, Berlin/Boston, 2016, p. 259 참조.

신의 고통과 직접 대면하고 이로부터 삶의 긍정을 도출하는 공격적 파토스의 소유자는 자신의 이상으로 비극을 선택할 수밖에 없다. 그리고 이러한 삶의 비극 정신으로부터 실존적 예술화의 조건으로서 인간의 정념은 자유롭게 표출된다.

8.
차라투스트라의 파토스:
"커다란 건강"

　니체의 철학에서 병을 다시 건강해질 수 있는 기회로 긍정함으로써 고통 없는 세계를 희망하지 않는 철학적 파토스를 실천하는 인물은 차라투스트라이다. 『차라투스트라는 이렇게 말했다』에서 니체는 그의 이름을 통해서 대지에 새로운 의미를 부여하고 이를 추구하는 건강한 인간유형으로서의 위버멘쉬를 제시한다. 형이상학적 · 종교적 파토스로 대변되는 금욕주의적 이상에 반해 생성하는 대지에 다시 건강해질 수 있는 새로운 실존의 의미와 목적을 제시하고자 하는 차라투스트라의 가르침은 니체의 철학적 파토스를 잘 대변해준다. "위버멘쉬가 이 대지의 뜻이다. 너희들의 의지로 하여금 말하도록 하라. 위버멘쉬가 대지의 뜻이 되어야 한다고! 형제들이여, 맹세코 이 대지에 충실하라. 하늘나라에 대한 희망을 설교하는 자들을 믿지 말라! 그런 자들은 스스로가 알고 있든 모르고 있든 독을 탄 사람들에게 화를 입히는 자들이다."[61]

---

61)　니체, 『차라투스트라는 이렇게 말했다』, 「서문」, 3, 18쪽.

차라투스트라의 가르침은 자신의 정념을 다해 저편세계를 추구해온 인간의 실존적 병의 치유를 시도하는 '건강의 파토스'이다. 그리고 『이 사람을 보라』에서 다시 『차라투스트라는 이렇게 말했다』를 설명하며, "커다란 건강"이 차라투스트라의 "생리적 조건"이라는 니체의 말은,[62] 이 개념이 그가 사람들에게 전하고자 했던 '건강의 파토스'가 '커다란 건강의 파토스'라는 것을 알 수 있게 해준다. "커다란 건강(die grosse Gesundheit)"에 담긴 개념적 의미는 차라투스트라의 가르침과 그 목적을 보다 분명하게 드러내준다.

> 커다란 건강 […] "이것은 사람들이 보유하는 것만이 아니다. 지속적으로 획득하고 계속 획득해야만 하는 것이다. 왜냐하면 그 건강은 계속해서 포기되고 포기되어야만 하기 때문이다!"[63]

자신을 고통스럽게 만드는 병을 '포기'함에 있어 죄책감을 느낄 필요는 없다. 병을 포기해야만 하는 이유, 다시 말해 병을 극복해야만 하는 이유는 마땅히 다시 건강해지기 위해서이다. 잊지 말아야 할 것은 건강에 반해 병이 자기관계의 상실을 의미하지 않는다는 것이다. 병도 자기관계를 보증하며, 건강 역시 그렇다. 병으로 인한 고통을 금욕주의적으로 해석하지 않는 한, 병의 본질은 다시 건강해질 수 있는 기회로 작용할 뿐, 그 자체로 부정될 수 없다. 니체가 고통을 금욕주의적으로 해석하며 이에 대한 죄책감을 비판하는 이유는, 이 해석이 형이상학과 종교에 의한 것이기 때문이다. 하지만 "커다란 건강"은 병과 고통을 "새로운 건강(die neue Gesundheit)"을 획득하는 과정으로서 긍정하기 때문에 절대로 금욕주의적일 수 없다. 커다란 건강은

---

62) 니체, 『이 사람을 보라』, 「차라투스트라는 이렇게 말했다」, 2, 421-422쪽 참조.
63) 니체, 『즐거운 학문』, 382, 392쪽.

새로운 건강을 획득하기 위해 오히려 병을 의욕한다. 이렇듯 커다란 건강은 병의 치유가 죄책감에 의한 수동적인 경험, 즉 본질적으로 자기기만이자 오해일 수 없음을 분명하게 제시해주는 개념이다.

육체가 오해되면 건강과 병의 의미 역시 오해될 수밖에 없다.[64] 고통을 예로 들면, 만약 고통을 원죄로서 해석하며, 인간을 자신의 고통으로부터 해방될 수 없는 수동적인 상태로 이해하게 되면, 병은 건강에 적대적인 가치가 될 수밖에 없다. 이러한 의미에서 "종말에의 의지(Wille zum Ende)"[65]는 금욕주의, 금욕주의적 성직자, 금욕주의적 이상 등, 병과 고통의 치유를 위해 극단적인 가치를 추구하는 힘에의 의지에 대한 표현이다. 하지만 니체에게 있어 병과 건강은 상대적인 긴장의 관계를 가질 뿐이다. 그리고 이 긴장 속에서 변화는 매 순간 생기하고 생성된다.

건강에 대한 능동성 속에서 병은 수동적인 것으로 머무를 수 없다. 그 이유는 건강에 대한 희망 속에서 병의 치유도 능동적인 것일 수밖에 없기 때문이다. 건강(상승, 성장)과 병(하강, 퇴화)의 능동적이고 유기적인 관계를 통해 알 수 있는 것처럼, 고통 역시도 수동적 감정에 의해서는 결코 치유될 수 없다. 니체에 의하면 고통은 삶을 멈추게 하는 힘이 아니라, 오히려 삶의 문제 안으로 흡수되게 하고 또한 삶을 향해 나아가게 하는 실존적 변화의 추동력인 것이다. 커다란 건강은 이 변화를 보증해주는 개념이다.

아래의 글처럼, 니체는 커다란 건강을 행복과의 관계 아래 설명하기도 한다. 중요한 것은 니체가 『즐거운 학문』에서 "커다란 건강"을 보다 건강하고 행복한 실존으로서 살아갈 수 있도록 해주는 새로운 이상으로 제시하고

---

64) 서구정신사를 건강과 병의 관점에서 바라보며, 이 증상의 근원을 "육체에 대한 오해"로 규정하는 니체의 견해에 대해서는, 니체, 『즐거운 학문』, 「제2판 서문」, 2, 27쪽 참조.

65) 니체, 『즐거운 학문』, 「제2판 서문」, 2, 27쪽.

있다는 것이다. 이 이상이 바로 철학자 니체가 금욕주의적 이상에 내재된 "금욕주의의 파토스"[66]에 반하여 제시하는 '철학적 파토스'인 것이다.

현대 인간들의 소중한 목표들과 희망들을 메스꺼워하면서도 진지하게 바라본다는 것, 아니 어쩌면 바라보지도 않는다는 것. 이것은 애석하지만 불가피한 일이다. [⋯] 또 다른 이상이 하나 우리 앞에 달려오고 있다. 기이하고도 유혹적이고 위험에 가득 찬 이상이. 이 이상을 우리는 아무에게도 권하고 싶어하지 않는다. 그 누구도 그것에 대한 권리가 있다고 승인하지 않기 때문이다: 지금까지 성스럽다고, 선하다고, 불가침적이라고, 신적이라고 불리었던 모든 것을 상대로 해서 순진하게, 즉 일부러가 아니라 넘칠 정도로 충만하고 강하기에 유희하는 정신의 이상 [⋯] 그것은 인간적 · 초인적인 행복과 선의라는 이상이지만, 종종 비인간적으로 보이기도 한다.[67]

니체는 『선악의 저편』에서 "진정한 철학자(der eigentliche Philosoph)"를 '나를 벗어난' 진리에의 의지를 '나를 향한' 힘에의 의지로 전환함으로써 스스로 삶의 변화를 창조할 수 있는 자로 표현한다.[68] 진정한 철학자가 인간의 정념을 실존적 변화의 창조적 실현조건으로 전환할 수 있는 자라면, 차라투스트라는 이 과제를 수행하는 자이다. 다시 말해서 모든 인간이 본질적으로 자기 자신이 될 수 있는 존재론적 조건을 제시하는 것이 니체의 철학적 파토스라면, 실존적 병에 걸린 다양한 사람들을 만나고 그들의 치유를 시도

---

66) 니체, 『유고(1875년 초~1876년 봄)』, 9[1], 최문규 옮김, 책세상, 2005, 274쪽.
67) 니체, 『차라투스트라는 이렇게 말했다』, 「차라투스트라는 이렇게 말했다」, 2, 423쪽.
68) 니체, 『선악의 저편』, 211, 189쪽.

하는 차라투스트라는 니체의 철학적 파토스를 수행하는 자로 이해할 수 있을 것이다. 그를 만나는 사람들이 차라투스트라를 '병든 실존을 치유하는 의사(Arzt)'로 표현하는 이유는 이때문이다.

이렇듯 니체의 철학적 파토스는 '고통', '고통받은 상태', '그로 인해 고통받고 있는 수동성' 등 고통받고 있는 인간의 반응으로부터 삶을 향한 새롭고 능동적인 '행동의 파토스'를 도출해낸다. 그 이유는 니체에게 있어 고통의 진정한 의미는 고통에 대한 반응과 이를 긍정하고 극복하고자 하는 디오니소스적 · 비극적 파토스를 통해서 비로소 실존적 건강을 위한 자극제로 전환되기 때문이다. 니체에 의하면 고통은 병에 들었다는 사실을 보증하는 것이 아니다. 고통에 의해서 자기 자신이 병에 들었다고 느끼며, 치유의 방법을 나 아닌 진리와 존재로부터 찾는 정념의 병이 고통의 원인이다. 이러한 경우에 병과 고통은 삶의 실존적 성장을 위한 "효과적인 자극제(ein energisches Stimulans)"로서의 역할을 할 수 없다.

> 나는 내 자신을 떠맡아, 내 스스로 다시 건강하게 만들었다: 그럴 수 있었던 전제조건은 — 모든 생리학자가 인정할 것이지만 — 사람들은 근본적으로 건강하다는 사실이다. 전형적인 병든 존재는 건강해질 수 없고, 자기 스스로 건강하게 만들기는 더욱 어렵다: 전형적인 건강한 존재가 그 반대인 반면에 말이다. 그에게는 심지어는 병들어 있는 것이 삶을 위한, 더 풍부한 삶을 위한 효과적인 자극제이다.[69]

---

69) 니체, 『이 사람을 보라』, 「나는 왜 이렇게 현명한지」, 2, 334쪽.

9.
정념의
병과 치유

고통은 삶에 상처를 입히지만, 삶은 결국 그 상처를 치유한다. 생명도 마찬가지이다. 생명은 고통을 삶의 과정으로 긍정하는 힘의 근원이다. 이 것이 바로 인간의 내재적 자연성이며 또한 치유의 가능성, 즉 병에서 건강으로의 변화가능성이다. 하지만 자신의 삶에서 고통의 의미를 스스로 창조할 수 없는 인간의 관점과 삶의 자세는 형이상학적이고 종교적인 치유를 향하게 된다. 니체가 고통에 대한 초월적이고 관념적인 해석을 해체하는 이유는 이때문이다. 니체의 문제의식은 고통이 현실적인 문제임에도 현실을 변화시키지 못하고, 오히려 삶을 가상으로 만드는 역할을 한다는 사실에 있다. 그래서 니체는 형이상학과 종교를 비판하고 고통의 의미를 실존적 관점에서 다시 탐구하기 시작하는 것이다.

니체에 의하면 고통은 자기분열과 모순으로 작용해서는 안 된다. 그렇다면 왜 고통은 건강한 자를 병들게 하고, 병든 자를 순종적으로 만드는 것일까? 그 원인은 병과 고통의 치유방법을 자신 안에서 찾지 못하고, 나를 초월한 곳에서 찾기 때문이다. 보다 구체적으로 말해 욕구, 욕망, 충동, 감정,

의지 등의 정념이 내 고통에 지배되어 나를 초월한 형이상학적 · 종교적 치유를 추구하기 때문이다. 니체는 『도덕의 계보』의 「제3논문」에서 이 문제를 심도 있게 다룬다. 그리고 정념의 병과 그 원인을 금욕주의적 성직자로부터 찾아낸다.

> 그(금욕주의적 성직자)는 자신이 할 수 있는 한, 이 땅 위에 고통과 분열과 자기모순의 씨를 뿌리고자 결심하며, 언제든지 고통받는 자를 지배하는 자신의 기교를 과신하는 것이다. 의심의 여지없이 그는 연고와 향유를 가져온다: 그때 그는 상처에서 오는 고통을 가라앉히면서, 동시에 상처에 독을 뿌린다. — 무엇보다도 이 마술을 사용하는 자이며 맹수를 길들이는 자인 그는 이 일을 능숙하게 하며, 그의 주변에서 건강한 자는 모두 반드시 병들게 되고, 병자는 모두 반드시 유순하게 된다. 이 기묘한 목자인 그는 실상 자신의 병든 무리를 잘 지켜준다. [···] 성직자란 원한의 방향을 변경시킨 자이다.[70]

니체의 말처럼, 금욕주의적 성직자는 인간의 고통과 상처에 독을 뿌렸다. 성직자는 인간 스스로 자기 삶의 상처와 고통을 극복할 수 없도록 인간의 고통에 원죄라는 무게를 얹었다. 정념이 자신의 고통을 원죄로 이해할 때, 인간의 삶도, 그의 미래도 원죄 안에 갇히게 된다. 결과적으로 그는 고통의 원인을 원죄 안에서 해석하며 스스로를 구원 없이는 치유될 수 없는 존재로 인식하게 된다. 이러한 경우에 고통은 더 이상 자기관계를 매개하지 못하고, 오히려 상실을 유발하는 근본원인이 되는 것이다. 이러한 방식으로 인간의 자기분열과 모순의 병은 더욱 깊어지며, 이때 병이 드는 것은 다름

---

70)　니체, 『도덕의 계보 III』, 15, 493쪽.

아닌 더 이상 나 자신을 의욕하지 않는 그의 정념이다.

고통이 삶을 지배할 때가 아니라, 삶의 과정으로 해석되지 않을 때 인간의 실존적 변화의 가능성은 정지된다. 자신의 고통에 대해 스스로 아무것도 할 수 없을 때, 인간 안에 내재된 변화의 가능성과 그 근본조건으로서의 정념은 실존적 변화의 조건으로서의 역할을 상실하게 된다.[71] 이렇듯 니체는 고통을 대하는 관점과 자세, 그리고 고통을 극복할 수 있는 가능성을 인간의 내적 정념의 활동에서 찾는다. 한 인간이 자신의 삶의 과정에 주인으로 참여할 수 없다는 것은 곧 스스로 선택하고 결정한 삶을 살 수 없다는 것, 스스로 자기 삶의 의미와 가치를 창조할 수 없다는 것, 즉 자기 정념의 주인이 아니라는 것을 의미할 뿐이다. 인간 실존의 병은 다시 자기 삶의 의미를 추구함으로써 낡은 형이상학적·종교적 위안과 위로의 가치로부터 해방될 때 비로소 치유가 시작된다.

---

71) Busch Kathrin/Därmann Iris., *Pathos. Konturen eines kulturwissenschaftlichen Grundbegriffs*, Bielefeld, 2007, p. 12 참조.

10.
"실재(Realität)"의
조건으로서의 정념

　　니체의 문제의식은 정념이 인간의 근본적인 욕구를 대변하는 것임을 넘어, 삶을 대하는 관점과 태도의 문제, 즉 이 욕구가 향하는 거대한 삶의 방향 ― 니체에 의하면 자기 자신 혹은 형이상학적 진리와 종교적 존재 ― 을 설정해주는 작용을 한다는 것이다. 예를 들어 니체가 자신의 철학에서 문제시하는 시대의 무기력 현상으로서의 "노예도덕" 역시 누군가에 의해서가 아니라, 자신만의 고유한 삶의 의미와 가치로 스스로를 규정할 수 있는 감정과 의지의 문제, 즉 정념과 연결되어 있다. 니체가 시도하는 인간 삶에 대한 반시대적 고찰은 곧 시대의 파토스에 반작용하는 삶으로부터, 스스로 자신의 삶에 작용하는 존재가 되기 위함이다.

　　시대의 파토스는 그 시대를 살아가는 인간들의 파토스를 온전히 반영한다. 시대적 파토스, 다시 말해 시대 안에 담긴 정념은 그 시대를 살아가는 인간들의 신념과 열정이 만들어내고 추구하는 의미와 가치들 그리고 삶의 물음들의 총체이다. 이러한 의미에서 근대 유럽의 생명력이 약화되었다는 니체의 진단은 곧 그 시대를 살아가는 인간들의 정념이 자기 자신을 향하고 있지 않다는 증상으로부터 도출된 것이다. 니체는 파토스의 관점에서 형이 상학과 종교에 의해 규정되었던 로고스의 시대를 바라보고, 의미와 가치의 평준화 이면에 자리한 로고스의 잔재를 발견한다.

"의지의 병"[72]으로 대변되는 현대의 병적 증상에 대한 니체의 문제의 식은 변화된 현재로부터 새로운 미래로의 창조적 변화가 로고스 시대에 대한 반시대적 파토스로부터 시작된다는 것이다. "무리동물"[73]로 표현되는 공동체의 집단성 속에 자신의 변화가능성을 은폐하고, 평균적 가치가 자신을 대변해준다고 생각하는 것 역시 삶을 환상과 가상으로 만들 뿐이다. 이러한 의미에서 니체는 확신과 기만에 빠져 스스로를 변화의 조건으로 긍정하지 못하는 기존의 염세주의를 비판하고 의심하는 반시대적인 주체로서의 새로운 염세주의자가 되어야만 한다고 말한다. 그리고 니체는 그들의 의심 섞인 물음 속에서 "새로운 가치를 찾으라고 [⋯] 몰아대는 파토스(das Pathos, welches [⋯] treibt, neue Werthe zu suchen)"[74]를 발견했다고 말한다. 이들의 의심과 물음으로부터 그동안 어떤 가치가 인간의 목적을 대변해왔는지, 왜! 인간은 평균적인 가치를 추구하는 삶을 살 수밖에 없었는지를 유추할 수 있다.

> 무엇이 신격화되었는가? 공동체 안에서의 가치 본능(공동체의 존속을 가능하게 하는 것).
>
> 무엇이 비난받았는가? 더 고귀한 사람들을 비천한 사람들과 구분하

---

72) 니체, 『선악의 저편』, 208, 181쪽.

73) "유럽인들은 도덕 안으로 숨어 자신을 위장한다. 그것은 유럽인들이 병적이고 병약하고 불구인 동물이 되어버렸기 때문이다. [⋯] 도덕적 위장을 필요로 하는 것은 무서운 맹수가 아니라, 심각한 범용성과 불안과 권태를 지닌 무리동물이다."(니체, 『즐거운 학문』, 352, 337쪽)

74) 니체, 『유고(1885년 가을~1887년 가을)』, 6[25], 300쪽.

는 것, 간극을 만드는 본능[75]

자신이 원하는 삶을 살기 위해서는 우선 지금 이 순간의 나를 극복해야만 한다. 매 순간 극복되어야만 하는 나 자신은 '내가 아닌 다른 가치에 의존하는' 나의 정념이다. 내가 나로서 살아갈 때 삶은 온전히 나의 실재(Realität)가 된다. 나를 벗어난 가치를 추구하는 정념은 나를 가상으로 만든다. 이러한 의미에서 "힘에의 의지"가 실재를 향하는 의지라면, "진리에의 의지"는 가상을 향한 의지라고 규정할 수 있을 것이다. 자신의 정념을 부정하지 않을 때, 즉 절대적 진리와 존재에 내 실존의 특권을 위임하지 않을 때, 삶은 매 순간 실재가 된다. 정념이 억압될 때, 삶은 가상이 되며, 이 속에서 나의 고통은 영원히 나에 의해 극복될 수 없는 것이 된다. 이와 반대로 정념이 자유로울 때 삶은 실재가 되며, 고통 역시 실재가 된다.

이러한 의미에서 신의 죽음을 통해 끊임없이 생성하고 변화하는 대지의 의미를 되살리는 니체의 의도는 대지의 자연성 속에서 인간의 자연성 역시 활성화되기 때문이다.[76] 그리고 대지의 의미가 위버멘쉬라는 니체의 주장은, ① 위버멘쉬가 자신의 자연성, 즉 정념을 부정하지 않는 인간유형이라는 것과, ② 그의 자연성(정념)이 형이상학 · 종교 · 도덕에 의한 억압과 은폐가 아니라, 삶의 변화를 위한 자기극복의 조건으로 긍정되어야만 한다는 사실을 함의한다. ③ 결론적으로 인간의 존재론적 토대가 정념이 활동하는 장으로서의 몸이듯이, 삶의 존재론적 토대는 정념의 모든 활동을 생성의 이름 아래 포괄하는 대지이다. 인간과 대지는 동일한 생명의 원리를 공유한다. 그렇기 때문에 대지는 오직 몸으로서 이곳의 삶을 살아가는 인간유형, 즉

---

75)   니체, 『유고(1885년 가을~1887년 가을)』, 6[25], 300-301쪽.

76)   니체, 『차라투스트라는 이렇게 말했다』, 「서문」, 3, 18-19쪽 참조.

위버멘쉬에게 비로소 실재로서의 의미를 가지게 된다.

지금까지 살펴본 내용을 통해 알 수 있는 것처럼, 시대의 병리적 현상을 파토스(정념)의 문제로 이해하는 니체의 시도는 필연적으로 서구 문화의 토대로 작용하는 형이상학과 종교에 대한 비판으로 진행된다. 인간의 욕망이 창조하고 또 추구하는 형이상학적 진리와 종교적 존재는, 그의 고통을 은폐할 수 있는 환상과 가상을 제공한다는 점에서 니체의 강한 비판이 된다. 스스로 삶의 의미를 창조할 수 없는 인간은 이 가치들을 통해 고통 속에서 소진된 힘을 보충한다. 환상과 가상을 추구할 때 인간의 힘에의 의지, 즉 그의 정념은 자신이 아닌 다른 것을 추구하게 될 수밖에 없다. 인간이 진리를 창조할 때, 진리는 인간의 욕망을 대변하게 된다. 그리고 인간이 나 아닌 다른 존재를 추구하게 될 때, 그 존재는 욕망의 주권을 위임받게 된다. 내가 정념의 주인이 될 때, 나의 삶은 온전히 나의 것이 될 것이라는 기대가 니체가 지향하는 철학적 목적이자 그의 철학적 파토스이다.

V

니체의
"미래"
메타포와 건강

1.
인간의 실존적 변화가능성의 개념: "미래"

 니체의 철학적 인간학은 근본적으로 인간의 내재적 변화가능성을 바탕으로 수행된다. 그리고 이러한 변화가능성은, "인간"이라는 대지(Erde)를 발견한 자가 "인간의 미래(Menschen-Zukunft)"라는 대지도 발견했다는 차라투스트라의 말처럼,[1] 니체의 미래철학을 구성하는 중요한 근본토대이다. 이를 바탕으로 니체는 인간의 실존적 이상이자 건강한 인간유형으로서의 위버멘쉬와 그의 건강한 미래를 대변하는 "위버멘쉬적 미래(eine übermenschliche Zukunft)"[2]를 모든 인간들에게 창조적으로 열린 미래가능성의 명칭으로 제시한다. 니체가 차라투스트라의 입을 통해 전하는 것처럼, 인간 내면의 혼돈과 갈등 속에 존재하는 이러한 실존적 변화의 가능성은 인간 스스로 자신의 미

---

1) Friedrich Nietzsche, *Also sprach Zarathustra III, Von alten und neuen Tafeln*, 28, in: Sämtliche Werke. Kritische Studienausgabe in 15 Bänden, Bd. 4, hrsg, von G. Colli und M. Montinari, Berlin / New York, 1999, p. 267. 이후부터 니체의 모든 저서는 축약하며(예: 『차라투스트라는 이렇게 말했다』- Za), 단편의 제목(한글)과 번호, 전집(KSA)의 권수와 쪽수를 표기한다. 유고의 경우에는 N(Nachlass)과 단편의 번호(예: N 2[86])를 표기한다.

2) N 27[74], KSA 11, 293쪽.

래를 열어갈 수 있는 "최고의 희망의 싹(Keim)"[3]이다.

인간과 삶의 실존적 건강은 니체 철학의 근본전제이자 목표이다.[4] 이를 위해 니체의 철학은 삶을 억압하고 강요하는 오랜 가치들에 대한 비역사적 망각[5]과 해방의 기술을 제시하고 나아가 삶의 우연을 넘어서는 자유로운 의지의 창조를 통한 미래의 변화를 지향한다. 즉 절대적이고 보편적인 가치에 대한 존재론적 정당화가 아니라, 대지의 인간과 그의 삶의 지속적인 실존 · 미학적 변화가능성[6]을 제시하는 니체에게 있어 인간은 미래의 주권적 인간으로의 변화를 위한 창조적인 자유로 열려있다.

"미래"는 단어 그 자체의 의미처럼 '오늘이 아닌 내일 혹은 그 이상의 장래'를 의미한다. 이러한 의미에서 니체는 그의 철학에서 극복되고, 변화되어야만 하는 것들과 이를 통해 다시 도래해야 할 것들에 대해서 "내일과 모레"라는 메타포를 사용한다. 즉 "미래"라는 메타포는 필연적으로 기존의 낡은 가치의 억압과 해방, 속박과 자유, 파괴와 창조의 의미를 내포하고 있다. 이렇듯 니체의 철학에서 "미래"라는 단어는 인간 안에 내재된 변화의 가능

---

3) Za I, 차라투스트라의 머리말, 5, KSA 4, 19쪽.

4) '인간과 삶'에 대한 니체의 관점은 이미 그의 초기 저서에서부터 시작된다. 니체는 『반시대적 고찰』의 두 번째 논문 「삶에 대한 역사의 공과」에서 과거를 지배해온 양식들의 총체적 무게가 현재의 삶을 억압하고 질식시키는 "역사의식의 과잉(Hypertrophie eines Geschichtsbewußt-seins)" 증상, 즉 삶의 "역사적 병" 속에서 삶이 가진 치유의 실마리를 미래로의 변화가능성으로부터 찾는다(Volker Gerhardt, *Friedrich Nietzsche*, München 2006, p. 103; UB II, 삶에 대한 역사의 공과, 10, KSA 1, 329쪽). 그에 의하면 과거의 역사적 지식은 더 이상 불멸적 보존 혹은 모방의 대상이 아니라, 현재 삶의 성숙한 이해와 비판적 해석 위에서 인간의 건강한 미래를 위해 조화롭게 조율되어야만 한다(이에 대한 니체의 세 가지 역사관 — 기념비적 역사관, 골동품적 역사관, 비판적 역사관 — 에 대해서는 같은 책, 2, 258-265쪽; 3, 265-270쪽 참조). 이러한 의미에서 니체는 『즐거운 학문』의 337번 단편에서 "미래의 인간성"을 삶의 고유한 미덕과 질병으로서 역사적 감각이 극복되고 난 후에 찾아오는 창조적인 미래의 감정으로부터 규정한다. (FW IV, 337, KSA 3, 564-565쪽).

5) UB II, 삶에 대한 역사의 공과, 1, KSA 1, 248-257; 10, 329-330쪽.

6) 이상범, 「니체의 인간학적 방법론」, 『대한철학회』, 130집, 2014, 202-207쪽 참조.

성을 구체화해주는 메타포로서의 역할을 한다.

미래를 향한 변화의 가능성 속에서 현재는 매 순간 긍정되고 극복되어야만 하는 실존의 조건이다. 그리고 미래의 메타포는 과거로부터 현재, 현재로부터 미래로의 변화과정을 모두 포괄하기 때문에 삶의 전 여정을 대변해주는 실존의 모험을 대변해 준다. 하지만 보편적인 가치를 추구하는 인간들에게 이 모험은 불가능하고 불필요한 시도일 뿐이다. 차라투스트라는 이러한 나약한 의지의 인간유형들을 "오늘을 살고 있는 자들", "생식의 능력이 없는 존재들"이라고 표현하며,[7] 그들의 자기보존적 삶의 현재를 미래와의 대비 아래 다음과 같이 말한다.

> 미래가 주는 온갖 으스스한 느낌, 그리고 일찍이 새들을 전율시켜 날
> 아가버리도록 한 것들조차도 너희들이 말하는 "현실"보다 그래도 더 친
> 근하며 아늑하게 느껴진다.[8]

니체에게는 여전히 안락한 현재보다 불안한 미래가 변화가능성의 가치를 지닌다. 그의 개념 "위버멘쉬적 미래"가 끊임없는 자기긍정과 극복을 통해 비로소 실현되는 창조적인 미래를 의미하는 이유는 이때문이다. 1885년 유고의 한 단편에서 스스로를 "자유정신" 혹은 모든 이상들의 왕국으로부터 "추방된 왕자"로 칭하며, 이제 그런 자신에게 가장 편안한 곳은 "선악의 저편"일 뿐이라는 니체의 말처럼,[9] 그는 의무와 자유, 속박과 해방, 파괴와 창조의 경계에서 더 이상 인간 실존의 평등을 이야기하지 않는다.

---

7) Za II, 교양의 나라에 대하여, 5, KSA 4, 153 / 154쪽.

8) 같은 책, 154쪽.

9) N 40[59], 1, KSA 11, 657쪽.

여기서 평등에 대한 니체의 부정은 불평등 혹은 차별이 아니라, 그의 개념 "거리의 파토스"[10]에서 알 수 있는 것처럼, 자신의 내재적 변화가능성을 실현하고자 하는 인간 의지의 상대론적·관계론적 차이를 의미한다.

그리고 이러한 차이의 유형론은 자기보존(마지막 인간)과 자기극복(위버멘쉬) 사이의 경계, 즉 "평등에의 의지(Wille zur Gleichheit)"[11]와 힘에의 의지 사이의 경계에서 발생한다. 니체가 인류의 미래를 위협하는 가장 큰 위험을 유발하는 자를 "선한 자와 의로운 자"로 규정하는 이유는,[12] 그들이 마지막 인간과 위버멘쉬 사이의 경계에 선 인간에게 미래에 대한 불안을 가중시켜 그 안에 내재한 변화의 가능성을 억압하고 은폐하기 때문이다. 그리고 이들이 평등을 설교하며 발생시키는 무기력한 자들의 평준화 현상이 위험한 또 하나의 이유는 자신만의 고유한 삶을 변화시키고자 하는 자들로부터 자기 자신에 대한 사랑을, 니체에 의하면 "위대한 사랑(die grosse Liebe)"의 기회를 박탈하기 때문이다. 니체에게 있어 삶에 대한 사랑은 현재에 국한될 수 없다. 나아가 그 사랑은 언제나 미래에 대한 것이자 미래를 향하는 것일 수밖에 없다.

나는 평등을 설교하는 저와 같은 자들과 섞이고 혼동되기를 원치 않는다. 정의가 내게 말해주고 있기 때문이다. "사람들은 평등하지 않다"고. 평등해서도 안 된다! 내가 달리 말한다면, 위버멘쉬에 대한 나의 사랑이 도대체 무엇이란 말인가? 사람들은 천 개나 되는 교량과 작은 판자다리를 건너 미래를 행해 돌진해야 한다. […] 나의 위대한 사랑이 내

---

10) GD, 어느 반시대적 인간의 편력, 37, KSA 6, 138쪽; N 10[63], KSA 12, 494쪽; EH, 나는 왜 이렇게 영리한지, 9, KSA 6, 294쪽.

11) Za II, 타란톨라에 대하여, KSA 4, 129쪽.

12) 같은 책, 128-129쪽 참조.

게 이렇게 말하도록 하고 있다.[13]

미래의 메타포 "내일과 모레(Morgen und Übermorgen)"는 니체가 모든 최고의 이상적 가치들로부터 인간의 정신적 해방과 의지의 자유를 본격적으로 시도한 1878년, 즉 그의 사상적 변화의 여정 속에서 중기의 시작을 여는 『인간적인 너무나 인간적인』부터 시작된다. 이후 이 메타포는 "내일과 모레의 아들", "내일과 모레의 건강", "내일과 모레 그리고 장래", "내일과 모레의 필연적 인간" 등과 같은 구성으로 그의 철학의 중기와 후기에 걸쳐 등장한다.

변화가능성을 내재한 오늘이 곧 변화될 수 있는 미래를 보증해주는 근본토대이다. 니체에게 중요한 것은 변화의 일시적 실현이 아니라, 끊임없이 실현해나가는 자기 긍정과 극복의 지속적인 과정이다. 위버멘쉬라는 개념이 특정한 인간을 지칭하지 않고, 끊임없이 자기 자신을 넘어서는 인간유형으로 제시되는 이유는 이때문이다. 이렇듯 니체에게 있어 미래의 메타포는 특정한 시점의 미래가 아니라, 과거와 현재로부터 이어지는 삶의 긴 여정을 포괄하는 미래인 것이다. 이러한 의미에서 니체가 자기보존적인 삶을 살아가는 마지막 인간유형을 비판하는 이유는 마땅하다. 그들의 현재는 반복되는 오늘일 뿐, 변화를 내포한 내일과 모레, 즉 미래가 아니기 때문이다.

자신의 삶을 살아가며 변화를 경험하지 못하는 것은 "힘에의 의지"의 마비 증상, 즉 실존의 병일 뿐이다. 그렇기 때문에 니체에게 가장 시급한 철학적 과제는 인간 안에 내재한 변화의 가능성을 발굴하는 것이다. 그래야만 인간의 오늘과 내일이 변하고 내일과 모레가 변하며 결과적으로 그의 삶 전체가 변하기 때문이다. 이렇듯 내일과 모레의 인간, 즉 위버멘쉬적 인간으로의 변화와 그의 위버멘쉬적 미래의 지속적인 실현을 위해 인간 안에 내재한

---

13)　같은 책, 130쪽.

변화가능성의 발굴을 시도하는 니체의 철학은 미래를 향해 있다.

> 이 지상에서의 오늘날과 지난 세월, 아! 벗들이여, 내게는 그것이 가
> 장 참고 견디기 힘든 것이다. 만약 내가 앞으로 일어나지 않을 수 없는
> 것을, 말하자면 미래를 예언하는 자가 아니라면 어떻게 오늘을 살아야
> 할지 그 방도를 알지 못했을 것이다. 앞을 내다보는 자, 갈망하는 자, 창
> 조하는 자, 미래 자체 그리고 미래를 향한 교량. [⋯] 차라투스트라는 이
> 모든 것이다. [⋯] 나는 미래의, 내가 내다보고 있는 저 미래를 건설하는
> 데 조각돌로 쓰일 사람들 사이를 거닌다.[14]

---

14)   Za II, 구원에 대하여, KSA 4, 179쪽.

2.
미래의 메타포이자 개념으로서
"내일과 모레"

니체 철학에서 "내일과 모레"는 인간의 내재적 변화가능성과 그의 실존적 변화의 실현을 위한 '미래'의 메타포이자 개념이다. "내일과 모레"는 니체철학 속에서 메타포의 형식으로 제시된다. 하지만 그의 미래철학 속에서 이 메타포는 자유로운 정신과 창조적 의지로 자신의 미래를 열어가는 위버멘쉬적 인간과 그의 위버멘쉬적 미래를 대변하는 실존철학적 개념이기도 하다. 이러한 실존의 해석 위에서 미래의 메타포 "내일과 모레"는 인간의 지속적인 변화를 통해 형성되는 주관적이고 체험적인 시간개념이며 동시에 삶의 상승과 성장이라는 건강한 실존의 목적을 요구하는 실천개념이다. 이러한 의미에서 니체가 『차라투스트라는 이렇게 말했다』의 「시인에 대하여」에서 제시하는 "내일과 모레 그리고 장래(Morgen und Übermorgen und Einstmal)"라는 표현은 오늘의 관점에서는 내일을 그리고 내일의 관점에서는 모레를, 즉 "장래"로서의 미래라는 의미를 함의한다.

나는 오늘 그리고 이전의 존재이지만 내 안에는 어떤 것, 즉 내일과

모레 그리고 장래의 것이 있다.[15]

이러한 측면에서 니체는 삶의 최고의 긍정과 미래의 희망으로 가득 찬 중기의 마지막 저서 『즐거운 학문』을 "해빙기의 언어", "가까이 있는 겨울과 이 겨울의 극복", "회복기에 들어선 환자의 감사"와 "회복기의 도취감", "건 강에 대한 감사" 등,[16] 인간과 삶의 회복 그리고 "내일과 모레"의 희망에 대한 표현들을 통해 설명한다.

이 책 전체는 다름 아닌 오랜 결핍과 무력감 이후에 맛보는 기분 전환이다. 이 책은 되돌아온 활력과 내일과 모레에 대해 새로 피어나는 믿음의 환호성이며, 미래와 임박한 모험, 다시 열린 바다, 그리고 다시 허락되고 다시 믿게 된 목표에 대해 갑작스레 솟아난 느낌과 예감이 소리 높이 외쳐대는 환호성 바로 그것이다.[17]

하지만 니체의 미래 메타포는 긍정적인 의미로만 사용되지는 않는다.

---

15) Za II, 시인에 대하여, KSA 4, 165쪽.

16) FW, 제2판 서문, 1, KSA 3, 345쪽; EH, 즐거운 학문, KSA 6, 333-334쪽.

17) 같은 책, 346쪽. 니체 철학의 중기 마지막 작품으로서 『즐거운 학문』이 사상적으로 중요한 이 유는 세계와 삶 자체에 대한 위대한 긍정을 시도하는 니체 후기 철학의 많은 개념들, 즉 신의 죽음, 영원회귀, 운명애 등이 이미 『즐거운 학문』에 등장하고 있다는 것이다. 니체의 이러한 실험적 철학함을 바탕으로 브루소티(M. Brusotti)와 슈미트(W. Schmid)는 『즐거운 학문』을 니체의 삶의 실존적 예술론을 담고 있는 책으로 평가한다. 여기서 슈미트는 니체의 삶의 예 술론이 그의 초기 저서 『반시대적 고찰』의 두 번째 논문 「삶에 관한 역사의 공과」와 세 번째 논문 「교육자로서 쇼펜하우어」에서 이미 전개되고 있다고 평가한다. 하지만 그는 『즐거운 학 문』에서 비로소 인간 삶의 새로운 삶의 예술들이 전개되고 있다고 평가한다(Marco Brusotti, *Nietzsche: Die fröhliche Wissenschaft*, in: Michael Quante (Hg.), Kleines Werklexikon der Philoso- phie, Stuttgart, 2012, pp. 420-421 참조; Wilhem Schmid, *Uns selbst Gestalten. Zur Philosophie der Lebenskunst bei Nietzsche*, in: Nietzsche Studien, Bd. 21, 1992, pp. 53-56 참조).

그리스도교를 향한 비판적 관점에서, 보다 구체적으로 구세주가 전한 복음의 진정한 의미와 그의 실천적인 삶을 영원한 진리로 환원한 후 심리적 · 금욕적 상징으로 위조한 (바울의) 그리스도교[18]에 대한 비판의 관점에서 "장래" 혹은 "모레"의 메타포는 실현될 수 없는 변화불가능성의 의미로 사용되기도 한다. "'신의 나라'는 사람들이 오기를 고대하는 그런 것이 아니다; 그것은 어제를 갖고 있지 않으며, 내일 이후(모레)를 갖지 않는다. 그것은 '천 년'이 되어도 오지 않는다 — 신의 나라는 마음속의 특정한 경험이다."[19] 니체는 이러한 변화불가능성의 이면에서 "죄", "죄의 사함", "신앙", "신앙을 통한 구원"[20]과 같은 종교의 도덕적이고 실천적인 원리를 발견한다. 그리고 이 원리가 인간의 정신과 의지를 나약하게 만들 수밖에 없음을 지적한다.

니체에 의하면 그리스도교적 구원에 대한 심리적 약속은 "신의 나라", "천국" 등과 같은 개념을 토대로 형성되며,[21] 이때 이 약속은 항상 현재의 심리적 상태에 대한 위안일 뿐, 어제는 존재하지 않았고, 내일을 위해서도 지켜지지 않을 약속인 것이다. "'천국'은 마음의 특정한 상태이다."[22] 중요한 것은 지켜지지 않을 약속을 기대하는 인간의 나약한 심리가 자신의 삶을 변화시키기 위해 의지로 표출하는 생리적 힘의 나약함을 동반한다는 것이다.

이렇듯 그리스도교적 구원은 단지 미래에 대한 약속, 즉 내일과 모레의 위안을 위한 약속일 뿐, 삶의 지속적인 상승과 성장을 가능하게 하는 실존적 건강에 기여하지 못한다. 하지만 니체의 차가운 선언 "신의 죽음"을 통해

---

18) 김정현, 「니체의 원시 그리스도교 비판」, 『니체, 생명과 치유의 철학』, 책세상, 2006, 186-207쪽 참조; AC, KSA 6, 33, 205-206; 34, 206-207; 35, 207-208쪽 참조.

19) AC, 34, KSA 6, 207쪽.

20) 같은 책, 33, 206쪽.

21) 같은 책, 34, 206-207쪽 참조.

22) 같은 책, 34, 207쪽.

서 비로소 오랜 가치들로부터의 해방은 모든 인간들에게 하나의 현실적 가능성으로 주어졌으며, 이후 현실적 삶의 대지는 인간의 자유로운 정신과 의지를 바탕으로 자신의 위버멘쉬적 변화와 더불어 위버멘쉬적 미래를 실현할 수 있는 장소가 되었다.

> 실제로 우리 철학자들, "자유로운 정신들"은 "늙은 신이 죽었다"는 소식에서 새로운 아침놀이 비치는 듯한 느낌을 받고 있다.[23]

여기서 아침놀은 우상의 황혼, 즉 지금까지 최고의 가치로서 존재해왔던 모든 절대적 이상의 종말 이후에 새롭게 떠오르는 대지 위의 햇살을 의미한다. 즉 새로운 아침의 시작으로서 아침놀 역시도 대지와 인간의 새로운 변화가능성을 내포하고 있는 메타포이다. 자신 안에 내재한 변화의 가능성을 발견한 인간에게 아침놀은 미래의 메타포로서의 역할을 하겠지만, 그렇지 않은 경우에 아침놀은 어제와 다를 바 없이 반복되는 오늘의 연속일 것이다. 계속되는 삶의 과정 속에서 오늘이 중요한 이유는 내일 때문이다. 니체에게 있어 변화된 미래의 토대는 바로 오늘이다. 니체가 대지의 인간들에게 무겁게 만드는 가치들로부터 지금 당장 자유로워져야만 한다고 요청하는 이유는 이때문이다.

---

23)   FW V, 343, KSA 3, 574쪽.

3.

"내일과 모레의 아들": 자유정신

 니체 철학 중기의 시작을 알리는 저서 『인간적인 너무나 인간적인』은 "자유정신을 위한 책"이라는 부제로 시작한다. 『비극의 탄생』에 쏟았던 자신의 사유마저 반성과 비판의 대상으로 삼고, 이로부터 자유로워지고자 했던 니체의 의도가 바로 저 부제에 담겨 있다. 니체 사상의 중기는 "비판가와 심리학자"의 시기로 명명된다.[24] 하지만 니체는 스스로 쇼펜하우어 및 바그

---

24) 게르하르트(Volker Gerhardt)는 니체의 삶과 그의 철학의 사상적 변화과정을 4단계로 구분한다. 그는 니체의 출생과 학업의 시기(1844~1869)를 포함해, 고전 문헌학자이자 정치적 바그너주의자의 시기(1870~1876), 비판가와 심리학자의 시기(1876~1882), 『차라투스트라 이렇게 말했다』의 출간과 자신의 고유한 철학의 시기(1883~1886)와 더불어 니체의 병이 더욱 악화된 1887년 이후 1889년 초 졸도하여 1900년 사망하기까지의 시기(1887~1900)를 보다 구체적으로 구분한다. 즉 니체 사상의 구체적 변화과정에 대한 게르하르트의 연대기는 (초기) 몇몇 철학적 논문들을 시작으로 『비극의 탄생』과 『반시대적 고찰』까지, (중기) 『인간적인 너무나 인간적인』부터 『즐거운 학문』까지 그리고 (후기) 『차라투스트라는 이렇게 말했다』부터 『선악의 저편(1886)』까지와 더불어 뒤이어 완성된 『도덕의 계보(1887)』를 시작으로 『바그너의 경우』, 『우상의 황혼』, 『안티크리스트』, 『니체 대 바그너』, 『이 사람을 보라』, 『디오니소스 송가』등, 1888년 말까지의 모든 저작 활동을 포괄한다(Volker Gerhardt, *Friedrich Nietzsche*, 31-61쪽 참조). 이 외에도 니체의 삶과 사상의 연대기에 대한 내용과 이에 대한 다른 견해에 대해서는 다음의 글들을 비교 및 참조할 것. Raoul Richter, *Friedrich Nietzsche. Sein Leben und sein*

너와 같은 사유의 토대를 반성하는 것만으로 자유로워질 수 없다는 사실을 알고 있었다.

이제 니체는 더 이상 스스로를 쇼펜하우어의 "염세주의적 의지의 형이상학"의 후예도, "문화 · 정치적" 바그너주의자로도 여기지 않는다.[25] 오히려 니체는 자신을 비판적 계몽가로서 이해하며, 전승된 가치와 덕들로부터의 "위대한 해방"[26] 속에서 인간 정신의 변화를,[27] 즉 속박된 정신으로부터 자유로운 정신으로의 변화를 시도한다.

> 인간적인, 너무나 인간적인. 자유정신을 위한 훌륭한 우유. 그대들은 그것을 마시려 하는가?[28]

자유정신은 기존의 모든 형이상학적 · 종교적 · 도덕적 토대로부터 해방된 자유로운 인간, 즉 자유로운 정신과 의지를 바탕으로 자신만의 고유한 삶의 의미와 가치를 창조할 수 있는 주인적 인간유형이다.[29] 하지만 지금까지 자유정신은 "존재하지도 않으며, 존재했던 적도"[30] 없었다는 니체의 말

Weke, 3., mit der 2. gleichlautende Auflage, Leipzig, 1917, pp. 11, 107; Karl Jaspers, Nietzsche. Einführung in das Verständnis seines Philosophierens, Berlin, 1981, 43쪽.

25) Volker Gerhardt, Friedrich Nietzsche, 42-44쪽. 헤리히(Hans Herrig)는 1800년 8월, 주간잡지 "현재(Die Gegenwart)"에 "현대의 자유정신(Ein moderner Freigeist)"이라는 제목의 글을 게재한다. 그는 이 글에서 "속박된 정신"에 반한 새로운 개념 "자유정신"을 제시하는 『인간적인 너무나 인간적인』에 니체의 초기 저서에 나타난 형이상학적 토대는 더 이상 존재하지 않는다는 견해를 밝힌다(Hans Herrig, Ein moderner "Freigeist," in: Hauke Reich, Rezensionen und Reaktionen zu Nietzsches Werken 1872-1889, Berlin/Boston, 2013, pp. 551-553 참조).

26) MA I, 서문, 3, KSA 2, 15쪽.

27) Volker Gerhardt, Friedrich Nietzsche, 45쪽.

28) N 40[59], KSA 11, 660쪽.

29) MA I, 서문, KSA 2, 3, 15-17; 6, 20-21쪽.

30) 같은 책, 2, 15쪽.

처럼, 이 자유로운 정신의 인간은 전승되어온 모든 이상들 속에서 단지 하나의 가능성의 이름으로 존재해왔을 뿐이었다. 그 이유는 자유정신은 그동안 자신의 삶을 지배해온 모든 낡은 가치에 대한 철저한 부정과 더불어 자신의 현실적 삶을 유일한 척도이자 실존적 토대로 규정해야만 하는 위험한 모험 없이는 불가능하기 때문이다.

그 이유에 대하여 니체는 다음과 같이 말한다. "지난 세기, 자유정신의 상(Das Bild des Freigeistes)은 미완성으로 남아 있었다. 그들은 너무 적게 부정했고, 스스로를 과잉보호했다."[31] 이러한 의미에서 니체의 미래철학은 자유정신을 육성하기 위한 철학적 실험을 대변하는 명칭으로 이해할 수 있다. 그 이유는 니체가 자유정신은 "내일과 모레의 아들" 중에, 다시 말해 다가올 미래를 살아갈 인간 중에 존재할 수 있을 것이라고 기대하기 때문이다. 그리고 니체의 이 기대는 결국 자유정신이 미래를 살아갈 우리들 중에 나타나야만 한다는 철학적 요청을 통해서 더욱 구체화된다.

> 나는 적어도 다음과 같은 사실들, 즉 언젠가는 이런 자유정신이 존재할 수 있고, 내일과 모레의 아들 중에서 이처럼 명랑하고 용감한 친구가 우리 유럽에 나타날 것이라는 사실과 내 경우에서처럼, 환영과 은둔자의 그림자 연극이 아니라 육체를 지니고 있고 손으로 만질 수 있는 모습으로 나타나리라는 사실을 거의 확신하고 싶다. 벌써 그들이 오는 모습이, 서서히, 서서히 오는 모습이 보인다.[32]

신의 죽음이 대지를 창조적 유희의 공간으로 변화시키는 근본전제이

---

31) N 16[55], KSA 8, 295쪽.

32) MA I, 서문, 2, KSA 2, 15쪽.

듯이 모든 낡은 이상으로부터의 해방가능성은 인간에게 자유정신으로의 변화가능성의 기회로 주어진다. 이제 니체는 실현될 수 있는 새로운 인간유형으로서 자유정신의 등장을 확신하며, 그의 등장을 위해 모든 최고 가치들의 토대를 해체하는 작업을 수행한다. 이에 대하여 니체는 세계와 인간 삶의 본질적인 현상으로서 생성을 부정하고 은폐하는 물 자체(Ding an sich)의 개념과 삶의 종교적 구원, 내세에 대한 확신, 동정 등과 같은 그리스도교적 신앙과 그 실천원리로서의 도덕적 체계와 더불어 모든 인간들에게 동등한 실존적 변화의 가능성을 부여할 수 없는 천재, 영웅 개념 등과 같은 이상들의 해체 작업을 수행한다. 이를 니체는 『이 사람을 보라』의 「인간적인 너무나 인간적인」 편에서 다음과 같이 표현한다.

> 이상은 얼어 죽는다. [⋯] 여기서는 이를테면 '천재'가 얼어 죽고; 다음 구석에서는 '성인'이 얼어 죽는다; 두꺼운 고드름 밑에서는 '영웅'이 얼어 죽고; 마지막에는 '신앙'이 얼어 죽는다. 소위 말하는 '확신'도 '동정'도 얼어붙는다 — 거의 모든 곳에서 '물자체'가 얼어 죽는다. [⋯][33]

이제 창조적으로 열린 대지의 생성 세계 속에서 자유로운 정신의 관점은 지금까지 이 세계를 이원화해온 형이상학적 · 종교적 해석과 질서, 즉 "진리가 가상보다 더 가치가 있다"[34] 등의 허구적 가정과 문법적 습관을 부정할 수 있는 유일한 인식[35]의 근거가 된다. 니체에 의하면 인간과 관계하는

---

33) EH, 인간적인 너무나 인간적인, 1, KSA 6, 323쪽.

34) JGB II, 34, KSA 5, 53쪽.

35) 니체철학의 중기에서 주목할 만한 점은 기존의 절대적 · 정신사적 가치관들로부터 인간의 실존적 해방을 가능하게 하는 "관점적 인식"에 대한 니체의 새로운 방법론이다. 우리는 이를 『아침놀』의 429번 단편에 제시된 "인식의 열정"으로부터 『즐거운 학문』에 324번 단편에 제시된

유일한 현실세계로서 가상세계의 근본 출처(Herkunft)는 다른 모든 것들을 포괄하고 제한하는 "절대적 전체관점(Gesamtperspektive)"이 아니라, 끊임없이 생성하는 세계에 대한 인간의 "특수한" 자기관점,[36] 즉 그의 "관점적 가상"[37]이다. 가상세계가 인간의 상상이 아니라 삶을 전제로 하는 한, 가상은 형이상학적으로 해석될 수 없다. 그리고 가상이 부정되면 삶은 형이상학적으로 존재론적으로 규정될 수밖에 없다. 가상을 창조하는 인간의 예술적 창조의 능력은 곧 그가 살아있고 살아가는 존재이기 때문이다. 이러한 의미에서 니체는 다음과 같이 명확하게 말한다. "관점적 평가와 가상성에 바탕을 두지 않는 한, 삶이란 전혀 존립할 수가 없을 것이다."[38]

"인식하는 자의 실험"으로의 변화를 통해서 확인할 수 있다. 니체의 이러한 인식론은 삶을 인식의 조건이자 수단으로, 해석의 유일한 척도로 동시에 인간의 인식을 해석으로 규정한다(FW IV, KSA 3, 324, 552-553; V, 374, 626-627쪽).

36) Volker Gerhardt, *Die Perspektive des Perspektivismus*. in: Jan-Christoph Heilinger und Nikolaos Loukidelis (Hrsg.), Die Funken des freien Geistes, Beriln/NewYork, 2011, p. 109.

37) N 9[41], KSA 12, 354쪽.

38) JGB II, 34, KSA 5, 53쪽.

1) 자유정신의 본질

　자유정신의 본질은 오랜 관습으로부터의 해방을 통해 자신만의 고유한 삶의 의미를 창조할 수 있는 능력에 있다. 여기서 중요한 것은 자유정신의 본질이 단순히 해방에만 있지 않다는 것이다. 예를 들어 『차라투스트라는 이렇게 말했다』의 「세 단계 정신의 변화에 대하여」에 제시된 것처럼, 자유정신은 "사자"의 단계에서 삶을 자유롭게 유희하는 "아이"의 단계로 나아가야 하고, 또한 신의 죽음 이후 발생한 허무주의에 좌절하지 않고 스스로 창조한 삶의 세계로 나아가야 하듯이, 자유로워지고자 하는 정신은 낡은 가치 자체가 아니라, 그 가치에 속박되어온 자기 자신을 긍정과 극복의 대상으로 인식해야만 한다. 니체의 철학에서 자기긍정과 극복이 건강한 실존의 자세로, 즉 위버멘쉬의 덕목으로 제시되는 이유는 이때문이다.

　자유정신은 다시 자기 자신과 관계하게 되었다는 사실을 보증해주는 개념이다. 그렇기 때문에 이 정신은 자유로운 자신과의 관계 속에서 자신만의 고유한 삶의 의미를 창조할 수 있는 특권을 가진다. 이렇듯 자유정신은 스스로 자신 안에 내재된 변화의 가능성을 발굴하고 실천하는 정신과 의지의 자유를 대변해주는 개념이다. 그리고 이 자유는 다시 자신만의 고유한 삶의 의미를 창조하며 살아갈 수 있는 건강한 실존의 토대로서의 역할을 한다. 자유정신은 자신만의 고유한 삶의 관점을 통해 스스로 삶의 의미와 기치를, 다시 말해 자기 삶의 덕을 창조할 수 있는 존재[39]임에 반해, "속박된

---

39) "너는 너의 주인이며 동시에 네 자신의 미덕의 주인이 되어야만 했다. 과거에는 미덕이 너의 주인이었다; 그러나 그 미덕은 다른 도구들과 마찬가지로, 오로지 너의 도구여야 한다. 너는 너의 찬성과 반대에 대한 지배력을 터득하여 너의 더 높은 목적에 필요할 때마다 그 미덕을 붙이거나 떼내버리는 것을 배워야만 했던 것이다. 너는 모든 가치 평가에서 관점주의적인 것을 터득해야만 했다. […] 이제 자유정신은 어떤 '너는 해야 한다'에 자신이 복종해왔는지, 그리고 이제 무엇을 할 수 있는지, 비로소 무엇을 해도 좋은지를 알고 있다."(MA I, 서문, 6, KSA 2,

정신"은 행위의 근거를 전승된 덕, 습관, 신앙으로 규정하기 때문에 진정한 실존의 자유를 경험할 수 없다.

자유정신이 정당하다면 따라서 속박된 정신은 정당하지 않은 것이다. 전자가 부도덕에서 진리에 이르렀는가 그리고 후자가 지금까지 도덕에서 비진리를 고집했는가의 여부는 중요하지 않다. — 어쨌든 자유정신이 정당한 견해를 가지고 있다는 사실이 아니라 성공과 실패에 관계없이 그가 관습적인 것에서 해방되었다는 사실이 자유정신의 본질에 속한다. 그러나 일반적으로 자유정신은 역시 진리를, 또는 적어도 진리 탐구의 정신을 자기 편으로 삼게 될 것이다: 자유정신은 근거를 요구하고 다른 정신들을 신앙을 요구한다.[40]

자유정신과 속박된 정신에 대한 비교를 통해 드러나는 자유정신의 본질은 다음과 같다. 첫째, 모든 오랜 가치들로부터의 해방은 곧 인간 정신과 의지의 자유를 위한 실존적 조건이며, 둘째, 이를 바탕으로 자유정신은 자신의 실존적 · 위버멘쉬적 변화가능성을 실현할 수 있는 주체의 명칭이자 대지의 새로운 덕이다. 셋째, 자유정신, 즉 다시 자유로워진 정신은 자기 삶의 조건과 행위의 "원칙"과 "근거"를 더 이상 기존의 절대적 · 보편적 진리가 아니라, 오히려 지속적인 창조적 행위에서 찾는다.[41] 이러한 자유정신의

20-21쪽)

40) 같은 책, 225, 190쪽.

41) 게르하르트에 의하면 자유정신은 자기 삶의 가치와 덕의 창조를 위한 개인적 · 실천적 행위의 "원칙(Gesetz)"과 "근거(Grund)"를 자신 안에서 찾을 수 있는 인간유형이다(Volker Gerhardt, *Die Tugend des freien Geistes. Nietzsche auf dem Weg zum individuellen Gesetz der Moral*, p. 238; Gerhardt, Volker, Selbstbegründung. Nietzsches Moral der Individualität, in: Jan-Christoph Heilinger und Nikolaos Loukidelis (Hrsg.), Die Funken des freien Geistes, Beriln/New York,

인간유형은 니체가 『선악의 저편』의 제2장 「자유정신」에서 제시하는 것처럼, 건강한 실존의 방법을 탐구하는 "미래의 철학자"이자 "새로운 철학자"이다.[42]

2) 해방의 본질: 가벼움과 춤

> 무거운 것 모두가 가볍게 되고, 신체 모두가 춤추는 자가 되며, 정신
> 모두가 새가 되는 것, 그것이 내게 알파이자 오메가라면, 진정, 그것이
> 야말로 내게는 알파이자 오메가렷다![43]

니체에게 있어 '가벼움'과 '춤'은 자유정신, 즉 해방된 정신이 자신의 삶과 관계하는 방식에 대한 표현이다. 이 두 가지 은유적 요소는 니체의 『차라투스트라는 이렇게 말했다』의 「중력의 악령에 대하여」에서 다시 한 번 확인할 수 있다. 니체는 이곳에서 최초 중력의 악령이 인간의 삶에 부과한 선과 악의 절대적 · 도덕적 이분화는 낡은 가치에 속박된 정신, 자신만의 고유한 삶의 의미를 창조할 수 없는 정신, 즉 낙타와 같은 순종적 인간을 양산할 뿐이라고 지적한다.[44] 자유정신의 본질인 해방이 오히려 자기 자신과의 관계를 주선한다. 이러한 의미에서 「세 단계 정신의 변화에 대하여」에서 낙타-사자-어린아이의 도식은 인간이 어떻게 진정한 자기 자신이 되어가는지,

---

2011, pp. 178 참조).

42)   JGB II, 44, KSA 5, 60-61쪽.

43)   Za II, 시인에 대하여, 6, KSA 4, 290쪽.

44)   Za III, 중력의 악령에 대하여, 2, KSA 4, 242-245쪽.

다시 말해 어떻게 인간이 다시 자기 자신과 관계하게 되는지, 그 변화의 과정을 잘 보여준다. 내가 나와 맺는 실존적 관계가 긍정과 극복일 때, 자유정신의 해방은 비로소 온전한 의미를 갖게 된다.

> 어떻게 자유정신이 궁극적으로 적극적인 삶에 관계하는가? — 가볍게 묶이는 것 — 그러나 자기 행동의 노예는 아님.[45]

삶의 가벼움은 자유정신의 의미이자 특권이며, 이는 새로운 창조를 위한 의지의 실존적 자유를 온전히 대변해준다. 니체는 의하면 낙타(당위)의 무거움과 이러한 내·외적 억압과 강제에 대한 강한 거부에도 불구하고 결국 허무를 경험하게 되는 사자(의지)의 상태를 넘어 자기 의지의 자유를 바탕으로 자신만의 가치를 창조하며 "자신의 세계"를 획득하는 아이로의 변화는 자유정신이 실존적 자기 되기의 과정임을 잘 보여준다. 인간이 매 순간 자기 자신을 극복해야만 하듯이, 해방 역시도 매 순간 주어지는 자유를 대변해준다. 이 자유를 통해서 인간은 자신 안에 내재된 변화의 가능성을 실현하며 점점 더 진정한 자기 자신으로 변모해가게 된다.

이 변화를 실현해가는 자유정신의 인간으로부터 니체는 춤을 추는 모습을 떠올렸다. 자유는 나를 춤추게 만드는 건강한 실존의 조건인 것이다. 자유는 낡은 조건일 수 없다. 자유는 매 순간 새로운 변화를 가능하게 해야만 한다. 다시 말해 자유는 매 순간 새로운 춤을 출 수 있는 토대로서의 역할을 해야만 한다. 그리고 자유는 내가 내 자신과 벌이는 실존적 자기긍정과 극복의 산물이기 때문에 매 순간 새로운 것일 수밖에 없다. 자유가 새로울 때, 변화 역시 새로워질 수 있다. 니체가 항상 처음일 수밖에 없는 이 변화의

---

45) N 16[47], KSA 8, 294쪽.

과정을 "새로운 시작"이자 "최초의 운동"[46]으로 표현하는 이유는 이때문이다. 그래서 니체는 자유정신을 "스스로 자기 자신을 다시 소유한 자유롭게 된 정신"이라고 표현하는 것이다.[47]

니체의 철학에서 자유정신의 인간은 허무주의, 영원회귀와 같은 삶의 실존적 무게만을 긍정할 뿐, 형이상학적 · 종교적 · 도덕적 관습에 대한 절대적 당위는 부정한다. 그래서 니체는 "자유로운 인간은 모든 점에서 관습이 아니라 자신에 의존하고자 하기 때문에 비윤리적이다"[48]라고 말하는 것이다. 이들은 항상 신앙을 요구하는 복음의 노래가 울려 퍼지는 신의 나라가 아니라, 오히려 춤을 추게 만드는 미래의 음악가의 노래가 울려 퍼지는 "춤의 왕국"[49]을 원한다. 이러한 의미에서 니체는 자유로운 정신과 의지로 깨어난 정신으로 삶의 창조적 유희를 즐길 수 있는 인간을 "춤추는 자", "어린아이", "잠에서 깨어난 자(Erwachter)"라고 표현한다.[50]

3) 해방의 전제: 자기 자신에 대한 사랑

니체에 의하면 정신의 해방, 즉 삶의 가벼움과 춤추는 자로의 변화는 언제나 자기 자신에 대한 '실존적 사랑'을 전제로 한다. 이미 논의되었던 것처럼, 자유정신의 본질이 해방이라면 해방의 본질은 자기 자신과의 관계를

---

46)   Za I, 세 단계의 변화에 대하여, KSA 4, 31쪽.
47)   EH, 인간적인 너무나 인간적인, 1, KSA 6, 322쪽.
48)   M I, 9, KSA 3, 22쪽.
49)   FW V, 383, KSA 3, 637쪽.
50)   Za I, 차라투스트라의 머리말, 2, KSA 4, 12쪽.

다시 가능하게 한다는 것이다. 그리고 니체가 되살린 이 관계의 목적은 바로 다시 자기 자신을 사랑하도록 만들기 위함이다. 형이상학적·종교적인 방식으로 자기 자신과 관계하는 사람은 자신으로부터 발생하는 그 어떤 변화도 허용하지 못하는 방식으로 자신을 사랑할 수밖에 없다. 니체에게 있어 이러한 자기보존적인 사랑은 결코 실존적 변화의 토대로 작용할 수 없다. 그렇기 때문에 니체는 그 어떤 것도 은폐하지 않고 온전히 있는 그대로의 자신을 사랑할 수 있는 방법을 찾으며 결국 신의 죽음을 선포하기에 이른 것이다.

니체의 의도는 명확하다. 대지의 인간은 신의 죽음 이후에 느끼게 되는 허무주의적 위기나 스스로 자신의 삶을 열어가기 위해 대면해야만 하는 깊은 심연에 대한 두려움 속에서도 다시 자기 자신을 사랑해야만 한다. 그 이유는 자기 자신을 사랑하지 않는 사람이 자신 안에 내재한 무수한 변화의 가능성에 관심을 가지기는 쉽지 않을 것이기 때문이다. 아래의 글에서 확인할 수 있는 것처럼, 날지 못하는 사람은 스스로 날 수 없다는 마음으로, 다시 말해 무거운 마음으로 자신을 사랑할 수밖에 없다. 니체가 이러한 사랑을 "허약한 자"나 "병자"의 방식으로 규정하는 이유는 이때문이다.

> 날지를 못하는 사람은 대지와 삶이 무겁다고 말한다. 중력의 악령이 바라고 있는 것이 바로 그것이다! 그러나 가벼워지기를 바라고 새가 되기를 바라는 자는 먼저 자기 자신을 사랑할 줄 알아야 한다. 이것이 나의 가르침이다. 그렇다고 허약한 자나 병자가 하는 그런 식으로 자기 자신을 사랑해서는 안 된다.[51]

---

51) Za III, 중력의 악령에 대하여, 2, KSA 4, 242쪽.

여기서 니체가 제시하는 자기 자신에 대한 사랑은 그리스도교적 이웃사랑 혹은 동정[52]과 같이 "대칭적 관계"에서 이루어지는 "사랑에 대한 보답으로서의 사랑(Gegenliebe)"이 아니라,[53] 자기 자신에 대한 "건강한 사랑"[54]으로서 스스로를 변화시키는 창조적인 사랑을 의미한다. 니체는 이러한 사랑을 "자기 자신에 대한 위대한 사랑(die grosse Liebe zu sich selber)"[55] 혹은 "진정한 사랑(die wirkliche Liebe)"[56]으로 표현한다. 니체에게 있어 자기 자신에 대한 건강한 사랑은 곧 매 순간 스스로를 잉태하며 변화된 나를 출산하는 것과 다르지 않다.[57]

니체에 의하면 자기 자신을 사랑하는 행위로부터 위버멘쉬로의 실존적 변화는 가능해지며, 그의 "위버멘쉬적 미래" 역시 실현된다. 니체가 위버멘쉬를 향한 사랑을 "먼 곳에 있는 사람들에 대한 사랑(Fernsten-Liebe)"[58]이라고 표현하는 이유는 이 사랑이 미래를 향해 지속되어야만 하기 때문이다. 위버멘쉬가 존재하는 유형이 아니라 앞으로 도래해야만 하는 유형임을 생각해본다면, 위버멘쉬를 향한 사랑 안에 내포된 의미, 즉 지금 이 순간부터 미래를 향해 변함없이 자신을 사랑해야만 한다는 의미를 이해할 수 있을 것이다.

---

52) 니체는 『아침놀』에서 동정을 자기 자신에 대한 사랑을 방해하는 개념으로 제시한다. 그 이유는 인간의 개인적 관점과 행위는 동정을 통해서 이중적 자아(자신의 자아임과 동시에 고통받는 타인의 자아)가 될 수밖에 없기 때문이다. 그에 의하면 자아의 이중적 관점은 "이중적인 불합리"에 불과할 뿐이다(M II, 137, KSA 3, 130쪽).

53) Chiara Piazzesi, *Das Spannungsfeld von "größer Liebe" und Moral der Selbstverkleinerung: "verachtende" Liebe vs. Nächstenliebe und Mitleid*, in: Nietzsche-Macht-Grösse, Volker Caysa, Konstanze Schwarzwald (Hrsg.), Berlin/Boston, 2012, p. 274.

54) Za III, 중력의 악령에 대하여, 2, KSA 4, 242쪽.

55) Za III, 뜻에 거슬리는 열락에 대하여, KSA 4, 204쪽.

56) N 25[451], KSA 11, 133쪽.

57) 같은 책, 204쪽 참조.

58) Za I, 이웃사랑에 대하여, KSA 4, 79쪽.

4) 의지의 자유

정신의 자유는 의지의 자유를 동반한다. 그리고 의지의 자유는 정신의 자유를 바탕으로 삶의 변화를 실현하는 조건이다. 형이상학적·종교적 가치로부터 해방되어 다시 자기 자신을 사랑할 수 있게 된 인간은 이제 이 사랑을 실천하며 자신의 삶을 변화시켜야만 한다. 이렇듯 니체에게 있어 자유는 단지 무언가에 예속되지 않은 수동적 의미에서 "무엇으로부터의 자유(Freiheit wovon)"가 아니라, "무엇을 위한 자유(frei wozu?)"로서 능동적·자율적 자유를 의미한다.[59] 위버멘쉬적 변화를 추구하는 인간은 자신의 위버멘쉬적 미래를 위해서 이 사랑을 계속 의지(意志)해야만 한다. 하지만 차라투스트라가 자신의 동굴을 비운 사이 나귀를 새로운 믿음의 대상으로, 즉 동굴의 공허함 속에서 자기 자신에 대한 사랑을 나 아닌 대상에게 내주었던 사람들처럼, 나약한 의지로는 이 사랑을 지속할 수 없다.

오직 자기 자신과 관계하는 강한 의지의 소유자만이 자기 자신을 의욕하는 삶을 살아갈 수 있다. 그는 더 이상 형이상학적 진리와 종교적 위안을 요청하지 않는다. 오히려 이러한 인간유형은 스스로가 창조와 파괴의 주인, 즉 창조자이자 피조물이 되어 자신의 삶을 탐구하고 실험하며 변화시킨다. 니체의 실존미학의 관점에서 창조자와 파괴자를 동시에 내포한 존재는 바로 예술가이다.

예술가는 자유로운 정신과 강인한 의지로 삶을 조형하며 실존의 변화를 실현하는 창조적 존재에 대한 명칭이다. 자기 자신과 관계하는 사랑 속에서 매 순간 변화된 자신을 잉태하고 출산하는 인간은 마치 예술가처럼 자

---

59) Annemarie Pieper, *Ein Seil geknüpft zwischen Tier und Übermensch. Philosophische Erläuterungen zu Nietzsche erstem "Zarathustra"*, Stuttgart, 1990, p. 291 참조.

신의 삶을 작품으로서 창조하고 때로는 파괴하며 새롭게 변화시킨다. 진정한 해방은 오직 창조적 자유를 통해 보증된다. 전통적 가치로부터 해방되었음에도 자신만의 고유한 삶의 의미를 창조하지 못한다면 이 정신은 결코 놀이하는 아이의 정신으로, 즉 창조하는 예술가의 정신으로 나아가지 못한 것이다.

> 예술가의 비도덕성을 나의 소재(인류)와 관련해서 획득하는 것, 이것이야말로 최근 수년간의 나의 작업이었다. 창조할 수 있기 위해 그리고 낯선 이상에게 지배되지 않기 위해서 정신적인 자유와 기쁨을 획득하는 것. ([…] 자기 해방을 위해 내가 애용하는 형식은 예술적인 형식이었다. 나는 그때까지 나를 구속했던 것들의 상을 대강 그려보았다. 예를 들면 쇼펜하우어, 바그너, 그리스인들(천재, 성인, 형이상학, 이제까지의 모든 이상, 최고의 도덕) — 그것은 동시에 감사를 표시하는 공물이기도 했다.[60]

니체가 "의지의 자유"를 예술가의 창조적 자유로서 설명하고자 하는 의도는 예술가의 자유는 결코 "비자발적(unfreiwillig)"일 수 없기 때문이다.[61] 니체에게 있어 예술가는 언제나 스스로에게 명령하고 그 명령에 복종하는 존재, 즉 자기 자신과 관계하는 존재이다. "자신의 의지에 복종하는 것을 우리는 강요라고 부르지 않는다. 왜냐하면 거기에는 즐거움이 있기 때문이다. 네가 너 자신에게 명령한다는 사실, 그것은 "의지의 자유"를 의미한다."[62] 이

---

60) N 16[10], KSA 10, 501쪽.
61) N 1[44], KSA 12, 20쪽.
62) 같은 책, 20쪽 참조.

렇듯 니체는 의지의 자유 속에서 자신의 삶을 변화시키는 인간의 실존적 과제를 예술가의 창조적 자유를 통해 구체화시킨다.

위버멘쉬로의 실존적 변화를 실현하기 위한 토대로서 의지의 자유는 또 하나의 과제를 안고 있다. 그리고 이 과제야말로 정신과 의지가 진정으로 자유로운지를 최종적으로 보증해준다. 그것은 바로 위버멘쉬적 변화를 위해, 즉 새로운 나로의 변화를 위해 인간 스스로 자신의 의지로 자기 자신을 구원하는 것이다. "의지, 그것은 해방을 가져오는 자의 이름이며 기쁨을 가져오는 자의 이름이다."[63] 자신의 의지로 스스로를 변화시키는 것이 해방의 최종 목적이다.

니체는 『차라투스트라는 이렇게 말했다』의 「구원에 대하여」에서 이 실존의 목적을 실현하기 위한 방법으로 자기구원(Selbsterlösung)을 제시한다. 여기서 구원(Erlösung)이라는 단어는 자신의 의지로 수행되는 행위이기에 형이상학적 혹은 종교적으로 해석될 수 없다. 그리고 이 방법은 과거를 사유하는 방식 "그랬었지(Es war)"를 미래를 사유하는 방식 "나는 그렇게 되기를 원했다(So wollte ich es!)"로 전환함으로써 삶을 과거의 우연으로부터 미래의 필연으로 규정하는 것이다.

> 나는 미래의, 내가 내다보고 있는 저 미래를 건설하는 데 조각돌로 쓰일 사람들 사이를 거닌다. [⋯] 만약에 사람이 몽상가나 수수께끼를 푸는 자가 아니며 우연을 구원하는 자가 아니라면 나는 내가 사람이라는 사실을 어떻게 참고 견뎌낼 것인가! 지난날을 구원하고 일체의 "그랬었다"를 "나는 그렇게 되기를 원했다"로 전환하는 것, 내게는 비로소 그것

---

63) Za II, 구원에 대하여, KSA 4, 181쪽.

이 구원이다![64]

물론 현재의 불만족이 바꿀 수 없는 과거로 인해 발생했다는 마음으로 의지는 삶을 병들게 하기도 한다. 시간을 되돌릴 수 없기 때문에 과거의 의지 역시 구원될 수 없다는 사실은 옳다. 하지만 이러한 설교는 미래를 창조할 수 없는 속박된 의지를 가진 자들에 의한 것일 뿐이다. 니체에 의하면 의지는 과거의 우연을 제거할 때 더욱 큰 힘을 발휘하게 된다. 다시 말해 의지는 오직 미래를 향해 나아가는 힘에 의해서만 자극된다.[65]

의지는 과거와 화해하지 않는다. 그 이유는 의지는 과거의 힘을 아쉬워하지 않고, 앞으로 획득하게 될 더 큰 힘을 추구하기 때문이다. "의지는 화해 이상의 것을 지향해야 하니 그것이 곧 힘에의 의지라는 것이다."[66] 또한 영원회귀 안에서 지금까지의 시간은 결국 반복되어 과거는 다시 경험하게 되는 미래일 뿐이다. 그렇기 때문에 의지의 진정한 해방은 지금 이 순간 삶을 자유롭게 변화시키는 창조의지로 발현될 때 실현된다. 그래서 니체는 의지를 "창조하는 자(ein Schaffender)"로 표현하는 것이다. 영원회귀의 관점에서 의지의 변화는 곧 나의 변화임과 동시에 오늘의 변화, 나아가 변화된 미래를 불러온다.

나는 너희들에게 '의지는 일종의 창조하는 자'라고 가르쳤다. 그렇게 함으로써 나는 너희들로 하여금 이 터무니없는 노래에서 벗어나도록 했다. 일체의 '그랬었지'는 창조하는 의지가 나서서 '나는 그러하기

---

64) 같은 책, 179쪽.
65) 같은 책, 180-181쪽 참조.
66) 같은 책, 181쪽.

를 원했다!'고 말할 때까지는 한낱 흩어져 있는 조각돌이요, 수수께끼이
자 끔찍한 우연에 불과하다. 창조적 의지가 거기에다 '그러나 나 그렇게
되기를 원했다! 나 그렇게 되기를 원하게 될 것이다!(Aber so will ich es! So
werde ich's wollen!)'라고 말할 때까지는 말이다.[67]

    놀이 자체를 즐기는 아이의 정신 안에는 놀이를 더 즐겁게 만들기 위해
규칙을 창조하는 예술가의 의지가 담겨 있다. 정신의 자유는 의지의 자유를
동반할 수밖에 없다. 정신이 의지를 자극하지 못하거나, 의지가 정신을 표출
하지 못한다면 진정한 해방은 불가능하다. 니체가 신의 죽음을 선포하며 정
신과 의지를 해방시키고자 했던 이유는 곧 인간의 삶을 구원하기 위해서였
다. 또한 그가 형이상학과 종교에 반해 다른 방식으로 구원의 가능성을 제
시했던 이유 역시 인간이 자기 자신을 사랑하는 방식을 변화시키기 위해서
였다. 위버멘쉬로의 변화를 가능하게 하는 이 조건들은 정신과 의지의 해방
으로부터 시작된다. 이렇듯 정신과 의지의 해방은 더욱 가깝게 자기 자신과
관계하며 그동안 자신 안에 은폐되어왔던 변화가능성을 발견하고 실현하기
위한 실존적 건강의 조건이다.

---

67)   같은 책, 181쪽.

4.

"내일과 모레의
 건강"

1) 자유정신과 건강

　　자유정신은 정신과 의지의 해방을 대변한다. 다시 자기 자신과 관계하게 된 이 정신은 더 이상 자신의 힘에의 의지를 이곳의 대지가 아닌 다른 세계와 나 아닌 다른 존재에 위임하지 않는다. 니체가 자신의 철학에서 제시하는 실존적 건강은 자유정신을 전제로 할 수밖에 없다. 이후 제시되는 다양한 개념들, 즉 신의 죽음, 위버멘쉬, 영원회귀, 운명애, 허무주의, 모든 가치의 전도 역시 자유정신이라는 실존적 변화의 토대 없이는 실현 가능하지 않다. 그런데 위의 철학적 개념들, 즉 내가 아닌 다른 세계와 존재를 추구하며 자신으로부터 멀어진 결과 발생한 속박된 정신과 나약한 의지를 다시 자유롭고 강인한 정신과 의지로 변화시키고자 했던 철학적 치유의 개념들은 선택의 문제로 남게 된다.

　　니체가 『차라투스트라는 이렇게 말했다』의 「서문」에서 이야기하듯이, 자기보존적 삶을 살아가는 시장터의 사람들에게 이 선택은 중요한 실존적 의미를 갖지 못한다. 자신과의 관계를 상실한 이들에게 자신을 변화시키는 일은 중요한 실존적 가치를 갖지 못한다. 그 이유는 이 변화는 고독을 요구하기 때문이다. 이러한 측면에서 1885년 유고의 한 단편에서 니체는 자유정신과 고독, 건강과 병의 연관 속에서 자유정신을 인간의 실존적 "건강"에 대한 개념으로 그리고 "고독"을 삶의 자기극복과 보존의 실존적 경계에 선 인간의 의지를 시험하는 조건으로 제시한다.

> 나는 차라리 혼자 달리고, 차라리 혼자 비상하며, 언젠가 다리에 병이 든다 해도, 차라리 홀로 기어가는 것을 오늘날 바로 "자유정신"이라는 중요한 기호 아래 놓고 싶다. 고독은 치유하지 않으면, 죽인다: 이것은 참이다. 고독은 나쁘고 위험한 치유술에 속한다. 그러나 확실한 사실은, 그것이 치유한다면, 인간이 사회 속에서, 나무가 숲속에서 서 있을 수 있는 것보다 또한 인간을 보다 건강하고 독자적으로 세우게 된다. [...] 나는 비로소 고독으로부터 "자유정신"과 "건강"이라는 공통된 개념들을 완전히 끝까지 생각하는 법을 배웠다는 것으로 족하다.[68]

위의 글을 통해 유추할 수 있는 것처럼, 니체는 자신의 삶을 살면서 자기 자신과 관계하지 못하는 삶, 자신으로서 살면서 있는 그대로의 자기 자신을 사랑하지 않는 삶, 사회적 상승을 원하면서 실존적 성장을 원하지 않는 삶의 자세와 현상들을 실존의 병으로 진단한다. 근대 유럽에 만연한 실존의 병을 진단하며, 니체는 성공은 공유될 수 있지만 실존적 건강은 그럴 수 없다는 사실을 깨달았다. 근대 문명사회에서 발생하는 다양한 현상들은 고독의 가치를 폄하할지 모르지만, 니체에게 고독은 집단 속에서 발생하는

---

68)　N 40[59], KSA 11, 657-658쪽.

자기소외와 자기상실의 증상을 치유하는 근본적인 방법이다. 고독이 "한 인간을 보다 건강하고 독자적으로 세우게 된다"는 니체의 말처럼, 내가 나로서 사고하고, 나로서 살아가기 위해 정신과 의지의 자유는 분명히 필요하다. 니체가 자유정신을 건강과 함께 사유하는 이유는 이때문이다.

자유정신으로의 변화를 통해서 내가 매 순간 나를 사유하는 한 건강은 지속될 수밖에 없다. 하지만 언제든 자유정신은 다시 무언가에 속박될 수도 있다. 다시 말해 『차라투스트라는 이렇게 말했다』의 「세 단계 변화에 대하여」에 제시된 낙타는 사자와 아이의 정신으로 나아가야 하지만, 언제든 아이의 정신은 사자로, 다시 낙타로 정신의 하강을 경험하게 될 수도 있다. 하지만 진정한 자유정신은 다시 자유로워질 수 있는 의지의 자유 역시 가지고 있다. 니체의 철학이 독단론에 빠질 수 없는 이유는 이때문이다.

자유정신 역시 언제든 고독으로부터 벗어나고자 할 때가 있을 것이다. 하지만 자유정신은 다시 자신의 정신과 의지로 고독을 긍정하게 될 것이다. 고독으로부터 벗어나고자 했던 정신과 의지가 다시 고독을 찾게 될 때, 고독의 의미는 더욱 중요해진다. "내일과 모레의 건강"[69]이라는 니체의 표현처럼, 과거의 건강이 오늘의 건강을 보증해주지 않는다. 오직 오늘의 건강이 내일의 건강이 될 수 있도록 실존의 노력을 하는 수밖에 없다. 니체가 병 그 자체를 부정하지 않고, 오히려 병을 다시 건강해질 수 있는 기회로 긍정하는 이유이다.

병이 건강을 지배하는 것이 아니라, 오히려 건강으로 나아가는 과정이라는 인식이 삶의 커다란 건강을 추구하는 자에게는 오히려 위안이 된다. 고독 역시 마찬가지이다. 고독은 나의 상실이 아니라 오히려 나를 찾을 수 있는 기회이기 때문이다. 니체가 고독을 병이 아니라, 오히려 건강의 토대로

---

69) MA II, 서문, 6, KSA 2, 376쪽.

이해하는 이유는 이때문이다. 건강과 병에 대한 이러한 관계론적 인식은 그의 개념 "커다란 건강(die große Gesundheit)"이 잘 보여준다.

> 너희의 운명은 너희가 어떤 개인보다도 더 심하게 아프기를 바라고 있다. 왜냐하면 너희가 '단지 한 개인'인 것만은 아니므로… 너희의 위안은 하나의 새로운 건강으로 가는 길을 알게 되는 것이다. 아! 그리고 내일과 모레의 건강의 길로 나아간다. 너희 미리 예정된 자, 승리자, 시대를 극복한 자, 가장 건강한 자, 가장 강한 자, 너희 훌륭한 유럽인이여!

2) 커다란 건강

니체철학에서 건강의 개념은 병의 존재의미에 대한 해석을 통해서 더욱 분명해진다. 그리고 그의 철학 속 위버멘쉬로의 실존적 변화가능성 역시 병에 대한 인식으로부터 시작된다. 니체가 『차라투스트라는 이렇게 말했다』에서 마지막 인간과 위버멘쉬 사이의 경계에 선 인간에게 선택의 기회를 요구하는 이유는, 바로 실존적 병에 대한 자기인식 때문이었다. 그 경계에서 스스로 반성적 사유를 하며 자신의 삶을 진단할 수 있는 기회가 바로 자기 실존의 병을 인식할 수 있는 기회이기도 한 것이다.

이렇듯 인간은 인간유형의 관점에서 마지막 인간과 위버멘쉬 사이의 경계에 서 있으며, 가치론적 관점에서는 이 두 유형을 대변하는 병과 건강의 경계에 서 있다. 인간은 이 경계에서 위버멘쉬를 향해 건강한 삶을 살기로 결정하기도 하고, 마지막 인간을 향해 병이 든 삶을 살기로 결정하기도 하며, 또한 자기보존적인 삶 속에서 그 사실을 망각하기도 한다. 즉 병과 건강은 한 인간의 삶을 결과론적으로 확정하는 기호일 수 없다. 중요한 것은 병을 다시 건강해질 수 있는 기회로 긍정하고 또한 건강한 실존이 언제든 병든 실존으로 진행될 수 있다는 사실이다.

이러한 실존의 경계에서도 해방의 본질은 여전히 유효하다. 병으로부터의 해방은 건강을 위해 병을 제거하는 것이 아니라, 오히려 실존의 병에 걸린 자신의 삶을 돌아보게 함으로써 자기 자신과의 관계를 더욱 절실하게 주선하며 현재의 자신을 인식하게 해준다는 것이다. 그렇기 때문에 병에 대한 니체의 실존적 해석 속에서 병든 실존보다 중요한 것은 병든 자신을 인식하고 병 속에서도 건강을 향해 매 순간 변화를 시도하는 것이다. 이러한 의미에서 니체의 개념 "커다란 건강(die große Gesundheit)"[70]은 병과 건강이 이원화되지 않고, 어떻게 유기적으로 관계하는지 잘 보여준다.

니체에게 있어 병은 건강과의 관계 속에서만 의미를 가진다. 건강 역시 마찬가지이다. 병이 없는 건강은 존재할 수 없다. 병이 부정된다면 건강은 결코 미래를 보증할 수 없을 것이다. 니체에 의하면 병이란 "효과적인 자극제"[71]로서 다시 건강해질 수 있는 삶의 실존적 기회이다. 그렇기 때문에 그의 철학에서 병은 "진정한 치유본능"[72]으로서 "건강에의 의지와 삶에의 의지"[73]의 퇴화, 즉 힘에의 의지를 통한 인간의 실존적 자기긍정과 극복에의 의지의 쇠퇴로 진단되는 것이다.

삶을 살아가고자 하는 의지, 즉 삶에의 의지는 그 자체로 보다 많은 힘을 얻고자 하는 힘에의 의지일 수밖에 없다. 그리고 이 의지는 결국 더욱 건강해지고자 하는 의지이기도 하다. 정신의 해방으로부터 동반된 의지의 해

---

70) FW V, 382, KSA 3, 636쪽.
71) EH, 나는 왜 이렇게 현명한지, 2, KSA 6, 266쪽.
72) 같은 책, 6, 272쪽.
73) 같은 책, 2, 267쪽.

방이 형이상학적 · 종교적 가치에 반해 삶, 미래, 건강, 자기 자신을 향할 수밖에 없는 이유는 이때문이다. 결론적으로 인간을 포함한 모든 생명체는 힘에의 의지의 원리를 따를 수밖에 없다. 건강과 병 역시도 마찬가지이다. "힘에의 의지는 생성을 끝낼 수" 없으며,[74] 생성 속에서 "변화는 정지하지 않는다."[75] 그렇다면 인간의 삶 속에서 병과 건강 역시 생성의 변화를 멈출 수 없다. 병이 다시 건강해질 수 있는 기회로 긍정될 수밖에 없는 근거는 바로 생성과 생명의 원리, 즉 힘에의 의지에 의해서이다.

그래서 니체는 다음과 같이 명확하게 단언하는 것이다. "건강 그 자체는 존재하지 않는다."[76] 니체의 이 말에는 병에 대한 지속적인 자기긍정과 극복의 역학이 내포되어 있다. 그리고 인간 실존의 이러한 역학 속에서 병 역시 그 자체로 존재할 수 없다. 즉 건강이란 항상 "극복된 병(die überwundene Krannkheit)"이다.[77] 또한 니체의 건강이론이 병을 극복하는 능력에 있다는 카우프만의 견해는 이러한 의미에서 일치한다.[78] 그래서 니체는 병과 건강의 회복에 대한 자신의 개인적인 체험을 "하나의 질병과 회복의 역사"[79]라고 표현하는 것이다. 그의 이 표현은 병은 긍정되고 극복될 때 비로소 삶의 상승과 성장을 위한 자극제로 작용될 수 있다는 가치 전환의 의미를 내포하고 있다.

병과 건강에 대한 니체의 개인적인 경험이자 철학적 사유로서 "가치의

---

74)   N 11[29], KSA 13, 17쪽.

75)   N 14[121], KSA 13, 301쪽.

76)   FW III, 120, KSA 3, 477쪽.

77)   Gerhard Danzer, *Wer sind wir? Anthropologie im 20. Jahrhundert Ideen und Theorien für die Formel des Menschen*, Berlin/Heidelberg, 2011, p. 454.

78)   Walter Kaufmann, *Nietzsche. Philosoph - Psychologe - Antichrist*, übersetzt von Jörg Salaquarda, Darmstadt, 1988, p. 153 참조.

79)   MA II, 서문, 6, KSA 2, 376쪽.

전환"[80]은 실제로 자신의 육체적 병과 고통의 자기해석으로부터 시작된다. 1878년부터 1881년 동안의 육체적 병과 고통 속에서 정신적인 열정의 작품들인 『인간적인 너무나 인간적인 2』의 「방랑자와 그의 그림자」 및 『아침놀』을 탄생시켰다는 니체 자신의 말처럼,[81] 이 기간 동안에 그는 스스로 생명력의 가장 낮은 지점에서 오히려 삶에 대한 강한 열정과 상승의 느낌을 경험한다. 그리고 이러한 삶의 고양의 느낌을 니체는 자신의 병과 고통스러운 상황에 대한 자기긍정과 극복의 결과로 이해한다. 이를 바탕으로 니체는 건강을 삶을 향한 높은 생명력과 상승의 가치로 그리고 병을 낮은 생명력과 하강의 가치, 즉 데카당스의 가치로 규정한다.

이렇듯 니체철학에서 병과 건강에 대한 그의 실존적 해석은 근본적으로 생물학적 혹은 의학적 사실에 근거하지 않으며, 오히려 인간 삶의 실존적 의미와 가치의 문제와 연결되어 있다.[82] 여기서 중요한 것은 야스퍼스의 말처럼 병에 대한 인간의 실존적 물음과 실천적 태도, 즉 그가 "병으로부터 무엇을 만드는가?"이다.[83] 다시 말해 니체가 중요하게 생각하는 것은 '병의 인식 이후에 어떤 관점과 태도로 삶을 대하는가?'이다. 이러한 의미에서 니체는 매 순간 병을 긍정하고 극복하며 다시 건강해지고자 하는 의지, 즉 삶의 실존적 상승과 성장을 실현하고자 하는 인간의 의지를 "강인한 건강에의

---

80) EH, 나는 왜 이렇게 현명한지, 1, KSA 6, 266쪽.

81) 같은 책, 264-265쪽.

82) 건강과 병에 대한 "실존적 해석(existentielle Deutung)"과 관련하여, 야스퍼스는 병을 인간의 실존적 가치문제와 연관시키며, 병을 건강에 대한 유용성으로, 자극으로, 상징으로, 기회로 읽어낸다. 그는 일반 의학과 치료의 범주를 넘어, 인간 내·외면을 포괄할 수 있는 실존적 건강을 "진정한 건강(die eigentliche Gesundheit)"이라 명명한다(Karl Jaspers, *Nietzsche. Einführung in das Verständnis seines Philosophierens*, pp. 112-117 참조). 이러한 그의 해석은 근본적으로 니체의 삶(건강과 병)과 철학의 유기적인 관계에 대한 이해와 해석을 바탕으로 하고 있다.

83) 같은 책, 114쪽.

의지(eine zähe Wille zur Gesundheit)"[84]로 표현한다.

　병과 건강을 규정하는 근거는 바로 힘에의 의지이다. 의지가 병 속에서도 건강을 향하도록 만드는 것, 즉 자기보존을 위한 작은 힘이 아니라, 상승과 성장을 위한 보다 큰 힘을 지속적으로 추구하며 실현하는 변화의 가능성을 결코 멈추지 않는 것이 미래 건강의 원리이다. 이를 위해 병은 건강을 향한 과정의 일부로서 긍정되어야만 하고, 건강 역시 병을 과정의 일부로서 허용해야만 한다. "커다란 건강"이 바로 이 병과 건강의 유기적 관계를 보증해준다.

> 커다란 건강 [⋯] 이것은 사람들이 보유하는 것만이 아니다. 지속적으로 획득하고 계속 획득해야만 하는 것이다. 왜냐하면 그 건강은 계속해서 포기되고 포기되어야만 하기 때문이다![85]

　이렇듯 니체는 병 속에서도 다시 건강해질 수 있는 기회를 "커다란 건강"이라는 개념을 통해 설명한다. 이 개념을 통해 비로소 병과 건강은 형이상학과 종교의 이원론적 해석으로부터 해방된다. 건강이 절대적 관념이 되지 않을 때, 즉 건강이 힘에의 의지의 원리를 따를 때, 건강은 병에 의해 멈추지 않고, 오히려 병에 의해 새로워진다. 인간이 가장 건강한 순간은 자신의 감소된 힘을 인식하고, 다시 힘의 증대를 추구할 때이다. 그리고 이때 그가 추구하는 힘은 이전과 다른 새로운 힘일 수밖에 없다. 의지는 힘을 추구하지만, 그의 내면에서 매 순간 새롭게 충동하는 다양한 정념(Pathos) 때문에 결코 동일한 힘을 추구할 수 없다. 인간이 자신과 자유롭게 관계하며 힘을

---

84)　MA I, Vorrede, 4, KSA 2, 18쪽.

85)　FW V, 382, KSA 3, 636쪽.

추구하는 한, 그 힘은 언제나 새로울 수밖에 없다. 건강 역시 마찬가지이다. 병의 극복 이후에 경험하는 건강은 "새로운 건강(eine neue Gesundheit)"[86]일 수밖에 없다. 커다란 건강이 새로운 건강일 수밖에 없는 이유는 이때문이다. 건강은 변화된 나를 경험하는 새로운 기회를 제공한다.

니체는 내일과 모레의 건강으로서 "커다란 건강"을 기존의 모든 최고의 이상과 가치로부터 해방된 인간("실향민", "미래의 어린이")[87]의 새로운 미래를 위한 삶의 실존양식이자 "새로운 수단"[88]으로 제시한다. 그 이유는 이들이 다시 낡은 가치를 추구하는 삶으로 돌아가지 못하도록 하기 위해서는 삶에 대한 새로운 인식과 관점이 필요하기 때문이다. 하지만 미래의 건강과 이를 위한 정신과 의지의 자유는 필연적으로 오랜 최고 가치의 파괴를 동반하기에 자기보존적 인간들에게는 아직 먼 "비인간적 이상(unmenschlich)"이지만 이를 통해 자신의 미래를 창조적으로 조형할 수 있기에 여전히 "위버멘쉬적(übermenschlich)"이다.[89]

커다란 건강의 표시인 저 유연하고 병을 완치하며 모조해내고 재건하는 힘이 넘쳐흐르기까지의 길도 아직 멀다. 그렇게 넘쳐흐르는 힘은

---

86) 같은 책, 636쪽.

87) 같은 책, 377, 628쪽.

88) 같은 책, 382, 636쪽. 게르하르트는 니체의 "커다란 건강"의 개념을 자기 삶의 가치와 덕의 자유로운 창조를 위한 "생산적인 힘의 방출"을 예술적으로 사용할 수 있는 자유정신의 확장된 프로그램으로 생각한다. 그에 의하면 건강은 인간이 스스로 자기 자신의 힘을 마음껏 발휘할 수 있는 근본 전제이며, 이를 위해 건강은 우선 인간 자신의 원하는 바를 위해서 지속되어야 한다. 즉 건강은 끊임없이 새로운 삶의 힘을 공급하는 원천이며, 이러한 건강 없이 인간은 결코 창조적일 수 없다(Volker Gerhardt, *Die Tugend des freien Geites. Nietzsche auf dem Weg zum individuellen Gesetz der Moral*, in: Jan-Christoph Heilinger und Nikolaos Loukidelis (Hrsg.), Die Funken des freien Geistes, Beriln/NewYork, 2011, p. 228 참조).

89) FW V, 382, KSA 3, 637쪽.

자유정신으로 하여금 시험에 삶을 걸고 모험에 몸을 내맡겨도 된다는 위험스런 특권을 부여한다. 그것은 자유정신의 거장다운 특권이다! 그 사이에는 긴 회복기가 놓여 있다. 그 시간은 고통스러우면서도 매혹적 이고 다채로운 변화가 가득하여, 벌써 건강이라는 옷을 입고 위장을 한 강인한 건강에의 의지에 지배되고 규제되는 시간들이다. [...] 사람들은 언젠가 자신 가운데에서 엄청난 다양성을 본 적이 있는 사람처럼 변하 게 된다. ― 그러고는 자신과 무관한 사물을 걱정하는 사람들과는 정반 대의 사람이 되는 것이다. 실제로 이제 자신은 더 이상 자유정신을 괴롭 히지 않는 그런 것과 관계한다.[90]

커다란 건강은 병과 건강에 국한된 개념만은 아니다. 오히려 이 개념은 삶의 관점과 인식의 전환을 수행하는 역할을 하기도 한다. 이러한 측면에서 니체는 『선악의 저편』에서 현대의 평균적 무리본능으로부터 자유로운 반현 대성의 이상과 정신, 그에 의하면 "모험과 위험" 심지어 "고통"까지도 감내 할 수 있는[91] "넘치는 충만과 강함으로 유희하는 정신"[92]을 요구한다. 그리 고 이 정신에 이르기 위해 니체는 "커다란 건강에 속하는 극단의 자기 확신 성을 갖는 인식의 방자함"[93]이 필요하다고 주장한다.

여기서 니체의 인식론적 의도, 즉 "극단의 자기 확신성을 갖는 인식의 방자함(Mutwille der Erkenntnis)"은 인간과 그의 삶의 미래 건강을 위한 실존적 수 단으로서 자신만의 자유롭고 다양한 관점을 바탕으로 이루어지는 주관적 인식과 해석에 대한 인간의 자기 확신을 의미한다. 나아가 지속적인 획득(건

---

90) MA I, 서문, 4, KSA 2, 18쪽.
91) GM II, 24, KSA 5, 336쪽.
92) FW V, 382, KSA 3, 637쪽.
93) GM II, 24, KSA 5, 336쪽.

강/창조)과 포기(병/파괴)를 반복하는 커다란 건강의 특성처럼 매 순간 새로운 창조를 가능하게 하는 인식의 자유로운 변화를 내포하고 있다. 이렇듯 니체의 "커다란 건강"은 병과 건강을 매개로 전통 형이상학적 · 종교적 인식을 삶의 인식으로 전환하는 시도를 보증해준다.

5.
"내일과 모레의
필연적 인간"

1) 미래 철학과 미래의 철학자

니체에게 철학자의 역할은 중요하다. 그는 소크라테스, 플라톤, 데카르트, 칸트, 헤겔 등 그가 비판해온 철학자들처럼 이성을 통해 인간을 이해하지 않고, 인간 안에 내재된 존재성을 발굴할 수 있는 "새로운 철학자"를 요청했다. 그리고 니체는 스스로 그런 철학자로서 자신의 철학을 개진해나갔다. 니체가 수행했던 새로운 철학, 즉 "미래의 철학"을 계획하며 함께 염두에 두었던 것은 "내일, 어쩌면 모레(morgen, vielleicht übermorgen)" 새로운 철학자들이 나타날 수 있다는 것이었다. 이와 관련하여 니체는 1885년 가을~1887년 가을의 한 유고에서 "미래의 철학"과 "새로운 철학자"에 대하여 다음과 같은 물음을 제기하고 있다.

미래의 철학.
하나의 논변.

1. 오늘날 그와 같은 위대함이 가능한가? ―

2. 그러나 어쩌면 내일, 어쩌면 모레. ― 나는 새로운 철학자들이 부
   상하는 것을 본다 등등.[94]

니체의 "미래의 철학"은 인간을 기존의 덕과 가치로부터 자유롭게 하
기 위한 '해방의 철학'이자 삶의 중심을 저편이 아니라, 이편에 두기 위한
'대지의 철학'이다.[95] 그리고 "새로운 철학자"는 자유로운 정신과 창조적 의
지의 소유자로서 절대적 진리의 독단론적 신봉자가 아니라, 인간 삶의 새로
운 진리를, 즉 매 순간 삶의 새로운 양식의 창조를 시도하는 예술가이다. 니
체는 「미래철학의 서곡」이라는 부제를 가진 책 『선악의 저편』에서 현대의
평균적 이상과 무리본능을 극복하고 새로운 미래의 이상을 창조하고 제시
할 수 있는 새로운 철학자 유형을 "실험의 인간"[96]으로 대변되는 "진정한 철
학자"[97] 그리고 "미래의 철학자"[98]로 규정한다. 자신들만의 주권적 · 창조적
의지를 통해서 현재를 극복하고자 하는 새로운 철학자들의 삶은 필연적으
로 내일과 모레를, 즉 미래를 향하게 된다.

하지만 니체가 수행한 "미래의 철학"은 단순히 현재에서 미래를 사유
하는 작업에 그치지 않는다. 이 철학은 현재를 진단하고 치유하며 새로운
미래의 삶을 실천하는 철학자를 필요로 할 수밖에 없다. 그들의 인식은 창
조이고 그 조건은 언제나 삶이다. 그리고 더 이상 진리를 추구하지 않는 그

---

94)   N 2[32], KSA 12, 78-79쪽.

95)   "삶의 중심을 삶에 두지 않고, 오히려 '피안'으로 ― 무로 ― 옮겨버린다면, 진정 삶에서 중심
       을 빼앗아버리는 것이 된다."(AC, 43, KSA 6, 217쪽)

96)   JGB VI, 210, KSA 5, 142쪽.

97)   같은 책, 211, 145쪽.

98)   같은 책, 210, 142쪽.

들의 의지는 힘에의 의지일 뿐이다. 삶의 조건이 힘에의 의지이기 때문에 그들은 자신의 삶으로부터 예술적 창조를 시작할 수 있다. 니체는 새로운 철학자로서 그들 스스로 변화시킨 자신의 삶을 바탕으로 인간의 삶도 변화시켜야만 하는 과제를 부여한다.

> 진정한 철학자는 명령하는 자이자 입법자이다: 그들은 "이렇게 되어야만 한다!"라고 말한다. 그들은 우선 인간이 어디로 가야 하는가와 어떤 목적을 가져야 하는가를 규정하며, 이때 모든 철학적 노동자와 과거를 극복한 모든 자의 준비 작업을 마음대로 처리한다. ― 그들은 창조적인 손으로 미래를 붙잡는다. [⋯] 그들의 '인식'은 창조이며, 그들의 창조는 하나의 입법이며, 그들의 진리를 향한 의지는 ― 힘에의 의지이다.[99]

그렇지만 미래를 사유한다는 것은 매 순간 새롭고 다양한 다른 가치를 추구할 수밖에 없기 때문에 항상 반시대적일 수밖에 없다. 니체의 표현에 의하면 미래의 철학자는 "오늘의 이상(das Ideal von Heute)"과 대립될 수밖에 없다. 니체가 『즐거운 학문』에서 요청한 "철학적 의사(ein philosophischer Arzt)" 역시 기존의 철학자들과 달리 삶, 건강, 미래 등의 가치를 추구하는 미래의 철학자였다.[100] 그가 의사로서 현재를 진단할 때, 그는 이미 반시대적일 수밖

---

99) 같은 책, 211, 145쪽. 미래의 입법자의 자율적인 창조의 과제와 이를 통한 미래를 향한 삶의 실천적 윤리 나아가 자기 가치의 입법자로서의 철학자와 인간 삶의 전제로서의 철학에 대한 연구에 대해서는, Henning Ottmann, *Philosophie und Politik bei Nietzsche*, 280쪽; Christine Blättler, *Der Philosoph der Zukunft ist Gesetzgeber. Zur Ethik Nietzsches*, in: Pornschlegel, Clemens und Stingelin, Martin (Hrsg.), Nietzsche und Frankreich, Berlin, 2009, pp. 275–289; Josef Simon, *Der Philosoph als gesetzgeber. Kant und Nietzsche*, Volker Gerhardt und Norbert Herold (Hrsg.), Perspektiven des Perspektivismus. Gedenkschrift für Friedrich Kaulbach, Würzburg, 1992, pp. 203–218 참조.

100) FW, Vorrede, 2, KSA 3, 349쪽.

에 없는 것이다. 용감하게 반시대적인 가치를 추구하며 삶의 새로운 건강과 미래를 탐구하는 철학자는 내일과 모레를 사유하는 철학자, 즉 "내일과 모레의 필연적인 인간(ein nothwendiger Mensch des Morgens und Übermorgens)"[101]일 수밖에 없다.

"내일과 모레의 필연적인 인간(ein nothwendiger Mensch des Morgens und Übermorgens)"이 될 수밖에 없는 철학자는 언제나 그 자신이 사는 오늘과 모순된 상태에 있어왔고 그렇게 있을 수밖에 없었던 것이라고 나는 더욱 생각하게 된다. 그의 적은 언제나 오늘의 이상이었다.[102]

2) 미래 철학과 미래 철학자의 과제: 인간의 "위대함"의 발굴

"내일과 모레의 필연적인 인간(ein nothwendiger Mensch des Morgens und Übermorgens)"[103]이 될 수밖에 없는 미래 철학자의 과제는 인간 안에 내재된 변화의 가능성을 발굴하고, 그 변화가능성의 조건이 정신과 의지의 해방임을 해명하는 것이다. 이 해방으로부터 인간 안에 내재된 "위대함(Größe)"은 비로소 실현될 수 있다. 지금까지의 논의를 바탕으로 인간의 위대함을 정리해보면 다음과 같다. ① 정신의 해방은 오랜 형이상학적 · 종교적 가치들로부터의 정신적 가벼움, 즉 자유를 통해 다시 자기 자신과 관계할 수 있는 기

---

101) JGB VI, 212, KSA 5, 145쪽.
102) 같은 책, 145쪽.
103) 같은 책, 145쪽.

회를 제공해준다. ② 이러한 자기 관계로부터 비로소 인간은 다시 자기 자신을 사랑할 수 있게 된다.

③ 이 사랑은 자기 자신에 대한 관점과 관심을 변화시켜 자신 안에 내재된 변화의 가능성을 발견하게 만들어준다. ④ 이러한 자기 관계로부터 인간은 삶의 실존적 변화를 위해 다시 자신 안에 내재된 힘에의 의지를 인식하고 따르게 된다. ⑤ 도덕적일 수 없는 자발적인 변화의 시도는 마치 창조하는 예술가와 같고, 그 과정에서 스스로 삶의 의미를 창조하는 정신은 마치 아이와 같으며, 이러한 삶의 자세로 살아가는 모습은 마치 춤을 추는 듯 경쾌하게 보인다. 이러한 인간유형은 가장 병들어보이지만 사실 가장 건강하고, 가장 고독해보이지만 사실 가장 자기 자신과 가깝게 관계하고 있는 것이다. 아래의 글은 인간의 위대함에 대한 이 내용들을 잘 보충해준다.

> 오늘날 고귀하다는 것, 독자적인 존재가 되고자 한다는 것, 달리 존재할 수 있다는 것, 홀로 선다는 것, 자신의 힘으로 살아야만 한다는 것이 '위대함'의 개념에 속한다. 그리고 철학자는 다음과 같이 주장할 때, 자기 자신의 이상의 단면을 보이게 된다: "가장 고독한 자, 가장 은폐된 자, 가장 격리된 자, 선악의 저편에 있는 인간, 자신의 덕의 주인, 의지가 넘쳐나는 자가 될 수 있는 자가 가장 위대한 인간이 될 수 있을 것이다. 다양하면서도 전체적이고 폭이 넓으면서도 충만할 수 있다는 이것이야말로 위대함이라 부를 수 있을 것이다."[104]

정신과 의지의 해방은 삶을 변화시키는 전제이다. 그리고 변화는 내외

---

104) 같은 책, 212, 147쪽. "주권적 · 창조적 주체"의 특징으로서 인간의 위대함에 대해서는, Theo Meyer, *Nietzsche und die Kunst*, Tübingen / Basel, 1993, pp. 43-44 참조.

적 생기를 통해 표출되는 현상으로서 끊임없는 힘에의 의지의 투쟁, 즉 파괴와 창조, 명령과 복종을 반복하게 된다. 하지만 현대사회가 추구하는 전문성, 학문성, 유용성은 인간 안에 내재된 가능성을 보편적인 이념 안에 가둔다. 물론 현대에서도 인간은 얼마든지 자신의 위대함을 표출할 수 있다. 하지만 위대함의 가치가 현대의 문화를 조건으로 하는 한, 이 위대함은 실존적 변화과정이 배제된 결과에 대한 가치평가일 수밖에 없을 것이다.

니체에게 있어 인간 안에 내재된 위대함의 발현은 가능성으로부터 시작된다. 하지만 만약 현대인들이 그렇지 못하다면 본질적인 이유는 어디에 있는 것일까? 니체는 그 원인을 실존적 성장으로부터 멀어진 교육과 (속물)교양으로부터 찾는다.[105] 이에 대하여 니체는 현대의 학교와 교육 속에서 다양한 개인은 자신만의 성숙한 정신과 정서의 열매를 맺을 수 있는 실존의 기회를 갖지 못한다고 비판한다.[106] 그 이유는 교육이 하나의 규칙이 되는 한, 이로부터 벗어난 예외적인 경우는 부정될 수밖에 없기 때문이다. 동일한 비판의 관점에서 그는 자신의 강연문 「우리 교육기관의 미래에 대하여」에서 개인이 가진 본성과 성향을 간과하고 자신이 가진 교양과 지식의 양으로부터 보다 많은 양의 행복과 이익을 얻어내도록 교육하는 현대 교육기관의 목표를 부정한다.[107]

---

105) 속박된 정신(인간의 창조적 능력의 상실과 소인화)을 육성하는 현대의 교육과 교양, 나아가 진정한 교육과 교양의 과제로서 자유로운 정신의 양성에 대해서는, Dieter-Jürgen Löwisch, *Der freie Geist – Nietzsches Umwertung der Bildung für die Suche nach einer zeitgemäßen Bildungsvorgang*, in: Niemeyer/Drerup/Oelkers/v.Pogrell (Hrsg.), Nietzsche in der Pädagogik? Beiträge zur Rezeption und Interpretation, Weinheim, 1998, pp. 338-356.

106) N 18[2], KSA 8, 314쪽 참조.

107) ZB, 강연 I, KSA 1, 667-668쪽 참조. 니체의 이러한 비판들은 문화비판의 일환으로 수행되며 비판의 영역은 국가, 사회, 경제, 정치, 종교, 도덕 등 인간 삶의 내·외적 실존의 조건들을 모두 포괄한다. 이러한 측면에서 그는 "국가"를 낡은 종교의 도덕적 계명(선과 악의 이분법적 질서)을 동일하게 제시하는 또 다른 우상으로(Za I, 새로운 우상에 대하여, KSA 4, 61-64쪽 참

교육: 규칙을 위해서 예외를 파괴하는 수단의 체계.

교양: 평균적인 자에게 유리하게끔 취향을 예외자에게 적대적으로
정위하는 수단의 체계. 이것은 냉혹하다.[108]

하지만 니체에게 있어 진정한 교양은 대중적이고 기능적인 인간들의
실존적 고양과 정신의 성숙함을 위한 도구, 즉 대중문화라는 포괄적인 기계
장치의 영향 아래[109] 보편적인 것을 위해 특수한 것의 희생을 요구하는 문화
적 도구가 아니라,[110] 오히려 자유로운 개인의 가치와 관점을 인정하는 삶의
해방을 의미한다.[111] 니체가 자유정신의 관점에서 교육과 교양을 비판하는
이유는, 이로 인해 정신과 의지의 해방이 본질적으로 불가능해졌기 때문이
다. 하지만 이보다 더 본질적인 문제는 종교와 도덕에 있다. 교육과 교양 그
리고 종교와 도덕은 서로 다른 영역이다. 하지만 니체에게 있어 이 두 영역
은 인간의 정신과 의지를 억압한다는 점에서 비판의 대상이 된다. 자유정신
이라는 개념이 『인간적인 너무나 인간적인』으로부터 시작되어 후기철학에
까지 지속되는 이유는 니체의 철학적 문제의식이 인간을 전통 형이상학과
종교 및 도덕 등과 같은 절대적 요구로부터의 해방을 목적으로 하고 있기
때문이다. 이러한 의미에서 니체는 후기 저서 『선악의 저편』의 2장에서 다
시 한 번 「자유정신」이라는 제목으로 자신의 문제의식을 현대의 문제와 관

조), 그리고 산업사회의 경제문화를 단지 살기 위해서 자신을 팔아야만 하는 "궁핍의 법칙"만
이 작용하는 비속한 형태의 존재 양식으로 평가한다(FW I, 40, KSA 3, 407쪽).

108) N 16[6], KSA 13, 484쪽.

109) Max Horkheimer, *Zur Kritik der instrumentellen Vernunft*, Frankfurt am Main 9, 2007, 196쪽
참조.

110) Hans-Georg Gadamer, *Wahrheit und Methode*, in: Gesamelte Werke Bd. 1: Hermeneutik I, Tübin-
gen, 1999, p. 18 참조.

111) UB III, 교육자로서의 쇼펜하우어, 1, KSA 1, 340-341쪽 참조.

런지어 논의한다.

그에 의하면 현대인의 정신과 의지의 퇴화시키는 현대성의 배후에는 형이상학과 종교 그리고 그 원리로서의 도덕이 자리한다. 이에 대하여 니체는 다음과 같이 설명한다. 종교는 인간의 "위대함"과 "강함"을 스스로 도달할 수 없는 "초인간적인" 존재인 신의 특성으로 변경시켰다. 즉 인간은 자신의 종교적 신앙을 바탕으로 자기 안에 내재한 거대한 힘-느낌에 대한 원인을 자기 자신이 아닌, "좀 더 강력한 인격체"로 설정한다.[112] 자신의 무력함을 자신 안에 내재된 힘과 의지의 문제가 아니라, 신앙과 믿음의 문제로 환원함으로써 인간은 결국 정신과 의지의 해방에 실패하게 되는 것이다.

니체에 의하면 이러한 "종교적 인간"은 "자신의 인격에 대한 회의", 그의 또 다른 표현에 의하면 자기 "인격의 통일성에 대한 회의"[113]를 바탕으로 자기 자신을 "다수의 인격들"로 분열시킬 뿐이다.[114] 즉 그는 '행위자'와 '행위' 혹은 '원인'과 '결과'를 분리시키는 행위의 이중화를 통해서 자기 행위에 대한 가치평가의 "원칙"과 삶의 실존적 "근거"를 더 이상 자기 자신으로부터 나아가 이편의 대지세계에서 찾을 수 없게 된다. 이러한 형이상학적이고 종교적인 문제는 결국 영혼과 육체의 문제로 시작해서 자아와 자기의 문제로, 즉 근대 동일성의 문제로 나아간다. 그리고 이 문제는 결국 내가 나의 삶을 나로서 살아가지 못하는 문제, 즉 교육 및 교양과 동일한 문제의식을 공유한다.

인간은 자기 자신의 강력하고도 놀랄 만한 계기들을 감히 자기 자신

---

112) N 14[124], KSA 13, 306쪽.

113) 같은 책, 14[125], 307쪽.

114) 같은 책, 14[124], 306쪽.

에게 귀속시키지 못했다. — 그는 그것을 '수동적'으로, '당하고 있다'로, 위압으로 생각했다: 종교는 인격의 통일성에 대한 회의에서 나온 한 가지 산물, 인격성의 변경이다: 인간의 모든 위대함과 강함이 초인간적인 것으로, 낯선 것으로 생각되어버렸고, 인간은 스스로를 비소하게 만들었다. — 그는 두 측면을, 즉 아주 가련하고도 약한 면과 아주 강하고도 놀라운 면을 두 영역으로 분열시켜버렸고, 전자를 '인간'이라고, 후자를 '신'이라고 불렀다. 이런 일을 인간은 계속해왔던 것이다. 도덕⟨적⟩ 특이 성질의 시기에 그는 자신의 고도의 숭고한 도덕-상태들을 '의욕된'것으로서, 인격의 '작품'으로 해석해내지 않았다. 그리스도교인 역시 자기라는 인격을 그가 인간이라 명명하는 초라하고 약한 허구와, 그가 신(구원자, 구세주)이라고 부르는 다른 허구로 분열시켰다 — 종교는 '인간' 개념을 초라하게 만들어버렸던 것이다; 종교의 극단적 결론은 모든 선과 위대함과 진리는 초인간적이고 은총에 의해서만 선사된다는 것이다. [...][115]

위의 글에서 확인할 수 있는 것처럼, 종교가 "인간 개념"을 초라하게 만들었다는 것은 인간이 보편적인 가치 아래 평준화되었다는 사실을 의미한다. 그리고 이 문제는 현대 문화에서도 고스란히 드러난다. 니체가 종교와 교육, 교양을 동일한 문제의식에서 비판하는 이유는 이때문이다. 만약 현실의 삶을 살아가는 나와 신과 같이 나의 정신과 의지를 지배하는 자가 함께한다면 온전히 나로서의 삶을 살아갈 수는 없을 것이다. 니체가 힘에의 의지를 인간의 일원론적인 존재원리로 규정했던 이유는 생의 원리가 오직 나로부터 시작된다는 사실을 보증하기 위해서였다. 힘에의 의지의 존재는 언

---

115) 같은 책, 14[125], 307쪽.

제나 내 안의 힘을 의지하기 때문에 나로부터 벗어난 다른 존재의 힘을 필요로 하지 않는다. 결론적으로 이러한 인간유형은 결코 자신의 힘을 다른 존재에게 위임하지 않기 때문에 자신을 강제하는 도덕을 부정할 수밖에 없는 것이다.

나아가 도덕은 본질적으로 자유와 방임에 대립된 것으로서 지금까지 자연에 대한 "폭압"이자 강제였을 뿐[116]이라는 니체의 강한 비판은 근본적으로 인간의 행위와 덕에 대한 삶의 윤리와 연결되어 있다. 『선악의 저편』에서 핵심주제로 다루어지듯이, 니체에 의하면 도덕은 절대적 이분화(선과악)를 바탕으로 진리와 행복의 관계를 제시하며 다시 종교의 문제와 연결된다. 니체는 이를 "종교적 도덕"[117]이라고 표현한다. 그리고 종교와 도덕의 이러한 존재론적 결합은 현대사회와 문화를 지배하는 데카당스적 가치체계와 반자연적 무리본능의 토대로 작용한다. 이 체계로부터 예외적인 것은 부정된다.

> 생 자체는 "진리"와 "선"에 대한 대립물이다 — 자아.
> 생의-긍정 — 이것은 허구를 긍정한다는 것이다. — 그러니까, 사람들은 단지 절대적으로 부도덕한 사고방식(absolut unmoralischen Denkweise)으로만 살아갈 수 있다.[118]

니체에게 있어 인간의 본래적 · 자연적 삶이란 무언가로부터 '규정되는 것'이 아니라, 실존적 행위 주체가 자신의 힘에의 의지의 역동성을 통해

---

116) JGB V, 188, KSA 5, 108쪽.
117) N 17[6], KSA 13, 528쪽.
118) N 25[101], KSA 11, 37쪽.

'스스로 규정하는' 것이다. 이를 위해 니체는 자신의 미래철학의 토대로 기능할 수 있는 미래의 도덕을 준비한다.[119] 그에 의하면 이제 이 새로운 도덕은 인간의 자유로운 미래를 위해서 더 이상 그 무엇도 "신격화"하지 않고, 그의 "실험철학"이 시도했던 것처럼,[120] 지금까지 부정되어왔던 것들을 오히려 인간의 위대함의 조건으로 규정할 수 있는 강한 정신과 의지의 인간을 위한 유일한 삶의 지침으로서의 역할을 해야만 한다.[121]

이제 니체는 교육과 교양, 종교와 도덕 비판 이후에 자유정신으로 대변되는 새로운 인간유형을 다양한 인간학적 명칭으로 구체화하는 시도를 한다. 이러한 의미에서 그는 『이 사람을 보라』에서 자신의 철학을 미래철학으로 규정한 『선악의 저편』을 현대성으로부터 거리를 두는 "반대유형인 고귀하고도 긍정하는" 인간의 육성을 위한 책으로 표현한다.[122] 니체에 의하면 반시대적인 "예외적 인간"[123]은 "도덕"과 "비도덕"의 경계에서 필연적으로 "비도덕적"일 수밖에 없으며, 그는 이러한 인간유형을 자기 삶의 의미를 스스로 창조할 수 있는 "보다 높은 인간유형"으로 규정한다.[124]

이러한 주인적인 인간유형은 『선악의 저편』에서는 자기 삶의 주인적인 도덕의 관점으로 스스로 가치를 결정하는 (도덕과 비도덕을 선과 악의 대립이 아니

---

119) 새로운 미래의 토대를 위한 새로운 도덕을 수립하고자 하는 니체의 시도는 그의 철학의 초기에서 후기에 이르기까지 유지된다. 이에 대한 내용으로는 시대 순으로 다음과 같다. "의학적 도덕"(N 29[230], KSA 7, 723쪽), "도덕적 자연주의에 대한 존경"(같은 책, 723쪽), "육체적 기능들에 종사하는 도덕"(N 2[55], KSA 9, 42쪽), "발전의 도덕"(N 37[11], KSA 11, 586쪽), "도덕적 자연주의"(N 9[86], KSA 12, 380쪽).

120) N 16[32], KSA 13, 492쪽 참조.

121) N 7[155], KSA 10, 293쪽 참조.

122) EH, 선악의 저편, 2, KSA 6, 350-351쪽.

123) FW I, 3, KSA 3, 375쪽.

124) N 10[3], KSA 12, 455쪽.

라 좋음과 나쁨의 대립으로 규정하는)[125] "고귀한 인간"[126]으로 제시된다. 그리고 『도덕의 계보』에서는 "풍습의 도덕과 사회적 강제"로부터 해방된 "책임"(본래적 양심)을 바탕으로 스스로 자신의 미래를 약속할 수 있는 "주권적 개인", "자율적이고 초윤리적인 개인"으로 등장한다.[127]

이러한 인간은 '도덕의 삶' 속에서 건강한 인간이 아니라, 자기 '삶의 도덕'이 건강한 인간을 의미한다. 지금까지 살펴본 바와 같이 니체가 희망하는 인간의 위대함은 필연적으로 오랜 가치들부터의 해방을 통해 비로소 실현된다. 여기서 인간의 정신적 해방이 위대한 이유는 속박된 정신으로부터 자유정신으로의 변화를 자신의 강한 의지를 통해서 수행한다는 점이다.

---

125) "사실 가장 상이한 도덕들에서 반복되는 일군의 특징들이 있다. 그 근거는 강한 자의 특징들이 거기에 포함되어 있다는 바로 그 점에 있다. "비도덕적인 것은 일반적으로 경멸받는 것이다." ('악'한 것이 아니다)"(N 7[22], KSA 10, 246쪽).

126) JGB IX, 260, KSA 5, 208-212쪽 참조.

127) GM II, 2, KSA 5, 293-294쪽 참조. 인간은 어떻게 삶의 우연성 속에서 필연적으로 약속할 수 있는 존재가 될 수 있는 것인가? 그 이유에 대하여 니체는 "망각"을 제거하는 "의지의 기억"을 제시한다. 여기서 의지의 기억은 우연 속에서 자기 자신을 약속 가능한 존재로 만들고 나아가 자신의 미래를 보증할 수 있는 책임의 존재로 만들려는 의지의 본래적인 힘이다(같은 책, 1, 292쪽 참조). 의지의 기억은 의지의 "구성요소"가 아니라, 미래를 향한 "의지 자체"이다. (Marco Brusotti, Die "Selbstverkleinerung des Menschen" in der Moderne. Studie zu Nietzsches "Zur Genealogie der Moral", in: Nietzsche-Studien, Bd. 21, 1992, p. 90 참조). 이에 대하여 들뢰즈는 "기억"을 미래의 기능으로 규정하고 "망각의 능력"과 대립시킨다. 즉 "의지의 기억"이란 미래의 어떤 순간에 실행해야 할 것을 기억하고자 하는 의지의 능동적 작용인 것이다. 들뢰즈에게 있어 우연 속에서 필연을 약속할 수 있는 인간은 곧 자신의 현재와 미래에 직접 참여할 수 있는 능동적 인간유형이다(Gilles Deleuze, Nietzsche und die Philosophie, Hamburg, 2008, pp. 146-147 참조).

6.
"오늘과 내일에 대한
사상"

　　니체는 1884년 초의 한 유고에서 다음과 같이 말한다. "누가 이 땅의 주인이 되어야 하는가? 이것이 나의 실천 철학의 후렴구다."[128] 그리고 1885년의 한 유고에는 다음과 같은 짧은 주제를 담은 단편이 있다.

　　대지의 주인.
　　오늘과 내일에 대한 사상
　　프리드리히 니체[129]

　　1884~1885년은 『차라투스트라는 이렇게 말했다』의 전권이 완성되고, 이를 통해 신의 죽음, 위버멘쉬, 가치의 전도, 커다란 이성, 힘에의 의지, 영원회귀 등, 인간 안에 내재된 변화의 가능성을 발견하고자 했던 니체의 철

---

128)　N 25[247], KSA 11, 76쪽.
129)　N 34[202], KSA 11, 489쪽.

학적 바람이 비로소 치유와 실천의 언어로 말해졌던 해이다. 니체에 의하면 병든 대지의 역사는 병든 삶의 역사이며 동시에 병든 인간을 생산해온 자기 파괴의 역사이다. 그 이유는 대지의 징후는 곧 인간과 삶의 징후이며, 대지가 병들면 인간과 삶도 병들기 때문이다.

하지만 니체에게 있어 인간의 삶은 현재의 병적 증상 속에서도 확정될 수 없는 의문의 영역을 안고 있다. 그것은 인간 안에 내재한 변화가능성의 영역으로서 '미래'이다. 그래서 니체는 인간의 지속적인 긍정과 극복을 통한 인간 실존의 변화 속에서 대지의 의미를 찾았다. 그리고 이때 인간은 자기 자신의 위버멘쉬적 변화뿐만 아니라, "대지의 의미"를 실현시키는 하나의 목적으로 제시된다.[130]

니체에게 있어 세계의 본질은 대지이다. 인간도 하나의 세계이며, 이 세계의 대지 역할을 하는 것은 육체이다. 하지만 세계와 인간 모두 저편세계와 이편세계, 영혼과 육체로 분리될 수 없다. 스스로를 육체와 영혼이 합일된 몸의 존재로 인식하는 인간은 자신이 살고 있는 세계를 저편과 이편으로 이원화하지 않을 것이다. 내가 나와 관계하지 못하면 세계와도 온전한 방식으로 관계할 수 없다. 니체가 인간의 정신을 낡은 형이상학적·종교적 해석의 체계로부터 해방시키고자 했던 이유는 바로 이때문이다. 니체가 인간을 육체와 영혼이 합일된 "몸(Leib)"[131]으로 규정하는 이유는, 바로 몸으로부터 정신과 의지가 합일된 삶을 살아갈 수 있기 때문이다.

형제들이여, 차라리 강건한 몸에서 울려오는 음성에 귀를 기울이도

---

130) Volker Gerhardt, *Der Sinn der Erde. Zuur Kritik von Nietzsches Religionskritik*, in: Jan-Christoph Heilinger und Nikolaos Loukidelis (Hrsg.), Die Funken des freien Geistes, Beriln/NewYork, 2011, p. 352 참조.

131) Za I, 몸을 경멸하는 자들에 대하여, KSA 4, 39쪽.

록 하라. 보다 정직하며 보다 순결한 음성은 그것이니. 건강한 몸, 완전하며 반듯한 몸은 더더욱 정직하며 순수하다. 이 대지의 뜻을 전해주는 것도 바로 그런 몸이다.[132]

중세에 자신 안에서 울리는 음성이 신의 음성으로, 양심의 가책으로 오해되었다면, 니체는 더 이상 이 음성이 나 아닌 다른 존재의 음성으로 그리고 이 음성이 다시는 자신을 벗어날 수 없도록 신의 죽음을 선언했던 것이다. 오늘과 내일 그리고 모레를 살아갈 수 있는 사상적 토대가 신의 죽음이라면, 몸은 실제하는 그 삶을 살아가는 모습인 것이다. 또한 정신과 육체가 합일된 몸으로 존재할 때, 그 모습은 비로소 춤으로 내보일 수 있는 존재론적 조건을 가지게 되는 것이다.

이렇듯 대지의 의미는 자신의 몸을 존재의 본질로 인식하는 인간을 통해서만 온전히 이해될 수 있다. 대지와 인간의 몸은 생성하고 생기하는 생명으로서 자연의 원리를 공유한다. 대지의 음성을 부정한 자들, 다시 말해 대지의 의미를 폄하하는 자들은 자신의 정신과 의지를 저편세계의 진리와 존재에 위임할 수밖에 없다. 육체를 부정하고, 그 의미를 폄하하는 자들은 자신으로 존재하지만, 자신으로서 살아갈 수 없다. 대지와 하늘은 유기적인 관계 속에서 수많은 생명을 탄생시킨다. 인간 역시 마찬가지이다. 육체와 영혼이 유기적으로 관계할 때 대지의 인간은 비로소 건강한 실존의 삶을 살아갈 수 있게 된다. 이와 관련하여 "존재"에 대한 다음과 같은 니체의 견해는 삶은 무언가에 대한 의존함이 아니라, 인간 스스로 자신의 삶으로서 살아가야만 한다는 의미를 내포하고 있다.

---

132) Za I, 저편의 또 다른 세계를 신봉하고 있는 사람들에 대하여, KSA 4, 38쪽.

"존재"— 우리는 이에 관해 "산다는 것" 외에는 다른 어떤 표상도 갖고 있지 않다. — 다시 말해 죽은 것이 어떻게 "존재"할 수 있는가?[133]

　　니체는 존재에 대한 오랜 의미를 재해석한다. 존재한다는 것은 생명이 있다는 것이며, 이 생명은 힘에의 의지를 존재의 원리로 따를 수밖에 없다. 즉 존재라는 개념에는 '살아있다'는 사실보다 '살아가고 있다'는 행위가 더 큰 비중을 차지한다. 생명이 있는 것 중, 그 무엇도 멈춰있을 수 없다. 그리고 멈춰있지 않을 것들 중에 미래를 살지 않는 것은 없다. 니체가 자신의 미래철학과 미래철학자의 사상을 "오늘과 내일에 대한 사상(Gedanken über Heute und Morgen)"[134]이라고 표현하는 이유는, 이 철학이 바로 존재에 대한 의미를 생명의 관점에서 해석하고 있기 때문이다.

---

133)　N 2[172], KSA 12, 153쪽.
134)　N 34[202], KSA 11, 489쪽.

VI

실존의 고통으로서의 마음의 병과 삶에 대한 니체의 실존적 사랑

1.
실존의 고통으로서의
마음의 병

　오늘날 현대사회는 속도와 경쟁의 시대로 대변된다. 그리고 현대인들은 자신들에게 주어진 일을 통해 속도와 경쟁에 합류한다. 속도에 적응하고자 하면 할수록 그들은 여유를 잊게 되고, 삶의 여백을 채색할 수 있는 기회를 놓치게 된다. 이러한 사회적 풍토와 삶의 양식 속에서 많은 현대인들은 니체의 철학적 바람이었던 존재의 예술화, 즉 자신의 삶을 하나의 예술작품으로 형성해나가지 못하게 된다. 그리고 경쟁에서 이기고자 하는 마음이 커지면 커질수록 타인과의 관계뿐만 아니라 자기 자신과의 관계마저 잃게 된다. 성공의 방해요소는 결국 넘고 건너야 할 하나의 장애가 되어버린다. 이렇듯 미래의 성공을 성취한 자신의 모습을 진정 자신이 원하는 나로 설정하게 된다면, 현재의 나와 오늘은 소외될 수밖에 없다.

　일종의 '일중독'으로 불리며, 불만족과 불안, 스트레스 나아가 삶을 위협하는 우울증과 자살까지 불러오는 "번아웃 증후군(Burnout Syndrome)"은 정신적 · 육체적 힘의 완전한 소진(Ausgebranntsein)에 의한 피로증상, 즉 현대인의 실존적 무기력을 유발하는 시대의 질환이다. 이 질환은 근본적으로 스스로를 돌보지 않은 자기방치이자 자신으로부터 멀어진 자기소외의 결과이다. 슈미트(W. Schmid)에 의하면 "단순한 소진(die einfache Erschöpfung)"의 경우는 잠시 일로부터 벗어나 몸과 마음의 피로를 풀 수 있는 휴식을 가지며 스스로에게 집중함으로써 극복될 수 있지만 "만성이 되어버린 완전한 소진(die völlige Erschöpfung)"의 경우에 치료는 훨씬 오래 걸린다. 이를 위해 그는 자신이 살아온 삶으로 다시 돌아가야 하며, 주변 사람들의 지속적인 보조가 필요한 일종의 병이다.[1]

여전히 현대의 많은 사람들은 일의 의미를 통해 삶의 행복에 이르기를 희망한다. 사람들은 이러한 의미의 탐구와 해명을 통해서 일상의 피로와 무기력 속에서도 자신의 삶 자체를 긍정하고 극복할 수 있는 근원적 생명의 힘을 얻을 수 있으며, 반대의 경우 그 힘을 상실한다.[2] 이러한 의미에서 니체는 현대인들의 실존적 병의 증상이 일에 대한 잘못된 의미 규명으로부터 발생한다고 지적한다. 그리고 다음과 같은 니체의 말은 이 사실을 잘 보여준다. "사람들은 '일에 대한 기쁨'이라고들 말한다: 그러나 사실은 일을 매개로 한 자신에 대한 기쁨이다."[3] 니체는 삶의 의미와 기쁨, 행복의 근거를 일 자체가 아닌, 일을 하는 주체인 '나'로부터 비롯되는 것으로 이해하며, 그의 이 말은 본 논문에서 제기하는 실존의 고통으로서의 마음의 병을 이해할 수 있는 중요한 단서를 제공해준다. 나아가 우리는 다음과 같은 현대사회와 현대인에 대한 니체의 진단을 통해 19세기 유럽의 모습이 21세기를 살고 있는 사람들의 삶의 양식과 크게 다르지 않다는 것을 알 수 있다.

---

1)   Wilhelm Schmid, *Unglücklichsein. Eine Ermutigung*, Berlin, 2012, p. 62.

2)   같은 책, 63쪽 참조.

3)   MA I, 501, KSA 2, 320쪽.

숨 가쁘게 서두르는 그들의 노동은 [···] 늙은 유럽에도 이미 감염되어 이곳을 야만적으로 만들고 있으며, 기이한 정신 결여증을 퍼뜨리기 시작했다. 이제 사람들은 휴식을 부끄러워하며, 오랜 사색에 대해서는 거의 양심의 가책을 느끼기까지 한다. 생각하면서 시계를 손에 들고 있고, 점심을 먹으면서 주식 신문을 본다. — 언제나 무언가를 "놓치는 것"은 아닌가 하고 불안해하는 사람처럼 살고 있는 것이다. [···] 무엇보다도 모든 여유를 위한 시간과 능력을 사람들은 더 이상 갖고 있지 못한 것이다. 왜냐하면 이득을 좇는 삶은 끊임없이 자신을 꾸며내고, 계략을 짜내고, 남을 앞지르는 일에 지속적으로 자신의 정신을 모두 소모할 것을 요구하기 때문이다. [···] 기쁨을 찾는 일은 이미 "피로 회복의 필요"라는 이름으로 불리고 있으며, 스스로에 대해 수치심을 느끼기 시작했다.[4]

나 자신과 만날 시간과 여력(餘力)이 없는 바쁘고 피곤한 일상, 즉 스스로 자기 내면의 목소리에 귀를 기울이고 그 부름에 응답하는 등, 스스로 자기 자신을 인식하며 관계할 수 있는 기회가 부족한 현대 사회의 기계적 활동 속에서 많은 사람들은 마음의 병, 즉 실존의 고통을 앓고 있다. 바쁜 일상을 마치고 홀로 남겨진 고독감 속에서야 비로소 자기 삶의 만족, 행복, 선택에 대한 의문스러운 물음을 던지며, 또 다른 내일을 반복되는 삶의 강박으로 느끼는 불안, 우울증, 허무감 그리고 이러한 마음의 증상이 외부로 표출되는 공격성(분노조절장애)과 같은 신경증적 증상들은 현대를 살아가는 사람들의 실존의 고통을 대변한다. 이러한 의미에서 현대의 병리적 증상들은 사회적 만족과 개인적 행복의 불일치, 즉 외적인 삶의 풍요로움에도 불구하고 내면의 삶은 빈약해져 있다는 빅토르 프랑클(V. Frankl)의 실존분석과 의미치

---

4)   FW IV, KSA 3, 329, 556-557쪽.

료의 지평 위에서 설명될 수 있다. 프랑클은 이러한 내면과 외면의 불일치의 증상에 대하여 헤벨(F. Hebbel)의 글을 빌려 다음과 같이 말한다. "나란 인간이 내가 되어진 인간에게 슬프게 인사한다."[5]

실존의 고통을 통해 보다 명확해지는 것은 더 이상 외적 자아의 만족이 내적 자기의 만족까지 보증하지 못한다는 것이다. 인간은 이성과 감성, 의식과 무의식 등 외면과 내면이 서로 소통하며 영향을 주고받는 하나의 유기적 생명으로서 두 영역의 조화를 위해 끊임없이 대화하며 실존적 만남을 유지해야 하는 존재이다. 이러한 의미에서 서양 합리주의의 전통에 반한 니체의 반이성과 탈근대 작업은 이성에 의한 감성의 억압과 격리, 즉 인간이 자기 자신으로부터 분리, 소외되어온 시대의 병을 해소하고, 의식과 감성을 포괄하는 인간 본연의 자연적 삶의 회복을 위한 시도이다.

우리는 생각하는 개구리가 아니다. 차가운 내장을 지니고서 객관화하고 기록하는 기계가 아니다. 우리는 항상 산고를 겪으며 우리의 사상을 탄생시킬 수밖에 없으며 어머니로서 피, 심장, 불, 기쁨, 정열, 고통, 양심, 운명, 숙명 등 우리가 지닌 모든 것을 그 사상에 주어야만 한다. 삶 — 이것이 우리의 모든 것이고, 우리가 빛과 불꽃으로 변화시키는 모든 것이며, 또한 우리와 만나는 모든 것이다. 그 밖에 다른 도리가 없다. 그리고 병에 관해서 말하자면, 우리는 그것이 우리에게 불필요한 것은 아닌지 물어보고 싶은 유혹을 느끼게 되지 않을까? 커다란 고통이야 말로 정신의 최종적인 해방자이다.[6]

---

5) Viktor E. Frankl, *The Doktor and the Soul. From Psychotherapy to Logotherapy*, translated by Richard and Clara Winston, London, 2004, p. 29.

6) FW, 서문, 3, KSA 3, 349-350쪽.

고통의 시대에 고통은 오히려 실존적 자기인식과 새로운 건강을 위한 근본토대로 작용할 수 있다. 여기서 "새로운 건강"을 위해 병의 존재를 긍정하고 극복하기를 요구하는 니체의 개념 "커다란 건강"은 실존의 고통을 새로운 건강을 위한 삶의 자극으로 이해할 수 있는 단서를 제공해준다.[7] 병자에게 건강은 그 자체로 희망할 만한 것이다. 하지만 실존철학적 관점에서 건강은 삶의 의미의 실현을 위한 수단이자 전제조건이다.[8]

이러한 측면에서 병자에게 제기될 수 있는 근본적 물음은 그에게 있어 건강에 대한 희망이 고통의 정지인지 아니면 보다 새로운 건강과 삶의 진정한 의미의 실현을 위해서인지이다. 그의 대답이 후자라면 고통은 자기 자신과 진지하게 대면하며 관계할 수 있는 실존적 만남의 기회를 부여하는 자기인식의 토대로 작용할 수 있다. 본 논문에서 논의하는 인간의 실존적 자기인식은 참된 자기 찾기와 진정한 자기 되기의 일환으로서 자신의 마음을 읽기 위함이자 다시 자기 자신과 관계하기 위한 시도이다.

---

7)　FW IV, 382, KSA 3, 636쪽.

8)　빅터 프랭클, 『의미를 향한 소리없는 절규』, 오승훈 옮김, 청아출판사, 2005, 48-49쪽 참조.

2.
자기 실존과
현존의 인식

매리노프(L. Matinoff)의 말처럼, "우리 인간은 조건화를 초월하는 존재이다. 우리의 삶은 기계적 반응을 모아놓은 단순한 집합이 결코 아니다. [⋯] 인간이 갖고 있는 천부적 재능 중 하나는 스스로 내적 자극을 만들어낼 줄 안다는 것이다."[9] 하지만 "인간이 자신의 잠재성의 최고점에 도달하려면, 먼저 인간의 실존과 현존을 확신해야 한다"는 프랑클의 말처럼,[10] 인간은 보다 건강한 미래를 만들기 위해서 자신의 실존적 상태를 인식해야만 한다. 즉 현재 자신을 괴롭게 하는 고통의 성격과 근원을 인식해야만 한다. 고통은 나를 인식하게 하는 가장 기본적인 경험이며[11] 고통의 의미에 대한 실존적 자기인식은 자기 자신을 변화시킬 수 있는 계기로 작용한다. 다시 말해 삶의 불안, 두려움, 불만족, 좌절 등을 모두 포괄하는 실존의 고통은 자신의 오

---

9)　루 매리노프, 『철학으로 마음의 병을 치료한다』, 이종인 옮김, 해냄, 2000, 43-45쪽.

10)　빅터 프랭클, 『의미를 향한 소리없는 절규』, 44-45쪽.

11)　손봉호, 『고통받는 인간』, 서울대학교출판부, 2003, 66쪽.

랜 습관을 객관적으로 바라보고 바꿀 수 있는 자기성찰의 기회를 제공한다. "자신을 바꾸는 것은 때때로 자신을 넘어서 초월한다는 것을 의미한다."[12] 고통이 무엇인지 모르는 사람은 없을 것이다. 중요한 것은 고통의 의미이다. 고통의 의미 찾기는 곧 삶의 의미 찾기의 일환으로 수행된다.

삶은 욕망이든 욕심이든 인간이 지향하는 것을 그 자체로 반영한다. 건강한 오늘이 건강한 내일의 전제이듯, 건강한 나는 건강한 삶의 근본토대이다. 병과 고통을 전제하지 않는 건강이 있을 수 없듯이, 자신을 포함하지 않은 삶도 있을 수 없다. 삶의 문제는 나 자신의 문제이다. 나와 삶은 깨질 수 있는 관계가 아니다. 이때 실존의 고통을 유발하는 원인은 이 관계의 분리와 격리 그리고 소외이며, 이러한 내적 소통의 부재현상은 나로부터 분리되고 격리되어 결국 소외된 내 실존의 병이다. 내가 나 자신과 소통할 수 있는 언어가 건강한 실존을 위한 근본적인 열쇠임에도 불구하고 우리는 아직 자신을 위로하고 화해할 수 있는 언어를 찾지 못했다. 위에 인용된 니체의 글에서 볼 수 있는 것처럼, 삶은 나와 만나며 내가 변화시키는 모든 것이다. 이러한 의미에서 슈미트는 삶과 나 자신과의 관계에 대하여 다음과 같이 말한다.

삶은 스스로 경험할 수 있고 모든 미묘한 뉘앙스에서 스스로를 느낄 수 있으며, 자기 자신에 대해서 의심하고 이로 인해 좌절하지만, 결과적으로 자신을 떠나거나 잃어버리지 않고, 오히려 염려하는 것을 가능하게 하는 등, 자기 자신과 관계할 수 있다는 사실에 달려 있다.[13]

---

12) 빅터 프랭클, 『의미를 향한 소리없는 절규』, 63쪽.

13) Wilhelm Schmid, *Mit sich selbst befreundet sein. Von der Lebenskunst im Umgang mit sich selbst*, Frankfurt am Main, 2004, p. 72.

1) 삶에 대한 니체의 태도: 고통의 자기인식과 관점의 변화

니체가 자신의 철학에서 현대의 허무주의적 위기, 즉 신의 죽음 이후에 발생한 삶의 의미상실과 공허함, 허무함 등의 현상을 시대적 병으로 규정하고 치유의 철학을 시도할 수 있었던 이유는 그 자신의 삶이 병과 고통, 그리고 불안과 두려움으로 가득 차 있었기 때문이다. 니체는 병이라는 이름 아래 여러 육체적 고통으로 괴로워했으며, 때때로 이 고통은 그의 정신마저도 병들게 했다. 니체의 철학적 치유의 시도는 본질적으로 자신의 처절한 경험으로부터 시작된다.

자신의 개인적 실존의 경험을 통해 니체는 병과 건강이라는 개념을 인간의 실존을 넘어 세계, 사회, 문화, 삶의 문제를 포괄할 수 있는 하나의 철학적 세계관과 관점을 형성하는 데에 중요한 도구로 사용한다. 니체는 항상 자신의 철학 속에서 오직 이성이라는 하나의 기관에 의해 규정되는 보편적·평균적 삶의 위험성을 끊임없이 경고했다. 그에게 있어 인간의 내면은 이성의 전유물이 아니라, 오히려 그 이성을 지배하고, 외적 자아의 세계를 제어하는 또 다른 이성이다.

니체는 더 이상 정신, 의식, 지성으로 대변되는 전통적인 이성이 아니라, 영혼과 육체를 모두 포괄하는 단 하나의 인간 이성을 제시했다. 그리고 이를 "커다란 이성(die grosse Vernunft)"[14]으로 명명했다. 그리고 커다란 이성은 내가 나를 사유하는 역할을 넘어서 내가 나를 느끼고 경험하는 관계의 이성으로서의 역할을 하게 된다. 이제 고통은 이성의 대상이 아니라, 이성과 감정을 포괄한 커다란 이성의 대상, 다시 말해 자기 관계의 대상이 된다.

니체는 그렇게 병과 고통을 통해 온전히 자신의 삶과 관계했으며 병과

---

14)   Za I, 몸을 경멸하는 자들에 대하여, 2, KSA 4, 39쪽.

고통에 대한 관점의 전환을 통해서 자신의 고통에 새로운 의미를 부여하고, 이로부터 새로운 가치를 창조하는 삶의 건강한 주인이 되기를 희망했다. 이러한 의미에서 건강이란 본질적으로 병이 없는 상태가 아니라, 오히려 병의 긍정과 극복을 통해 매 순간 달라지는 "새로운 건강"이라는 니체의 개념 "커다란 건강"은 병든 삶이 던지는 물음에 대한 그의 대답이며, 삶의 위기에 대한 그의 해법이다.[15]

 니체는 실제로 의사와 같은 의학 전문가는 아니었다. 하지만 그는 자신을 괴롭혔던 육체적 고통과 심리적 불안의 경험을 바탕으로 자기 자신의 심리적·생리적 상태에 대하여 주의 깊게 관찰하고 분석하였다.[16] 그는 병과 고통이 철저하게 주관적인 삶의 영역에서 일어나는 실존의 문제라는 것을, 즉 병과 고통이 단지 육체에만 국한된 것이 아니라, 정신에도 고통의 흔적을 남긴다는 사실을 알고 있었다.[17] 이러한 생각을 바탕으로 니체는 자신의 병과 고통의 치유를 시도하는 의사의 조치조차도 온전히 신뢰하지 않았고 스스로 자기치유를 시도했다. 그 결과 니체는 스스로 자기 자신의 의사가 되기로 결심한다.[18] "최선의 의사는 단지 한 명의 환자를 가질 수 있을 것이다; 모든 사람은 저마다 하나의 병력(病歷)을 갖고 있다"[19]라는 니체의 짧은 단편은 이러한 의미에서 비로소 그 의미를 갖게 된다. 이와 관련하여 다

15) FW IV, 382, KSA 3, 636쪽.

16) Jörg Salaquarda, *Gesundheit und Krankheit bei Fr. Nietzsche*, in: Istituto Universitario Orientale (Hg.), Annali. Sezione Germanica. Studi Tedeschi. Bd. XVII/2, Neapel, 1974, p. 74.

17) 병과 건강에 대한 니체의 실존적 해석은 야스퍼스가 자신의 책에서 니체의 삶을 다룬 내용의 주된 내용이다. 이에 대해서는, Karl Jaspers, *Nietzsche. Einführung in das Verständnis seines Philosophierens*, Berlin, 1981.

18) *Brief an Franziska und Elisabeth Nietzsche in Naumburg* ⟨*Sils-Maria, um den 9, Juli 1881*⟩, in: Friedrich Nietzsche Sämtliche Briefe. Kritische Studienausgabe in 8 Bänden (KSB), hrsg. von Giorgio Colli und Mazzino Montinari, Berlin – New York, 2003, p. 103.

19) N 19[15], KSA 8, 334쪽.

음의 글도 함께 참조하자.

　　가능하면 의사 없이 산다. — 병자가 의사의 치료를 받는 것이 자신의
건강을 스스로 돌보는 것보다 더 경솔하다고 나는 생각한다. 의사의 치
료를 받을 경우에는 의사가 지시하는 것만 엄격하게 지키면 된다. 그러
나 병자가 자신의 건강을 스스로 돌볼 경우에 그는 저 지시가 목표하는
건강을 의사의 권유에 따라 돌보는 것보다 훨씬 더 주시하고, 훨씬 더
주의하고, 훨씬 더 많은 것을 자신에게 명령하고 금한다.[20]

　　그럼에도 니체는 병이 주는 고통으로 괴로워하는 병자였다. 1880년
1월 초에 자신의 주치의였던 아이저(Otto Eiser) 박사에게 보낸 편지에서 볼 수
있는 것처럼, 니체는 병과 고통으로 가득 찬 자신의 실존을 "끔찍할 정도의
짐(eine fürchterliche Last)"이라고 표현한다.

　　내 실존은 끔찍할 정도의 짐입니다: 내가 바로 이러한 고통 속에서 그
리고 거의 완전히 포기한 상태에서 정신적, 윤리적 영역에 대한 가장 교
훈적인 시도나 실험을 하지 않았다면, 오래전에 나 자신의 가치를 깎아
내렸을 것입니다. — 인식을 갈구하는 이러한 즐거움은 온갖 고문이나
실망을 이겨낸 최고점으로 나 자신을 올려놓습니다. 전체적으로 나는
내 생애의 그 어느 때보다 더 행복합니다. 그러나 그럼에도 불구하고 계
속되는 고통이 있습니다. […] 내 사상과 관점들이 내 위로가 됩니다.[21]

---

20)　MA IV, 322, KSA 2, 230쪽.

21)　Friedrich Nietzsche, *Sämtliche Briefe, Bd. 6*, pp. 3-4, in: Kritische Studienausgabe in 8 Bänden,
　　　hrsg. von Giorgio Colli und Mazzino Montinari, Berlin − New York, 2003.

병은 니체를 어쩔 수 없이 익숙했던 삶으로부터 멀어지게 했으며, 그를 더욱 고독하게 만들었다. 니체에게 있어 병과 고통이 고독을 유발하는 외적 요인이라면, 창조는 고독을 견디고 나아가 창조적 시간으로 만드는 내적 요인이다. 하지만 그의 삶에서 고통과 고독이 분리될 수 없는 연관을 가지고 있듯이, 고통과 창조 역시 내적인 연관을 가지고 있다. 육체적·정신적 고통 속에서도 끊임없이 창조의 삶을 살아간 그에게 고통은 창조를 위한 필연적인 토대이자 긍정과 극복의 대상이었다.[22] 이렇듯 니체는 자신의 병과 고통을 인정하고 고독을 긍정했기에, 자신의 삶을 다시 평가하고 나아가 병과 건강의 기준을 새롭게 규정할 수 있었다. 즉 그는 고통스러운 나날들 속에서도 자신의 병과 고통에 새로운 의미를 부여했으며, 고통의 의미를 자기 자신과 직접 대면할 수 있는 기회로 나아가 자신의 삶을 다시 인식해야만 하는 요구로 받아들였다.

자신의 병과 고통에 대한 이러한 의미의 전환은 근본적으로 삶에 대한 열정과 사랑 속에서 시도되었다. 이러한 의미에서 "병에 걸린 것처럼 자기 자신에 붙들려 있는 것 ― 그렇게 해서 나는 여러 가지 소질을 발견했다"[23] 는 니체의 말은 스스로 자기 자신을 인식하는 것은, 그것이 결국 병에 의한 것이라고 한다 하더라도[24] 그동안 감춰져 있었던 새로운 자신과 자신 안에

---

22) "창조하는 자가 존재하기 위해서는 고통이 있어야 하며 많은 변신이 있어야 한다. […] 창조하는 자 자신이 다시 태어날 어린아이가 되기 위해서는 먼저 산모가 되어야 하며 해산의 고통을 마다하지 않아야 한다."(Za II, 행복한 섬에서, KSA 4, 110쪽)

23) N 11[39], KSA 9, 455쪽.

24) "병증이 서서히 나를 분리시켜주었던 것이다: 그것은 나를 결렬하지 않게, 모든 난폭하고도 충돌인 행보를 하나도 하지 않게 만들었다. 당시 나는 호의를 잃지 않았고, 더 많은 호의를 얻었다. 마찬가지로 내 병은 내게 나의 모든 습관으로 완전히 되돌아갈 권리를 주었다; 내 병은 망각을 허락했고, 망각하라고 명령했다; 내 병은 내게 조용히 누워 있는 것, 한가로움, 기다림과 인내를 선사했다. […] 그런데 이것이야말로 생각한다는 것이 아니겠는가!"(EH, 인간적인 너무나 인간적인, 4, 326쪽)

내재된 변화의 가능성을 발견할 수 있는 방법이라는 사실을 함의하고 있다. 병과 고통에 대한 니체의 실존적 관점을 통해서 우리는 실존의 고통스러운 억압을 긍정하고 극복하는 삶의 자세와 더불어 삶이 던지는 물음에 스스로 답할 수 있는 지혜의 언어를 배울 수 있다.

2) 실존적 자기인식

자기인식(Selbsterkenntnis)은 스스로 자기 삶의 문제를 의식한다는 것을 의미한다. 그리고 자기 자신을 문제화한다는 것은 그 문제와 관계한다는 것이지만, 이것은 본질적으로 자기 자신과 관계한다는 것을 의미한다.[25] 우리는 자기 실존의 문제의식을 통해서 다시 자기 자신에게로 돌아간다.[26] 이렇듯 자기인식은 자신의 환경과 상황 속에서 스스로에게 제기하는 지극히 개인적인 물음임과 동시에 보다 근본적으로 지금까지 자신이 살아온 날들에 대한 자기반성과 살아갈 날들에 대한 자기계획을 내포하고 있다. 현재의 실존적 자기인식을 통해 인간은 과거의 자신을 평가하기도 하고 이를 바탕으로 자신의 미래를 계획하기도 한다.

만약 현재의 자신에 대한 인식과 반성이 불만족스럽다면 그의 과거와 미래 역시 후회와 불안 속에서 인식되고 계획될 수밖에 없다. 자신의 삶에 대한 물음은 언제나 질문하는 자로부터 시작한다. 그리고 그 물음은 다시 질문했던 자의 삶으로 돌아온다. 하지만 니체의 말처럼 인간은 자기 자신을

---

25) Volker Gerhardt, *Selbstbestimmung. Das Prinzip der Individualität*, Stuttgart, 1999, pp. 51-52.
26) 같은 책, 52쪽.

잘 알지 못한다. 그 이유는 인간은 지금까지 단 한 번도 자신을 탐구해본 적이 없기 때문이다. 자기 자신에 대한 인식론적 물음은 근본적으로 내가 속한 세계 속에서 제기되는 나의 실존에 대한 질문이다. 이에 대하여 그는 다음과 같이 말한다.

> 우리는 자기 자신을 잘 알지 못한다. 우리 인식자들조차 우리 자신을 잘 알지 못한다: 여기에는 그럴 만한 충분한 이유가 있다. 우리는 한 번도 자신을 탐구해본 적이 없다. — 우리가 어느 날 우리 자신을 찾는 일이 어떻게 일어날 수 있다는 말인가? "너희의 보물이 있는 그곳에 너희의 마음도 있느니라"라고 말하는 것은 옳다. 우리의 보물은 우리 인식의 벌통이 있는 곳에 있다. 우리는 태어나면서 날개 달린 동물이자 정신의 벌꿀을 모으는 자로 항상 그 벌통을 찾아가는 중에 있다.[27]

위에 인용된 니체의 말처럼 인간은 아직 자기 자신에 대하여 질문하는 자가 아니다. 질문하지 않는 자의 삶은 해결되지 않은 문제들로 가득 차 있을 뿐이다. 삶은 관조가 아니라 참여이며 체험이다. 이러한 의미에서 "모든 사람은 자기 자신에 대해 가장 먼 존재이다. […] 우리 자신에게 우리는 '인식하는 자'가 아닌 것이다[…][28]"라는 니체의 심리학적 명제는 질문하지 않는 자는 자기 삶의 알 수 없는 문제들의 주인도, 자기 마음의 주체도 아니며, 단지 자기 삶의 구경꾼에 불과할 뿐이라는 것을 의미한다. 여기서 중요한 것은 니체의 표현처럼 인간은 "날개 달린 동물"로서 항상 자신의 마음 주변을 배회하며 지나치지만, 본질적으로 자신의 마음을 찾아가는 삶의 과정에 있

---

27) GM, 서문, 1, KSA 5, 247쪽.
28) 같은 책, 248쪽.

다는 것이다. 니체의 이 말은 실존의 고통을 외적 자아의 삶만을 추구하며 내면의 자기로부터 멀어지고 소외된 불일치의 상태로 규정하는 본 논문의 과제를 대변해준다.

삶을 고난의 연속으로 생각한다면 삶은 인간에게 커다란 부담과 실존의 짐으로 다가온다. 하지만 삶은 그 자체로 변하지 않으며, 니체가 영원회귀를 통해 요구했던 것처럼, 삶은 현재의 모든 순간을 끊임없이 긍정하고 극복하겠다는 인간의 의식적 변화와 실존적 결단을 통해서야 비로소 변화한다. 이러한 의미에서 니체의 시대진단 개념인 "허무주의(Nihilismus)"는 삶의 모든 의미와 가치가 상실된 상태에 대한 표현이지만, 이 개념 안에는 차라투스트라가 고행 끝에 하산하여 자신의 사상을 설파하기 위해 처음으로 찾아갔던 시장 사람들의 삶의 세계, 즉 더 이상 인간의 실존이 정신적 · 반성적 자기인식이 아니라, 물질적 충족으로 환원되는 세속적 삶의 세계에 대한 비판이 담겨 있다.

삶의 중심을 자기 자신이 아니라, 다른 세계와 존재 혹은 이념에 두는 인간은 더 이상 자기 삶의 의미에 대하여 질문하지 않는다. 하지만 삶에 지친 인간들은 더 이상 스스로 자기 삶의 의미가 무엇인지 질문하지 못한다. 니체가 시대의 병으로 진단하는 데카당스 현대의 인간들은 더 이상 삶의 의미를 자신의 내면으로부터 찾지 못한다. 이들에게 노동은 단지 실존의 피로, 불안, 절망에 대한 물질적 충족을 위한 도구일 뿐이다. 물질 속에서 실존은 잊힌다. 소유 속에서 존재는 망각된다.

생을 한낱 힘든 노역이자 불안으로 받아들이고 있는 너희들 또한 생에 몹시 지쳐 있는 것이 아닌가? [...] 힘든 노동을 좋아하고, 신속하고 새롭고 낯선 것을 좋아하지만 너희들 모두는 너희 자신을 제대로 감당하지 못하고 있다. 너희들이 말하는 근면이란 것도 자신을 잊고자 하는

도피책이자 의지에 불과하다.[29]

실존적 고통으로부터 치유로의 길은 보다 성숙해진 나에 이르는 자기
반성의 길과 동일하다. 사람들은 본래 "철학"이 아니라, "철학함"을 배워야
만 한다는 칸트의 말처럼, 철학적 실천으로서 철학함은 단순히 스승의 행동
을 "모방"하는 것이 아니라, "스스로 사고하는 능력"의 발현을 의미한다.[30]
소크라테스의 산파술이 오늘날에도 삶의 치유의 지혜로 다시 등장하는 이
유는 무지의 인식과 반성을 통해 스스로 삶의 지혜를 얻을 수 있다는 가르
침과 더불어 새로운 지혜의 출산을 위한 진통을 보다 성숙한 삶으로의 변화
를 위한 필연적인 실존의 조건으로 긍정하기 때문이다. 매리노프가 실존적
고통으로서 현대인의 마음의 병에 대한 철학적 치료를 "정상인을 위한 치료
법"[31]으로 규정하는 이유는 이때문이다. 이러한 의미에서 슈미트는 철학의
기능에 대하여 다음과 같이 말한다.

> 철학은 치료하지 않는다. 오히려 철학은 삶의 물음에 대한 해
> 명(Klärung)에 기여한다. 그 해명은 철학의 도움으로 발생하는 것일 뿐,
> 예를 들어 철학에 의해서가 아니다. 해명의 과정은 최종적인 확정에 도
> 달하는 것이 아니라, 다시 삶을 가능하게 하는 구체적 조치로 작용하는
> 것을 목표로 한다.[32]

---

29) Za, 죽음의 설교자들에 대하여, KSA 4, 56쪽.

30) Volker Gerhardt, *Selbstbestimmung*, 31쪽.

31) 루 매리노프, 『철학으로 마음의 병을 치료한다』, 28쪽.

32) Wilhelm Schmid, *Kann die Philosophie eine Hilfe für das Leben sein?*, in: M. v. Ackeren, T. Kobusch,
J. Müller (Hrsg.), Warum noch Philosophie? Historische, systematische und gesellschaftliche
Positionen, Berlin/Boston, 2011, p. 189. 피스터(J. Pfister)는 "사람들은 무엇을 위해 철학을 해
야만 하는가?"라는 물음을 제기하며, 이에 대한 대답으로 "철학의 목적은 사고의 논리적 해명

하지만 자기 실존과 현존의 인식은 나 자신에 대한 탐구만으로는 완전해질 수 없다. 인간은 항상 정치적 공동의 삶 속에서 그리고 인간 문명과 문화의 근본조건인 공공성 속에서 많은 사람들과 소통하며, 이를 통해 자신의 실존과 현존을 확인하는 존재이다. 아리스토텔레스에 의하면 인간은 "사회적 존재"이며, 게르하르트(V. Gerhardt)에 의하면 인간은 "공공의 존재(ein öffentliches Wesen, Homo Publicus)"이다.[33] 이에 대한 또 하나의 예로 WHO가 정의하는 건강이 정신적 · 육체적 · 사회적 건강으로 제시되는 이유는 건강이란 단지 한 개인의 건강만을, 즉 자기 자신과의 건강한 관계만을 의미하는 것이 아니라, 인간과 인간의 만남이 이루어지는 사회적 건강까지 포괄하고 있기 때문이다. "나 자신이 포함되지 않은 인간의 개념은 있을 수 없다"[34]는 에리히 프롬의 말처럼, 타인을 사랑하는 일도 결국은 자신을 사랑하는 일로부터 시작된다.

이다"라는 비트겐슈타인의 말을 인용한다. 즉 그에 의하면 철학의 목적은 철학(Philosophie) 자체에 있는 것이 아니라 철학함(Philosophieren)에 있다. 그리고 철학함은 자신의 사고를 해명(Klärung)하는 인식작업이며 이를 통해 사람들은 행위의 옳고 그름 나아가 삶의 실존적 문제들을 명확하게 해명할 수 있다(Jonas Pfister, *Philosophie. Ein Lehrbuch*, Stuttgart, 2011, pp. 26-28 참조).

33) Volker Gerhardt, *Homo publicus*, in: Was ist der Mensch, Detlev Ganten/Volker Gerhardt/Jan-Christoph Heilinger/Julian Nida-Rümeln (Hrsg.), Berlin, 2008, pp. 97-102.

34) 에리히 프롬, 『사랑의 기술』, 황문수 옮김, 문예출판사, 2005, 84쪽.

3.
현대사회와 현대인의
삶의 양식

　　현대를 살아가는 인간들이 삶의 기쁨을 찾고 누리는 일이 능동적 작용
으로서 창조적 자극이 아니라, 단지 "피로의 회복"이라는 수동적 반작용에
불과하다는 니체의 말은 삶의 기쁨이 더 이상 마음으로 추구하는 이상의 실
현이 아니라, 삶의 보존을 위한 "노동"이 되고야 말았다는 탄식을 내포하고
있다.[35] 그의 이러한 견해는 삶의 보존을 위해 자신의 마음, 영혼, 정신까지
도 소모해버리고 또 이를 강요하는 현대사회의 이면에 드리운 어두운 현실
을, 즉 삶의 내 · 외적 주체가 아니라 객체적 삶을 살며 결국 자신으로부터
가장 멀어진 존재가 되어버린 현대인에 대한 근본적 비판의 관점을 잘 대
변해준다. 이러한 의미에서 당시 근대 유럽에 대한 니체의 반시대적 관점은
삶의 진정한 의미와 행복을 위한 목표와 가치의 척도가 획일화 · 평준화된
문화를 향해있다.[36]

---

35)　FW IV, KSA 3, 556-557쪽 참조.
36)　니체에게 있어 서구 정신사에서 지금가지 제기되어온 인간과 가치의 문제(종교, 도덕, 학문)

자신의 고유한 일을 돌보지 않는 것은 우습기 그지없는 커다란 광기다. [...] 우리의 시대는 경제에 대해 아무리 말을 많이 해도 낭비의 시대다. 그것은 가장 귀중한 것, 즉 정신을 낭비한다.[37]

현대의 인간이 자신의 실존을 돌보는 정신적 자기 관계가 아니라, 오히려 자신 아닌 다른 것들을 추구함으로써 정신을 낭비, 소모하고 있다는 니체의 진단은 쇠렌 키에르케고르(Søren Kierkegaard)의 문제의식과 일치하는 점이 있다. 그리고 이 두 철학자의 문제의식은 정신적 자기관계를 맺지 못하는 인간의 자기소외 증상으로 드러난다. 키에르케고르에게 있어 정신의 소모 현상은 그가 『죽음에 이르는 병』에서 표현했던 것처럼 자신만의 고유한 정신으로 스스로를 사유하지 못하고 결국 자기 자신을 소외시키는 절망적인 병, 즉 스스로 자기 자신과 맺는 관계의 상실을 의미한다.

인간은 정신이다. 그러나 정신이란 무엇인가? 정신이란 자기이다. 그러나 자기란 무엇인가? 자기란, 자기 자신과 관계하는 관계이다. 혹은, 관계가 자기 자신에 관계한다고 하는 관계 속에 있는 자기를 말하는 것이다. 즉, 자기라는 것은 관계가 아니라, 관계가 자기 자신에 관계한다고 하는 것이다.[38]

그리고 니체는 이러한 실존적 병의 증상을 근대 유럽의 특징으로 규정

는 객관화할 수 없는 절대적 믿음의 문제였다. 이러한 의미에서 "신의 죽음"과 "모든 가치의 전도"는 "삶으로" 그리고 "생동하는 문화"로의 회귀를 위한 니체의 사상적 시도이다(Volker Gerhardt, *Friedrich Nietzsche*, München 2006, p. 63).

37) M III, 179, KSA 3, 158쪽.

38) 키에르케고르, 『죽음에 이르는 병』, 최석천 옮김, 민성사, 2003, 19쪽.

했다. 그렇지만 이 증상은 오늘날에도 긴 잠복기에 있으며, 또한 만성이 되어 발생하고 있다. 21세기를 살아가는 인간의 일상은 "전자 공학적 삶(E-life, Elektronisches Leben)"으로 표현된다. 슈미트는 전자공학적 삶의 양식 속에서 현대인은 자기 삶의 의미를 상실해가고 있으며, 이를 통해 자기 자신과의 참된 만남은 "가상적 자기관계(Eine virtuelle Selbstbeziehung)"[39]로 그리고 삶의 의미에 대한 감수성은 "가상적 감수성(Eine virtuelle Sensibilität)"[40]으로 대체되었다고 우려한다. 그는 21세기의 현대인을 "전자공학적 주체(das elektronische Subjekt)"[41]로 표현하며, "삶의 전자공학적 태도(die elektronische Führung)"[42]는 더 이상 삶의 본질적 물음인 진정한 행복과 의미에 대한 그 어떠한 새로운 것도 불러오지 못한다고 비판한다.[43]

그가 강조하듯이 시대, 삶, 시대 속의 삶 나아가 미, 옳음, 행복에 대한 물음은 근본적으로 의미에 관한 물음이며, 철학은 삶의 의미에 대한 물음을 자신의 과제로 진지하게 받아들여야만 한다.[44] 그 이유는 인간은 시대, 사회, 문화 속에 놓인 공동존재이며 삶의 의미변화에 직접적인 영향을 주고받는 유기적 존재이기 때문이다. 그래서 슈미트는 "의미에 대한 물음은 관계에 대한 물음이다"[45]라고 말하는 것이다. 그렇다면 "무의미"에 대한 물음은 "무연관성"에 대한 물음에 지나지 않는다.[46] 그리고 이 물음의 답은 삶의 의

---

39) Wilhelm Schmid, *Mit sich selbst befreundet sein*, p. 153.

40) 같은 책, 153쪽.

41) 같은 책, 151쪽.

42) 같은 책, 157쪽.

43) 같은 책, 157쪽.

44) 같은 책, 10쪽.

45) 같은 책, 10쪽.

46) Wilhelm Schmid, *Glück: Alles, was Sie darüber wissen müssen, und warum es nicht das Wichtigste im Leben ist*, 13. Auflage, Berlin, 2014, p. 46.

미에 대한 것이지만, 이에 앞서 자기 자신과의 관계를 본질적으로 숙고해야만 얻을 수 있을 것이다.

시대의 양식은 그 시대의 사회와 문화의 존재양식 나아가 인격과 삶의 물질적·정신적 양식의 변화 등 현대인의 사고와 행위구조에 직접적으로 영향을 미친다. 고도의 경제성장을 통한 물질적 풍요와 정보혁명을 통한 유토피아적 삶의 희망을 그 자체로 부정할 수는 없을 것이다. 하지만 인간 실존의 조건은 사회적 조건만으로 충족될 수 없다. 즉 사회의 성장이 인간의 내적 성장과 불일치하거나 욕구의 방향이 외적 가치의 무조건적인 추구로 인한 자기 상실의 결과로 나타날 때, 이 관계는 사회문화적·인간학적 비판의 도마에 오를 수밖에 없다.

아도르노의 진단처럼 "경제"가 절대적으로 지배하는 사회 속에서 자신의 내면을 돌보고 지키기란 결코 쉬운 일이 아니다. 현대시대와 현대인에 대한 그의 심층심리학적 분석은 현대를 병의 시대로 그리고 모든 개인을 시대의 희생물로, 즉 자신의 내면을 "불구"로 만들고 "거세"하면서까지도 추구하는 경제 지향적 삶에 대한 비판으로 귀결된다. 아도르노에 있어 이러한 삶의 양식은 건강(정상)을 가장한 병(비정상)의 상태이며, 이에 대하여 그는 생동하는 삶을 생명이 없는 물질로 대체하는 "무기물"과 같은 삶이라고 표현한다.[47] 마르쿠제의 "일차원적 인간(der eindimensionale Mensch)"[48] 역시 자신의 참된 실존의 조건을 과학적 진보가 제공하는 물질적 편의를 통해 충족하는 인간을 표현하는 대표적인 개념이다.[49]

19세기 유럽 허무주의의 도래가 이미 오래전부터 서구정신사에 잠복

---

47) 테오도르 아도르노, 『미니마 모랄리아』, 김유동 옮김, 도서출판 길, 2005, 85-87쪽 참조. 아도르노의 이러한 문제의식은 에리히 프롬의 사회심리학과 많은 부분 일치한다.

48) H. 마르쿠제, 『일차원적 인간』, 박병진 옮김, 한마음사, 2006, 14쪽.

49) 같은 책, 28-30쪽 참조.

해있었다는 니체의 생각은 현대를 만성의 시대로 규정하게 한다. 니체에게 있어 데카당스는 의식적인 자아의 삶만을 추구하며 더 이상 자신의 내면을 돌보지 않는 일상의 습관이 삶을 지배하는 현상, 다시 말해 현실 속에서 구체적인 병으로 인식되지는 않지만 자기 삶의 주인으로서 새로운 미래를 창조할 수 없고 또 이를 원하지도 않는 힘에의 의지의 마비("의지마비증"[50])를 의미한다.

이러한 의미에서 "건강과 병이라는 측면에서 우리 시대는 어떠한지, 그걸 알 만한 의사가 누가 있겠는가?"[51]라는 니체의 물음은 그가 살았던 당시 사회의 문화적 문제의식을 담고 있다. 이에 대하여 니체는 『반시대적 고찰』에서 속물교양과 학문 그리고 학교와 교육 등 더 이상 인간 실존의 건강과 삶의 고양을 위한 조건으로 기능하지 못하는 문화의 "비생산적" 경향과 "순간, 의견, 유행"만을 추구하는 평균적 대중들의 문화적 취향을 비판한다.[52]

니체가 『우리 교육기관의 미래에 대하여』에서 표현한 "쿠란트적 인간 (ein couranter Mensch)",[53] 즉 자기 삶의 의미와 행복을 경제적 성공과 만족으로 대체하는 이러한 인간유형은 이후 그의 철학 속에서 "무리의 인간 (Heerdenmensch)"[54] 혹은 "마지막 인간(der letzte Mensch)"으로 명칭은 달리하지만, 그 의미는 동일하게 유지된다. 마르쿠제의 "일차원적 인간", 프롬의 "자동인형인간(Automatenmensch)" 역시 니체의 마지막 인간에 대한 다른 표현들이다. 여기서 실존적 자기인식의 부재증상으로서 "부자가 되고 학식이 풍부한 학자로서 존경을 받는다고 하더라도 자기 존재의 무가치에 대한 분노로

---

50) JGB VI, 208, KSA 5, 138쪽.
51) UB III, 교육자로서의 쇼펜하우어, 6, KSA 1, 400쪽.
52) 같은 책, 392, 399쪽.
53) ZB, 강연 1, KSA 1, 667쪽.
54) JGB V, 199, KSA 5, 120쪽.

부터 헤어 나올 수 없다는" 니체의 말은[55] 다시 한 번 프랑클이 인용했던 헤벨의 글을 떠올리게 한다. "나란 인간이 내가 되어진 인간에게 슬프게 인사한다."[56]

55)   UB III, 교육자로서의 쇼펜하우어, 3, KSA 1, 357쪽.
56)   Viktor E. Frankl, *The Doktor and the Soul. From Psychotherapy to Logotherapy*, p. 29.

4.
에리히 프롬의
존재의 실존양식과 소유의 실존양식

　지금까지 논의된 실존적 자기인식 및 자기소외와 관련하여 사회와 인간의 유기적 관계를 심리학적으로 탐구한 에리히 프롬의 사회심리학은 현대사회와 현대인의 병리적 상호연관, 즉 병든 사회는 병든 인간을 양산할 수밖에 없으며, 병든 사회 속에서 정신적·육체적·사회적 건강을 유지하는 것은 인간 실존의 어려운 과제임을 비판과 치유의 관점에서 설명한다. 프롬은 자신의 책『소유냐 존재냐』에서 인간 중심적 사회와 사물 중심적 사회의 차이[57]를 존재 지향적 인간과 소유 지향적 인간과의 자아심리학적 비교를 통해 명확하게 규정한다.

　인간은 이성적으로든 감정적으로든 매 순간 자신의 존재를 확인하고 확인받고자 한다. 하지만 프롬의 말처럼 돈, 명예, 권력이 삶의 지배적인 존재욕구로 표출되는 소유와 소비 지향적 사회에서 소유 지향적 인간은 소비를 통해 자신의 존재를 확인한다. 프롬의 진단처럼 소비가 행복을 향한 목

---

57)　에리히 프롬,『소유냐 존재냐』, 차경아 옮김, 까치글방, 2005, 36쪽.

적의 수단이 되면 소비는 인간의 "여가", "즐거움의 가치"마저도 지배하게 되며, 이러한 소비는 "강박적이고 비합리적"일 수밖에 없다.[58]

현대의 소비중심주의적 양식의 문제점은 소비가 인간 스스로 선택한 행위임에도 불구하고 자기 내면의 그 어떤 변화도 불러일으킬 수 없는 자기소외증상을 유발한다는 것이다.[59] 이러한 인간은 그 스스로 생동하는 삶에의 "참여"가 아니라 "기계적인 것"에 매료된 "무관심한 구경꾼이자 관찰자"이기 때문에 자기 자신 혹은 타인과 살아있는 생명의 관계를 맺을 수 없다.[60] 그는 자기 자신 혹은 객체와의 실존적 만남과 체험이 아니라, 단지 사물과 기계적으로 관계할 뿐이다.[61] 이때 그는 스스로를 자신만의 가치를 가진 "살아있는 생명체" 혹은 "구체적 개인"이 아니라, 사물 혹은 서로를 소외시키는 추상적 존재로 자각한다.[62]

프롬은 이러한 인간유형을 생물학적으로만 인간적 형식을 갖추고 있을 뿐, 감정적 · 정신적으로는 죽은 존재, 즉 자신의 내적 자기를 거세한 채 외적 자아의 모습만으로 삶을 살아가는 "조직적 인간", "자동인형적 인간", "소비적 인간(homo consumens)"으로 표현한다.[63] 나아가 그는 이러한 모든 인간유형을 대표하는 인간학적 유형을 "기계적 인간(homo mechanicus)"으로 명명한다.[64] 프롬이 자기 자신으로부터 멀어진 인간의 "자기소외" 현상을 현

---

58) 에리히 프롬, 『건전한 사회』, 김병익 옮김, 범우사, 2013, 138-140쪽 참조.

59) 같은 책, 140쪽 참조.

60) Erich Fromm, Die Seele des Menschen. Ihre Fähigkeit zum Guten und zum Bösen, in: Analytische Charaktertheorie Bb. II, Rainer Funk (Hrsg.), Stuttgart, 1999, p. 243.

61) 에리히 프롬, 『소유냐 존재냐』, 111-112, 123쪽.

62) Erich Fromm, Die Entfremdung als Krankheit des Menschen von heute, in: Politische Psychoanalyse Schriften aus dem Nachlaß, Gesammtausgabe Bb. IX, Rainer Funk (Hrsg.), Stuttgart, 1999, p. 243; Erich Fromm, Wer ist der Mensch?, in: Gesammtausgabe Bb. IX, p. 601.

63) 에리히 프롬, 『인간의 마음』, 황문수 옮김, 문예출판사, 2002, 93쪽.

64) 같은 책, 93쪽.

대사회의 "병"으로 규정하는 이유는 이때문이다.[65] 자신의 삶에 기계적으로 접근하려는 이러한 태도를 프롬은 이미 『인간의 마음』에서 성장이 아니라, "죽음을 사랑하는 사람(der nekrophile Mensch)"의 특징으로 규정하며 다음과 같이 말한다.

> 삶의 특징은 구성적·기능적 방식으로 성장하는 데 있지만 죽음을 사랑하는 사람은 성장하지 않는 것, 기계적인 모든 것을 사랑한다. 죽음을 사랑하는 사람은 유기적인 것을 무기적인 것으로 바꾸어 놓고, 마치 생명 있는 모든 사람이 사물이기라도 한 것처럼 삶에 기계적으로 접근하려는 욕망에 사로잡힌다. 이제 생명의 모든 과정, 감정과 사고는 사물로 바뀐다. 여기서는 경험보다는 기억이, 존재보다는 소유가 중요하다.[66]

이에 반해 프롬은 존재 지향적 인간의 실존양식의 특성을 "능동성"으로 규정한다. 그에 의하면 능동성은 외적 태도와 더불어 이를 가능하게 하는 내적 동기와의 일치를 바탕으로 성립된다.[67] 즉 진정한 의미에서 인간의 실존은 자기 자신을 하나의 형상으로 규정하거나 소유하지 않고 지속적으

---

65) Erich Fromm, *Die Entfremdung als Krankheit des Menschen von heute*, pp. 239-256. 프롬은 자신의 책 『건전한 사회』에서 현대사회와 현대인의 삶을 병리학적 관점에서 고찰하며, 현대인이 점점 추상화되어가는 현상을 소외를 통해 설명한다. 소외에 대한 그의 견해는 다음과 같다. "소외란 스스로를 따돌림 당한 사람이라고 느끼게 되는 경험형식을 뜻한다. 인간이 자기 자신으로부터 멀어져나가게 됐다고 말할 수 있다. 인간은 스스로를 자기 세계의 중심체나 자기 행위의 창조자로 느끼지 못하고 자신의 행위와 그 행위의 결과가 주인공이 되어 복종과 심지어 숭배까지 강요하게 된다. 소외된 인간은 다른 사람들로부터 떨어져 있듯이 자기 자신으로부터도 떨어져 있다. 그는 다른 사람들과 마찬가지로 지각과 양식을 갖고 사물이 경험되는 바로 그대로 경험하지만, 자기 자신과 외부세계를 생산적으로 연결시키지 못하고 있다."(에리히 프롬, 『건전한 사회』, 124쪽)

66) 에리히 프롬, 『인간의 마음』, 62쪽.

67) 에리히 프롬, 『소유냐 존재냐』, 124-125쪽.

로 변화하고 새로워지는 과정의 주체, 즉 체험과 행위의 주체로서 존재한다는 것을 의미한다. 이들의 근본적 존재방식은 생동하는 삶, 즉 생명에 대한 사랑(Biophile)이다.[68] 죽음을 사랑하는 자들에 반해 생명을 사랑하는 자들의 능동적 실존양식은 삶을 "생산"적인 것으로, "성장"하는 것으로, 매 순간 새롭게 "건설"하는 것으로 이해한다.[69] 그리고 삶에 대한 참된 사랑의 발달을 위해 프롬이 제시하는 실존적 존재양식의 전제는 "자유[70]"이다.

> 삶에 대한 사랑이 발달할 수 있으려면 '~ 하는 자유', 곧 창조하고 건설하고 경탄하고 모험하는 자유가 있어야 한다. 이러한 자유는 노예나 기계의 정확한 톱니바퀴가 아니라 능동적이고 책임 있는 개인을 요구한다.[71]

하지만 프롬의 말처럼 '나'라는 주체를 생산, 성장, 건설의 지속적인 변화에 두지 않고, 단지 하나의 사물로서 소유하게 되면, 소유주는 자신의 소유물의 상실에 대한 불안과 강박 — 프랑클에 의하면 "불안신경증과 강박신경증"[72] — 에 갇힐 수밖에 없다. 그리고 이 소유물을 잃었을 때 소유주는 정신적 패배감과 좌절감을 피할 수 없다. 프롬에게 있어 이러한 증상은 나의 존재양식을 사물로 대체하며 내가 나로서 존재할 수 없는 병리적 증상으로서의 사물화(Verdinglichung) 현상, 다시 말해 자아와 자기의 불일치로 인해 유발되는 인간의 실존적 병이다.

---

68) 에리히 프롬, 『인간의 마음』, 70쪽 참조.

69) 같은 책, 73쪽.

70) 같은 책, 83쪽.

71) 같은 책, 84쪽.

72) 빅터 프랭클, 『빅터 프랭클의 심리의 발견』, 강윤영 옮김, 이시형 감수, 청아출판사, 2008, 88쪽.

가진 것을 잃을 수 있다는 위험에서 생기는 불안과 걱정은 존재적 실존양식에는 없다. 존재하는 자아=나일 뿐 소유하고 있는 것=나가 아니라면, 어느 누구도 나를 앗아가거나 나의 안정과 나의 주체적 느낌을 위협할 수는 없을 것이다. 나의 중심은 나 자신의 내부에 있고 — 존재하면서 나의 고유한 힘을 표현하는 능력은 나의 성격구조의 일부로서 나에게 달려 있다. [⋯] 존재적 실존양식에서 나의 안정에 대한 유일한 위협은 나 자신의 내부에 있다. 삶에 대한 믿음과 나의 생산적 힘에 대한 신념의 결여에, 퇴보적 성향에, 내면적 게으름에, 나의 삶에 대한 결정을 타인에게 떠맡기려는 것에 등, 그러나 이러한 위험들은 존재에 반드시 내재하는 것은 아니다. 반면 상실의 위험은 소유에 항상 내재한다.[73]

우리는 모두 자신의 일상 속에서 스스로를 데카르트식의 정신과 물질로 이원화된 존재로 생각하지 않는다. 하지만 정신적 삶과 물질적 삶의 경계에서 어느 한쪽에 삶의 모든 의미와 가치를 두고자 한다면 우리는 적어도 삶의 양식과 태도의 이원화는 피할 수 없을 것이다. "한 시대의 병은 인간들의 생활방식의 변화를 통해서 치유되고 철학적 문제들의 병은 단지 사고방식과 삶의 방식에 의해서 치유되는 것일 뿐, 어느 한 사람이 고안한 의학에 의해서 치유되는 것이 아니다."[74] 비트겐슈타인의 이 말은 불안과 우울의 시대로 명명되는 현대를 살아가는 인간들에게 그들의 사고방식과 삶의 양식의 변화에 대한 요구를 내포하고 있다. 이러한 의미에서 니체가 『차라투스트라는 이렇게 말했다』에서 "마지막 인간"과 "위버멘쉬" 사이에 선 인간에

---

73) 에리히 프롬, 『소유냐 존재냐』, 153-154쪽.

74) Ludwig, Wittgenstein, *Bermerkungen über die Grundlagen der Mathematik*, in: Werkausgabe Bd. 6, G. E. M. Anscombe, Rush Rhees, G. H. von Wright (Hrsg.), Frankfurt am Main, 1984, p. 132.

게 요구한 선택, 즉 내면과 외면이 조화로운 삶의 양식과 세속적 자아의 행복만을 추구하는 삶의 양식 사이의 선택은 여전히 이와 같은 삶의 두 경계에서 갈등하고 있는 사람들에게 주어진 실존적 과제이다.

5.
인간 실존에 대한
물음의 변화

그리고 이 실존적 과제는 니체의 바람대로 '인간이란 무엇인가?'라는 오랜 물음을 넘어 '어떻게 나는 나로서 나의 삶을 살아갈 수 있는가?'라는 물음을 통해서 수행되어야만 한다. 나 자신에 대한 물음의 답은 현재 살고 있는 내 삶의 이야기 속에 담겨 있다. 즉 '어떻게 나는 나로서 나의 삶을 살아갈 수 있는가?'라는 이 물음에 대해 답하기 위해서는 먼저 '내 삶의 진정한 행복을 위한 의미 있는 목표는 무엇인가?'라는 물음에 대답해야만 하며 '이 목표의 실현 과정에서 마주하게 된 실존의 고통을 긍정하고 극복해나가고 있는가? 아니면 좌절했는가?'라는 물음 속에서 스스로를 인식해야만 한다.

프롬은 인간의 삶은 단지 "성공"과 "실패"라는 두 경계에서 평가될 수 없으며, 나아가 "인생은 살 가치가 있는가?"라는 물음 역시 무의미하다고 말한다. 성공과 실패는 "행복"과 "불행"처럼 삶의 자연스러운 두 측면이다. 그에 의하면 사람의 인생은 그 자체로 이미 그 무엇과 바꿀 수 없는 "선사품(Gabe)"이자 "도전"이며, 그 어떤 것으로도 측정될 수 없는 고유한 것이다.[75] 이러한 의미에서 낙타-사자-아이의 정신으로의 변화를 자신 안에 내재된 힘을 인식하는 변화의 과정으로 설명하는 니체의 견해는 이 물음의 답을 찾는 중요한 근거가 되어준다.

예를 들어 "너는 해야만 한다(Du sollst/You schuld)"는 명령 아래 오랜 가치를 답습하는 낙타의 정신에게 행복은 자신으로부터 발생하지 않는다. 그 이유는 이 정신은 스스로를 행복의 근거로 규정할 수 있는 힘을 다른 존재에게 위임했기 때문이다. 이후 사진의 정신은 "나는 하고자 한다(Ich will/I will)"라고 외치며 자신에게 부과된 명령을 부정한다. 하지만 이 정신은 파괴 이후의 창조에 대해서는 아직 혼란을 느끼기 때문에 허무주의자의 병적 증상으로서 삶의 의미상실과 불안을 느낄 수밖에 없다. 명령을 부정했지만 스스로에게 명령하지 못하는 사자는 행복해지고 싶다고 외치지만, 아직 그 행복이 무엇인지 잘 알지 못하는 상태에 놓여 있다.

하지만 사자의 정신은 스스로에게 아무런 이유도 묻지 않고 결국 자신이 원하는 기쁨들을 찾아간다. 그 과정에서 사자의 분노는 나를 변화시키는 힘으로 전환되고, 이제 명령은 더 이상 의무가 아니라, 내가 나를 놓지 않는 자기인식과 자기관계의 전제가 된다. 이렇듯 사자는 자기 자신으로서 유희하듯 살아가는 지금 이 순간에 큰 즐거움을 느끼는 아이의 정신(Ich bin/I am)으로 변화되며 있는 그대로의 자신으로서 삶을 살아가게 된다. 그리고 삶이 계속될수록 놀이 역시 계속된다. 명령에 따르던 때에는 내일도 또 다른 명령이, 명령을 부정하던 때에는 그 다음날에도 여전히 불안함에 화를 낼 뿐이었지만, 아이의 정신은 다르다. 그의 내일은 즐거움으로 기대될 뿐이다.

결과적으로 아이의 정신은 자신의 삶 전체를 규칙 없는 놀이로 가득 채

---

75)   에리히 프롬, 『건전한 사회』, 153-154쪽. Erich Fromm, *Wege aus einer kranken Gesellschaft*, in: Gesellschaftstheorie, Gesammtausgabe Bb. I, Rainer Funk (Hrsg.), Stuttgart, 1999, pp. 107-108.

운다. 중요한 것은 이 삶의 놀이가 스스로 이 즐거움을 창조하는 전제가 자기 자신이기 때문에 그의 삶은 매일매일이 새롭게 시작될 수 있다는 것이다. 그 누군가의 명령 없이 스스로의 힘으로 삶의 수레바퀴를 돌리는 아이의 정신은 결코 자신의 행복을 다른 존재에게 위임하지 않고, 불행 역시 죄에 대한 벌로 여기지도 않는다.[76] 아이의 정신은 그 어떤 고통스러운 상황에서도 결코 삶을 부정하지 않고, 정신의 변화를 통해서 다시 삶의 의미를 창조해내는 위버멘쉬적 인간유형의 특징을 잘 보여준다.

이러한 의미에서 프랑클이 삶의 모든 의미와 인간적 가치가 사라져버린 실존의 극한상황과 이 속에서 끝까지 삶의 의미를 찾아가는 인간의 심리적 상태를 설명하기 위해 제시하는 문장은 다름 아닌 니체의 『우상의 황혼』에 실려 있는 짧은 잠언(「잠언과 화살」12번)이었다. "'왜?' 살아가야 하는지를 아는 사람은 '어떻게?'라는 상황도 견뎌낼 수 있다."[77] 하지만 이 물음은 현실적 삶의 관점에서 심리적·생리적 탈진의 상태로 괴로워하는 현대인들에게 다음과 같이 제시되어도 무방할 것이다. "'어떻게?' 살아가야 하는지를 아는 사람은 '왜?'라는 상황도 견뎌낼 수 있다." 구체적으로 말해 어떻게 살아가야 하는지를 아는 사람만이, 즉 삶의 의미를 아는 사람만이 스스로 자기 삶의 의미와 가치의 창조를 실존의 과제로 받아들일 수 있고 나아가 실존의 고통 속에서 매 순간 주어지는 '왜!'라는 물음에 스스로 대답할 수 있다.

인간이란 대체적으로 보아 병든 동물이었다: 그러나 그의 문제는 고통 자체가 아니었고, "무엇 때문에 고통스러워하는가?"라는 물음의 외침에 대한 해답이 없다는 것이었다. […] 지금까지 인류 위로 널리 퍼져

---

76) Za I, 세 단계의 변화에 대하여, KSA 5, 30-31쪽 참조.
77) 빅터 프랭클, 『죽음의 수용소에서』, 이시형 옮김, 청아출판사, 2006, 137쪽.

있던 저주는 고통이 아니라, 고통의 무의미였다![78]

삶의 "목표"와 "왜?"라는 물음에 대한 대답이 결여된 "허무주의"가 오
히려 "정상적 상태"라는 니체의 말도[79] 더 이상 자기 삶의 의미와 가치를 창
조하고자 하지 않는 인간의 실존적 무기력의 상태, 즉 스스로 삶의 내적 자
극을 만들 수 없는 자기물음의 상실의 지평 위에서 논의된다. 이러한 의미
에서 프롬의 존재 지향적 인간은 내가 존재하는 삶, 다시 말해 스스로 삶의
양식을 결정하며 이를 통한 변화에 주체적으로 참여하는 주인의 삶을 살아
가는 유형이다. 그에게 삶은 자기 자신을 확인하고 증명하며 새롭게 찾아가
는 과정이다. 존재 지향적 삶 속에서 행복은 절대적으로 규정될 수 없다. 행
복은 삶의 의미 그 자체이기 때문이다. 인간 실존의 조건이 변하면 행복의
의미 역시 변할 수밖에 없다. 니체의 말처럼 행복은 자신의 내적 힘의 상승
을 통해 매 순간 하나의 생기현상으로 발생하는 것이다.

그렇다면 행복이란 무엇일까? 니체는 행복의 근원을 인간의 내면으로
부터 찾는다. "행복"에 대한 니체의 윤리적 관점 역시 힘에의 의지를 전제로
하고 있다. 그는 행복을 "힘이 증가된다는 느낌"과 "저항이 극복되었다는 느
낌"으로 규정한다.[80] 이 외에도 그는 "행복의 효과. — 행복이 가져오는 첫
번째 효과는 힘의 감정이다"[81] 혹은 "고양된 행복과 삶의 느낌은 또한 고양
된 힘의 느낌이다"[82]라고 명확하게 말한다.

병자에게 건강은 그 자체로 삶의 희망일 수밖에 없다. 하지만 건강한

---

78)   GM III, 28, KSA 5, 411쪽.

79)   N 9[35], KSA 12, 350쪽.

80)   AC, 2, KSA 6, 170쪽.

81)   M IV, 356, KSA 3, 240쪽.

82)   N 9[79], KSA 12, 376쪽.

자에게 건강은 더 이상 희망일 수 없다. 이처럼 니체는 지속적으로 유지 · 보존되어 더 이상 바랄 만한 것이 될 수 없는 "행복"을 거부한다. 그 이유는 건강한 자에게 건강은 망각될 행복이기 때문이다. 이 행복은 인간의 정신을 매 순간 깨어있도록 자극하지 못한다. 니체가 고정된 행복을 부정하는 이유는 이때문이다. 행복은 보다 많은 힘을 향한 의지로서 힘에의 의지가 인간 내면의 수많은 충동들과의 관계 속에서 형성되듯이, 단 하나의 의미로 규정될 수도, 단 하나의 가치로 대변될 수도 없다. 니체가 건강 그 자체를 존재할 수 없는 것으로 규정하고[83] 매 순간 새로워지는 건강 — 니체의 표현에 의하면 "새로운 건강" — 을 제시하듯이,[84] 그는 인간의 삶 속에서 매 순간 새롭게 창조될 수 있는 행복을 요구한다.

　나아가 "새로운 건강"을 가능하게 하는 니체의 개념 "커다란 건강"[85]이 필연적으로 병과 병의 극복을 전제하듯이, 새로운 행복 역시 고통과 고통의 극복을 통해 비로소 실현될 수 있는 가치이다. 모든 사람들이 행복을 그들 삶의 본질적인 목표로 삼고 살아가지만, 니체에 의하면 행복은 그 자체로 삶의 목표가 될 수 없다. 즉 행복은 건강과 마찬가지로 그 자체로 주어지는 것이 아니다. 또한 행복을 통해서 고통과 불행이 정당화될 수도 없다.[86] 그 이유는 삶은 필연적으로 행복과 불행, 쾌감과 불쾌감을 포괄하며, 행복을

---

83)　FW III, 120, KSA 3, 477쪽.

84)　FW IV, 382, KSA 3, 636쪽.

85)　같은 책, 636쪽.

86)　니체에 의하면 고통과 불행은 그 자체로 행복을 통해서 정당화되는 것이 아니다. 오히려 새로운 행복을 위한 살아있는 토대이다. 이에 대해서는 『인간적인 너무나 인간적인』의 591번 단편 "행복의 식물적 생장"을 참조. 행복과 불행에 대한 니체의 관점은 근본적으로 건강과 병에 대한 관점과 마찬가지로 서로 다른 양식으로 규정하지 않는다. "아, 안락하고 선량한 그대들은 인간의 행복에 대해 너무 모르고 있다! 행복과 불행은 서로 함께 커가는 두 명의 오누이요 쌍둥이이며, 혹은 그대들과 같은 인간들에게서는 함께 어린이로 머물러 있는 오누이요 쌍둥이인 것이다!"(FW IV, 338, KSA 3, 567쪽)

원하는 자에게 행복은 불행, 불쾌와 같은 삶의 고통에 대한 긍정과 극복의 산물이기 때문이다. 니체는 괴로움, 슬픔, 고뇌 등과 같은 삶의 우연적 고통과 장애에 대한 필연적 긍정과 극복에의 의지를 "고통을 향한 의지(Wille zum Leiden)"라고 표현한다.

> 불쾌감은 어떤 것이 저지되었을 때 갖게 되는 감정이다: 그러나 힘은 저지되었을 때만 의식될 수 있기 때문에, 불쾌감은 모든 행위에 있어 필연적인 요소 중 하나라 하겠다(모든 행위는 극복되어야 할 어떤 것에 대해 정향되어 있다). 따라서 힘에의 의지는 저항을, 불쾌감을 추구한다. 근본적으로 유기적 생명에게는 하나같이 고통을 향한 의지가 있다("목표"로서의 "행복"에 반해).[87]

이러한 측면에서 현대인의 불안과 우울증상은 하나의 목적과 목표를 위해 자신의 모든 것을 희생하고 그 바람의 달성 이후에 찾아오는 실존적 공허감과 삶의 방향상실에 있다. 프랑클은 이러한 현상을 "존재적 좌절"[88]이라고 표현한다. 자신이 설정한 확고한 목적과 목표를 성취한 최종적 주체로서의 자기 자신은 그 바람의 달성 이후에도 여전히 확고한 주체로 남아있기 어렵다. 이후 다시 새로운 계획을 세운다고 하더라도 이 역시 결국은 삶의 과정일 수밖에 없다.

삶의 의미와 가치는 의무가 아니라, 고유한 권리로서 삶에 입히는 자신만의 감정, 사상, 행위로부터 탄생하는 것일 뿐, 타인들의 동조와 인정으로부터 형성되는 것이 아니다. 프롬의 말처럼 현대를 "불안의 시대"로, 현대인

---

87)   N 26[275], KSA 11, 222쪽.

88)   빅터 프랭클, 『빅터 프랭클의 심리의 발견』, 145쪽.

을 '불안한 인간'으로 명명할 수 있다면 그 이유는 바로 "자아의 상실", 즉 스스로 자신의 내면에서 내적 동력을 만들어내지 못하고 외부로부터 주어지는 자극에 반응함과 더불어 자기 존재의 의미를 타인의 인정에 의존하고 내가 아닌 그의 기쁨을 위해서 노력하는 수동적 · 반작용적 태도에 있다.[89]

모든 인간들은 그들 스스로를 행복하게 만들 수 있는 삶의 진리를 만들어야 한다. 행복은 "공허감"을 경험하며 이를 채우려는 노력이 아니라, 삶의 "충만감"을 경험하는 것이다.[90] 그리고 삶의 충만은 소비와 소유 혹은 외부의 자극에 반응하는 내적 수동성이 아니라, 스스로 삶의 의미와 가치를 창조할 수 있는 능동적 생산성을 통해 비로소 가능해진다. 이러한 의미에서 삶의 "우울"과 "권태"는 슬픔뿐만 아니라 기쁨과 행복조차 제대로 느낄 수 없는 실존적 무기력과 창조적 무능력 ― 프롬에 의하면 "살아있음에도 죽어가는 느낌"을 갖는 "생산력의 마비상태나 무력감" ― 에 다름 아니다.[91] 슈미트의 말처럼, 삶에 대해 무기력한 우울증 환자는 자신과 일치할 수 있는 능력의 부재로 인해 삶의 행복이 자기 자신으로부터 이루어지지 않는다.[92]

삶의 진정한 행복은 나로부터 파생되어 다시 내게 돌아오는 것, 즉 나와 내 삶 속에서 끊임없이 순환되는 만족, 충만, 기쁨, 즐거움에 대한 것이다. 이를 위해 인간은 매 순간 자기 삶의 의미를 창조하고 이 의미를 다시 자신의 삶에 부여하고, 자신의 삶을 통해 이를 실현해야 한다. 이렇듯 삶은 하

---

89) 에리히 프롬, 『건전한 사회』, 207쪽 참조. 현대사회에서 발생하는 주요 불안형태로서 자기 자신에 대한 불만족과 부정적인 평가로 인해 항상 사회적 결과를 걱정하며 타인의 긍정적인 평가에 의존하는 등, 건강한 사회적 상호작용을 맺지 못하는 사회불안 증세에 대해서는, Moshe Zeidner, Moshe, und Matthews, Gerald, 『불안 101』, 이태선 옮김, 시그마프레스, 2013, 57-63쪽 참조.

90) 에리히 프롬, 『건전한 사회』, 204쪽 참조.

91) 같은 책, 204-205쪽 참조.

92) Schmid, Wilhelm, *Schönes Leben? Einführung in die Lebenskunst*, Frankfurt am Main, 2000, pp. 114-115 참조.

나의 단어로 생명의 과정을 표현하지만 실제로 삶은 끊임없는 진행 과정, 다시 말해 매 순간 삶의 새로운 의미를 찾으며 지속적으로 자기 자신을 넘어가는 과정으로 이루어진다. 니체가 자신의 철학에서 건강한 삶의 양식을 평균적·자기 보존적 양식이 아니라, 지속적인 자율적-자기긍정과 자기극복의 과정으로 이해하고 설명한 것은 이러한 이유에서이다.

반면에 소유 지향적 인간은 매 순간 자신의 내면을 지나치는 소외와 불안의 삶을 살아간다. 삶의 과정이 여러 병들의 잠복기인 것이다. 소외는 자기 내면의 상태와 활동, 즉 마음의 상실을 의미하며 자신의 내면과 외면의 불일치는 결국 삶의 불안, 우울 등의 증세를 내포하게 된다. 또한 마음의 상실은 곧 자신만이 가지고 있는 세계의 상실을 의미한다. 이성의 세계가 만들어온 과학적 발전과 진보는 보편적 삶의 양식들을 요구한다. 하지만 이때 모든 개인들의 작은 세계들, 즉 감정, 감성, 마음, 영혼의 세계는 사라진다. 이러한 현상들을 니체의 철학적 관점에서 바라보면 모든 인간들이 자신의 삶 속에서 다양한 실험으로 존재하며, 매 순간 새로운 실존의 실험을 시도할 수 있는 "작은 실험 국가"들이 사라지게 되는 것이다.[93]

---

93)   M V, 453, KSA 3, 274쪽.

6.
어떻게 나는
나일 수 있는가?

　　니체의 철학에서 위버멘쉬는 마지막 인간과 다른 삶의 양식을 가진 인간유형이다. 그는 자신 안에 내재한 힘을 온전히 자신의 삶을 변화시키는 동력으로 사용하며, 이 힘을 매개로 스스로를 인식하며 관계한다. 자신의 삶에 대한 운명적 사랑을 바탕으로 끊임없이 스스로를 긍정하고 극복해나가는 실존적 인간유형으로서의 위버멘쉬는 그의 철학에서 심리적 · 생리적으로 건강한 인간, 다시 말해 매 순간 자기 삶의 의미와 가치를 창조하기 위한 내면의 힘과 또 이 힘을 바탕으로 외적 자아의 삶까지도 창조적으로 변화시킬 수 있는 실천적 인간 유형을 의미한다.

　　니체가 위버멘쉬를 "예외적 인간"으로 표현하는 이유는 이러한 인간은 이성(지성)을 통해 자신의 "고귀한 열정"을 억압하지 않고, 오히려 자신의 비이성적이고 반이성적인 내면의 영역, 즉 감성, 감정을 통해서 외적 자아의 이성을 제어할 줄 알기 때문이다.[94] 그는 힘과 의지를 통해 자기 존재의 균

---

94)　FW I, 3, KSA 3, 374-376쪽 참조.

형을 잡아가는 존재인 것이다. 병든 현재로부터 다시 건강해질 수 있는 미래의 가능성이 인간에게 내재되어 있다는 니체의 믿음이 데카당스 현대의 인간들을 다시 사랑할 수 있는 근본 이유이며, 그가 자신의 철학에서 위버멘쉬를 실존적 인간유형으로 제시하는 이유이다.

> 나는 위버멘쉬에 대한 사랑으로 그대들에 대한 사랑조차도 극복했다. 그리고 내가 위버멘쉬에 대한 사랑 때문에 그대들을 견디는 것처럼 그대들은 자신을 견뎌내야 한다.[95]

삶 자체에 대한 긍정과 극복은 인간 안에 잠재된 변화가능성의 실현을 위한 근본전제이다. 니체가 인간을 "아직 확정되지 않은 동물"[96]이라고 규정하는 이유는 바로 인간이 가진 내재적 변화가능성 때문이다. 그리고 이 내재적 가능성은 현재의 나를 넘어서고자 하는 인간의 내·외적 변화를 모두 포함한다. 니체는 이러한 변화의 근원을 인간의 역동적 의지의 활동을 통해 설명한다. 힘에의 의지가 "자기극복에의 의지"[97]라고 명명될 수 있는 이유는 바로 이때문이다. "인간은 극복되어야 할 그 무엇이다. 이것은 생을 위대한 자기-극복으로 보는 가르침이다."[98] 이렇듯 니체의 철학에서 긍정과 극복의 개념은 창조적 변화를 위해 삶의 전 과정에서 지속적으로 시도되어야만 하는 본질적인 원리이다.

그리고 이 의지는 "기계에 증기를 사용하듯 열정을 사용할 것. 자기-극

---

95) N 13[3], KSA 10, 447쪽.
96) JGB III, 62, KSA 5, 81쪽; GM III, 13, KSA 5, 367쪽 참조.
97) Walter Kaufmann, *Nietzsche. Philosoph-Psychologe-Antichrist*, übersetzt von Jörg Salaquarda, Darmstadt, 1982, p. 233.
98) N 18[49], KSA 10, 579쪽.

복"[99]이라는 니체의 표현처럼 삶의 "열정(Leidenschaft)" 속에서 이루어진다. 이 열정은 삶에 대한 사랑으로부터 시작되며 동시에 이 사랑을 지속시키는 근본전제이다. 열정과 사랑이 없다면 인간은 스스로 원하는 자신의 모습으로 살아갈 수 없다. 자신의 삶에 대한 열정과 사랑이 실존의 시련과 고통 혹은 피로와 권태 속에 있는 인간에게 긍정의 힘과 극복의 용기를 부여한다. 하지만 "피로할 때는 오래전에 극복된 개념들이 우리를 엄습한다"[100]는 니체의 말처럼, 힘에의 의지의 긍정과 극복의 원리가 정지하는 곳에서 삶의 데카당스는 다시 시작된다.[101] 이와 관련하여 삶의 "의미 상실감", 즉 "실존적 공허(the existential vacuum)는 대개 권태를 느끼는 상태에서 나타난다"는 프랑클의 말을 통해 알 수 있는 것처럼,[102] 자신의 삶에 대한 열정과 사랑, 긍정과 극복이 정지되는 곳에서 삶의 의미 찾기와 가치의 창조는 좌절된다. 자신의 삶에 지친 인간은 결국 삶의 열정과 사랑, 긍정과 극복이 아니라 보존과 보상을 추구하게 된다. 결국 내면의 또 다른 나인 "자기(das selbst)"로부터 멀어진다.

실존적 공허는 가면을 쓰거나 위장을 한 형태로 나타나기도 한다. 의미를 찾고자 하는 의지가 좌절되면 사람들은 권력욕으로 그 좌절을 보상받으려고 하는데, 여기에는 아주 원시적인 형태의 권력욕인 돈에 대한 욕구도 포함되어 있다.[103]

---

99) N 25[10], KSA 11, 13쪽.

100) N 12[1], 122, KSA 10, 393쪽.

101) 이에 대하여 우리는 이미 다음과 같은 니체의 유명한 말을 알고 있다. "힘에의 의지가 어떤 형태로든 쇠퇴하는 곳에서는 언제나 생리적 퇴행이, 즉 데카당스가 있다."(니체, 『안티크리스트』, 232쪽)

102) 빅터 프랭클, 『의미를 향한 소리없는 절규』, 31쪽; 『죽음의 수용소에서』, 178쪽.

103) 빅터 프랭클, 『죽음의 수용소에서』, 179쪽.

니체에게 있어 자신의 삶 자체를 긍정하고 삶의 새로운 의미와 가치의 창조를 위해 스스로를 극복한다는 것은 곧 내면의 또 다른 자신에게 귀를 기울인다는 것, 고통의 이유에 용감하게 대면한다는 것, 삶의 태도의 변화를 시도한다는 것, 즉 자신의 삶에 책임의 주체로 참여한다는 것을 의미한다. 니체의 철학에서 자기긍정과 자기극복은 힘에의 의지의 속성이며, 그는 매 순간 욕구와 충동들이 서로의 힘을 겨루는 이러한 내적 생명의 원리를 통해서 삶의 내·외적 변화를 설명한다. 이러한 "내면의 전쟁"을 "발전"으로 이해하는 니체에게 있어[104] 인간은 자기 내면의 전쟁 속에서 욕구하고 충동하는 또 다른 나를 만난다. 이러한 의미에서 니체가 "자신 안의 맹수(in sich das Raubthier)"[105]로 표현하는 내면의 소외된 "자기(das Selbst)"는 "네가 마주칠 수 있는 적 가운데 가장 고약한 적은 언제나 네 자신이리라"[106]는 그의 말처럼 자아와 자기, 의식적 나와 무의식 속 나와의 불일치를 대변하는 중요한 표현이다.

니체가 『차라투스트라는 이렇게 말했다』의 「몸을 경멸하는 자들에 대해서」에서 외적 "자아(das Ich)"를 지배하는 내면의 또 다른 나를 내적 "자기"로 규정하고 이 "자기"를 다시 "몸(der Leib)"으로 총칭하는 것은 인간에 대한 오랜 형이상학적·종교적 도식을 해체했다는 사실에도 큰 의미가 있다. 하지만 니체의 이러한 시도는 바로 외적 자아는 근본적으로 내적 자기와 분리되어 생각될 수 없다는 사실을 해명함으로써, 근대 자아 동일성의 문제를 해소하고 나아가 정신분석학의 사상적 지반으로서의 역할을 한다는 것이다.

이러한 의미에서 "너의 몸이 바로 자기이기도 하다"[107]는 니체의 말처

---

104) N 1[43], KSA 10, 21쪽.

105) Za I, 죽음의 설교자들에 대하여, KSA 4, 55쪽 참조.

106) Za I, 창조하는 자의 길에 대하여, KSA 4, 82쪽.

107) Za I, 몸을 경멸하는 자들에 대하여, KSA 4, 40쪽.

럼 내면의 자기는 외면의 나와 동일하다. 몸 안에 존재하는 내면의 자기는 결국 몸을 통해 자신을 표현하며 나를, 즉 자아를 완성한다. 또한 "나(자기)야말로 자아를 끌고 가는 줄이요, 자아의 개념들을 깨우는 자렷다"[108]라는 그의 말은 자신의 내면으로부터 멀어진 인간의 외적 행복이 그의 내면의 행복과 동일하게 발생 · 유지될 수 없다는 것을 함의하고 있다.

그리고 "인간은 극복되어야 할 그 무엇이다"라는 니체의 말 속에는 근본적으로 세속적인 삶의 가치만을 추구함으로써 나(자기)로부터 멀어진 나(자아)에 대한 극복의 의미를 내포하고 있다. 여기서 중요한 것은 자기긍정이 내가 만족해 온 나 자신에 대한 긍정일 수도 있지만, 그와 반대로 내가 불만족해 온 나 자신에 대한 긍정일 수도 있다는 사실이다. 그래서 니체는 자기 자신에 대한 "경멸" 역시 자기긍정의 토대로서 이해한다. 이러한 의미에서 "커다란 경멸(die grosse Verachtung)"이라는 그의 개념은 또 다른 니체의 개념 "커다란 고통", "커다란 건강"처럼, 커다란 변화를 위해서는 기꺼이 커다란 깨달음, 다시 말해 실존적 자기인식을 의미한다. 차라투스트라는 "커다란 경멸"로 대변되는 내면의 혼돈을 극복하며 사람들에게 전할 지혜를 먼저 경험했다. 자기 자신에 대한 경멸이 더 나은 자신으로의 변화를 위한 전제이듯이, 이 변화 속에서 경멸은 위버멘쉬로 살지 못했던 과거의 자신에 대한 한탄이 아니라, 이제라도 위버멘쉬로 살아가기 위해 스스로를 긍정하고 극복하겠다는 자기인식의 전제이다.

> 나의 자아, 그것은 극복되어야 할 그 무엇이다. 내게 있어서 그것은 사람에 대한 커다란 경멸이기 때문이다.[109]

---

108) 같은 책, 40쪽.

109) Za I, 창백한 범죄자에 대하여, KSA 4, 45쪽.

7.
어떻게 나는
나로서 나의 삶을 살아갈 수 있는가?

"그대는 위대함을 이루기 위한 길을 걷는다. 이제 그대에게 심연과 — 정상은 한 몸을 이루고 있다."[110] 1883년 가을의 한 유고에 있는 니체의 이 글은 근본적으로 인간의 의식과 무의식, 외적 자아와 내적 자기가 일치된 삶의 과정을 표현하고 있다. 니체에게 있어 "위대함(Größe)"은 그가 『선악의 저편』에서 표현한 것처럼, 모든 인간들의 개별적 개성을 지우고 기계적 인간들을 양산하는 현대의 이념에 대한 반감을 내포하고 있는 개념이다.[111] 보편적 가치로 평준화된 현대시대 속에서 니체가 위대함의 장애요인으로 지

---

110) N 20[1], KSA 10, 587쪽.

111) JGB VI, 212, KSA 5, 145-146쪽 참조. "오늘날 고귀하다는 것, 독자적인 존재가 되고자 한다는 것, 달리 존재할 수 있다는 것, 홀로 선다는 것, 자신의 힘으로 살아야만 한다는 것이 '위대함'의 개념에 속한다. 그리고 철학자는 다음과 같이 주장할 때, 자기 자신의 이상의 단면을 보이게 된다: "가장 고독한 자, 가장 은폐된 자, 가장 격리된 자, 선악의 저편에 있는 인간, 자신의 덕의 주인, 의지가 넘쳐나는 자가 될 수 있는 자가 가장 위대한 인간이 될 수 있을 것이다."(같은 책, 147쪽)

목한 것은 바로 현대인의 병으로서 "의지의 나약함"[112]이다.

이 병은 인간의 자기긍정과 극복의 결여, 즉 자신의 삶에 직접적으로 참여하는 주인으로서 살아갈 수 없는 인간의 나약한 정신과 의지의 증상을 대변하는 시대의 병이자 현대인의 실존적 병이다. 그래서 니체는 인간의 위대함의 개념에는 매 순간 자기 삶의 의미와 가치를 창조할 수 있고, 실존적 변화의 조건에 따라 언제라도 자기 삶의 양식을 창조하고 때론 거부하고 파괴하며 변화시킬 수 있는 강한 의지와 정신의 자유가 포함되어야만 한다고 말한다.[113] 여기서 '실존의 조건'은 삶의 의미를 규정하는 절대적 가치와 이에 대한 인간의 확신과 믿음과는 달리 매 순간 달라질 수 있는 변화의 전제를 의미한다. 이러한 의미에서 니체는 "확신은 감옥"[114]이며, "확신하는 자"는 "강하고 자유롭게 된 정신의 반대유형" 혹은 "병든 정신"이라고 말한다.[115]

니체에 의하면 참된 실존의 자유는 정신의 강한 힘으로부터 드러나며, "회의"를 통해서 입증된다.[116] 자유로운 정신의 인간에게 있어 "회의"는 그의 정신적 힘의 도구이며, 이를 통해 그는 자신과 삶을 돌아보며 나아가 스스로를 자신의 삶으로 입증한다. 이렇듯 인간은 실존의 문제에 맞서 스스로를 의심할 수 있어야만 한다. 자신의 삶에 대한 의심이 인간을 자기 삶의 주인으로 만든다. 니체는 이를 "위대한 열정(die grosse Leidenschaft)"[117]으로 표현한다.

외적 자아로서만 삶을 살아간다면 삶은 너무 제한적이다. 하지만 외적

---

112) 같은 책, 146쪽.

113) 같은 책, 211, 144-145; 212, 145-146쪽 참조.

114) AC, 54, KSA 6, 236쪽.

115) 같은 책, 237쪽.

116) 같은 책, 236쪽.

117) 같은 책, 236쪽.

자아와 내적 자기가 유기적으로 소통하는 삶을 살아간다면 삶은 우리에게 수없이 많은 가능성으로 열려있다. 진정한 나로서 나의 삶을 살아간다는 것은 삶의 주인으로서 삶이 담고 있는 모든 숨겨진 가능성들을 실현할 수 있는 자격을 얻게 되었다는 것을 의미한다. 우리는 육체적 고통과 정신적 좌절 속에서 창조된 니체의 개념 "나로의 귀환"을 통해서 자신의 병을 습관화된 오랜 일상으로부터의 해방과 삶의 새로운 인식을 가능하게 해준 실존의 기회로 긍정하고 이를 통해 끊임없이 자신을 극복하고자 했던 그의 "건강에의 의지와 삶에의 의지"[118]를 읽어낼 수 있다. 나아가 이러한 "나로의 귀환(Rückkehr zu mir)"을 "최상의 회복 그 자체"로 규정하고,[119] 다른 모든 것들은 이로부터 파생된다는 니체의 사상은 실존적 자기되기의 모범적 철학으로 명명할 수 있을 것이다.

　　니체가 『인간적인 너무나 인간적인』 이후 자신의 철학에서 지속적으로 정신의 자유를 주장하는 이유는 이를 통해 비로소 인간은 스스로 절대적·보편적 가치들로부터의 해방을 시도하고 나아가 자기 삶의 덕의 창조적 주인으로서 살아갈 수 있기 때문이다. 이와 관련하여 니체는 삶의 주인으로서 살고자 하는 이러한 의지를 『차라투스트라는 이렇게 말했다』의 「창백한 범죄자에 대하여」에서는 "자기에의 의지(Wille zum Selbst)"로[120] 그리고 「도덕군자에 대하여」에서는 이 덕의 근원을 내면의 "자기"라고 표현한다.

　　너희들이 더없이 사랑하는 자기(自己), 그것이 너희들에게는 덕이다.
　　[…] 너희들의 덕은 너희들의 자기라는 것으로써, 밖에 있는 어떤 낯선

---

118) EH, 나는 왜 이렇게 현명한지, 2, KSA 6, 267쪽.
119) EH, 인간적인 너무나 인간적인, 4, KSA 6, 326쪽.
120) Za I, 창백한 범죄자에 대하여, KSA 4, 47쪽.

것이나 껍데기가 아니며 걸치고 있는 외투와 같은 것이 아니다. [⋯] 이
것이야말로 너희들의 영혼 바탕으로부터의 진리인 것이다!¹²¹⁾

니체에 의하면 인간이 스스로 자기 실존의 조건 위에서 창조한 이 덕은
자신의 삶에 대한 열정으로부터 탄생한 것이다. 열정은 항상 오늘을 포함한
내일의 새로운 변화를 향한다. 이 열정을 통해서 인간은 비로소 지금까지
무심하게 지나쳐온 자신의 내면으로부터, 다시 말해 자신의 마음으로부터
소외된 또 다른 나를 포함하는 삶의 새로운 양식을 창조할 수 있다. 지하실
의 사나운 들개가 사랑스럽게 노래하는 새로 변했다는 니체의 말은 이를 대
변하는 중요한 표현이다. 이 변화는 곧 자아와 자기가 일치된 인간의 건강
한 실존을 대변한다.

너는 일찍이 열정을 지녔었다. 그리고 그것을 악이라고 불렀다. 그러
나 이제는 단지 네 자신의 덕을 갖고 있을 뿐이다. 그런데 그것들도 실은
너의 열정에서 자란 것이다. 너는 이러한 열정의 심장부에 너의 최고 목
표를 세웠다. 그러자 열정은 네게 덕이 되고 환희가 되었던 것이다. 결국
너의 열정은 모두 덕이 되었으며 너의 악마 또한 모두 천사가 되고 말았
다. 너는 일찍이 너의 지하실에 사나운 들개들을 기르고 있었다. 그러나
그것들도 결국은 새가 되고 사랑스러운 가희로 변하지 않았는가.¹²²⁾

---

121) Za II, 도덕군자에 대하여, KSA 4, 121쪽.
122) Za I, 환희와 열정에 대하여, KSA 4, 43쪽.

8.
자기 자신에
이르는 길

    지하실의 사나운 들개가 홀로 크고 있던 곳은 소외된 인간의 내면이다. 니체는 이 사나운 들개와 대면할 수 있는 방법을, 즉 인간이 자기 "자신에 이르는 길"을 "고독"으로 제시한다.[123] 니체는 현대적 이념 속에서 단순한 기능인으로 전락한 현대의 인간들을 "평균인"으로 규정하며, 이들을 "고독을 모르는 인간, 자신의 고독을 가지지 못한 인간, 졸렬하고 평범한 젊은이들"이라고 표현한다.[124] 또한 이들은 삶의 평안과 보존만을 선호하고, 고통을 제거해야만 하는 것으로 여기며,[125] 결국 자신의 삶을 위협하는 모든 것을, 심지어 자기 자신마저도 부정하게 된다.

    니체는 이러한 현상을 "자기로부터의 도피(Flucht vor sich selbst)"라고 표현한다.[126] 이러한 측면에서 니체는 삶의 도덕적 이상과 인간 행위의 도덕적

---

123) Za I, 창조하는 자의 길에 대하여, KSA 4, 80쪽.

124) JGB II, 44, KSA 5, 61쪽.

125) 같은 책, 61쪽.

126) UB III, 교육자로서의 쇼펜하우어, 5, KSA 1, 379쪽.

판단과 평가가 아니라, 다양한 개인의 새로운 이상의 창조를 위해 생리학, 의학, 사회학 그리고 "고독학(Einsamkeitslehre)"이 필요하다고 말한다.[127] 그에 의하면 이 학문들을 통해서만 비로소 사람들은 보편적 삶의 양식들을 "뒤따르는 존재(ein nachläufiges Dasein)"가 아니라, "앞서가는 존재(ein vorläufiges Dasein)"로서 살아갈 수 있다.[128] 하지만 자신의 고독을 견딜 수 없는 사람은 삶에 대한 물음으로부터 멀어진다.

> 삶의 매 순간은 우리에게 무언가를 말하려 하지만, 우리는 이 허깨비
> 소리를 들으려 하지 않는다. 우리가 혼자 조용히 있을 때 무언가 귀에서
> 속삭이는 것이 겁이 난다. 그래서 우리는 고요함을 싫어하고 사교로 귀
> 를 먹게 한다.[129]

고독을 통해 홀로 자기 자신을 찾아간다는 것, 즉 고독 속에서 자기 자신과 대면하고 그렇게 자신만의 세계를 획득한다는 것은 자신의 분야에서 전문적으로 기능하는 외적 자아의 삶에 비해 외롭고 고통이 따르는 일이다. 이러한 측면에서 니체의 개념 "자유정신"은 자신의 삶에 강압적으로 부여되는 가치들로부터의 해방뿐만 아니라, 자기 내면 역시 해방시킬 수 있는 내·외적 정신의 자유와 용기를 내포한다.[130] 외롭고 고통스러운 일임에도 니체는 고독을 건강한 인간 실존의 조건으로 제시한다. 그리고 다음과 같이

---

127) M V, 453, KSA 3, 274쪽.

128) 같은 책, 274쪽.

129) UB III, 교육자로서의 쇼펜하우어, 5, KSA 1, 379쪽.

130) 이에 대한 쇼펜하우어의 글도 함께 참조하자. "사람들은 혼자 있을 때에 온전히 자기 자신일
수가 있다. 그것은 사람들은 혼자 있을 때에 자유로우며, 고독을 사랑하지 않는 사람은 자유도
사랑하지 않는다는 말이다."(쇼펜하우어, 「삶의 예지」, 『세상을 보는 지혜』, 권기철 옮김, 동서
문화사, 2006, 331쪽)

묻는다.

> 그런데도 너는 너 자신에게 이르는 길이기도 한, 그 우수(憂愁, Trübsa-
> l)의 길을 가려 하는가? 그러면 내게 보여 달라. 그럴 수 있는 권리와 그
> 럴만한 힘을![131]

니체의 철학에서 사랑과 경멸, 창조와 파괴, 회의와 확신, 긍정과 부정
은 서로 유기적인 소통의 관계를 맺고 있는 개념들이다. 예를 들어 스스로
를 사랑하는 사람은 역시 스스로를 경멸할 수도 있다. 이와 반대의 경우도
마찬가지이다. 자신을 사랑함에도 경멸함에도 힘이 필요하다. 하지만 사랑
과 경멸의 경계에서 긍정하고 창조하는 길을 가기 위해서는, 즉 고독을 자
기 실존의 조건으로 긍정하기 위해서는 보다 큰 힘이 필요하다. 니체는 이
를 정신의 강한 힘과 자유, 위대한 열정으로 설명한다. 자신의 삶을 사랑하
고 또 경멸할 줄 아는 사람에게 있어 창조와 파괴, 회의와 확신, 긍정과 부정
은 매 순간 자기 삶의 지속적인 변화를 위한 의무이자 권리이다. 그리고 이
의무와 권리를 수행하기 위해, 다시 말해 자기 자신이 삶의 유일한 원동력
이 되어 자신만의 의미와 가치를 창조하고 이를 통해 삶의 변화를 실현하고
자 하는 인간의 실존적 자기인식이 일어나는 공간이 곧 고독이다.

> 고독한 자여, 너는 사랑하는 자의 길을 가고 있다. 너는 너 자신을 사
> 랑하며, 그 때문에 네 자신을 경멸한다. 사랑하는 자만이 할 수 있는 그
> 같은 경멸을. 사랑하는 자는 창조하려 한다. 경멸하기 때문이다! 자신이
> 사랑했던 것, 그것을 경멸하지 않아도 되었던 그런 자가 어떻게 사랑을

---

131) Za I, 창조하는 자의 길에 대하여, KSA 4, 80쪽.

알겠는가! [...] 형제여, 너의 사랑과 창조와 함께 고독 속으로 물러서라. [...] 나는 자기 자신을 뛰어넘어 창조하려 하며 그 때문에 파멸의 길을 가는 자를 사랑한다.[132]

『즐거운 학문』에서 인간 실존의 최대무게를 싣고 있는 삶의 "영원회귀"를 전하는 악령이 처음으로 말을 건넨 곳도 바로 인간의 가장 "깊은 고독 속"에서이다.[133] 이렇듯 고독은 인간이 자기 실존의 문제와 대면할 수 있는 공간이자 기회이며, 단순히 외로움의 감정이 아니라, 오히려 자기 자신에 대한 사랑을 내포한 실존의 선택이다. "나는 고독이 필요하다. 내가 말하고자 하는 바는 내게는 회복, 내 자신에게 되돌아옴, 자유롭고 가볍게 유희하는 공기의 숨결이 필요하다는 것이다. [...]"[134] 하지만 니체에 의하면 고독은 어떤 사람에게는 자신을 찾기 위한 길이지만 또 어떤 사람에게는 자신을 잃을 수 있는 위험이기도 하다. 자신에 대한 "좋지 못한 사랑", 즉 고독 속에서 자기 자신을 견딜 수 없는 사람, 그래서 자신의 고독 속에서마저 누군가에게 의지하는 인간에게 고독은 일종의 "감옥"일 뿐이다.[135] 즉 고독은 다시 외로움이 된다.

이제 니체는 자기 실존의 짐으로 고통받고 있는 모든 이들에게 실존의 해방을, 즉 자기 실존의 무게로부터 가벼워지기를 요구한다. 이제 고독은 더 이상 자기 자신을 억압하는 실존의 어둠이 아니라, 스스로를 사랑하고 더욱 사랑하기 위한 실존의 변화를 위한 기회이다. 이러한 실존적 사랑을 니체는 자기 자신에 대한 "건강한 사랑"으로 표현한다.

---

132) 같은 책, 82쪽.
133) FW IV, 341 KSA 3, 570쪽.
134) EH, 나는 왜 이렇게 현명한지, 8, KSA 6, 276쪽.
135) Za I, 이웃사랑에 대하여, 2, KSA 4, 78쪽.

날지를 못하는 사람은 대지와 삶이 무겁다고 말한다. [⋯] 그러나 가벼워지기를 바라고 새가 되기를 바라는 자는 먼저 자기 자신을 사랑할 줄을 알아야 한다. [⋯] 그렇다고 허약한 자나 병자가 하는 그런 식으로 자기 자신을 사랑해서는 안 된다. [⋯] 나의 가르침은, 사람들은 자기 자신을 건전하며 건강한 사랑으로써 사랑하는 법을 배워야 한다는 것이다. 자기 자신을 참고 견뎌냄으로써 쓸데없이 떠도는 일이 없도록 하기 위해서이다.[136]

이러한 측면에서 "너는 너 자신이 되어야만 한다"[137]는 말과 함께 현실적 삶의 대지 위에서 "너희들 자신을 먼저 믿도록 하라! [⋯] 자기 자신을 믿지 못하는 자는 언제나 거짓말하기 마련이니"[138]라는 니체의 말은 시대의 병 속에서도 자신의 삶에 대한 사랑과 용기, 자기긍정과 극복을 통해 삶의 변화를 실현하고자 하는 모든 인간들에게 실존적 "건강의 가르침"[139]이 되어줄 수 있을 것이다.

---

136) Za III, 중력의 악령에 대하여, 2, KSA 4, 242쪽.
137) FW III, 270, KSA 3, 519쪽.
138) Za II, 때 묻지 않은 앎에 대하여, KSA 4, 158쪽.
139) MA II, 서문, 2, KSA 2, 371쪽.

9.
건강을 표현하는
열정, 사랑, 고독의 메타포

니체는 자신의 개인적인 경험을 바탕으로 삶의 과정 중에 발생하는 병과 고통, 불행 등을 다시 건강해지고 행복해질 수 있는 실존의 기회로 이해했다. 즉 그는 자신의 철학 속에서 병을 더 풍부한 삶을 위한 "효과적인 자극제"[140]로, 고통을 자신의 내면에 이르는 인식의 길로,[141] 고통을 참된 행복의 살아있는 토대로 규정했다.[142] 실존의 고통으로서 마음의 병은 자신을 참고 견뎌내야 하는 것이 아니라, 자신과 자신의 삶에 대한 깊은 성찰 속에서야 비로소 치유될 수 있다.

니체에게 있어 삶에 대한 자기극복은 근본적으로 자기 자신에 대한 커다란 긍정이 전제가 되어야만 하며, 이에 반해 무조건적인 자기긍정과 극복은 삶의 또 다른 억압의 사슬이 될 수밖에 없다. 그의 철학 속에서 자기긍정

---

140) EH, 나는 왜 이렇게 현명한지, 2, KSA 6, 266쪽.

141) FW, 서문, 3, KSA 3, 349-350쪽.

142) MA I, 591, KSA 2, 339쪽.

과 극복이 삶에 대한 열정, 사랑, 고독 등과 함께 제시되고 있다는 것은 삶의 독단을 피하기 위한 중요한 조건이 된다. 니체의 "건강의 가르침"은 그 자신의 육체적 고통과 정신적 좌절, 즉 자기 실존의 무거움 속에서 탄생한 삶의 디오니소스적 지혜이다. 그리고 이 가르침은 인간 스스로 변화하고자 하지 않는다면 삶 역시 근본적으로 변화될 수 없다는 사실을 함의하고 있다. 그 이유는 삶은 내가 나로서 살아가는 것, 즉 내가 원하는 진정한 내가 되어가는 과정에 부여된 명칭이기 때문이다.

이 과정 속에서 실존의 고통은 삶의 새로운 의미를 찾기 위한 피할 수 없는 전제이다. 그리고 새로운 의미는 삶의 새로운 변화를 가능하게 하며, 이 변화의 가능성은 항상 인간 안에 존재한다. 니체는 자기 실존의 무게에 짓눌린 정신의 해방을 시도했으며, 자신의 삶에서 고통이 가지는 의미에 대한 관점의 전환을 통해서 삶의 새로운 가치를 창조했다. 나아가 삶에 대한 열정과 사랑의 마음을 바탕으로 끊임없이 자기 자신을 긍정하고 극복하는 삶의 자세를 만들었으며, 이것은 실존의 고통을 겪고 있는 인간들에게 하나의 모범이 될 수 있을 것이다.

> 의사여, 네 자신의 병을 고쳐라. 그렇게 하는 것이 너의 환자에게도 도움이 될 것이다. 환자로 하여금 먼저 그 자신을 치유한 경험을 지닌 자를 직접 보도록 하는 것, 그것이 그 환자에게는 최선의 도움이 될 것이다.[143]

---

143) Za I, 베푸는 덕에 대하여, 2, KSA 4, 100쪽.

VII

니체의 철학적 메타포
"춤(Tanz)"에 대한
텍스트 내재적 분석

1.
자기관계의
메타포로서의 춤

    디오니소스의 철학자 니체에게 "춤(Tanz)"은 어색한 개념이 아닐 것이다. 삶의 본질을 고통 속에서 이해하는 디오니소스의 비극적 관점은 춤을 통해 그 누구보다 자기 자신을 사랑하고 자신의 삶을 긍정하고 있음을 드러낸다. 니체에게 있어 디오니소스적·비극적 춤은 존재론적 대지인 이편세계 속의 자신을 자연의 일부로 느끼는 동시에 육체와 영혼, 자아와 자기가 합일된 몸을 자신의 존재론적 자연성으로 느끼는 도취를 전제로 한다. 그렇기 때문에 자신의 자연성을 부정하는 이원론적 사고를 가진 "마지막 인간" 유형은 매 순간 자기 자신과 관계하는 사랑과 긍정의 춤을 출 수 없다.

    그리고 이 춤 속에서 세계 역시 더 이상 고통이 가득한 곳이 아니라, 고통을 통해 존재의 존재성을 자극하며 끊임없이 내적 자기와의 존재론적 합일을 요구하는 도취의 장으로 인식된다. 도취를 통해 세계와 합일된 감정을 느낀다는 것은 단지 세계를 이해하며 살아간다는 것이 아니라, 나의 고유한 관점으로 세계를 긍정하며 해석한다는 것, 다시 말해 자신만의 세계를 획득한다는 것을 의미한다.[1] 니체가 "커다란 고통"을 통해 설명하듯이, 고통은 삶 그 자체를 문제시함으로써 쉼 없이 자기 자신과 관계하게 하는 매개체로 서의 역할을 한다.[2]

이렇듯 고통은 매 순간 세계와 삶에 대한 관점의 변화를 자극하는 존재론적 조건이다. 니체에게 있어 도취로 가득한 이편의 세계 속에서 춤추는 삶을 살 수 없는 인간은 고통 속에서 삶의 의미를 상실한 허무주의자일 수밖에 없다. 자신의 고통과 그 의미를 새롭게 창조할 수 있는 자만이 스스로 만든 삶의 의미 속에서 춤을 출 수 있게 된다. 타인의 고통을 함께 느끼는 동정이 강한 비판의 대상이 될 수밖에 없는 이유는 이때문이다. '고통 속에서도 삶은 결코 삶으로서의 의미와 가치를 상실하지 않는다'는 사실을 자신의 철학적 토대로 삼은 니체의 문제의식은 '어떻게 삶이 그 자체로 긍정될 수 있는가?'라는 물음에 답하기 위한 것이었다.

니체는 고통 속에 놓인 인간의 정신을 삶에 대한 최고의 긍정으로 대변

---

1) 니체, 『차라투스트라는 이렇게 말했다』, 「세 단계의 변화에 대하여」, 정동호 옮김, 책세상, 2005, 41쪽. 니체의 메타포 "춤"은 낡은 신의 세계로부터 해방된 자유로운 정신과 의지의 몸짓이다. 이 몸짓은 그의 철학에서 관점, 가치평가, 해석, 예술적 창조 등 다양한 활동들과 의미론적으로 상통한다. 춤은 신의 부재 속에서 자신만의 새로운 세계를 창조한다는 의미에서 "우주적인" 의미를 담은 메타포인 것이다(Andreas Mascha, *Flow Dance und Große Vernunft des Leibes*, in: Mensch – sein eigenes Experiment?, Kolloquium des Nietzsche-Forums München. Vorträge aus den Jahren, 2003-2005, Vogel, Beatrix (Hg.), München 2008 (Mit Nietzsche denken Band 4), pp. 471-473 참조). 이러한 의미에서 아벨(Günter Abel)은 춤의 "우주적인" 의미를 보다 명확하게 규명한다. 그에 의하면 차라투스트라가 사용하는 "춤"은 인간의 모습(anthropomorphisch)을 한 신과 그가 창조한 우주, 즉 세계질서와 세계해석을 극복하기 위한 메타포이다. "신의 춤(Götter-Tanz)"이라는 차라투스트라의 표현처럼, 다양한 몸짓과 변화로 대변되는 춤은 세계를 절대적 존재나 진리가 아니라, "생성"으로 질서 지운다. 다시 말해 이 세계는 끊임없는 변화로 유희하는 힘에의 의지의 질서를 따른다. 이렇듯 춤-메타포의 우주적인 의미는 힘에의 의지로 확장됨으로써 보다 구체화된다(니체, 『차라투스트라는 이렇게 말했다』, 「낡은 서판과 새로운 새판에 대하여」, 2, 358쪽 / Güter Abel, *Nietzsche. Die Dynamik der Willen zur Macht und die ewige Wiederkehr*, Berlin/New York, 1998, p. 349 참조).

2) 니체, 『즐거운 학문』, 「서문」, 안성찬·홍사현 옮김, 책세상, 2005, 3, 28쪽.

되는 "비극적·디오니소스적 상태"[3]로 전환하는 시도를 통해 이 물음에 답한다. 고통 속에서 춤을 춘다는 것은 곧 삶의 위기 속에서도 결코 자기 자신과의 관계를 망각하지 않겠다는 강한 정신과 의지의 표현이다. 이루지 못한 욕망과 그 고통에 좌절하지 않고, 있는 그대로의 자신을 긍정하고 극복하며 지속적인 변화를 실현하는 자의 시도 속에서 니체는 춤추는 듯한 모습을 연상한다. 춤을 통한 니체의 철학적 치유의 시도는 끊임없이 자기 자신을 넘어서는 자의 춤을 추는 듯한 가벼운 발걸음이 삶에 적극적으로 관계하는 방법임과 동시에 모든 사람들이 춤출 수 있는 자임을 일깨우는 것이다. 니체에게 있어 춤은 학문, 교육, 교양에 의한 학습일 수 없다. 그것은 삶의 일상에서 자기인식의 일환으로 수행되는 사유의 습관 — 니체의 표현에 의하면 "습관적 도취"[4] — 이어야만 한다.

> 어느 박식한 책을 앞에 두고. — 우리는 책 사이에서만, 책을 읽어야만 비로소 사상으로 나아가는 그런 인간들이 아니다. 야외에서, 특히 길 자체가 사색을 열어주는 고독한 산이나 바닷가에서 생각하고, 걷고, 뛰어오르고, 산을 오르고, 춤추는 것이 우리의 습관이다. 책, 인간, 음악의 가치와 관련된 우리의 첫 질문은 다음과 같은 것이다. "그는 걸을 수 있는가? 더 나아가 춤출 수 있는가?"[5]

현대문명과 문화에 대한 니체의 비판에서 확인할 수 있는 것처럼, 단 하나의 절대적 가치를 따르는 획일적인 춤은 자기망각과 상실에 불과할 뿐

---

3) 니체, 『유고(1888년 초~1889년 1월 초)』, 백승영 옮김, 책세상, 2004, 17[3], 3, 394쪽.
4) 니체, 『유고(1888년 초~1889년 1월 초)』, 14[117], 112쪽.
5) 니체, 『즐거운 학문』, 366, 366쪽.

이다. 니체가 『선악의 저편』에서 인간의 진정한 "위대함"을 대중적 무리의 보편적 가치로부터 거리를 두는 고독 속에서의 자기인식을 통해서야 비로소 실현될 수 있다고 말하는 이유는 이때문이다.[6] 무용수(tänzer)에게 있어 — 춤출 줄 모르는 자들이 넘어지고 또한 일어나지 못할지도 모를 — 얼음 위가 놀이의 공간이듯이, 삶의 변화를 추구하는 자에게 고통에 대한 비극적 · 디오니소스적 긍정은 자신의 고유한 실존적 위대함을 증명하는 길이다.[7]

춤추듯 유희하는 삶을 사는 어린아이와 같은 사람은 삶의 불안, 두려움, 좌절, 슬픔 등과 같은 결여의 고통 속에서도 긍정과 극복의 춤, 다시 말해 자기 실존의 춤을 멈추지 않는다. 그리고 자기 실존의 춤을 추는 자는 결핍을 보완하는 삶이 아니라, 현재의 모습으로 지금 이곳의 삶을 살며 변화를 실현하겠다는 자유로운 정신과 의지의 소유자일 수밖에 없다. 이렇듯 춤은 자신 안에 내재된 위대한 변화가능성의 실현을 보증하는 개념이다. 하지만 춤을 출 수 없는 인간의 가장 큰 장애는 바로 자유로운 정신과 의지가 생명의 본성임을 망각한 자기 자신이다. 그 이유는 자기 자신이 아닌 무리의 가치를 따르는 사람이 자신 안에 내재된 변화가능성을 인식하고 실현하기란 어려운 일이기 때문이다. 니체에게 있어 '자기관계'를 전제로 하지 않는 "위대함(Größe)"[8]은 있을 수 없다.

니체의 철학에서 힘에의 의지와 이 의지의 활동 장소로서의 몸은 자기

---

6)   니체, 『선악의 저편』, 김정현 옮김, 책세상, 2005, 212, 191쪽 참조. "위대함에 속하는 것. — 커다란 고통을 가할 수 있는 힘과 의지를 자신 안에서 느끼지 못한다면 어찌 위대한 것에 도달할수 있겠는가? 고통을 견디는 것은 최소한의 것이다. […] 하지만 커다란 고통을 가하고, 고통의 비명을 들으면서도 내심의 곤혹과 불안에 빠져들지 않는 것 — 이것이야말로 위대한 것이며, 위대함에 속하는 것이다."(니체, 『즐거운 학문』, 325, 294쪽)

7)   "무용수를 위해. 미끄러운 얼음 / 춤을 잘 추는 사람에게 / 그것은 천국"(같은 책, 「농담, 간계그리고 복수」, 13, 41-42쪽).

8)   니체, 『선악의 저편』, 212, 190쪽.

관계의 내적 원리로 작용하고, 신의 죽음과 허무주의, 영원회귀와 운명애는 자기관계가 요청될 수밖에 없는 이유로 제시된다. 그리고 춤은 자기관계를 드러내주는 행위로서의 역할을 한다. 이때 자유정신은 두 번 다시 무거운 진리에 매몰된 삶을 살지 않고, 매 순간 스스로를 사유하며 자기 자신과 자유롭게 관계할 수 있도록 해주는 춤의 근본조건으로서의 역할을 한다. 춤은 자유정신, 즉 자유로운 정신으로 다시 자기 자신과 관계하게 된 건강한 인간유형으로서의 위버멘쉬의 특권이다.[9]

---

9) 니체는 이러한 위버멘쉬의 특징으로서의 자유정신을 다음과 같이 표현한다. "'자유정신'이라는 말은 여기서 어떤 의미로도 이해되기를 바라지 않는다: 자유정신은 스스로 자기 자신을 다시 소유하게 된 자유롭게 된 정신인 것이다."(니체, 『이 사람을 보라』, 「인간적인 너무나 인간적인. 두 속편들」, 백승영 옮김, 책세상, 2002, 1, 404쪽). 다시 자기 자신을 소유하게 되었다는 것은 곧 오랜 형이상학적·종교적 사고로부터의 해방을 통해 다시 자기 자신과 관계하게 되었다는 것과 동일한 의미이다.

2.
춤에 대한
인간학적 해석

춤을 춘다는 것은 자기보존이 아니라, 극복을 통해 매 순간 변화되고 있다는 실존의 건강함을 드러내주는 니체의 인간학적 개념이다. 『차라투스트라는 이렇게 말했다』의 「서문」에서 니체가 제시한 마지막 인간과 위버멘쉬 사이에 서 있는 인간이 스스로 위버멘쉬적 변화를 향해 걸어갈 때, 그의 모습은 마치 춤을 추는 것처럼 보였을 것이다. 춤은 형이상학적 인과론과 신학적 목적론처럼 목적 그 자체가 아니라, 오히려 매 순간 진정한 자신으로 인식하며 살아가고자 하는 자유로운 정신과 의지의 합목적적 활동으로 드러난다. 그래서 니체는 "춤은 목적이 없는 움직임이다"[10]라고 말하는 것이다. 춤을 추는 행위에는 오직 진정한 자기 자신이 되어가기 위한 내재적 목적만이 있을 뿐이다. 그리고 이 목적은 절대적 가치에 의해 대변되는 것이 아니라, 오직 자기 자신으로서 살아가는 과정에서 느끼게 되는 충만한 행복의 감정으로 경험될 뿐이다. 춤이 인간의 건강한 실존을 대변해주는 개

---

10) 니체, 『유고(1876년~1877/78년 겨울)』, 강용수 옮김, 책세상, 2005, 23[81], 215쪽.

넘일 수밖에 없는 이유는 이때문이다.

춤은 새로운 목적을 향한 움직임이다. 그리고 춤에 대한 니체의 인간학적 메타포는 "춤추는 별(ein tanzende Stern)"이라는 표현을 통해 보다 구체화된다. "지금이야말로 사람이 자신의 목표를 세울 때다. 지금이야말로 자신의 최고 희망의 싹을 틔울 때다. [...] 너희들에게 말하거니와, 춤추는 별을 탄생시키기 위해 사람은 자신들 속에 혼돈을 지니고 있어야 한다. 너희들에게 말하거니와, 너희들은 아직 그러한 혼돈을 지니고 있다. 슬픈 일이다! 머지 않아 사람이 더 이상 별을 탄생시킬 수 없게 될 때가 올 것이니."[11] 형이상학과 종교의 절대적 · 도덕적 원리는 하나의 목적 아래 삶의 질서를 제공해주었다. 하지만 니체는 이원론적 질서보다는 삶의 의미를 상실한 허무주의적 혼돈 속에서 인간 실존의 자유로운 변화를 허용하고, 이로부터 다시 새로운 질서가 창조될 수 있는 보다 근본적인 방법을 제시하고자 한다.[12]

"혼돈"은 역설적으로 기존의 목적과 질서가 사라진 허무주의적 위기 속에서 인간의 변화가능성이 실현될 수 있다는 니체의 철학적 문제의식을 잘 드러내준다. 니체에게 있어 혼돈이 사라진 대지가 작아 보일 수밖에 없는 이유는 바로 인간 안에 내재된 변화의 가능성, 즉 "춤추는 별"을 탄생시킬 수 있는 인간 내면의 혼돈이 사라졌기 때문이다.[13] 니체가 마지막 인간 유형의 자기보존적 삶의 방식을 비판하는 이유는 이때문이다. "춤추는 별"은 춤을 출 수 있는 자가 자신 안에 품고 있는 변화의 가능성이다. "너희는 너희 안에 있는 혼돈(Chaos)을 보존해야만 한다. 앞으로 올 자들은 그것으로

---

11) 니체, 『차라투스트라는 이렇게 말했다』, 「서문」, 5, 24쪽.

12) 허무주의의 극복양식으로서 춤을 상세하게 밝히고 있는 글로는, 이상엽, 「니체, 허무주의와 춤」, 『동서철학연구』 제94집(한국동서철학회, 2019. 12), 277-298쪽 참조.

13) "대지는 작아졌으며 그 위에서 모든 것을 작게 만드는 저 비천하기 짝이 없는 인간이 날뛰고 있다."(니체, 『차라투스트라는 이렇게 말했다』, 「서문」, 5, 25쪽)

자신을 형성하고자 한다."[14]

앞으로 올 자들에 대한 니체의 사랑 — 그의 표현에 의하면 "더없이 먼 곳에 있는 사람들에 대한 사랑(Fernstenliebe)"[15] — 은 바로 그가 인간의 건강한 미래를 현재의 혼란과 혼돈에 대한 긍정과 극복으로부터 도출하기 때문이다. 니체가 미래의 철학자일 수밖에 없는 이유는 인간 안에 내재된 오늘의 가능성으로부터 다가올 미래를 희망하기 때문이다. 아무리 멀리 있는 미래도 결국 지금 이 순간으로부터 시작되듯이 위버멘쉬는 현재의 가능성을 미래를 향해 실현하는 존재이다.

1888년의 한 유고에서 니체는 건강의 전도사인 차라투스트라가 오랫동안 삶의 의미를 부여해주던 절대적 가치에 의존하지 않고 어떻게 스스로 자기 자신을 증명하는지를 춤의 메타포를 통해 다음과 같이 설명한다. "심지어는 가벼운 발(die leichten Füße)은 '신' 개념에 속할 것이다. [⋯] 차라투스트라는 '나는 오로지 춤출 줄 아는 신만을 믿을 것이다'라고 말할 정도로 자기 자신에 대해 확신하고 있다."[16] 비록 신의 죽음이 허무주의를 유발하지만, 이로 인해 인간이 무거운 절대적 가치로부터 해방되어 다시 자신의 삶에 가볍게 관계할 수 있게 되었듯이 니체는 단 하나의 가치를 추구하는 목적이 아니라, 내가 나 자신이 '되어가는 과정'을 부각시킨다. 그 이유는 하나의 목적 아래 모든 가능성은 보편화될 수밖에 없지만, 매 순간 나를 추구하는 과정 속에서는 다양해질 수밖에 없기 때문이다. 차라투스트라는 신의 죽음을 인식한 후 얻게 된 "가벼운 발", 즉 '가벼운 정신'을 통해 춤을 출 수 없도록 만드는 "중력의 악령"을 극복한 자인 것이다. 『차라투스트라는 이렇게 말했

---

14) 니체, 『유고(1882년 7월~1883/84년 겨울)』, 박찬국 옮김, 책세상, 2005, 4[76], 175쪽.

15) 니체, 『차라투스트라는 이렇게 말했다』, 「이웃사랑에 대하여」, 103쪽.

16) 니체, 『유고(1888년 초~1889년 1월 초)』, 17[4], 5, 399쪽.

338 니체, 그의 철학과 건강의 메타포

다』의 「읽기와 쓰기에 대하여」에는 이 내용이 보다 구체화되어 있다.

> 나는 춤을 출 줄 아는 신만을 믿으리라. 그리고 나의 악마 이야기인데 나는 그가 엄숙하며, 심각하고, 심오하며 당당하다는 것을 발견했다. 중력의 악령이었던 것이다. 저 악마로 인해 모든 사물은 나락으로 떨어지고 만다. 사람들은 노여움이 아니라 웃음으로써 살해를 한다. 자, 저 중력의 악령을 죽이지 않겠는가! 나는 걷는 법을 배웠다. 그 후 나는 줄곧 달렸다. 나는 나는 법을 배웠다. 그 후 나는 다른 사람의 도움 없이도 움직일 수가 있었다. 이제 나는 가볍다. 나는 날고 있으며 나 자신을 내려다보고 있다. 이제야 어떤 신이 내 몸 속에서 춤을 추고 있구나.[17]

위의 글에서 확인할 수 있는 것처럼, 신의 죽음을 인정하고 허무주의에 직접적으로 대면한 용기 있는 선택을 한 인간이 춤을 추는 모습으로 보일 수밖에 없는 이유는, 이 선택이 바로 "웃음"으로부터 도출된 것이기 때문이다. 이렇듯 차라투스트라의 가르침은 허무주의적 위기 속에서도 인간들이 다시 건강한 실존의 삶을 살아갈 수 있도록 그들에게 위버멘쉬로의 변화를 결심하게 하는 것이다. 니체의 철학에서 인간의 실존적 건강은 위버멘쉬를 향해 끊임없이 변화를 시도하는 과정과 그 행위에 부여되는 명칭이다. 그리고 춤은 자기 실존의 건강을 향한 과정에서 발현되는 자유로운 정신과 의지를 형상화한 개념이다. 춤을 추는 인간이 건강한 인간유형일 수밖에 없는 이유는 그가 느끼는 모든 행복의 감정이 오직 자신의 삶을 향해 발현되는 자유로운 정신과 의지, 즉 긍정적인 자기관계로부터 비롯되기 때문이다.

하지만 모두가 처음부터 춤을 출 수 있는 것은 아니다. 차라투스트라

---

17) 니체, 『차라투스트라는 이렇게 말했다』, 「읽기와 쓰기에 대하여」, 66쪽.

역시 처음부터 춤을 출 수 있는 자가 아니었다. 『차라투스트라는 이렇게 말했다』의 「만가(輓歌/Grablied)」에는 젊은 시절을 회상하며 잃어버린 자신의 이상을 현재에서 다시 실현하고자 하는 차라투스트라의 의지가 담겨 있다. 청년 시절의 이상이 묻혀 있는 "무덤의 섬"에 "푸른 생명의 화환"을 가져가겠다는 차라투스트라가 깨달은 것은 바로 이제부터라도 스스로가 자기 자신의 조건이 됨으로써 매 순간 스스로를 증명하겠다는 강한 의지의 발현이었다. 그 이유는 끊임없이 자기 자신을 극복하는 삶이 아니라면, 그 삶은 결국 자기보존이라는 무덤 속에 사는 것과 다르지 않기 때문이다. 이러한 자기극복에의 의지는 결코 지지 않는 푸른 생명에의 의지, 즉 "힘에의 의지"인 것이다. 아래의 글은 차라투스트라가 자기보존적 삶을 살고자 했던 자신의 과거를 다시 극복하고자 하는 강한 의지를 춤으로 표현하고 있음을 확인할 수 있다.

나는 춤을 통해서만 최상의 사물에 대한 비유를 들 줄 안다. […] 그렇다. 내게는 불사신적인 것, 결코 영원히 묻어둘 수 없는 것, 바위까지 폭파해버릴 수 있는 그 어떤 것이 있다. 나의 의지가 바로 그것이다. 나의 의지는 묵묵히 그리고 변함없이 세월을 가로질러 간다. 나의 친애하는 의지는 내 발을 발삼아 그 자신의 길을 가고자 한다. […] 내 청춘의, 구제받지 못한 그 어떤 것이 네 안에서 아직도 숨 쉬고 있다. 그래서 생명과 젊음을 구가하며 너 희망을 품고 여기 폐허가 된 노란 무덤 위에 앉아 있는 것이다.[18]

또한 차라투스트라는 이 의지가 발현되는 모습 역시 춤을 추는 모습으

---

18)   같은 책, 「만가」, 190쪽.

로 표현한다. "언젠가 나는 내가 여태껏 춰본 적이 없는 그런 춤을 추고자 했었다. 온 하늘 저 너머에까지 춤추며 가려 했던 것이다. [⋯] 나는 그때 가장 멋진 춤을 출 채비를 하고 그렇게 서 있었다."[19] 차라투스트라의 이 말처럼, 그는 의지의 자유를 망각했던 과거의 자신을 춤을 추는 자, 다시 말해 '춤을 추려고 했던 자'로 표현하고 있다.

차라투스트라가 현재에서 과거의 젊은 시절을 떠올리면서도 탄식하지 않는 이유는 그가 이미 변화된 자이기 때문이다. 10년 동안의 수행 이후 산을 내려오던 차라투스트라는 처음 산을 오를 때 만났던 노인을 다시 만나게 된다. 이때 그를 향한 노인의 말은 그의 변화가 '춤을 추는 어린아이'로 대변되고 있음을 알 수 있다.

그렇다. 틀림없이 차라투스트라야. 그의 눈은 맑고 입에는 역겨움이 서려 있지 않다. 그리하여 춤추는 자처럼 경쾌하게 걷고 있지 않은가? 차라투스트라가 변하여 어린아이가 되었구나. 차라투스트라는 잠에서 깨어난 자다. 이제 그대는 잠을 자고 있는 사람들에게 다가가 무슨 짓을 하려는가?[20]

스스로 깨달은 삶의 지혜를 실천하는 과정과 그 모습은 춤으로 드러난다. 차라투스트라의 가르침을 따라 고통을 긍정하고 극복하는 방법을 배운 사람들은 이제 더 이상 삶을 고난의 연속으로 바라보지 않는다. 나아가 그들은 그 어떤 역경에도 자신의 운명을 사랑하기에 주저하지 않는다. 하지만 「세 단계의 변화」에 잘 드러나 있는 것처럼, 사람들은 처음부터 자신의 삶을

---

19) 같은 책, 「만가」, 189쪽.
20) 같은 책, 「서문」, 2, 14쪽.

사랑하는 '열정의 춤'을 출 수 없다.[21] 차라투스트라 역시 자신의 경험을 바탕으로 이 사실을 잘 알고 있었다. 위버멘쉬적 변화를 원하는 사람들은 낙타-사자의 단계를 거쳐서야 비로소 삶을 춤을 출 수 있는 유희의 공간으로 이해하는 아이의 단계에 이르게 된다. 이러한 의미에서 니체는 춤을 추기 전에 먼저 낡은 관습으로부터 해방된 가벼운 정신으로 대지를 걸으며 자유롭게 달려본 이후에 춤을 출 수 있다고 말한다.

> 어느 날 부지중에 온몸으로 그와 같이 결연한 영혼의 상태에 빠진다는 것을 어느 누구도 믿지 않을지 모른다. 지금 막 끝까지 부른 무곡(Tanzlied)은 그런 상태에 대한 증거와 비유일 수도 있다. 그런 식으로 춤추는 법을 배우기 이전에 우리는 철저하게 걷고 달리는 법을 배웠어야만 한다. 그리고 이미 자신의 두 다리로 선다는 것은 내게는 항상 소수의 사람들에게만 주어져 있는 일처럼 보인다.[22]

인간의 실존적 행복은 자유로운 정신과 의지에 의해 가능하다. 그리고 그의 자유로움이 마치 춤을 추는 듯한 모습으로 드러나는 것이다. 이렇듯 차라투스트라의 지혜가 설파하는 "건강의 가르침"은 신의 부재 속에서도

---

21) 니체의 철학에 등장하는 "열정"에 대한 글로는, 이상범, 『니체의 건강철학』, 집문당, 2019, 316-379쪽 참조.

22) 니체, 『유고(1885년 가을~1887년 가을)』, 이진우 옮김, 책세상, 2005, 1[2], 5, 9쪽. 『이 사람을 보라』에 이르러 니체는 차라투스트라의 특성을 다음과 같이 명확하게 표현한다. "차라투스트라는 춤추는 자이다"(니체, 『이 사람을 보라』, 「차라투스트라는 이렇게 말했다」, 6, 431쪽). (어린아이와 같은) 자유정신, 신의 죽음, 위버멘쉬, 힘에의 의지, 영원회귀와 운명애 등 니체의 모든 철학적 사유가 개념으로서 등장하는 『차라투스트라는 이렇게 말했다』를 생각해본다면, 짧은 이 문장은 차라투스트라의 특성을 "춤"이라는 한 단어로 함축하고 있음을 알 수 있다. 그 이유는 그는 니체의 모든 철학적 사상들을 몸으로 체화하고, 이를 삶의 새로운 지혜로 제시하는 자이기 때문이다.

자신의 삶을 주인적으로 살아갈 수 있는 어린아이와 같은 정신과 의지를 복원하는 것이다.[23] 허무주의의 위기를 극복하고 다시 건강한 삶을 창조해나갈 수 있는 실존의 지혜를 설파하는 차라투스트라는 제자들에게 자신의 지혜를 배운 이후에 홀로 자신만의 고유한 삶의 의미와 가치를 창조해야만 한다고 말한다. "나는 격류 옆에 있는 난간이다. 누구든 잡을 수만 있다면 나를 잡아도 좋다! 그러나 나 너희들을 위한 지팡이는 아니다."[24]

그가 자신의 제자들에게 한 이 말의 의도는 1888년의 유고에서 다음과 같이 표현되기도 한다. "나는 짐승(ein Thier)을 찾는다. 나를 따라 춤추고 아주 조금만 나를 — 사랑하는…"[25] 그의 이 말에는 자신의 춤추는 지혜를 배운 후, 다시 자신만의 고유한 실존의 춤을 출 수 있어야만 한다는 의미가 담겨 있다. 이를 통해 차라투스트라의 지혜가 형이상학과 종교의 이원론적 세계질서가 아니라, 생성하는 대지의 자연성을 따르는 동물적 생명력을 춤으로 승화시키는 건강한 실존의 지혜라는 사실을 유추할 수 있다. 니체의 철학에서 춤이 인간학적 관점에서 해명되어야 하는 이유는, 니체가 춤을 건강한 인간유형의 조건으로, 다시 말해 자기 실존의 행복을 오직 자기 자신으로부터 도출하는 삶의 태도로 제시하고 있기 때문이다.

---

23) "초보자를 위한 위로. 돼지들에 둘러싸여 구부러진 발가락으로 어쩔 줄 모르는 어린아이를 보라!/울기만 할 뿐, 그저 울기만 할 뿐이다 — /언젠가 서고 걷는 것을 배울 수 있을까?/두려워하지 말라! 내가 말하노니/곧 이 아이가 춤추는 것을 보게 되리라!/두 발로 서게 되면/또한 물구나무도 서게 될 것이다."(니체, 『즐거운 학문』, 「농담, 간계 그리고 복수」, 28, 47쪽).

24) 니체, 『차라투스트라는 이렇게 말했다』, 「창백한 범죄자에 대하여」, 63쪽.

25) 니체, 『유고(1888년 초~1889년 1월 초)』, 16[50], 368쪽.

3.
춤의
메타포

1) 춤과 행복

차라투스트라가 설파하는 지혜의 가르침은 근본적으로 '인간은 어떻게 진정한 행복을 경험할 수 있는가?', '인간은 어떻게 매 순간 새로운 행복을 느끼는 삶을 살 수 있는가?', '인간은 어떻게 스스로 행복의 조건이 될 수 있는가?'라는 물음의 답을 제시해주는 것이다. 그리고 이 물음들은 '인간은 어떻게 춤을 추듯 놀이하는 삶을 살 수 있는가?'라는 물음으로 종합된다. 『차라투스트라는 이렇게 말했다』의 「서문」에 제시된 것처럼, 차라투스트라는 "마지막 인간"과 "위버멘쉬"의 경계에 인간을 세운다. 경계에 선 인간은 매 순간 서게 되는 그 자리에서 삶의 방향을 설정해야만 하는 선택의 기로에 서게 되고, 이때 그는 자신이 더욱 행복해질 수 있는 길을 선택한다. 하지만 모두가 그 경계에서 자기극복의 삶을 선택하지는 않는다.

이러한 의미에서 차라투스트라가 "마지막 인간"을 비판하는 이유는

① 그 역시 자기 나름의 행복을 추구하는 삶을 살지만, ② 그 행복이 춤을 추도록 만드는 조건으로 작용하지 못하기 때문이다. 그가 추구하는 자기 보존적 행복은 작은 고통 앞에서 허물어질지도 모르는 우둔한 행복일 뿐이다. ③ 스스로 행복하다고 느끼면서도 눈을 깜빡이며 다른 사람의 동감을 구하는 그의 행위가 차라투스트라에게 진정한 행복으로 여겨지지 않는 이유는 이때문이다.[26] 차라투스트라에게 있어 진정한 행복은 보존해야만 하는 무거운 짐 같은 것이 아니라, 끊임없는 변화 속에서 매 순간 새롭게 경험되는 것이어야만 한다.

차라투스트라가 "마지막 인간"을 비판하는 주요지점은 행복의 추구가 아니라, 어떤 행복을 추구하는가이다. 춤을 춘다는 것은 스스로 행복을 창조했다는 것을 의미한다.[27] 마지막 인간의 행복이 안도와 위안을 주는 것이라면, 위버멘쉬의 행복은 춤을 추게 하는 것이다. 모든 사람들은 마땅히 자신의 행복을 추구하며 살아간다. 하지만 형이상학과 종교, 도덕에 대한 니체의 비판에서 확인할 수 있는 것처럼, 중요한 것은 그가 추구하는 행복의 근원이 어디인지이다. 니체에게 있어 행복이라는 가치는 인간의 내적 조건에 의해, 즉 자기 내면의 힘에 상응하며 변화될 수밖에 없다. 니체가 진단한 힘에의 의지의 마비가 "마지막 인간"의 증상인 이유는 이때문이다. 니체는 다시

---

26) 니체, 『차라투스트라는 이렇게 말했다』, 「서문」, 5, 25쪽.

27) "유일한 행복은 창조에 있다. 너희 모두 함께 창조해야만 하며 모든 행위에서 계속 이 행복을 가져야만 한다."(니체, 『유고(1882년 7월~1883/84년 겨울)』, 4[76], 박찬국 옮김, 175쪽). 자신을 따라 춤을 출 수 있는 동물을 제자로 찾으려던 차라투스트라는 춤을 출 수 없는 자를 무거운 짐을 짊어진 낙타의 정신, 즉 중력의 무게 속에서 삶의 변화를 시도하지 못하고 자기 보존만을 위해 노력하는 인간유형을 "무딘 발"을 가진 자로 표현하기도 한다. "행복한 상태에서조차 무거운 몸을 하고 있는 동물(ein Thier)들이 있다. 무딘 발을 타고난 사람(Plumpfüssler)도 있고. 그런 몸과 발이지만 저들은 그래도 물구나무를 서겠다고 무진 애를 쓰고 있는 코끼리처럼 이상스러운 몸짓을 해가며 안간힘을 써본다."(니체, 「보다 지체가 높은 인간에 대하여」, 19, 487쪽).

한 번 말한다. "마비되어가는 것보다는 서툴게 춤추는 편이 훨씬 낫다!"[28]

니체가 계속해서 춤을 추는 듯한 삶을 살라고 요청하는 이유는 "마지막 인간"도 위버멘쉬적 행복을 추구하고자 한다면 그 역시도 '다시 춤을 추는 삶'을 살 수 있기 때문이다. 영원히 춤을 춘다는 사실이 순간의 춤을 전제로 할 수밖에 없듯이, '춤을 춘다는 것'은 항상 '다시 춤을 춘다는 것'을 의미한다. 이렇듯 춤을 출 수 있는 자로의 변화, 즉 위버멘쉬로의 변화가능성은 모든 사람들에게 내재되어 있다. 그렇기 때문에 차라투스트라는 서툴더라도 자신만의 고유한 삶의 의미와 행복을 창조하기를 요청한다.

> 절름거리며 걷는 것보다는 볼품없게나마 춤을 추는 것이 그래도 낫다. 그러니 내게서 배워라. 더없이 고약한 것조차도 두 개의 좋은 이면을 가지고 있다는 지혜를. 더없이 고약한 것조차 춤추기에 부족함이 없는 다리를 갖고 있다는 지혜를.[29]

차라투스트라는 행복해지기 위한 행복을 가르치는 자가 아니다. 행복은 자신의 삶에 대한 관점의 변화, 다시 말해 자신의 삶과 어떻게 관계하고 있는지에 의해 달라질 수밖에 없다. 만약 차라투스트라가 행복을 춤으로 환원하지 않았다면 그의 행복의 이론조차도 어느 순간 절대성을 띠게 될지도 모른다. 진정한 행복은 모두가 추구할 만한 보편적 가치로서의 '행복 그 자체'로부터 도출될 수 없다. 단 하나의 절대적 가치에 의해 보증되는 행복을 추구하는 인간에게 행복은 변함없이 보존해야만 하는 강한 중력의 힘으로 작용할 수밖에 없다.

---

28) 니체, 『유고(1884년 가을~1885년 가을)』, 김정현 옮김, 책세상, 2004, 31[64], 147쪽.
29) 니체, 『차라투스트라는 이렇게 말했다』, 「보다 지체가 높은 인간에 대하여」, 19, 487쪽.

"아이처럼 우리가 춤추고 뛸 수 있을 때까지, 그렇게 오랫동안 인간적이고 사회적이며 도덕적인 굴레들을 벗어던지기."[30) 니체의 이 말처럼, 매 순간 스스로 자신만의 고유한 행복의 원리를 창조해내는 아이의 정신을 가진 자에게는 춤이 "자연적인 움직임"이다.[31) 더 이상 자기 자신을 가책하지 않는 양심의 음악을 따라 정신의 춤을 추는 자들에게 있어 도덕은 결코 삶의 태도가 될 수 없다.[32) 그렇다면 개선이라는 도덕적 명목 아래 자신의 힘을 잃은 나약한 정신과 의지의 인간들이 추는 춤은 어떤 것일까?

그들의 춤은 "마지막 인간"의 행복처럼 가장되고 과장된 행동으로 드러날 수밖에 없을 것이다. 차라투스트라의 눈앞에서 줄을 타다 떨어져 죽어가는 광대(der Seiltänzer)가 그에게 하는 말을 통해 마지막 인간유형들의 춤이 어떤 유의 것인지 유추할 수 있다. 비록 차라투스트라는 위험을 무릅쓰고 한 걸음 한 걸음씩 앞으로 나아간 광대의 시도를 인정하지만, 아래와 같은 광대의 말에는 중력에 이끌려 살아온 삶에 대한 후회가 담겨 있다. 그는 스스로 창조한 행복 속에서 춤을 춰온 자가 아닌 것이다.

나 사람들이 매질을 하고, 변변치 못한 먹이를 미끼로 줘가며 춤을 추도록 훈련시킨 짐승과 크게 다를 것이 없으니[33)

---

30) 니체, 『유고(1880년 초~1881년 봄)』, 최성환 옮김, 책세상, 2004, 16[50], 368쪽.
31) 니체, 『유고(1887년 가을~1888년 3월)』, 백승영 옮김, 책세상, 2005, 11[117], 353쪽.
32) "태도로서의 도덕 — 이는 오늘날 우리의 취향에 거슬린다. […] 우리의 양심에는 음악이, 우리의 정신에는 춤이 있으며, 그 어떤 청교도의 연도(連禱)도 그 어떤 도덕의 설교나 속물주의도 거기에 음조를 맞출 수 없을 것이다."(니체, 『선악의 저편』, 216, 199쪽).
33) 니체, 『차라투스트라는 이렇게 말했다』, 「서문」, 6, 28쪽.

2) 춤과 가벼움

자기 내면의 변화가능성을 인식하고 스스로가 행복의 조건이 되는 삶을 살고자 하는 자의 즐거운 모습에서 니체는 춤을 추는 듯한 가벼운 "걸음 걸이(der Schritt),"[34] 즉 자신을 억누르는 무거운 가치와 관습으로부터 해방된 자유정신의 모습을 발견한다. 무거운 중력으로부터 자유로워진 정신은 이제 더 이상 형이상학적·종교적·도덕적 가치를 따르는 삶을 살지 않는다. "어떻게 자유정신이 궁극적으로 적극적인 삶에 관계하는가? — 가볍게 묶이는 것 — 그러나 자기 행동의 노예는 아님"[35]이라는 니체의 말처럼, 그는 자신의 두 발로 대지를 가볍게 걸으며 보다 적극적으로 자신의 삶과 관계하기 시작한다. 자신의 삶에 가볍게 묶이는 것이 적극적인 삶의 양식인 이유는 더 이상 자신을 형이상학적·종교적으로 사랑하지 않아도 되고 또한 그러한 방식으로 누군가에게 사랑받지 않아도 되기 때문이다.

> 날지를 못하는 사람은 대지와 삶이 무겁다고 말한다. 중력의 악령이 바라고 있는 것이 바로 그것이다! 그러나 가벼워지기를 바라고 새가 되기를 바라는 자는 먼저 자기 자신을 사랑할 줄을 알아야 한다. 이것이 나의 가르침이다.[36]

「자유정신을 위한 책」이라는 부재를 가진 『인간적인 너무나 인간적인』은 바그너와의 불화, 건강의 악화와 고독한 방랑의 시작, 쇼펜하우어에 대한

---

34) 같은 책, 「보다 지체가 높은 인간에 대하여」, 17, 485쪽.

35) 니체, 『유고(1876년~1877/78년 겨울)』, 16[47], 22쪽.

36) 니체, 『차라투스트라는 이렇게 말했다』, 「중력의 악령에 대하여」, 2, 321쪽.

비판과 자신만의 새로운 철학에 대한 고민 등 개인적인 경험을 토대로 하고 있다. 또한 서술적 논리보다는 자유로운 정신적 깨달음, 즉 갑작스럽고 폭발적인 영감에 의한 잠언으로 이루어진 니체의 문체는 더 이상 지나간 과거에 얽매이지 않겠다는 자유정신의 특징을 잘 드러내준다. 가벼움이 자유정신의 덕일 수밖에 없는 이유는 이때문이다.

니체철학 중기의 시작을 알린 이 책에서 "자유정신"이 니체 스스로가 추구한 '실존의 덕'이었다면, 중기의 마지막 저서 『즐거운 학문』에서는 철학자의 정신이 "훌륭한 무용수(ein guter Tänzer)"[37]가 되어야만 한다고 보다 적극적으로 주장한다. 그리고 후기의 시작을 여는 『차라투스트라는 이렇게 말했다』는 '어떻게 인간이 다시 자유로운 정신의 소유자가 될 수 있는가?', '어떻게 인간이 자기 자신과 삶을 건강하게 사유할 수 있는가?'라는 물음에 대한 보다 구체적인 방법을 담고 있다.

니체가 이 책에서 차라투스트라를 전면에 내세워 자신의 생각을 전달하는 이유는, 아마도 굳이 자신의 개인적인 상황을 언급하지 않고서도 충분히 이 물음에 답할 수 있었기 때문일 것이다. 니체는 육체적·정신적으로 충분히 고통받았으며 또한 이를 극복했다. 니체의 철학적 성숙함은 바로 개인적인 경험을 통해 깨닫게 된 병과 고통의 의미를 시대진단과 치유의 문제로 확장시켰다는 사실을 통해 확인할 수 있다. 긍정이 사랑이 되고 극복이 치유가 되는 그의 철학적 특징은 다시 되찾게 된 건강에 대한 기쁨, 즉 춤추는 자로의 변화를 통해서 구체화된다. 이를 위해 그가 대지의 새로운 덕의 조건으로 제시하는 것은 바로 '정신의 가벼움', 다시 말해 정신의 자유이다.

---

37) "훌륭한 무용수가 음식에서 원하는 것은 비만이 아니라 최대의 유연함과 힘이다. ― 그리고 나로서는 철학자의 정신이 훌륭한 무용수가 되는 것 이상 무엇을 더 바라야 하는지 알지 못한다. 요컨대 무용이야말로 그의 이상이고 예술이며, 결국 그의 유일한 경건한 신앙이자 "예배"이다. […]"(니체, 『즐거운 학문』, 381, 391쪽).

언젠가 사람들에게 나는 법을 가르치게 될 자는 경계석(Grenzstein)을 모두 옮겨 놓고 말 것이다. 경계석들은 모두 제 스스로 하늘로 날아갈 것이고, 그렇게 되면 그는 이 대지에게 "가벼운 것(die Leichte)"이라는 세례를 베풀 것이다.[38]

저편과 이편세계를 나누던 경계석으로서의 형이상학적 · 종교적 세계 질서로부터 자유로워진 정신만이 다시 자신을 소유하는 삶, 다시 말해 자기 자신이 주인이 된 삶을 살아갈 수 있다. 다시 말해 그는 가볍게 대지를 걸으며 매 순간 자신의 발자국을 각인하는 삶을 살 수밖에 없다. 니체가 자유정신을 "스스로 자기 자신을 다시 소유하는 자유롭게 된 정신"[39]이라고 정의하는 이유는 이때문이다. 다시 자기 자신을 소유하게 된 정신으로서 자신이 진정으로 원하는 삶을 살고자 선택한 자는 더 이상 단 하나의 가치를 따르는 삶을 살지 않을 것이다. 그는 다양한 의미를 창조하는 실존의 춤을 추지 않을 수 없을 것이다.

걸음걸이(der Schritt)로 알 수 있다. 걷고 있는 자가 그 자신의 길을 가고 있는지를, 그러니 걷고 있는 매 모습을 보라! 하지만 자신의 목표에 접근해 있는 사람은 춤을 추게 마련이다. 나 진정 입상이 되어본 적이 없었고 지금도 묵직한 돌처럼, 돌기둥처럼 움직이지 않고 나 여기서 있는 것이 아니다. 나는 날렵한 질주를 좋아한다. 그리고 이 대지 위에 늪이 있고 짙은 우수가 깔려 있을지라도 발길이 가벼운 자는 진창(Schlamm)을 가로질러 저 너머로 달리고, 마치 말끔히 쓸어놓은 얼음

---

38) 니체, 『차라투스트라는 이렇게 말했다』, 「중력의 악령에 대하여」, 2, 321쪽.
39) 니체, 『이 사람을 보라』, 「인간적인 너무나 인간적인. 두 속편들」, 1, 404쪽.

위에서 추듯 그렇게 춤을 추기 마련이다.[40]

　　무거운 진리로부터 해방된 자의 정신은 마치 "새의 지혜(Vogel-Weisheit)"[41]를 가진 것처럼 자유로워 보이고, 이때 그의 모습은 마치 춤을 추는 것처럼 자유로워 보일 것이다. 형이상학적·종교적 경계를 넘어가는 '새의 정신'을 가진 자는 금방이라도 날아오를 것처럼 자유로운 사유의 춤을 춘다. 그리고 그는 실재로 춤추듯 자유롭게 사유하며 모든 이원론적 가치의 너머에서 자신의 가치를 창조한다.

3) 춤 그리고 다리와 날개

　　니체는 춤과 관련하여 "다리(Bein)"와 "날개(Flügel)"라는 메타포를 사용하기도 한다. 그리고 그는 자유로운 정신의 관점에서 "다리"와 "날개"를 동일한 의미로 사용한다. 중력에 이끌려 대지를 무겁게 느끼는 자는 춤을 출 수 없으며, 이는 결국 자신의 다리를, 즉 정신을 무겁고 속박된 것으로 느끼고 있다는 것을 의미한다. 대지가 인간의 자연성을 대변해주는 존재론적 조건이라면, "다리"는 자신이 살고 있는 대지를 실재로 느낄 수 있게 해주고, "날개"는 삶의 실재를 인식할 수 있을 만큼 자신의 정신이 자유롭다고 느끼게 해주는 실존적 전제이다.

---

40)　니체, 『차라투스트라는 이렇게 말했다』, 「보다 지체가 높은 인간에 대하여」, 17, 485-486쪽.

41)　니체는 자유정신의 관점으로 대변되는 "새의 지혜"를 다음과 같이 표현한다. "보라, 위도 없고, 아래도 없다! 몸을 던져보아라, 사방으로, 밖으로, 뒤로, 너 경쾌한 자여, 노래하라!"(니체, 『차라투스트라는 이렇게 말했다』, 「일곱 개의 봉인(또는 "그렇다"와 "아멘"의 노래)」, 7, 388).

이렇듯 "다리"는 현재에서 자유롭게 춤추는 것을 넘어 미래를 향해 날아가듯 사유할 수 있는 "날개"의 역할을 동시에 수행해야만 한다. 현재에 대한 긍정을 넘어 영원히 회귀할 미래를 사유하며 그러한 자신의 운명을 사랑하는 가벼운 다리, 즉 낡은 가치로부터 해방된 가벼운 정신만이 비로소 날개로서의 역할을 하게 된다. 이렇듯 니체는 춤추는 자의 자유로운 정신을 설명하기 위해 다양한 메타포를 사용한다.

> 달은 차갑고 바람은 고요하다! 아! 아! 그대들은 이미 충분하리만큼 높이 날아올랐는가? 춤을 추고들 있구나. 그러나 다리, 그것은 아직 날개가 아니다.[42]

위의 글은 『차라투스트라는 이렇게 말했다』의 「몽중보행자의 노래」라는 글의 일부이다. 차라투스트라는 이제야 비로소 세계와 삶 그 자체에 대한 긍정의 이유를 깨닫게 된 자들에게 지금 살고 있는 삶을 영원히 살고 싶을 정도로 긍정하고 사랑할 수 있기를 요청한다. "다리"가 "날개"가 되어야 하는 이유는 인간의 실존적 변화는 현재를 넘어 미래를 향해야만 하기 때문이다.

영원회귀의 학적 근거에 대한 의심 섞인 의견들이 있지만, 니체가 영원회귀를 통해 주장하고자 하는 바는 명확하다. 그것은 혹 삶이 영원히 회귀하지 않는다고 하더라도 영원회귀를 긍정하는 정신의 변화 속에서 모든 인간이 자신에게 주어진 삶만큼은 온전히 사랑하게 된다는 것이다. 이렇듯 니체에게 있어 영원회귀와 운명애는 철학적 사유에 머무르지 않는다. 이 사유는 춤을 통해 삶에 대한 긍정과 사랑의 실천으로 드러나야만 한다. '영원을

---

42) 같은 책, 「몽중보행자의 노래」, 5, 529쪽.

향한 춤' 속에서야 형이상학적 · 종교적 사유 아래 이원화되어온 세계와 삶은 비로소 그 자체로 긍정될 수 있다. 또한 이 춤 속에야 비로소 낡은 가치를 따르던 지난 삶을 성찰하고 자신만의 고유한 삶의 의미를 창조하는 '자기 존재의 춤'을 출 수 있게 된다.

차라투스트라가 다시 춤추게 된 자를 향해 되뇌인 위의 말처럼, 춤을 춘다는 것은 모든 가치의 경계를 넘어서며 현재에서 미래를 사유하는 자유로운 새의 정신과 그 지혜를 가졌을 때 진정한 '행복의 춤'으로 완성된다. 춤추는 자의 "다리"를 "날개"로 이해하는 것을 통해 니체가 "가벼움"을 실존적 건강의 근본조건으로 삼고 있다는 사실을, 다시 말해 형이상학적 · 종교적 진리로부터의 정신적 해방을 중요한 철학적 목적으로 삼고 있다는 사실을 알 수 있다.

4) 춤과 발

니체가 춤을 철학적으로 정당화하는 과정에서 제시한 춤추는 인간의 실존적 조건으로서의 "가벼움"은 "걸음/걸음걸이(der Schritt)", "발자국(Fussstapfe)" 등 "발(Fuss)"과 관련된 메타포를 통해 보다 구체화된다. 자유정신을 통해 니체가 희망하는 것은 단 하나의 관점에 지배되지 않고 춤을 추듯이 가볍게 살아가는 것이다. 니체는 이 정신을 인간의 사고 작용과 연관하여 "생각이 춤의 일종(Denken […] als eine Art Tanzen)"[43]이라고 말하기도 한다. 이

---

43) 니체, 『우상의 황혼』, 「독일인에게 모자란 것」, 백승영 옮김, 책세상, 2002, 7, 139쪽.

와 관련하여 "정신의 가벼운 발(die leichten Füsse im Geistigen)"[44]이라는 니체의 표현처럼, 가볍게 춤출 수 있는 정신만이 그 어떤 절대적 가치에도 의존하지 않고 오직 자기 자신과 관계하는 삶을 살 수 있다.

니체의 비극적 파토스도 나에게 고통이 주어졌다는 원망과 좌절보다 지금 이 순간을 즐기는 영원을 향한 유희 속에서 모든 고통은 지나가는 것일 수밖에 없다는 사실을 긍정했기 때문에 가능한 것이었다. "마지막 인간"의 자기 보존도 삶에 대한 열정이듯이, 삶에 대한 위버멘쉬적 열정 역시 자신과 자신의 삶에 가볍게 관계할 때, 자신을 억압하는 중력으로 작용하지 않게 된다. "춤출 줄 아는 신"[45]만을 믿는 자유정신은 보편적 가치를 따르는 삶을 살고자 하지 않는다. 그는 더 이상 보편적 행복과 웃음을 추구하지 않는다. 그는 스스로 자신만의 고유한 삶의 의미를 창조하는 삶, 즉 자신만의 행복한 웃음을 지으며 춤추는 삶을 살고 싶어한다.

이러한 의미에서 『차라투스트라는 이렇게 말했다』의 「왜소하게 만드는 덕에 대하여」에서는 절대적 덕을 따르는 "왜소한 인간"들이 혹여 차라투스트라 자신을 찬양한다고 하더라도 그 사실이 결코 달갑지 않다는 것을 "발"과 "춤"과 연관하여 다음과 같이 표현한다. "내 발에게 물어보아라, 저들의 찬미와 유혹의 선율이 마음에 드는지를! 진정 나의 발은 그 같은 박자와 똑딱거리는 소리에 맞춰 춤추는 것은 말할 것도 없고 그냥 서 있는 것도 원하지 않는다."[46] 차라투스트라에게 있어 그들이 추구하는 절대적 행복의 덕은 춤출 수 없는 자의 "비겁함"일 뿐이다. 차라투스트라에게 있어 이들은 "묵직한 발에 후덥지근한 심장(schwere Füsse und schwüle Herzen)"을 가진 자들이자

---

44)   같은 책, 「독일인에게 모자란 것」, 7, 139쪽.

45)   니체, 『유고(1888년 초~1889년 1월 초)』, 17[4], 5, 399쪽.

46)   니체, 『차라투스트라는 이렇게 말했다』의 「왜소하게 만드는 덕에 대하여」, 2, 280-284쪽 참조.

그로 인해 "춤을 출 줄도 모르는" 자들일 뿐이다.[47] 진정으로 자신이 원하는 삶을 향해 발을 내딛는 자의 모습은 춤으로 드러날 수밖에 없다. 차라투스트라가 이들의 찬양에 춤을 출 수도 없지만, 또한 가만히 서 있을 수도 없는 이유는 그들을 치유해야만 하기 때문이다.

자유정신은 이제 이전보다 더 행복하게 웃음 지으며 춤출 수 있는 삶의 방향을 알고 있기 때문에 자신만의 길을 걸어갈 수밖에 없다. "어떤 사람이 이미 자신의 궤도를 걷고 있는지의 여부는 걸음걸이가 말해준다: 자신의 목적에 가까이 다가가는 사람은 춤춘다."[48] 나아가 "자유정신은 가볍게 살아가는 신들이다"[49]라는 말은 스스로 자신의 가치를 창조할 수 있는 특권이 인간에게 위임되었음을 함의한다. 아래의 글에서 확인할 수 있는 것처럼, 차라투스트라는 가벼운 발로서 대지를 느끼고 또한 스스로를 생성하는 자연의 일부로 여기는 실존적 건강의 지혜를 가르치는 자이다.

> 웃는 자의 이 왕관. 이 장미 화환-왕관: 나 자신이 이 왕관을 나 스스로에게 씌우며, 나 자신이 나의 웃음소리에 대해 성스럽다고 말했다. [...] 차라투스트라 그는 춤추는 자, 차라투스트라는 날갯짓으로 신호하는 가벼운 자, 새들 모두에게 신호를 보내며, 날 준비가 끝난 채로 있는 비상할 준비가 된 자, 신처럼 가볍게 뜨는 자 — 나 자신이 이 왕관을 스스로에게 씌운다![50]

춤을 춘다는 것은 자유로운 정신으로 가볍게 웃으며 사고하는 자의 실

---

47) 같은 책, 「보다 지체가 높은 인간에 대하여」, 16, 485쪽.
48) 니체, 『유고(1884년 가을~1885년 가을)』, 31[51], 133쪽.
49) 니체, 『유고(1876년~1877/78년 겨울)』, 17[85], 46쪽.
50) 니체, 『유고(1884년 가을~1885년 가을)』, 31[64], 144-145쪽.

존적 건강함을 대변해준다. 그리고 이때 "걸음"은 위험한 모험임에도 불구하고 앞을 향해 한 걸음 한 걸음씩 내딛었던 "줄 타는 광대"[51])처럼 위버멘쉬적 변화를 향한 과정을 잘 표현해준다.[52] 이미 언급한 것처럼, 이 과정은 가벼운 발걸음, 즉 춤을 추는 듯한 모습으로 드러난다. "너의 발걸음은 네가 아직도 너의 궤도 위를 걸어가고 있지 못함을 폭로하고 있다. 사람들은 네가 즐거워 춤출 수밖에 없다는 것을 보아야만 할 것이다. 춤은 진리의 증명이다."[53] 춤은 한 인간이 추구하는 가치와 연결되어 있다. 단적으로 말해 니체는 춤을 출 수 없게 만드는 진리를 허용하지 않는다. 이러한 의미에서 니체는 가볍게 춤을 추게 하는 진리, 즉 "발을 위한 진리"를 제시한다.[54]

1884년의 유고에서 니체는 자신과 같은 자유정신의 발을 춤추게 할 수 있는 (가벼운) 진리가 없다는 사실에 한탄해한다.[55] 그리고 그는 춤추는 자의 발이 가볍게 닿을 수 있는 생성하는 대지의 진리를, 다시 말해 매 순간 춤출

---

51) 니체, 『차라투스트라는 이렇게 말했다』, 「서문」, 6, 28쪽.

52) 차라투스트라에게 있어 "줄 타는 광대"의 사건이 의미가 있는 이유는 단적으로 말해서 그가 위험한 줄 위에서 한 발 한 발 앞을 향해 내딛었기 때문이다. 차라투스트라에게 그 모습은 춤을 추는 모습처럼 보였을 것이다. 자신이 가진 것을 하나도 잃기 싫어하는 사람들이 즐비한 시장터에서 광대는 유일하게 위험을 받아들이고, 그 위험 속에서 춤을 춘 자이다. 보다 구체적으로 말해서 그는 춤을 추고자 '선택'을 한 자이다. 위험을 무릅쓰고 한 걸음씩 내딛는 위태로운 모습이 차라투스트라의 눈에는 "마지막 인간"으로부터 벗어나 "위버멘쉬"를 향해 스스로를 극복하는 것처럼 보인 것이다. 페퍼코른(Julia Pfefferkorn)이 "춤과 극복이 하나이다"라고 말하는 이유는 이때문이다. 차라투스트라의 눈에 마치 광대가 위험 속에서도 자신의 삶을 담보로 실험을 하고 있는 것처럼 보였을 것이다. 그는 광대의 이러한 시도를 보며 자기 자신을 넘어 위버멘쉬를 향하는 모습을 연상한 것이다. 이러한 의미에서 "춤은 넘어감(Übergang)의 표현이다."라는 그녀의 표현은 이를 잘 보증해준다(Julia Pfefferkorn, *"Wer aber seinem Ziel nahe kommt, der tanzt", Zu Nietzsches Tanx-Symbolik*, in: Nietzsche, der Nihilismus udn die Zukünftigen, (Tübinger Zeitdiagnosen 2), Bamberg, 2014, pp. 144-146 참조).

53) 니체, 『유고(1882년 7월~1883/84년 겨울)』, 3[1], 98, 82쪽.

54) "우리의 발을 위한 진리들/자신에 맞추어 춤추게 하는 진리들"(니체, 『유고(1888년 초~1889년 1월 초)』, 20[151], 468쪽).

55) 니체, 『유고(1884년 가을~1885년 가을)』, 40[59], 3, 500-502쪽 참조.

수 있는 "발을 위한 진리"을 창조하고자 한다. 무용수가 몸을 흔들며 우연하게 새로운 춤의 동작을 발견하듯이, 발을 위한 이 진리는 매 순간 자기 실존의 의미와 가치를 창조하는 예술가의 진리일 수밖에 없다.[56] 그의 이러한 시도는 『차라투스트라는 이렇게 말했다』의 「해 뜨기 전에」에 잘 나타나 있다. 제목에서 확인할 수 있는 것처럼, 차라투스트라는 지금까지 모든 사물을 지배해온 저편의 가치, 다시 말해 "하늘"이라는 개념에 담긴 형이상학적 · 신학적 · 목적론적 세계해석과 그 인과론적 · 필연적 의미를 모두 해체하기 위해 우연성을 부각시킨다.

> 나는 일체의 사물에게서 저들 사물들은 차라리 우연이라는 발로 춤
> 을 추려 한다는 것, 저 행복한 확신을 발견했다. [⋯] 내게 있어서 너는
> 신성한 우연이란 것이 춤을 추는 무도장이며 신성한 주사위와 주사위
> 놀이를 즐기는 자를 위한 신의 탁자라는 것이다![57]

니체가 희망했던 모두를 춤추게 만드는 음악이 가득한 "춤의 왕국(das Königreich des Tanzes)"[58]은 바로 "발을 위한 진리", 다시 말해 춤을 위한 놀이가 긍정되는 대지의 세계이다. 이 진리는 자기 스스로 선택하고 걸음을 내딛는 길이 필연이자 숙명이 아니라, 오히려 우연과 운명에 대한 존재론적 자유와

---

56) 춤은 인간이 삶의 예술가라는 사실을 보증해준다. 춤 안에서 발생하는 미학적 현상을 몸과 연관하여 논의하는 글로는, Kang, Yong-Soo, *Nietzsches Kulturphilosophie*, K&N, N, Würzburg 2003, pp. 181-183 참조. 니체의 철학에서 춤은 인간의 예술적 실존과 삶에 대한 철학적 사유의 유기적 관계를 드러내주는 개념이다. 춤에 대한 해명을 통해 니체가 자신의 철학에서 전통 형이상학적 · 종교적 이원론의 사유를 어떻게 극복하는지 분명해진다. 몸의 자연성에 대한 긍정과 춤의 사유의 연관성에 대한 글로는, 이진우, 「니체, 몸 그리고 춤추는 사유」, 『니체연구』, 제25집(한국니체학회, 2014년), 7-40쪽 참조.

57) 니체, 『차라투스트라는 이렇게 말했다』, 「해 뜨기 전에」, 277-278쪽.

58) 니체, 『즐거운 학문』, 383, 394쪽.

사랑에 의해 가능함을 증명해준다. 필연과 우연의 대립으로부터 니체가 제시하는 춤이 학문과 지식에 의한 것이 아니라, 자신만의 고유한 사고, 사유, 의지, 감정 등을 온전히 반영하는 다양한 리듬에 의한 것임을 알 수 있다. 이렇듯 세계의 우연성으로 인해 인간의 존재론적 억압은 다시 춤으로 승화된다.

이 외에도 니체는 춤을 설명함에 있어 "춤추는 자는 발가락에 귀를 달고 있다"[59]라고 말함으로써, 다시 말해 "발"이 생명의 소리를 들을 수 있는 "귀"를 가지고 있다고 말함으로써 춤이 생명의 속성임을 드러낸다. 춤은 영혼과 육체, 자기와 자아 등 인간의 내·외면을 포괄하고 또한 이를 온전히 반영하는 생명의 존재론적 속성인 것이다. 니체의 이러한 표현은 자신의 심장이 뛰는 길을 가고자 할 때, 발은 마치 귀가 소리를 듣는 것처럼 심장의 소리를 듣고 즐겁고 경쾌한 리듬으로 박동을 따라 춤을 춘다는 것을 의미한다. 형이상학과 종교, 도덕에 대한 니체의 비판에서 알 수 있는 것처럼, 쉬지 않고 뛰는 생명의 박동을 정신으로 듣고 의지로 옮기며 춤을 추는 자유정신으로서의 가벼운 삶은 건강한 인간과 그의 건강한 미래를 보증해주는 존재론적 징표이다.

---

59) 니체, 『차라투스트라는 이렇게 말했다』, 「춤에 부친 또 다른 노래」, 1, 376쪽.

4.
춤과
건강

춤을 추듯 날아오르는 자유로운 정신은 니체가 자신의 철학에서 제시하는 모든 사상적 개념들의 인간학적 전제이다. 이 전제 없이 신의 죽음, 힘에의 의지, 위버멘쉬, 모든 가치의 전도, 영원회귀와 운명애 등은 실현될 수 없으며, 현실에 적용 가능한 개념으로서의 역할도 할 수 없을 것이다. 또한 이 전제 없이 니체가 자신의 철학에서 희망했던 인간의 실존적 건강은 결코 실현될 수 없다. 그리고 이 건강은 내면의 "자기(Selbst)"와 관계하고 있다는 사실로부터 시작된다.

이때 춤은 인간이 자기 자신과 관계하고 있다는 사실을, 다시 말해 영혼과 육체가 합일된 몸으로서 존재하고 있다는 사실을 보증해주는 철학적 개념이다. 춤에 대한 해명 없이 위의 개념들은 수행될 수 없다. 그 이유는 춤은 니체가 자신의 철학에서 제시하는 모든 철학적 개념들이 실천되고 있다는 사실을 보여주기 때문이다. 즉 춤은 인간이 '되어가는' 과정에 있다는 것을 증명해준다. 니체가 춤의 지혜를 자신이 수행하는 철학적 시도의 처음이자 끝으로 표현하는 이유는 이때문이다.

무거운 것 모두가 가볍게 되고, 신체 모두가 춤추는 자가 되며, 정신
모두가 새가 되는 것, 그것이 내게 알파이자 오메가라면, 진정, 그것이
야말로 내게는 알파이자 오메가렷다![60]

춤과 연관하여 니체의 철학에서 제시되는 자유정신, 힘에의 의지, 위버
멘쉬는 춤추는 자의 내적 조건으로서의 역할을 하고, 신의 죽음과 허무주의
는 대지를 자기 실존의 춤을 출 수 있는 공간으로 만들며, 영원회귀와 운명
애는 춤을 현재를 넘어 미래의 변화를 보증하는 개념으로 작용한다. 이 개
념들은 인간의 자기관계를 복원함으로써 건강한 인간과 그의 건강한 미래
를 실현하기 위한 니체의 철학적 사고실험들이며, 이때 춤은 스스로 자신의
건강함을 표현하는 증표로서의 역할을 한다. 고통 속에서도 멈추지 않고 계
속되는 실존적 변화로부터 건강의 원리를 도출하는 니체에게 있어 춤의 개
념적 의미와 춤추는 자의 인간학적 상태는 건강의 조건과 더불어 그가 건강
한 자임을 보증해준다. 『차라투스트라는 이렇게 말했다』의 「몽중보행자의
노래」에서 확인할 수 있는 것처럼, 변화는 곧 건강이다.

그것이 바로 삶이었던가? 나는 죽음을 향해 말하련다. '좋다! 그렇다
면 한 번 더!' [...] 그것이 바로 삶이었던가? 차라투스트라를 위해서라
면, '좋다! 그렇다면 한 번 더! 라고' 더없이 추악한 자의 말이었다. 그의
물음을 듣는 순간 보다 지체가 높은 인간들은 자신들이 변화했으며 건
강을 되찾았다는 것을, 그리고 그것을 가능케 한 자가 누구인지를 돌연
히 깨닫게 되었던 것이다.[61]

---

60) 같은 책, 「일곱 개의 봉인(또는 "그렇다"와 "아멘"의 노래)」, 6, 387쪽.
61) 같은 책, 『차라투스트라는 이렇게 말했다』, 「몽중보행자의 노래」, 1, 525쪽.

건강한 인간은 자기 실존의 지속적인 변화를 실현하기 위해 처음에는 자신의 두 다리로 대지 위에 서고 걸으며 달린다. 그리고 누군가의 다리가 아니라, 오직 자신의 다리로 춤추는 지혜를 터득한 자는 결국 날아오른다. 춤추는 자만이 날 수 있다.[62] 속박된 정신과 나약한 의지의 소유자들이 형이상학적 · 종교적 가치에 의지하는 근본적인 이유는 존재와 생성, 하늘과 땅, 영혼과 육체의 이원화를 믿기 때문이다. 하지만 날 수 있는 자는 더 이상 하늘을 형이상학적 존재세계나 종교적 신의 세계로 인식하지 않는다. 그에게 하늘은 대지와 차별화된 공간개념이 아니다. 그 이유는 날 수 있는 자는 결국 다시 대지로 내려올 수밖에 없기 때문이다.

"대지에 충실하라!"[63]는 차라투스트라의 말은 춤을 통해 보다 명확해진다. 그가 복원하고자 했던 "대지의 의미"[64]는 춤추는 자의 다리와 매 순간 그가 내딛는 발걸음, 구체적으로 말해 '위버멘쉬적 변화를 향한 춤'에 의해 해명된다. 대지의 생명을 대변하는 자연의 생명성에 맞춰 자유롭게 사고하고 의지를 발현하는 인간이 추는 춤은 자연과 함께 생명을 공유하는 '생명의 춤'이다. 생명의 춤은 생성하는 대지의 리듬만을 따라간다. 생성이 영원을 가능하게 하듯이, 현재를 긍정하는 춤으로부터 미래 역시 춤을 추는 모습으로 다가온다.

이 지혜를 깨달은 자에게 대지는 생성의 세계일 수밖에 없다. 건강한 인간이 추는 생명의 춤은 결국 대지와 그곳에서의 삶의 자연성 자체를 긍정

---

62) "사실은, 나 또한 기다리는 것을 배운 바가 있기는 하다. 그것도 철저하게. 그러나 나는 다만 나 자신을 기다리는 것을 배웠을 뿐이다. 그리고 무엇보다도, 나는 서는 법, 걷는 법, 달리는 법, 도약하는 법, 기어오르는 법과 춤추는 법을 배웠다. 나의 가르침은, 언젠가 나는 법을 배우고자 하는 자는 먼저 서는 법, 걷는 법, 달리는 법, 기어오르는 법, 춤추는 법부터 배워야 한다는 것이다. 처음부터 나는 법을 배울 수는 없는 일이다!"(같은 책, 「중력의 악령에 대하여」, 2, 325쪽)

63) 같은 책, 「서문」, 3, 18쪽.

64) 같은 책, 「서문」, 3, 18쪽.

하는 '생성의 춤'으로 나아간다. 영원회귀의 무게를 긍정하며 삶의 진정한 건강을 깨달은 후 다시 일어난 차라투스트라에게 그의 짐승들이 다음과 같이 말하는 이유는 이때문이다. "차라투스트라여, 우리들처럼 생각하는 자들에게는 만물이 제 스스로 춤을 춘다. 다가와 손을 내밀고는 웃고 달아난다. 그러고는 다시 돌아오지."[65] 춤추는 삶 속에서 다시 건강해졌다는 사실을 온몸으로 깨달은 자가 보다 건강한 자신의 미래를 희망하며 다시 춤을 출 때, 그 춤은 '영원의 춤'이 된다.

"춤추는 별"을 탄생시키기 위한 내면의 혼돈을 안고, 삶의 모든 변화의 가능성을 허용하는 "춤추는 신(der tanzende Gott)"[66]만을 믿겠다는 자유로운 정신과 강한 의지는 춤으로 드러날 수밖에 없다. 니체는 이를 "치유의 징후(Symptom der Genesung)"[67]로 이해한다. 무거운 진리에 억압된 정신과 의지의 해방으로부터 인간의 실존적 건강은 시작된다. 건강은 형이상학적·종교적 중력에도 방해받지 않고 적극적으로 자신의 삶에 관계하는 자, 즉 '자기긍정과 극복의 춤'을 추는 자의 지혜의 산물이다.

---

65) 같은 책, 「건강을 되찾고 있는 자」, 2, 363쪽.
66) 같은 책, 「읽기와 쓰기에 대하여」, 66쪽. 레쉬케(Renate Reschke)의 견해처럼, 디오니소스는 니체의 저서 『차라투스트라는 이렇게 말했다』에서는 구체적인 개념으로 제시되지는 않는다. 디오니소스의 춤추는 모습은 초기 『비극의 탄생』에 집중적으로 등장할 뿐이다. 하지만 니체의 철학에서 디오니소스는 변함없이 "춤추는 신"이다. "춤추는 신"에 대한 개념분석과 이 개념 안에 내재된 디오니소스의 특징을 찾아내는 시도는, Renate Reschke, *Die andere Perspektive. Ein Gott, der zu tanzen verstünde. Eine Skizze zur Ästhetik des Dionysischen im Zarathustra*, in: Friedrich Nietzsche: Also sprach Zarathustra, Volker Gerhardt (Hrsg.), Berlin, 2000, pp. 257-270 참조.
67) ""신적인 것"에 관한 조소 — 치유의 징후"(니체, 『유고(1885년 가을~1887년 가을)』, 17[85], 46쪽).

VIII

니체의
철학적 메타포 연구

춤과 몸의 예술

1.
자유로운 정신과 의지의 메타포로서의 춤

니체에게 있어 춤은 영혼과 육체가 유기적으로 관계하는 몸의 예술이다. 그렇기 때문에 춤의 조건은 "몸(Leib)"일 수밖에 없으며, 몸의 활동으로 드러나는 춤은 결코 영혼과 육체 중 어느 한 영역에 의한 것일 수 없다.[1] 그래서 춤추는 자의 모습을 통해 그의 정신이 육체를 통해 어떤 움직임을 표현하고 또한 육체는 자기 내면의 어떤 감정을 표출하고 있는 것인지를 알수 있게 된다. 춤이 정신과 의지의 자유를 반영하고 대변하는 이유는 이때문이다.

형이상학과 종교의 절대적 믿음의 춤 속에서 육체는 절대적 존재와 진

---

[1] 춤은 지금까지 철학이 아니라, 예술의 영역에서 논의되어왔다. 춤에 대한 철학적 논의는 플라톤의 『티마이오스(Timaios)』, 아우구스티누스의 『음악론(De Musica)』에 이어 니체의 『차라투스트라는 이렇게 말했다(Also sprach Zarathustra)』에서 이루어지고 있다. 춤이 철학의 영역에서 논의된다는 것은 춤의 활동을 전통적 이원론의 극복, 즉 육체와 영혼의 유기적 관계를 총체적으로 이해할 수 있는 커다란 인지 및 인식이 필요하며, 니체는 이를 몸(Leib)으로 표현한다(Mónica Alarcón, *Einführung in die Philosophie des Tanzes*, in: Philosophie des Tanzes. Denkfestival – eine interdisziplinare Reflexion des Tanzes, Miriam Fischer, Mónica Alarcón (Hrsg.), 2006, pp. 7-9 참조).

리를 향한 기쁨의 감정을 몸으로 표현하게 될 것이다. 하지만 형이상학과 종교 및 도덕에 대한 니체의 강한 비판의 이면에는 자기 자신을 위해 춤출 수 없는 인간에 대한 안타까움이 자리한다. 니체에게 있어 나 아닌 절대적 존재와 진리를 향한 춤은 내가 나와 관계하는 춤일 수 없다. 다시 말해 이 춤은 새로운 나로의 변화, 즉 위버멘쉬로의 변화를 위한 정신적 모험과 실존적 도전의 몸짓일 수 없을 것이다.

춤은 내가 나에게 내리는 명령, 구체적으로 말해서 내가 진정으로 원하는 나만의 고유한 삶의 의미를 창조하고 그 가치를 실현하며 살아가는 과정을 표현해주는 메타포이다. 위버멘쉬로서의 삶을 살기로 선택한 자에게 필요한 것은 나 아닌 다른 존재와 진리가 아니라, 그 누구도 쉽게 이해할 수 없는 자신의 "심연"을 이해하며 그 세계와 관계하는 것이다. 니체가 형이상학과 종교에 반하여 제시하는 실존적 건강의 방법과 그 조건은 자신의 깊은 심연에 잠식되지 않고 오히려 그 위에서 춤을 추듯 살아가는 정신과 의지의 자유이다.

> 어떤 사람이 자신에게 명령이 내려져야만 한다는 근본적 확신을 갖게 되면, 그는 "신앙인"이 된 것이다. 반대로 하나의 정신이 저 신앙, 확실성의 요구와 결별하고, 있는 그대로의 자신을 실행하여, 가벼운 밧줄과 가능성 위에서도 몸을 바로 세우고 드리워진 심연 위에서 춤을 추는 자기규정의 기쁨과 힘, 의지의 자유도 생각해볼 수 있다. 그러한 정신이야말로 한마디로 자유로운 정신일 것이다.[2]

니체의 철학에서 내가 나와 관계한다는 것은 나의 힘과 의지를 나로부

---

2)　니체, 『즐거운 학문』, 347, 안성찬 · 홍사현 옮김, 책세상, 2005, 331쪽 참조.

터 벗어난 다른 존재에 위임하지 않고, 오직 나를 위해 사용한다는 것을 의미한다. 내 안에 내재된 힘이 나를 위해 활동할 때, 그 목적은 즐거움을 발생시킬 수밖에 없다. 물론 이 힘이 때로는 불안, 두려움, 괴로움 등과 같은 고통의 힘으로 발생되기도 하지만, 이 감정에 담긴 힘은 단지 일시적인 저항일 뿐, 결국 내 안에서, 나를 통해 극복된다.

내가 나의 힘을 인식하는 한, 저항하는 것도 나 자신이고 극복되는 것도 나 자신이며 긍정되는 것 또한 나 자신이 될 수밖에 없다. 이러한 인간만이 자기 삶의 즐거움을 위한 춤을 출 수 있게 된다. 그리고 이 실존의 즐거움은 결국 내가 나 자신과 관계하고 있다는 사실과 더불어 매 순간 내가 나에게 이르고 있다는 사실에 대한 증거이다. 모든 생명체의 생명원리, 즉 모든 존재의 존재원리로서의 "힘에의 의지"를 통해 확인할 수 있는 것처럼, 니체는 자신 안에 내재된 힘을 인식하고, 그 힘의 활동을 자극으로 자신만의 고유한 삶을 살아가는 자의 모습에서 춤을 추듯 자유로운 정신과 의지를 떠올린다.

> 모든 활동은 그 자체로 즐겁게 한다 ― 생리학자들은 말한다. 어느 정도? 축적된 힘은 일종의 충동과 압력으로, 즉 그에 비해 행동은 해방으로 느껴지는 그런 상태 때문에? 혹은 모든 활동은 어려움과 저항의 극복이기 때문에? 많은 작은 저항은 항상 극복되고, 가볍게 마치 율동적인 춤을 추는 것처럼 일종의 힘 느낌(Machtgefühl)의 간지러운 자극을 산출하기 때문에? 권력 감정의 간지럼으로서의 쾌락: 저항하는 것, 극복해야 하는 것을 언제나 전제한다. 모든 쾌락 현상과 불쾌 현상은 지적이며, 어떤 방해 현상에 대한 전체적 평가, 그것에 대한 해석[3]

---

3) 니체, 『유고(1885년 가을~1887년 가을)』, 7[18], 이진우 옮김, 책세상, 2005, 367쪽.

내가 내 안에 내재된 힘을 다른 존재와 진리에 위임하지 않고, 오직 나의 실존을 위해 사용할 때 — 디오니소스적 관점에서 — 힘 역시 오랜 와인처럼 숙성되지 않는다. 디오니소스는 와인을 숙성하지 않고, 오직 지금 이 순간을 위해 마시는 신이다. 니체의 "힘에의 의지" 역시 언제나 지금 이 순간을 위해 힘과 의지를 춤으로 표출하는 개념이다. 내 안에서 오랜 시간 숙성된 힘은 낡은 의지일 뿐, 이 힘과 의지는 결국 자기 실존의 변화를 실현하는 효과를 발휘할 수 없을 것이다.

힘에의 의지에 담긴 의미처럼, 힘은 매 순간 춤을 추고자 하는 의지로 발현되어야만 한다. 힘에의 의지가 삶에의 의지일 수밖에 없는 이유는 힘이 삶 그 자체, 다시 말해 힘이 내가 진정으로 원하는 삶을 살아갈 수 있도록 만들어주는 존재의 근원이기 때문이다. 이러한 의미에서 나의 힘을 인식하며 이로부터 삶의 긍지를 가지는 인간유형을 니체는 "건강이 풍부한 사람들(die Reichsten an Gesundheit)"이라고 표현한다.

> 거의 모든 불행에도 끄떡하지 않고, 그래서 불행 앞에서 두려워하지 않는, 건강이 풍부한 사람들 — 건강이 풍부한 사람들 — 자신의 힘을 확신하는 사람들, 의식적인 긍지를 가지고 인간이 이룩한 힘을 대변하는 사람들[4]

『차라투스트라는 이렇게 말했다』의 「세 단계 변화에 대하여」에서 제시되는 정신의 변화, 즉 낙타에서 사자로, 그리고 다시 아이로 이행되어가는 이 변화는 결국 내가 나를 나로서 인식해가는 정신의 변화이다. 니체가 이 힘과 의지의 자유를 위해서 생각하는 것도 배워야만 한다고 말하며, '정신

---

4)　니체, 『유고(1885년 가을~1887년 가을)』, 5[71], 15, 270쪽.

의 춤'을 요구하는 이유는 이때문이다. 춤을 배우듯이 생각하는 법도 배워야만 한다. 생각한다는 것도 춤의 일종이기 때문이다. 정신이 가벼운 발이 될 때, 육체의 근육 역시 춤을 출 수 있는 가벼운 상태가 된다.[5] 다시 말해 춤의 사유를 통해서 나를 억압하는 무거운 중력의 가치로부터 가벼워질 수 있고, 이 가벼움이 정신과 의지의 자유를 보증해준다. 이렇듯 자유로운 정신과 의지의 활동을 통해 육체의 자유를 드러내는 몸의 예술로서의 춤은 가감 없이 자기 자신을 긍정하는 존재의 예술이다.

---

5)　니체, 『우상의 황혼』, 7, 백승영 옮김, 책세상, 2002, 139쪽 참조. 니체의 철학에서 가벼운 발을 가진 신, 다시 말해 춤을 추는 신은 디오니소스이다(Andreas Urs Sommer, *Kommentar zu Nietzsches "Der Fall Wagner" und "Götzen-Dämmerung"*, Berlin/Boston, 2012, p. 335 참조). 니체는 디오니소스의 춤으로부터 신화와 비극, 그리고 음악을 통해 삶에의 의지를 발현하는 철학적 정신을 도출한다.

2.
춤과 존재의 긍정

　　춤을 추듯 자신의 삶을 긍정하고 매 순간 자기 자신을 극복하고자 하는 자유로운 정신과 강한 의지는 이성으로도 온전히 설명될 수 없고, 감정만으로 설명하기에도 일시적일 수밖에 없는 미지의 영역이다. 나라는 존재가 미지의 세계로 인식된다는 것은 내가 아직 그 세계를 관조하고 있기 때문이며, 아직 그 세계에 주인으로서 참여하고 있지 않기 때문이다. 형이상학과 종교에 대한 니체의 깊은 의문과 강한 비판에서 알 수 있는 것처럼, 지금까지 생성하는 이편의 대지 세계를 넘어선 미지의 세계는 영혼과 육체 중 영혼을 통해서만 인식하고자 했기 때문에 가능했던 것이다.

　　인간 역시 영혼과 육체로 이분화된 존재로 인식되었기 때문에 미지의 존재일 수밖에 없었으며, 지금 이곳의 존재 그 자체로 긍정될 수도 없었다. 하지만 춤은 내가 나로서 존재하고 일원론적으로 관계하는 몸의 예술이기 때문에 나 자신은 매 순간 구체적으로 형성되고 실재로서 조형될 뿐, 결코 미지의 존재로 인식될 수 없다. 이러한 의미에서 니체가 제시한 실존적 인간유형으로서의 위버멘쉬는 보다 건강한 실존을 위한 새로운 자기인식의 방법이 ① 형이상학적이거나 종교적일 수 없음을, ② 결국 지금 이곳의 나를 본질적으로 이해하는 것임을, 그리고 ③ 이를 위해 매 순간 자기 자신을 긍정하고 극복해야만 하는 것임을 내포하고 있다.

실존의 고통 속에서도 자기 자신을 긍정하고 극복하고자 하는 모습이 형이상학과 종교의 관점에서는 존재의 부정처럼 보일지 모르지만, 위버멘쉬의 관점에서 이 모습은 마치 춤을 추는 것처럼 자유롭게 보일 것이다. 이렇듯 니체는 기존의 절대적 가치로부터 스스로 해방되어 새로운 삶의 의미를 찾아 실존의 모험을 떠나는 자의 모습으로부터 마치 춤을 추듯 자유로운 정신과 의지를 떠올렸다.

디오니소스적 춤 속에서 인간은 더 이상 자기 자신을 영혼과 육체로 나누지도 않고, 구경꾼으로서 자신의 삶을 관조하지도 않는다. 삶에 대한 충만 속에서 표출되는 실존의 춤은 예술가의 춤을 배우고 모방하는 것이 아니라, 스스로 예술가가 되었다는 것을 의미한다.[6] 니체에게 있어 춤은 나의 영혼과 육체가 유기적으로 관계할 때 드러나는 정신과 의지의 변화를 온전히 반영하는 심리적 · 생리적 활동으로서 결코 관념적인 개념이 아니다.

이 사실은 오히려 니체 자신의 개인적인 경험을 바탕으로 하고 있다. 아래의 글에서 확인할 수 있는 것처럼, 니체는 춤을 추는 자신의 모습과 더불어 춤을 가능하게 하는 삶에 대한 기쁨과 정신적 자유, 힘의 상승과 의지의 충만함 — 그의 표현에 의하면 "활력과 인내심(Rüstigkeit und Geduld)" — 과 같은 심리적 · 생리적 활동을 춤의 본질적인 조건으로 이해했다.[7]

---

6) 니체, 『비극의 탄생』, 1, 이진우 옮김, 책세상, 2005, 34-35쪽 참조. Vasile Padurean, *Spiel-Kunst-Schein_Nietzsche als ursprünglicher Denker*, Stuttgart 2008, p. 140 참조.

7) 춤은 단지 육체적 활동에 국한될 수 없다. 춤은 정신적-육체적 관계를 모두 포괄하는 몸(Leib)의 활동일 수밖에 없다(Timo Hoyer, *Nietzsche und die Pädagogik. Werk, Biografie und Rezeption*, Würzbnurg, 2002, p. 368 참조). 보다 구체적으로 말하면, 춤은 "질서와 혼돈, 이론과 실천, 정신적인 지식과 육체적인 표현" 등의 다양한 현상들의 총체일 수밖에 없다. 그리고 이 총체는 결

창조력이 가장 풍부하게 흐를 때에는 언제나 나의 근육이 가장 민첩하게 움직였다. 몸이 도취되었기 때문이다: '영혼'은 개입시키지 말자. […] 누군가는 종종 춤추는 나를 볼 수 있었을 것이다; 그 당시 나는 조금도 지치지 않고서 족히 일고여덟 시간은 산을 돌아다닐 수 있었다. 나는 잘 잤고 많이 웃었으며 — 내 활력과 인내심은 완벽했다.[8]

삶은 때때로 고통스러운 현실 앞에 수많은 가상을 만들어내곤 한다. 하지만 피할 수 없는 고통은 머지않아 그 가상이 현실적일 수 없음을 일깨우곤 한다. 고통은 가상을 창조하는 힘이기도 하지만, 가상을 깨고 현실을 일깨우는 힘이기도 하다. 춤을 추고 싶은 지금 이 순간의 기쁨은 현재뿐만 아니라, 미래까지 기쁨으로 가득 채운다. 이 감정을 영원히 반복하는 삶을 살아가라는 의미를 담고 있는 영원회귀의 명제처럼, 니체는 고통 속에 놓인 지금 이 순간의 극복을 위해 가상을 만들지 말고, 오히려 지금 이 순간 존재의 춤 속에서 고통을 망각하라고 요청하는 철학자이다. 미래가 의무가 될 때 현재는 억압될 수밖에 없다. 그렇다면 니체가 영원회귀와 함께 제시하는 운명애(Amor fati)는 철학적-디오니소스적 지혜로서의 역할을 할 수 없게 될 것이다.

디오니소스처럼 주어진 그 자체로서의 삶을 긍정하고 사랑하며 그 감정을 춤으로 표출할 때에 미래는 더 이상 고통스러운 오늘에 가상의 미래

국 몸의 활동에 속한다(Diana Aurenque, *Die medizinische Moralkritik Friedrich Nietzsches. Genese, Bedeutung und Wirkung*, Wiesbaden, 2018, p. 123 참조). 그리고 인간은 춤 속에서 사유와 행동의 일치를 경험하게 된다. 스스로를 몸의 존재로서 인식하게 되는 것이다. 그리고 니체에게 이러한 특징의 인간유형은 위버멘쉬이다(Karen Joisten, *Die Überwindung der Anthropozentrizität durch Friedrich Nietzsche*, Würzbnurg, 1994, p. 238 참조).

8) 니체, 『이 사람을 보라』, 「차라투스트라는 이렇게 말했다」 4, 백승영 옮김, 책세상, 2002, 427쪽 참조.

를 약속할 수 없게 된다. 와인의 신으로서 디오니소스가 언젠가 도래할 미래를 위해 오늘부터 술을 숙성시키는 신이 아니라, 지금 이 순간을 위해 마시며 자기 존재의 춤을 추는 이유이다. 이렇듯 춤은 한 인간이 얼마나 자유로워질 수 있는지, 한 인간이 얼마나 자기 실존의 변화를 수행할 수 있는지, 즉 한 인간이 얼마나 건강해질 수 있는지를 보여주는 니체의 철학적 메타포이다.

3.
춤과 몸의 예술:
낯선 것에 대한 긍정

이성은 '낯선 것'을 익숙한 것으로 만든다. 하지만 그렇기 때문에 '낯선 것'을 '낯선 것' 그 자체로 긍정하지 못한다. 니체에게 있어 '낯선 것'에 대한 형이상학적이고 종교적인 해석은 생성하는 대지와 그 원리를 따르며 생기하는 육체의 폄하라는 잘못된 결과를 도출하게 된다. 하지만 니체는 서구정신사에서 가치론적으로 배제되어온 '낯선 것'을 더 이상 '낯선 것'으로 규정하지 않는다. 니체의 철학적 위대함은 '낯선 것'에 대한 전통 형이상학적·종교적 해석에 반해 '낯선 것'의 본질, 즉 그것 안에 내재된 생명성을 해명하고자 했다는 것이다.

니체의 철학에서 춤이라는 메타포는 이 '낯선 것'이 존재하는 방식, 즉 그것이 어떻게 존재하고 있으며, 어떻게 존재해야 하는지를, 보다 구체적으로 말해서 그것이 어떻게 살아있고, 어떻게 살아가야만 하는지를 드러내주는 역할을 한다. 니체는 이성중심주의적인 세계질서와 세계해석 속에서 이원화되어온 영혼과 육체의 관계 속에서 항상 '낯선 것'으로 규정되어온 육체를 그 어느 저서보다도 철학적으로 분석한 『차라투스트라는 이렇게 말했다』에 이르러 "몸(Leib)"[9]으로 일원화한다. 결과적으로 "몸" 안에 내재된 이성은 더 이상 육체를 낯설고 비합리적인 것으로 규정할 수 없게 된다.

영혼과 육체를 포괄하는 몸의 관점에서 춤은 이성적일 수만은 없다. 이성은 비록 육체를 움직이게 할 수는 있지만, 춤으로 발전시킬 수 없다. 그 이유는 춤은 육체적 욕구, 욕망, 충동, 본능, 감정 등 인간의 정념을 이성적으로 인식한 결과이기 때문이다. 다시 말해 춤은 이성과 감정의 일치, 니체의 표현에 의하면 춤은 오직 영혼과 육체, 이성과 감정이 유기적으로 소통하는 몸의 이성으로서의 "커다란 이성(die große Vernunft)"[10]에 의해서만 가능하다. 하지만 여기서 춤을 추어야만 한다는 이성적 당위와 명령이 춤을 추고 싶다는 감정적 요구를 수용하는 것으로 이해해서는 안 된다. 오히려 내가 나로서 살고 있으며, 앞으로도 이렇게 살아가고 싶다는 실존적 소망, 현재의 나 자신에 대한 만족과 이로부터 표출되는 행복이 이성을 춤으로 인도하는 것이다.

니체가 제시하는 "몸(Leib)"의 또 다른 관점에서 춤은 "자아(das Ich)"가 아니라, 오히려 내면의 또 다른 나로서의 "자기(das Selbst)"에 의해서 추동되는 몸의 예술이다.[11] 만약 자아로서의 춤이 이성에 의한 것이고, 자기로서의 춤은 감정에 의한 것이라면, 자아와 자기가 합일된 몸으로서의 춤은 내가 온전히 나로서 살아있고, 나로서 살아가기를 희망하는 '존재의 춤'이다. 내가 나를 짊어지지 않고, 나 자신에게 "도취(Rausch)"되어 있는 상태로 대변되는 존재의 춤은 곧 자기 존재의 예술이며, 이는 이성이 육체를 억압하지 않고 있는 그대로 인식하고 긍정하는 몸의 예술로서만 가능하다.

---

9) 니체, 『차라투스트라는 이렇게 말했다』, 「몸을 경멸하는 자들에 대하여」, 정동호 옮김, 책세상, 2000, 53쪽.
10) 같은 책, 「몸을 경멸하는 자들에 대하여」, 52쪽.
11) 같은 책, 「몸을 경멸하는 자들에 대하여」, 53~54쪽 참조.

몸의 예술 속에서는 인간 안에 내재한 그 어떤 것도 더 이상 생소하거나 낯선 것일 수 없다. 내 안에서 발생하는 모든 것을 '나의 것'으로 긍정하는 생기활동과 그 생명의 원리를 니체는 "힘에의 의지"로 설명했다. 형이상학적 · 종교적 · 도덕적 원리에 반해 생성하는 대지의 자연성을 따르는 몸의 존재에게 힘에의 의지는 존재의 원리, 즉 생명의 원리이다. 니체의 철학에서 실존의 예술은 자기 자신을 변화시키는 생명의 원리로서의 힘에의 의지와 이 모든 변화를 포괄하고 표출하는 몸의 긍정을 토대로 한다. 몸의 움직임은 곧 나의 움직임이며, 몸의 움직임을 찾는 것은 결국 나를 찾는 것, 즉 자기 찾기 및 자기 되기의 과정으로 대변되는 위버멘쉬적 변화와 다르지 않다. 그렇기 때문에 자신의 몸을 이해하지 못하는 자는 곧 자기 자신을 이해하지 못한다는 것이며, 결과적으로 자신이 진정으로 원하는 삶의 의미를 창조할 수 있는 삶의 예술가가 될 수 없다는 것을 의미한다. 행복 역시 몸의 예술이다.

니체의 "예술생리학(Physiologie der Kunst)"은 춤과 몸의 관계를 해명하는 중요한 토대로서의 역할을 한다. 예술생리학의 관점에서 몸의 예술을 가능하게 하는 내재적 조건이 힘에의 의지라면, 이 예술은 몸짓으로, 즉 춤으로 드러난다. 힘에의 의지의 내재적 생기활동으로 인해서 몸은 생성의 예술원리, 즉 생명의 원리 속에서 끊임없이 긍정되고 극복되며 변화되어야만 하는 예술작품이 된다. 생기하는 인간은 생성하는 대지의 변화를 거스를 수 없다. 그 변화를 예술적 활동으로 포착한 니체는 이제 예술의 발생조건을 생리학적으로 해명하기 시작한다.

니체는 예술을 "힘에의 의지의 형태론"[12]으로 확장하고, "생리학"을

---

12) 니체, 『유고(1888년 초~1889년 1월 초)』, 14[72], 백승영 옮김, 책세상, 2004, 62쪽.

"유기적 기능"[13]으로 규정함으로써 예술생리학의 의미를 구체화했다. 예술생리학은 인간 안에 내재된 생명의 원리로서의 힘에의 의지를 예술의 발생조건으로 규정하고, 이를 탐구하는 방법론에 대한 명칭이다. 예술생리학은 몸을 예술의 발생조건으로 규정하며, 몸의 예술을 정당화해준다. 이제 예술은 삶을 바라보는 작업이 아니라, 삶에 참여하고 해석하며 창조하는 실존의 작업일 뿐이다.

이러한 의미에서 니체는 존재의 예술가로서 자신의 삶에 예술적으로 참여하며[14] 자신의 삶을 예술적으로 창조할 수 있는 인간의 상태를 '예술적 상태'로 규정한다. 그리고 자기 삶의 예술적 상태를 발생시키는 조건을 내가 나와 깊이 있게 관계하는 상태에 대한 표현으로서의 "습관적 도취"[15]로 그리고 그 반대의 경우를 "비예술적 상태"[16]로 구분한다. 그리고 이 두 유형은 "몸"의 활동과 역할에 의해 구분된다. 보다 구체적으로 말해 이 구분은 힘에의 의지가 활동하는 장으로서의 몸이 매 순간 힘의 상승과 하강에 따른 창조와 파괴, 미화(Verschönerung)와 추화(Verhasslichung)의 생기활동을 반복하며 예술적으로 변화될 수 있는지의 여부이다.

삶의 미화와 추화의 변화는 힘의 상승과 하강에 의한 관점의 변화로 구체화된다. 그 이유는 내면의 힘이 상승할 때 삶은 아름답게 보이고, 힘이 하강할 때 삶은 추하게, 다시 말해 고통 속에 놓인 것처럼 보일 것이기 때문이다. 또한 고통 속에서도 내면의 힘이 충만하다면 삶은 결코 고통 속에 매

---

13) 같은 책, 13[3], 11쪽.

14) 같은 책, 17[9], 404쪽.

15) "예술가는 어느 정도 있는 그대로 보아서는 안 된다. 오히려 더 충만하게, 오히려 더 간단하게, 오히려 더 강력하게 보아야 한다: ― 그러기 위해서 그들에게는 일종의 영원한 젊음과 영원한 봄[春]이, 몸 속에 일종의 습관적 도취가 있어야만 한다."(같은 책, 14[118], 112쪽)

16) 같은 책, 17[9], 404쪽.

몰되지 않을 것이다. 하지만 그 반대의 경우에 삶은 고통에 잠식당할 것이다. 새로운 창조를 위해 파괴가 선행할 때, 예술은 고통마저 변화의 조건으로 긍정할 수 있게 되며, 이때 몸은 이 모든 변화의 조건을 반영하며 실존의 건강으로 드러낸다. 즉 자기 내면의 힘이 낡은 가치를 파괴하며, 다시 그 자리에 새로운 가치를 창조할 수 있을 정도로 강할 때, 삶은 언제나 무수한 변화가 가능한 생명으로 긍정될 것이다. 아래와 같은 니체의 인간학적 미학의 두 원리는 이 사실을 잘 보여준다.

> 어느 것도 아름답지 않다. 인간 외에는: 모든 미학은 이런 단순함에 기초하고 있으며, 이것이야말로 미학의 제1진리이다. 여기에 곧바로 제2의 진리를 추가해보자: 퇴락한 인간보다 더 추한 것은 없다 — 이렇게 해서 미적 판단 영역의 경계가 지어진다. — 생리적으로 고찰해보면 추한 모든 것은 인간을 약화시키고 슬프게 한다. 그것은 인간에게 쇠퇴, 위험, 무력을 상기시킨다; 이러면서 인간은 실제로 힘을 상실한다. [···] 힘에 대한 그의 느낌, 그의 힘에의 의지, 그의 용기, 그의 긍지 — 이런 것이 추한 것과 함께 사라지며, 아름다움과 함께 상승한다. [···][17]

니체가 예술생리학을 통해서 예술적 창조를 실존적 건강과 유기적으로 연결하며 몸의 중요성을 강조하는 이유는 바로 이때문이다. 그래서 니체는 예술이 발생할 수 없는 몸의 상태로서의 비예술적 상태를 "빈곤해진 몸(der verarmte Leib)"[18]이라고 표현하는 것이다. 이렇듯 힘에의 의지의 생기활동이 정지된 "빈곤해진 몸", 즉 속박된 정신과 나약한 힘과 의지로 보존되는

---

17)　니체, 「어느 반시대적 인간의 편력」, 『우상의 황혼』, 20, 158쪽.
18)　니체, 『유고(1888년 초~1889년 1월 초)』, 17[9], 404쪽.

몸은 예술적일 수 없다. 또한 자기보존적인 힘과 의지 속에서 생성의 원리를 따르며 매 순간 실존적 변화를 실현할 수 없는 인간의 실존이 춤을 추는 듯 경쾌하게 보일 수도 없을 것이다. 결과적으로 이러한 인간유형은 실존적 자기긍정의 춤을 출 수 없다.

추함, 즉 예술의 반대, 예술에서 제외된 것, 예술의 부정 — 삶의 몰락과 삶의 빈곤화와 무기력과 와해와 부패가 멀찌감치서라도 자극될 때는 언제나, 미적 인간은 자신의 부정(否定)을 가지고 반응한다. 추함은 의기소침하게 한다. 이것은 우울증의 표현인 것이다. 추한 것은 힘을 뺏어가고, 빈곤하게 하며, 압박한다. [⋯] 추함은 추함을 암시한다. [⋯] 추함은 절뚝거리고 넘어진다: — 춤추는 자의 경쾌함과는 반대되는 것. [⋯][19]

19) 같은 책, 14[119], 114쪽.

4.
춤과 행복의
가르침

　『차라투스트라는 이렇게 말했다』의 「몸을 경멸하는 자들에 대하여」에서 구체적으로 논의되고 있는 것처럼, 인간은 몸으로서만 존재할 뿐이다. 그렇기 때문에 몸의 예술로서 춤은 형이상학적 활동으로 이해될 수 없다. 그 이유는 몸이 형이상학적일 수 없다면, 춤 역시 형이상학적일 수 없기 때문이다. 춤은 내가 온전히 나로서 살아가며, 나 자신에게 충실한 모습이 마치 춤을 추듯 자유롭게 보인다는 사실과 더불어 이 모습이 인간의 실존적 건강의 징표라는 사실을 대변해주는 니체의 철학적 메타포이다.

　자신을 춤추게 만드는 만족과 행복 속에서 영혼과 육체, 이성과 감정이 일원론적·유기적으로 관계할 때, 다시 말해 행복의 조건이 나 자신일 수밖에 없다는 사실을 인식한 이후 이성은 더 이상 감정을 분석하지도, 행복의 조건을 계산하지도 않을 것이다. 시장터의 사람들이 자신들의 행복을 타인의 시선 아래 분석하고 비교한 결과 진정으로 원하는 행복을 찾을 수 없다

는 니체의 견해를 통해 이 사실은 보다 분명해진다.[20]

심지어 차라투스트라는 자신이 전하는 가르침을 향한 이들의 웃음을 다음과 같이 표현하기도 한다. "나를 바라보고는 웃고들 있구나. 웃고 있으면서도 여전히 나를 미워하는구나. 저들의 웃음은 얼음처럼 차디차구나."[21] 자신의 감정을 배제하고 교환가치만을 우선시하는 삶에 익숙해진 시장터 사람들의 위태로운 실존은 웃고 있지만 그 안에는 삶에 대한 행복과 즐거움을 찾아볼 수 없다. 그리고 이들 앞에서 "줄타기를 하는 광대(Seiltänzer)"와 그를 보는 사람들, 그리고 그를 바라보는 차라투스트라의 관점은 춤에 담긴 메타포를 다시 한 번 명확하게 부각시켜준다.[22]

차라투스트라에게 있어 "줄타기를 하는 광대", 즉 줄 위에서 춤을 추는 사람은 위험 속에서 춤을 추는 자이다. 그럼에도 그는 기꺼이 이 위험을 감수하며 줄 위에 올라 춤을 춘다. 이 위험 속에서 광대는 매 순간 자기 자신을 넘어선다. 하지만 위험한 광대의 춤을 지켜보며 비록 웃음은 짓지만, 그러한 위험한 일은 결코 하고자 하지 않겠다고 말하는 시장터의 사람들은 결코 자기 자신을 넘어설 수 없다. 그래서 그들은 위버멘쉬를 설명하며 자신만의 고유한 행복을 찾으라는 차라투스트라의 말에 차가운 웃음을 지었던 것이다.[23]

하지만 차라투스트라에게 있어 두 개의 탑 사이에 걸쳐 있는 줄 위에서

---

20) 니체, 『차라투스트라는 이렇게 말했다』, 「서문」, 5, 25쪽.

21) 같은 책, 「서문」, 5, 27쪽.

22) 같은 책, 「서문」, 5, 26-27쪽 참조. 줄타기를 하는 광대의 춤을 밧줄과 춤의 해명을 통해 설명한 글로는, 강용수, 「니체의 『차라투스트라는 이렇게 말했다』의 밧줄에 대한 은유적 해석: 춤의 공간적 구조에 대한 분석을 중심으로」, 『니체연구』 제25집(한국니체학회, 2007년 가을호), 171-199쪽 참조. 위버멘쉬의 삶을 춤의 관점에서 설명한 글로는, 이상엽, 「니체, 허무주의와 춤」, 『동서철학연구』 제94집(한국동서철학회, 2019년 12월), 277-298쪽.

23) 니체, 『차라투스트라는 이렇게 말했다』, 「서문」, 5, 27쪽 참조.

춤을 추며 나아가는 광대의 모습은 시장터의 사람들과 위버멘쉬 사이 그리고 전통적인 사고방식과 새로운 미래 사이에서 앞으로 나아기기 위해 위험까지도 극복하는 모습으로 보였다. 물론 줄을 타는 광대는 아직 차라투스트라가 원하는 자는 아니었다. 두 사람의 대화는 이를 잘 보여준다. 광대는 아직 선과 악, 천사와 악마, 영혼과 육체의 형이상학적 · 이원론적 관계를 믿고 있었다.

> "나 오래전부터 그 악마가 나타나 발을 걸어 나를 넘어뜨릴 줄 알고 있었지. 이제 저 자가 나를 지옥으로 끌고 가고 있구나. 그대가 막아주지 않으시겠는가?" 차라투스트라가 대답했다. "벗이여, 내 명예를 걸고 말하거니와 네가 말하고 있는 것들은 존재하지 않는다. 악마도 없고 지옥도 없다. 너의 영혼은 너의 신체보다 더 빨리 죽어갈 것이다. 그러니 두려워할 것이 못 된다!"[24]

광대의 죽음에서 차라투스트라는 시장터의 사람들에게 필요한 한 가지를, 다시 말해 위버멘쉬로의 변화를 위해 필요한 가장 중요한 한 가지가 무엇인지 다시 한 번 깨닫는다. "참으로 나 차라투스트라는 오늘 멋진 고기잡이를 했구나! 사람은 낚지 못했지만 그래도 송장은 낚았으니."[25] 차라투스트라는 그의 죽음을 통해 인간 안에 내재된 위버멘쉬로의 변화가능성을 확인할 수 있었던 것이다. 그럼에도 광대의 죽음은 전체적으로는 위버멘쉬로의 변화에 대한 실패를 의미한다. 그리고 안타깝게도 그의 춤 역시 스스로의 선택에 의해 시작된 것이 아니었다.

---

24) 같은 책, 「서문」, 6, 28쪽.
25) 같은 책, 「서문」, 7, 29쪽.

나 사람들이 매질을 하고, 변변치 못한 먹이를 미끼로 줘가며 춤을 추
도록 훈련시킨 짐승과 크게 다를 것이 없으니. 차라투스트라가 말했다.
"그만하라. 너는 위험을 너의 천직으로 삼아왔다. 조금도 경멸할 일이
아니지. 이제 너는 너의 천직으로 인해 파멸을 맞이하고 있는 것이다.
그래서 나 너를 손수 묻어줄 생각이다."[26]

그럼에도 광대의 춤은 줄 위에서 내딛는 위험한 걸음을 즐거운 것으
로 보이게 만들었다. 차라투스트라는 앞으로 나아가기 위해 위험을 무릅쓰
는 광대의 모습으로부터 위험 속의 춤이 결국 행복으로 나아가는 춤이 될
수 있다는 사실을 깨달았다. 차라투스트라는 위험과 행복이 춤 속에서 이원
화될 수 없음을, 다시 말해 디오니소스가 죽음으로부터 삶 그 자체를 긍정
하며 춤추는 삶을 살았던 것처럼, 그리고 고통을 창조의 자극으로 긍정하는
예술가의 춤추는 정신과 의지처럼, 두 요소가 일원론적일 수밖에 없음을 깨
달은 것이다. 이렇듯 춤은 니체의 철학에서 영혼과 육체의 이원론을 극복하
고 삶으로 일원화하는 메타포로서의 역할을 한다.

비록 완벽하지는 않지만, 차라투스트라에게 있어 줄을 타는 광대는 이
미 시장터의 사람들에게 설파한 자신의 가르침, 즉 인간이란 마지막 인간
과 위버멘쉬 사이에서 용감하게 나아가야 한다는 가르침을 직접 실천한 자
였다.[27] 위버멘쉬로의 변화는 낡은 관습과 습관으로부터 "몰락"해야만 하는
위험한 시도이지만, 춤을 추는 과정 속에서 몰락의 위험은 비로소 행복을
위한 시도로 실존적 정당성을 획득하게 되는 것이다. 행복은 주어지는 것이
아니라, 내가 나로서 살고자 하는 선택이며, 이때 춤은 그 증거이다.

---

26) 같은 책, 「서문」, 6, 28-29쪽 참조.
27) 같은 책, 「서문」, 4, 21쪽 참조.

나아가 광대의 죽음은 차라투스트라에게 실패로 끝난 시도가 아니라, 자신의 가르침을 따라 위버멘쉬적 변화를 시도하며 언젠가 자신을 떠나 자신만의 위버멘쉬적 행복을 창조할 수 있는 "살아있는 길동무"를 찾아야만 한다는 소망을 갖게 만들었다.[28] 차라투스트라의 이야기는 춤을 추는 광대의 이야기로부터 시작되어 새로운 만남들로 전개되며, 자신의 가르침을 함께할 길동무를 찾아가는 여정 역시 계속된다.

---

28)　같은 책,「서문」, 9, 32-35 참조.

5.
경멸의 춤과
춤추는 자의 덕

위에서 이미 인용되었던 것처럼, 차라투스트라는 죽음을 앞둔 광대에게 다음과 같이 말했다. "그만하라. 너는 위험을 너의 천직으로 삼아왔다. 조금도 경멸할 일이 아니지. 이제 너는 너의 천직으로 인해 파멸을 맞이하고 있는 것이다." 그가 위험을 천직으로 삼아왔다는 사실과 더불어 이로 인해 줄에서 떨어져 죽음에 이른 사건은 차라투스트라에게도 충격이었다. 직업으로서 줄 위에서 춤을 추는 광대와 그의 죽음이 차라투스트라에게 주었던 깨달음은 바로 "춤추는 자의 덕(Tugend eines Tänzers)"[29]이었다.

그에 의하면 춤을 추고자 하는 자에게도 덕이 필요하다. 그리고 그 덕은 차라투스트라가 인간으로부터 발견한 본질적인 가능성으로서의 몰락이다. 그의 표현처럼, 춤추는 자의 이 덕은 인간이 "사랑받아 마땅한" 이유를 보증해준다. 하지만 사랑받아 마땅한 이 덕은 본질적으로 인간이 기존과는 다른 삶을 살기를 원하고, 자기 자신을 기존의 방식과 다르게 사랑하기를

---

29)   같은 책, 「일곱 개의 봉인(또는 "그렇다"와 "아멘"의 노래)」, 6, 387쪽.

원하기 때문에, 즉 자기보존이 아니라, 자기긍정과 자기극복을 추구하기로 결심했기 때문에 가능한 것이다. "너에게는 너 자신을 잃고 몰락할 용기가 없다. 그래서 너는 결코 새로워지지 못할 것이다. 우리에게 오늘은 날개, 색, 옷 그리고 힘인 것이 내일은 단지 재가 되어야만 한다."[30] 아래의 글에서 확인할 수 있는 것처럼, 새로운 자신을 희망하기 위해 스스로를 제물로 바치는 인간은 진정으로 꿈꾸었던 자신을 불러와 다시 그 삶으로 뛰어들어 참여하는 몰락을 감행해야만 한다.

사람은 짐승과 위버멘쉬 사이를 잇는 밧줄, 심연 위에 걸쳐 있는 하나의 밧줄이다. 저편으로 건너가는 것도 위험하고 건너가는 과정, 뒤돌아보는 것, 벌벌 떨고 있는 것도 위험하며 멈춰 서 있는 것도 위험하다. 사람에게 위대한 것이 있다면 그것은 그가 목적이 아니라 그것은 그가 하나의 과정이요 몰락(ein Untergang)이라는 것이다. 나는 사랑하노라. 몰락하는 자로서가 아니라면 달리 살 줄을 모르는 사람들을. 그런 자들이야말로 저기 저편으로 건너가고 있는 자들이기 때문이다. 나는 위대한 경멸자를 사랑하노라. 그런 자들이야말로 위대한 숭배자요 저기 저편의 물가를 향한 동경의 화살이기 때문이다. 나는 사랑하노라. 왜 몰락해야 하며 제물이 되어야 하는지, 그 까닭을 저 멀리 별들 뒤편에서 찾는 대신 언젠가 이 대지가 위버멘쉬의 것이 되도록 이 대지에 헌신하는 자를.[31]

광대는 자기 자신을 경멸하게 할 정도의 무거운 짐을 죽음 앞에서야 비로소 깨달았다. 비록 광대의 죽음은 실재였지만, 그의 죽음은 차라투스트

30) 니체, 『유고(1882년 7월~1883/84년 겨울)』, 4[45], 박찬국 옮김, 책세상, 2005, 159쪽.
31) 니체, 『차라투스트라는 이렇게 말했다』, 「서문」, 4, 21쪽.

라에게 위버멘쉬로의 새로운 시작을 알리는 메타포로, 나아가 차라투스트라의 가르침으로 다시 태어난다. 그리고 위험 속에서 춤을 추며 줄을 타던 광대가 행한 몰락은 이후 차라투스트라의 입을 통해 '용기의 덕'으로 전해진다.[32]

> 나는 사랑하노라. 자신의 덕을 사랑하는 자를. 덕이야말로 몰락하려는 의지요 동경의 화살이기 때문이다.
> 나는 사랑하노라. 한 방울의 정신조차도 자신을 위해 남겨두지 않고 전적으로 자신의 덕의 정신(der Geist seiner Tugend)이 되고자 하는 자를. 그런 자는 이와 같이 정신으로서 저 다리를 건너고 있는 것이다.
> 나는 사랑하노라. 그 자신의 덕으로부터 자신의 취향과 숙명을 만들어내는 자를. 그런 자는 이와 같이 자신의 덕을 위해 죽고 살려는 것이다.[33]

위의 글에서 확인할 수 있는 것처럼, 차라투스트라가 전하고자 하는 덕은 그 어떤 형이상학적 · 종교적 위로 및 위안과 같은 "보상"을 받기 위한 것이 아니다. 이 덕은 자신을 더욱더 사랑하기 위해 지금까지 자신을 무겁게 만들었던 절대적 가치와 그 가치를 믿어온 자신을 반성하는 '자기경멸의 덕'이다. 니체의 철학에서 경멸은 고통이 삶의 좌절이 아니라, 자기 자신

---

32) 용기에 대한 내용으로는 『차라투스트라는 이렇게 말했다』의 「구원에 대하여」를 참조. 광대는 자신의 일이 위험하다는 사실을 알고 있음에도 불구하고 그 일을 멈추지 않았다. 그리고 자신에게 닥친 죽음의 순간에 광대가 깨달은 사실은 차라투스트라에게도 깊은 깨달음을 제공한다. 차라투스트라가 니체가 광대로부터 깨달은 삶의 태도와 이로부터 시작된 가르침은 "그랬었다"에서 "나는 그렇게 되기를 원했다"로 전환해야만 한다는 것이었다. 자신의 과거를 구원한다는 것은 곧 현재와 더불어 미래까지도 구원한다는 것을 의미한다. 그렇지만 이러한 구원의 시도는 현재에서 수행되어야만 한다.

33) 니체, 『차라투스트라는 이렇게 말했다』, 「서문」, 4, 21-22쪽.

에 대한 사랑의 방식을 변경하는 것[34])과 마찬가지로, 동정 및 이웃사랑과 같은 그리스도교적 사랑의 방식을 자기 자신에 대한 실존적 사랑으로 전환시키는 역할을 한다.[35]) 그렇기 때문에 경멸도 자기 자신을 사랑하는 방식으로, 보다 구체적으로 말해 춤으로 드러날 수밖에 없다. 니체는 이 춤을 "경멸의 춤"[36])이라고 표현한다. 자기 자신을 사랑하는 자에게 경멸은 자책이 아니라, 더욱더 나를 사랑하게 만드는 실존의 자극으로서의 역할을 한다.

또한 이 덕은 자신만의 고유한 삶의 의미와 가치 — 니체의 표현에 의하면 "자신의 취향과 숙명" — 를 창조함으로써 진정한 자기 자신이 되기 위한 존재의 덕이다.[37]) 니체는 "우리는 우리가 사랑할 때, 특히 우리가 진정으로 사랑할 때 경멸하는 법을 배우게 된다"[38])라고 말하며, 지금까지 건강한 실존의 춤을 추게 만들었던 덕이 도덕적 취향과 종교적 숙명에 의해, 니체에 의하면 "태도로서의 도덕(Moral als Attitüde)"과 "태도로서의 종교(Religion als Attitüde)"에 의해 부정되어왔다고 진단한다.[39])

---

34) 니체, 『즐거운 학문』, 「제2판 서문」, 3, 28-29쪽 참조.

35) 이상범, 「건강한 인간유형으로서의 위버멘쉬: 위버멘쉬와 그의 실존적 건강에 대한 해명을 중심으로」, 『니체연구』 제35집(2019년 봄호), 185-195쪽 참조.

36) "또 하나의 덕이 있다. 보상받기 원하는 덕. 그리하여 그들은 충분히 보상받기를 원한다. 이승에서 또는 저승에서, 그리고 그들은 이것을 '정의'라고 부른다. 오! 너희, 증여하는 덕의 친구들이여, 우리는 보상받기를 원하는 덕에 대하여 경멸의 춤을 출 것이다. 그러나 너희는 아직 나에게서 이것을 배우지 못했다. 어떻게 사람들이 경멸의 춤을 추는지."(니체, 『유고(1882년 7월~1883/84년 겨울)』, 4[45], 159쪽)

37) "너는 너의 주인이며 동시에 네 자신의 미덕의 주인이 되어야만 했다. 과거에는 미덕이 너의 주인이었다; 그러나 그 미덕은 다른 도구들과 마찬가지로, 오로지 너의 도구여야 한다. 너는 너의 찬성과 반대에 대한 지배력을 터득하여 너의 더 높은 목적에 필요할 때마다 그 미덕을 붙이거나 떼내버리는 것을 배워야만 했던 것이다. 너는 모든 가치 평가에서 관점주의적인 것을 터득해야만 했다."(니체, 『인간적인 너무나 인간적인 I』, 「서문」, 6, 김미기 옮김, 책세상, 2003, 17-18쪽).

38) 니체, 『선악의 저편』, 216, 김정현 옮김, 책세상, 2005, 198쪽.

39) 같은 책, 216, 199쪽.

이렇듯 니체는 자기경멸을 종교적인 의미와 도덕적인 처벌로 해석하지 않는다. 오히려 경멸은 새로운 삶을 위한 사랑의 존재론적 방식의 변화, 즉 위버멘쉬를 향한 존재방식의 변화를 의미한다. 경멸하는 자만이 몰락을 결심할 수 있으며, 이때 그의 모습은 춤을 추는 것처럼 보이게 된다. 대지의 모든 인간들이 추구해야 할 춤추는 인간유형으로서의 위버멘쉬는 자기 자신에 대한 경멸까지도 실존적 변화의 조건으로 받아들이는 '커다란 강물'과 같은 존재이다.[40]

그는 상승과 하강, 성장과 퇴화, 건강과 병의 유기적 관계를 이원화하지 않고, 내가 나와 관계하는 몸의 예술로 이해한다. 그렇기 때문에 위버멘쉬에게 경멸은 자신에 대한 불만족이 아니라, 오히려 내가 더욱 나 자신과 깊이 있게 관계하기 위해, 자신 안으로 몰락하는 힘으로 작용한다. 그리고 위버멘쉬적 변화를 실천하는 인간은 자신을 춤추게 하는 덕 이외에 그 어떤 절대적·보편적인 덕을 따르지 않는다. 새로운 미래의 삶을 추구하는 그는 이제 지금까지 자신의 정신을 무겁게 만들어온 "중력의 악령"과 그로부터 비롯된 모든 절대적 강제의 가치들을 극복하고자 한다.[41]

나아가 니체는 그러한 무거운 가치들을 "뛰어넘어 춤을 추고, 또 춤을 추며 저편으로 건너갈 수 있는 그런 것이 존재해야 하지 않겠는가? 가벼운 것, 더없이 가벼운 것을 위해서라도 두더지와 무거운 난쟁이가 존재해야 하지 않겠는가?"[42]라고 물으며, 정신의 가벼움과 자유로움을 추구하는 자들이

---

40) "실로, 사람은 더러운 강물과도 같다. 몸을 더럽히지 않고 더러운 강물을 모두 받아들이려면 사람은 먼저 바다가 되어야 하리라. 보라, 나 너희들에게 위버멘쉬를 가르치노라. 이 위버멘쉬가 바로 너희들의 크나큰 경멸(die grosse Verachtung)이 그 속에 가라앉아 몰락할 수 있는 그런 바다이다."(니체, 『차라투스트라는 이렇게 말했다』, 「서문」, 3, 19쪽)

41) 같은 책, 「낡은 서판과 새로운 서판에 대하여」, 2, 329-330쪽.

42) 같은 책, 「낡은 서판과 새로운 서판에 대하여」, 2, 329-330쪽.

위버멘쉬를 향해 나아가는 과정이 춤을 추는 모습으로 드러나는 것임을 다시 한 번 말한다. "나는 사랑하노라. 자유로운 정신과 자유로운 심장을 지니고 있는 자를. 그런 자의 머리, 그것은 심장에 깃들어 있는 오장육부에 불과하다. 그런데 그를 몰락으로 내모는 것은 그의 심장이렷다."[43] 니체의 이 말처럼, 자신의 이성만을 믿는 것도 잠들어 있는 것이고, 자신의 감정만을 따르는 것도 잠들어 있는 것이다. 하지만 경멸은 매 순간 자기 자신에 대하여 깨어있도록 영혼과 육체, 이성과 감정으로 구성된 총체적인 존재양식으로서의 몸을 자극한다.

이렇듯 "춤추는 자의 덕"은 전통적 이성에 의한 실천적 조건이 아니다. 오히려 이 덕은 내가 절대적 존재 및 진리로부터 해방되어 온전히 나 자신으로서 살고자 할 때 표출되는 인간 내면의 자유와 정신의 가벼움으로부터 창조되는 자기 삶의 의미이다. 다음의 글은 이러한 내용을 잘 보여준다. "모든 무거운 것이 가볍게 되고, 모든 몸(aller Leib)이 춤추는 자가 되며, 모든 정신이 새가 되는 것, 그것이 내게 알파이자 오메가라면. 진정, 그것이야말로 내게는 알파이자 오메가렷다."[44] 니체는 춤추는 자의 덕을 정신의 가벼움과 자유로움의 실천적 상징으로서 "새의 지혜(Vogel-Weisheit)"[45]로 표현하기도 한다. 그리고 이 덕과 지혜는 전통적인 이성, 영혼, 정신이 아니라, 이를 내재적 기능으로 포괄하는 '춤추는 자', 다시 말해 '춤추는 삶을 살고자 하는 자'의 몸에 의해 보증된다.

---

43) 같은 책, 「서문」, 4, 23쪽. 심장, 사랑, 자기(Selbst) 등, 춤을 한 인간이 자기 자신과 관계하는 양식으로 설명하는 글로는, 이주향, 「운명애, 자기에 이르는 생명의 춤. 영화 〈클라우즈 오브 실스마리아〉를 통해본 영원회귀의 노래」, 『니체연구』 제36집(한국니체학회, 2019년 가을호), 85-103쪽 참조.

44) 니체, 『차라투스트라는 이렇게 말했다』, 「일곱 개의 봉인(또는 "그렇다"와 "아멘"의 노래)」, 6, 387쪽.

45) 같은 책, 「일곱 개의 봉인(또는 "그렇다"와 "아멘"의 노래)」, 7, 388쪽.

6.
몸의 예술과
긍정의 춤

몸의 예술은 나의 정신과 행위를 이원화하지 않고, 온전히 나 자신으로 살고자 하는 자의 삶이 마치 춤을 추듯 즐겁고 행복해하는 모습을 통해 보증된다. 이러한 인간유형에게 있어 니체가 제기하는 영원회귀는 지금 이 순간 이곳에서 춤추는 삶을 살 것인지를 선택하게 하는 실존의 물음, 다시 말해 나를 무겁게 만드는 정신과 의지의 짐으로부터 가벼워지라는 실존적 요청이다. 이러한 의미에서 "영원회귀" 역시 정신의 가벼움을 위한 철학적 치유의 처방으로서의 역할을 한다.

아이처럼 우리가 춤추고 뛸 수 있을 때까지, 그렇게 오랫동안 모든 인간적이고 사회적이며 도덕적인 굴레들을 벗어던지기[46]

니체의 말처럼, 영원회귀는 인간의 정신을 더욱 무겁게 더욱 고통스럽

---

46)　니체, 『유고(1880년 초~1881년 봄)』, 8[76], 최성환 옮김, 책세상, 2004, 522쪽.

게 만들 수도 있지만, 반대로 더욱 가볍고 더욱 건강하게 만들어줄 수도 있다. 그 이유는 영원회귀는 오늘의 긍정과 극복이 미래에도 지속된다는 가르침뿐만 아니라, 지금 이 순간의 춤이 더 이상 미래를 고통스러운 것으로 생각하지 않도록, 즉 지금 이 순간의 자신을 더욱 사랑하게 해준다는 의미 역시 담고 있다. 영원회귀가 "운명애(Amor Fati)"일 수밖에 없는 이유이다. 자기 존재에 대한 긍정과 사랑의 춤 속에서 미래는 고통스러운 것으로 생각되지 않는다. 오히려 춤 속에서 미래는 망각되며, 매 순간 춤을 추는 인간은 춤 속에서 매일 오늘과 또 다른 하루의 미래를 만난다.

이렇듯 춤을 춘다는 것은 나로부터 벗어난 다른 존재를 위해서가 아니라, 나의 영혼과 육체를 통해, 다시 말해 나의 몸을 통해 기존의 나를 넘어서 새로운 내가 되고자 하는 시도이다. 그래서 니체의 철학에서 춤이라는 개념과 그 은유적 의미는, ① 위버멘쉬가 어떤 존재인지, ② 인간은 어떻게 위버멘쉬가 되어갈 수 있는지, ③ 우리는 위버멘쉬가 되어가는 모습을 어떻게 느끼며 확인할 수 있는지, ④ 결론적으로 위버멘쉬가 과연 현실적 의미를 담을 수 있는지 등의 물음들의 답을 줄 수 있는 또 하나의 증거로서의 역할을 해준다.

춤이 인간학적 개념이기 때문에, 춤은 위버멘쉬가 어떻게 자기 자신을 긍정하고, 또한 어떻게 자신만의 삶을 살아가는지를 철학적으로 보여준다. 내 삶을 "춤의 왕국"[47]으로 만드는 일은 오직 나에게 달려 있다. 내 삶을 춤으로 가득 찬 세계로 만들기 위해서는 먼저 자신을 속박하는 무거운 가치로부터 해방되어야만 한다. 중요한 것은 그 해방이 춤을 추는 듯이 가벼워야만 한다는 것이다. 이러한 의미에서 자유정신, 신의 죽음, 힘에의 의지, 영원회귀, 운명애, 모든 가치의 전도 등 니체가 자신의 철학에서 제시하는 다양

---

47) 니체, 『즐거운 학문』, 383, 394쪽.

한 개념들은 춤의 사상적 조건으로서의 역할을 하게 된다.

몸을 부정하는 형이상학적 · 종교적 · 도덕적 문화로부터 해방되어 고유한 자기 실존의 춤을 출 수 있다는 것은 정신과 육체가 유기적으로 관계하는 몸의 예술에 의한 것이다. 니체는 내가 나 자신을 나로서 인식하고 나로서 살아가고자 하는 자의 모습으로부터 춤을 연상했으며, 마치 그가 춤을 추는 것처럼 가볍고 자유롭게 보았다. 그리고 그 모습으로부터 인간이 스스로를 긍정하고 극복하며 위버멘쉬가 되어가는 모습, 즉 건강한 인간이 되어가는 모습을 떠올렸다. 니체의 철학에서 춤은 건강의 메타포이다.

IX

니체의
철학적 메타포 연구:

춤과 문화의 건강

1.
신화가 사라진 시대의
문화와 그 조건

1) 신화와 비극

니체에게 있어 비극이 사라진 시대는 춤을 출 수 없는 문화로 간주된다. 모든 개인이 무리의 평균적 일원이 되고자 하며 보편적 가치를 추구하는 모습으로부터 자기 실존의 고유한 춤을 추는 모습을 떠올리기란 쉽지 않을 것이다. 경직된 문화 속에서 비극적 자기인식과 예술적 자기조형은 불가능할 수밖에 없다. 그 이유는 이성중심주의적인 문화 속에서 비극이란 가지지 못하고 이루지 못한 것에 대한 계산적 인식일 뿐이고 예술이란 평가된 가치로 유지되는 것일 뿐이기 때문이다.

인간의 삶을 비극적 인식과 예술적 자기조형에 의한 실존적 작품으로 해석하는 니체의 철학적 시도는 문화의 조건을 다시 설정하기에 이른다. 이러한 의미에서 니체는 모든 개인이 실존의 춤을 추며 자신만의 고유한 삶의 의미와 가치를 자유롭게 창조할 수 있는 예술적인 문화를 창조하기 위해

"모든 가치의 전도(Umwertung aller Werte)"[1]를 수행했다. 그리고 이러한 전도의 시도는, ① 신의 죽음을 통해 절대적 진리의 문화를 파괴하고, ② 이로부터 발생하는 시대의 병적 증상을 허무주의로 진단하며 구체화된다. 니체가 선언한 "신의 죽음"과 자신의 마지막 철학적 계획인 "모든 가치의 전도"는 형이상학과 그리스도교로 인해 경직되어온 이원론적 문화를 해체하고, 다시 삶이 중심이 되는 생동하는 문화로의 회귀를 위한 시도였다.

니체는 신이 부재하는 시대에 모든 개인이 허무주의를 명확하게 인식하고, 다시 고유한 자기 실존의 의미를 창조해가는 모습으로부터 마치 춤을 추는 듯한 실존의 자유로움을 떠올렸다. "춤 한 번 추지 않은 날은 아예 잃어버린 날로 치자! 그리고 웃음 하나 동반하지 않는 진리는 모두 거짓으로 간주하자!"[2] 춤추는 삶을 추구하는 자유로운 정신과 의지를 억압해온 낡은 신의 죽음을 선포하고, 새로운 미래문화를 춤의 무대로 창조하고자 했던 니체는 건강한 사유의 양식을 그리스인의 철학적 삶의 양식 속에서, 즉 그들의 신화적·디오니소스적·비극적·음악적 사유 속에서 발견했다. 이와 관련하여 "철학자는 무엇인가? 고대 그리스인들에게 대답하는 것?"[3]이라는 짧은 물음과 답변 속에는 삶을 중심으로 사유하던 그리스인들의 문화를 향한 니체의 경외와 더불어 철학의 본질적인 역할에 대한 자신의 고민이 담겨 있다. 그리고 아래의 글은 이 물음에 제기하는 구체적인 사항들을 잘 보여준다.

가장 훌륭하고 가장 강하고 가장 용기 있는 시대의 그리스인들에게

---

1) 니체, 『유고(1888년 초~1889년 1월 초)』, 18[17], 백승영 옮김, 책세상, 2004, 415쪽.
2) 니체, 『차라투스트라는 이렇게 말했다』, 「낡은 서판과 새로운 서판에 대하여」, 23, 정동호 옮김, 책세상, 2000, 351-352쪽.
3) 니체, 『유고(1872년 여름~1874년 말)』, 19[89], 이상엽 옮김, 책세상, 2002, 47쪽.

비극적 신화는 무엇을 의미하는가? 그리고 디오니소스적인 것의 무시 무시한 현상은? 그것으로부터 탄생한 비극은 무엇을 의미하는가?[4]

'신화가 사라진 시대, 어떻게 살아가야 할 것인가?' 이 물음은 그의 철학의 초기, 중기, 후기에 이르는 기간 동안 쉼 없이 제기된 니체의 문제의식이었다. 그리고 이 문제의식은 건강한 문화로부터 건강한 삶이 보증될 수 있다는 생각으로부터 시작된다. 니체에 의하면 문화의 건강성을 평가할 수 있는 방법은 그 문화 속에서 모든 개인들이 스스로를 고양시키는 삶을 살고 있는가의 여부, 다시 말해 '모든 개인이 춤추는 삶을 살고 있는가?'이다.[5]

그렇다면 인간의 삶에 신화가 필요한 이유는 무엇일까? 니체는 디오니소스를 토대로 하는 신화와 비극 그리고 음악을 형이상학적 · 종교적 가치로부터 자유로운 정신과 의지의 조건으로 규정한다. 그 어떤 조건 없이 삶 그 자체에 대한 긍정을 요청하는 니체에게 있어 신화는 고통 속에서도 삶에 대한 기대를 포기하지 않는 최대 긍정의 정신을 대변한다. 신화 속에서 삶의 부조리, 비합리, 모순 등과 같이 고통스러운 것들은 오히려 영웅적 삶의 서사를 부각시키는 토대로서 작용한다. 신화는 지금보다 나은 삶을 상상하지만, 삶을 가상에 가두지 않고 현실적 실재 속에서 실현하고자 하는 정신과 의지의 힘을 담고 있다. 그리고 신화에 담긴 이러한 힘은 비극을 통해 구

---

4) 니체, 『비극의 탄생』, 「자기비판의 시도」, 1, 이진우 옮김, 책세상, 2005, 10쪽.

5) 니체의 철학에서 춤은 상징적이고 은유적이다. 중요한 것은 이 개념이 건강한 삶을 표현하는 상징과 은유로 사용되고 있다는 것이다(Günter Gödde, Jörg Zirfas, *Einleitung. Friedrich Nietzsche und die Vitalisierung der Lebenskunst*, in: Nietzsche und die Lebenskunst. Ein philosophisch-psychologisches Kompendium, Günter Gödde, Nikolaos Loukidelis, Jörg Zirfas (Hrsg.), Stuttgart, 2016, p. 19 참조), Andreas Mascha, *Nietzsche und der Tanz*, in: Der Mensch-sein eigenes Experiment? Kolloquium 2003 des Nietzsche-Forums München und Vorträge aus den Jahren 2003-2005, Beatrix Vogel (Hrsg.), München, 2008, p. 471 참조.

체화된다. 신화가 슬픔 없는 기쁨, 불행 없는 행복을 추구하지 않는 이유는 바로 그 안에 담긴 디오니소스적 비극 정신 때문이다.

니체에게 있어 고통을 긍정할 수 없다는 것은 결국 내 안으로부터 실존의 변화를 도출할 수도, 긍정할 수도 없다는 것을 의미한다. 그리스인에 대한 니체의 이해처럼 그들이 삶을 신화적으로 해석했을 때, 고통에 의한 비극은 오히려 그들 삶의 상승과 성장을 위한 자극으로 작용했다. 삶이 예술이 되기 위해서는, 삶을 바라보는 관점이 이성이 아니라, 비극적이고 예술적이어야만 한다.

이러한 의미에서 "예술. 문화의 개념. 학문의 투쟁"[6]에 담긴 짧은 계획에는 문화에 대한 니체의 고민이 담겨 있다. 그에게 있어 문화는 고통의 해결이 아니라, 해석의 토대로서의 역할을 해야만 한다. 즉 문화는 학문이 아니라, 예술의 관점으로 삶과 고통을 바라볼 수 있어야만 한다. 우리는 여기서 『비극의 탄생』의 문제의식을 대변하는 다음의 명제를 떠올리게 된다. "학문은 예술가의 광학으로 바라보지만, 예술은 삶의 광학으로 바라본다."[7]

이렇듯 건강한 문화는 이성과 언어가 아니라, 신화 속에 담겨 있는 디오니소스적인 의지와 열정이 매 순간 고통을 넘어서는 긍정의 춤으로 표출되는 토대로서의 역할을 해야만 한다. 문화의 건강성은 예술과 삶, 삶과 예술의 관계에 달려 있다. 그리고 이때 예술은 삶을 박물관에 전시하듯 그 가치를 학문적으로 해석하는 것일 수 없다. 삶은 생명의 예술이기에, 예술은 삶을 생명이 살아가는 모습 그 자체로 긍정할 수 있을 때 최고의 가치를 가지게 된다.

---

6)   니체, 『유고(1872년 여름~1874년 말)』, 23[28], 181쪽.

7)   니체, 『비극의 탄생』, 「자기비판의 시도」, 2, 12쪽.

문화 — 예술의 삶에 대한 지배. 문화적 품격의 정도는 우선 이런 지배 정도에 달려 있다. 둘째로 예술의 가치 자체에 달려 있다.[8]

2) 비극과 음악

신화와 비극이 인간과 그가 겪는 고통의 의미와 가치를 이론적으로 평가하지 않는 것처럼, 음악 역시 이성적인 방식으로 평가될 수 없다. 디오니소스를 근본조건으로 공유하는 한, 비극, 인간, 고통, 삶, 음악은 서로 다른 차원을 가질 수 없다. "음악은 생(生)의 메타포다. […] 음악은 생이 마땅히 취해야 할 모습의 메타포다."[9] 비극 정신은 고통마저도 삶의 화음을 구성하는 조건으로 긍정하는 디오니소스적 · 예술적 음악정신이기도 하다.

만약 삶이 다양한 화음으로 구성된 음악이라면, 행복과 불행, 기쁨과 슬픔, 사랑과 이별, 건강과 병 중 그 어느 것도 부정될 수 없다. 행복, 기쁨, 사랑, 건강에 반한 불행, 슬픔, 이별, 병의 가치들이 고통을 준다는 이유로 부정하지 않고, 용감하게 대면하는 가운데 삶을 긍정할 수밖에 없는 이유가 그리스의 신화와 비극 정신에 담겨 있다. 니체가 그리스인들의 삶을 대변하는 "디오니소스적인 것"이 고통에 대한 그들의 "감수성", 즉 고통에 대한 디오니소스적 긍정이라고 말하는 이유는 이때문이다.[10]

이러한 의미에서 힘의 증대와 감소의 생명원리를 바탕으로 상승과 하

---

8) 니체, 『유고(1872년 여름~1874년 말)』, 19[310], 129쪽.
9) 조르주 리에베르, 『니체와 음악』, 이세진 옮김, 북노마드, 2016, 14쪽.
10) 니체, 『비극의 탄생』, 「자기비판의 시도」, 4, 14쪽 참조.

강, 성장과 퇴화, 건강과 병의 실존적 관계를 도출하는 존재원리로서의 "힘에의 의지"는 단 한순간도 정지하지 않고 끊임없이 활동하는 비극적 사유의 원리이자 춤의 원리이기도 하다. 춤은 삶의 쾌감으로 표출되지만, 불쾌감에 의한 자극으로부터 시작되기 때문에 힘에의 의지와 사상적 연관성을 가질 수밖에 없다.[11] 보다 구체적으로, 춤은 무조건 힘의 충만으로 이루어지는 것이 아니라, 힘의 감소로 인해 더욱 강렬한 자기극복과 긍정의 몸짓, 즉 생생한 리듬과 멜로디를 만들어낸다. 그리고 인간은 이러한 생명의 힘을 춤 속에서, 즉 자신의 존재를 구성하는 육체와 영혼의 힘을 함께 발현할 때 온전히 느끼게 된다.[12] 모든 생명이 춤을 출 수밖에 없는 이유는 이때문이다. 그리고 건강한 생명의 문화가 모든 인간을 춤출 수밖에 없도록 만드는 이유 또한 이때문이다.

중요한 것은 삶의 그 어떤 가치도 이원화하지 않고, 유기적 생명의 활동으로 일원화하는 춤과 음악 역시 유기적인 관계를 맺고 있다는 것이다. 고통을 삶의 — 실존적 화음의 — 조건으로 긍정하지 못하는 음악정신은 결국 춤을 출 수 없는 정신과 다르지 않다. 아폴론적 조형과 달리 디오니소스적 음악은 이미 조형된 것이라도 언제라도 다시 새롭게 조형될 수 있도록 자극하는 변화의 본질적인 토대, 즉 창조와 파괴의 토대로 작용한다. 이렇듯 비극과 음악정신은 고통 속에서도 숭고하고 웅장한 실존의 리듬과 멜로디를 창조해내며 삶에 내재한 생명력을 드러내는 사유의 양식, 다시 말해 춤추는 사유의 양식이다.

---

11) Günter Gödde, Jörg Zirfas, *Einleitung. Friedrich Nietzsche und die Vitalisierung der Lebenskunst*, 20쪽 참조. Fredrik Agell, *Die Frage nach dem Sinn des Lebens. Über Erkenntnis und Kunst im Denken Nietzsches*, München, 2006, p. 200 참조.

12) Renate Reschke, *Die andere Perspektive. Ein Gott, der zu tanzen verstünde. Eine Skizze zur Ästhetik des Dionysischen im Zarathustra*, in: Also sprach Zarathustra, Volker Gerhardt(HJrsg.), Berlin, 2000, p. 279 참조.

이러한 의미에서 "음악이 없는 삶은 하나의 오류이다"[13]라는 니체의 말은 음악과 삶을 유기적으로 이해하고 있다는 측면에서 이 관계에 대한 니체의 철학적 관점을 잘 보여준다. 니체의 견해를 바탕으로 음악이 없는 문화 역시 오류일 수밖에 없으며, 결과적으로 병든 문화일 수밖에 없다는 사실을 추론할 수 있다. 삶에 음악이 없다는 것은, ① 삶을 신화적·디오니소스적·비극적으로 긍정할 수 없다는 것을, ② 삶에 도취되어 고통 속에서도 자신 안에 내재된 변화의 가능성을 실현하는 영웅적 감정을 느낄 수 없다는 것을 의미한다. 그리고 이 반대의 경우는 비극이 음악을 통해 관객에게 전달하는 힘, 즉 카타르시스이다.

비극은 음악의 최고 황홀경을 자신 속으로 빨아들여 우리에게서처럼
그리스인들에게서 직접 그 음악을 완성시킨다. 그 다음 비극적 신화와
비극적 주인공을 그 옆에 세운다. 이 비극의 주인공은 힘 센 거인처럼 디
오니소스적 세계 전체를 자기 등에 짊어지고 우리의 짐을 덜어준다.[14]

위에서 잠시 언급되었던 것처럼, 고통에 대해 그리스인들이 갖고 있던 "감수성(Sensibilität)"[15]이 바로 음악적 사고의 조건인 것이다. 그들의 감수성은 고통을 학문적으로 관찰하며 극복할 수 없는 것, 다시 말해 불안과 두려움을 주는 것으로 확정하지 않았다. 오히려 그들은 고통을 삶의 본질적인 조건으로서 긍정했다. 그들이 가진 "염세주의"에 대한 감수성의 관점에서 니체는 삶에 대한 이론적이고 학문적인 사고를 향해 다음과 같은 의문을 던진

---

13) 니체, 『우상의 황혼』, 「잠언과 화살」, 33, 백승영 옮김, 책세상, 2002, 83쪽.
14) 니체, 『비극의 탄생』, 21, 154쪽. "음악이 우리에게 불러일으킨 최고의 감흥과 저 음악 사이에
 비극적 신화와 비극의 주인공이 끼어든다."(니체, 『비극의 탄생』, 21, 156쪽)
15) 니체, 『비극의 탄생』, 「자기비판의 시도」, 4, 14쪽 참조.

다. "학문은 어쩌면 염세주의에 대한 공포와 도피에 불과한 것이 아닌가?"[16] 삶을 염세적으로 바라보는 사람이 긍정의 춤을 출 수 없는 것은 당연하다.

　문화 역시 마찬가지이다. 음악이 없는 문화는 평균적 가치세계로부터 해방될 수 없기 때문에 위버멘쉬로의 실존적 변화를 허용할 수 없다. 문화의 건강성은 — 마치 음악처럼 절대적·보편적 형식을 강요하지 않고 — 인간의 정신과 의지의 내적 변화를 자극하고, 그의 예술적 변화의 실현을 위한 춤의 무대로서의 역할을 할 수 있을 때 비로소 실현될 수 있다. 문화의 본질적인 조건이 인간이기 때문에 건강한 문화는 인간의 자연성을, 다시 말해 인간 내면의 힘에의 의지가 춤을 추듯 자유롭게 표출될 수 있는 토대여야만 한다. 니체가 학문이 아니라, 예술을 통해 문화를 건설하고자 하는 이유는 이때문이다.

> 예술의 진실성: 이제 오직 예술만이 정직하다.
> 우리는 그렇게 엄청난 우회로를 통해 다시 자연적인 태도로 회귀한다(그리스인의 경우). 지식(Wissen)으로 문화를 건설하는 것은 불가능한 것으로 증명되었다.[17]

　신화에 대한 이해를 바탕으로 고유한 철학적 사유의 양식을 창조한 니체에게 있어 비극은 문화의 조건이고, 음악은 삶의 실재를 사유하는 인식의 방법이며, 춤은 삶을 긍정하는 태도에 대한 통일적인 표현이다. 이를 인간학적으로 표현하면, 신화와 비극은 정신의 "마법"이고, 음악은 이러한 긍정의 감정을 내 안에 가득 채우는 존재의 예술이며, 춤은 내가 나를 넘어서는 긍

---

16)　같은 책, 「자기비판의 시도」, 1, 11쪽.
17)　니체, 『유고(1872년 여름~1874년 말)』, 19[105], 53쪽.

정의 표출이다.

> 인간은 노래하고 춤추면서 보다 높은 공동체의 일원임을 표현한다. 그는 걷는 법과 말하는 법을 잊어버리고, 춤추며 허공으로 날아오르려 한다. 그가 마법에 걸려 있음이 그의 몸짓에 나타난다. [...] 인간은 더 이상 예술가가 아니다. 그는 예술작품이 되어버린 것이다."[18]

소크라테스적 이성과 알렉산드리아 문화에 니체의 비판처럼, 신화가 문화적 토대로서의 역할을 할 수 없을 때에는 춤 역시 몸에 대한 이성중심 주의적인 지식과 교육에 의한 활동으로 전락할 수밖에 없다.[19] 그 어느 시기와 저서보다 문화에 대한 많은 견해를 제시한 1870년대 그의 철학의 초기에는 철학자와 문화의 관계를 해명하고자 했던 시도가 자주 발견된다. 그리고 이 해명의 시도는 다음과 같은 강한 비판적 문제의식으로부터 시작된다. "하나의 문화, 저 소크라테스-알렉산드리아적 문화는 현재의 교양처럼 연약하고 허약한 정점에 도달하면서 살 만큼 산 것이 아닌가?"[20] 하지만 수많은 그 시도들을 대변하는 문제의식은 소크라테스와 비극의 죽음, 다시 말해 이성중심적 사고로 인해 신화와 비극 그리고 음악의 역할이 퇴화되었다는 것이었다.

> 우리의 현대 세계는 알렉산드리아 문화의 그물에 사로잡혀서 최고의 인식 능력을 갖추고 학문을 위해 봉사하는 이론적 인간을 이상으로

---

18) 니체, 『비극의 탄생』, 1, 34-35쪽.
19) 같은 책, 12, 100-103쪽, 17, 133-134쪽 참조.
20) 같은 책, 20, 151쪽.

알고 있다. 이 이론적 인간의 원형이 바로 소크라테스이다. 우리의 모든
교육 수단은 원래 이 이상을 염두에 두고 있다.[21]

이렇듯 문화를 삶을 사고하는 양식의 총체로 이해하는 니체에게 있
어 철학과 철학자는 건강한 미래 문화, 즉 춤을 추는 문화의 조건을 탐구하
는 역할을 할 수 있어야만 한다. "소크라테스. 철학자와 문화. [⋯] 철학자들
의 생성(Entstehung) 그리고 — 미래 문화를 위한 철학자의 법정."[22] 이러한 문
제의식은 후기에 이르러 유럽의 문화에 대한 진단으로 전개된다. 그리고 니
체가 유럽에 만연한 병의 원인으로 진단한 데카당스 증상으로서 "의지의
병(Krankheit des Willens)", 이 증상에 대한 보다 구체적인 명칭으로서 "의지마비
증(Willenslähmung)"은 삶의 의미와 가치창조의 자유를 허용하지 않는 당시의
경직된 문화를 겨냥한 문제의식이었다.[23] 문화가 아폴론적일 때에는 삶 역
시 아폴론적일 수밖에 없다. 하지만 인간이 영혼과 육체가 유기적으로 합일
된 몸의 존재이듯이, 삶 역시 인식이 아니라 이성과 감정, 인식과 실천으로
조형되는 살아있는 예술작품이다. 이렇듯 실존의 예술적 창조와 문화는 유
기적인 관계를 맺고 있다.[24]

나아가 삶은 일시적인 아폴론적 위안이 아니라, 여전히 살아가야만 하

---

21) 같은 책, 18, 135쪽.
22) 니체, 『유고(1872년 여름~1874년 말)』, 19[89], 47쪽.
23) 니체, 『선악의 저편』, 208, 김정현 옮김, 책세상, 2005, 181쪽.
24) 니체가 희망하는 건강한 문화는 창조적 개인의 문화적 자기생산, 즉 모든 개인이 시도하는 실
존의 변화가 문화와의 유기적 관계 속에서 자유롭게 실현되는 것이다. 수많은 개인들의 자유
로운 변화는 곧 문화의 변화를 의미한다(Volker Gerhardt, *Sensation und Existenz. Nietzsche nach*
hundert Jahren, in: Jan-Christoph Heilinger und Nikolaos Loukidelis (Hrsg.), Die Funken des
freien Geistes, Beriln/NewYork, 2011, p. 155 참조. Volker Gerhardt, *Der Sinn der Erde. Zur Kritik*
von Nietzsches Religionskritik, in: Jan-Christoph Heilinger und Nikolaos Loukidelis (Hrsg.), Die
Funken des freien Geistes, Beriln/NewYork, 2011, pp. 358-359 참조).

는 실존의 문제로서 지금 이 순간 디오니소스적으로 삶을 긍정하고 창조의 춤을 추어야만 하는 과제를 안고 있다. 그리고 춤추는 문화는 신화와 디오니소스, 비극과 음악을 조건으로 할 때에야 비로소 춤추는 삶을 긍정하는 건강한 문화로서의 역할을, 다시 말해 인간과 삶을 상승, 성장, 건강으로 고양시키는 역할을 할 수 있게 된다.

2.
춤과 음악:
바그너의 경우

1) 춤과 예술생리학

춤과 음악은 불가분의 관계를 맺고 있다. 세상의 모든 음악이 몸의 움직임과 리듬에 의한 춤을 가능하게 하는 것은 아니지만, 청자를 춤출 수 있는 상태로, 다시 말해 '예술적 상태'로 만들어주는 것은 분명하다. 예를 들어 내가 내 실존의 예술가로서의 삶을 살 수 있는 이유가 자신의 삶을 예술작품으로 긍정하고, 스스로 자기 삶의 조건이자 재료가 되어야 할 때이듯이, 삶의 모든 순간 춤을 출 수 있는 이유도 음악이 나로부터 흘러나올 때일 것이다. 삶의 다양한 경험들은 심장박동의 음조(音調)에 맞춰 매 순간 새로운 리듬과 멜로디를 만들어내고, 이에 감응하는 정신과 의지는 춤으로 표출된다.

니체에게 있어 춤은 예술적 영역임과 동시에 심리적이고 생리적인 영역이다. 한 인간이 내면의 수많은 정념(Pathos)을 통해서 발산하는 삶에 대한 만족과 충만으로부터 그를 춤추는 기분이 들게 만들고, 또한 마치 그가 춤을 추는 것처럼 행복하게 보이도록 만드는 것이 니체가 제시하는 '존재의 춤'이다. 자기 자신에 대한 이러한 행복의 감정 속에서 춤추는 자는 더 이상 자신의 행위를 선과 악, 옳고 그름의 관점에서 판단하지 않을 것이다. 그리고 자유로운 정신과 의지의 소유자로서의 위버멘쉬는 스스로 창조한 행복 속에서 마치 춤을 추듯 자신만의 고유한 미래를, 즉 "위버멘쉬적 미래"[25]를 향해 나아갈 것이다.

> 우리의 양심에는 음악이, 우리의 정신에는 춤이 있으며, 그 어떤 청교 도의 연도(連禱)도 그 어떤 도덕의 설교나 속물주의도 거기에 음조를 맞 출 수 없을 것이다.[26]

인간이 호흡하며 발생시키는 생명의 박동 역시 음악이다. 음악은 내 행위를 평가하는 도덕적 양심일 수도, 한 사회의 문화적 이념을 반영하는 것일 수도 없다. 인간의 정신과 의지는 생성하는 대지의 박동과 그 리듬에 따라 생기하며 조화를 이루는 존재이다. 음악적 정신은 보며 평가하는 것이 아니라, 들으며 참여하는 것이다. 이 정신은 보편적인 형식 속에서 삶을 논리적으로 사유하지 않는다. 오히려 창조적인 변화 속에서 삶을 생동하는 것으로 사유한다. 음악 속에서 정신은 고통을 평가하지 않는다. 예술은 삶의 고통을 해석하는 실존의 도구로서, 고통 속에서도 삶을 긍정할 수 있도록 인간을 "즐거운(angenehm)" 존재로, 즉 춤을 출 수 있는 존재로 만들어줄 수 있어야만 한다.[27]

---

25) 니체, 『유고(1884년 초~가을)』, 정동호 옮김, 책세상, 2004, 390쪽.

26) 니체, 『선악의 저편』, 216, 199쪽.

27) "예술은 무엇보다 그리고 궁극적으로 삶을 미화해야 하고 그리하여 우리 자신이 다른 사람에 게 참아낼 수 있고 가능하다면 즐거운 존재로 만들어주어야 한다. […] 따라서 예술은, 어떠한 노력을 하더라도 인간 본성의 기원에 따라 되풀이해서 솟아나오게 되는 저 고통스러운 것, 끔

예술에 대한 니체의 이러한 관점은 관객의 정신과 의지를 춤추게 만들수 없는 바그너의 음악을 "무능력"으로 치부하기도 한다.[28] 이러한 의미에서 니체는 바그너의 "무한선율(unendliche Melodie)"을 언급하며 그의 음악이 춤이 아니라, 오히려 "신중함(Besonnenheit)"을 요구한다고 비판하기도 한다.[29] 니체에게 있어 춤은 신중함이 아니라, 오히려 도취와 광기가 본질적인 의미를 가진다. 춤은 디오니소스의 비밀을 드러내는 역할을 하지만, 엄밀하게 말하면 그의 비밀이 춤이다.[30]

또한 『차라투스트라는 이렇게 말했다』의 「서문」에 등장하는 "줄타기를 하는 광대(Seiltänzer)"[31]가 "사랑받아 마땅한"[32] 존재가 될 수밖에 없는 비밀 역시 그의 춤에 담겨 있다. 이러한 의미에서 광대에 대한 니체의 인간학적 의도는 외줄 위에서 위태롭게 추는 그의 춤이 삶에 대한 불안과 두려움을 실존의 조건으로 긍정하며 나를 넘어서는 극복의 행위라는 사실을 드러내기 위함이다. 니체에게 있어 춤은 불안과 두려움, 즉 고통을 망각하기 위한 행위가 아니라, 이러한 이유로 춤을 추지 못할 이유가 없다는 디오니소스적 · 비극적 긍정으로부터 발생하는 것이다. 그래서 니체가 요구하는 실존의 춤은 고통이 없는 평정과 평온함(음악적인 관점에서 바그너의 "무한선율")이 아

찍한 것, 혐오스러운 것과 같은 저 모든 추악한 것을 은폐하거나 새로 해석해야 한다: 즉 예술은 정열과 정신적 고통과 불안의 관점에서 꾸려나가야 하고, 피할 수 없거나 극복할 수 없는 추악한 것 속에서 의미 있는 것을 투명하게 비춰주어야 한다. 이 위대한, 아니 너무나 위대한 사명에 따르면 이른바 원래의 예술, 즉 예술 작품으로서의 예술은 하나의 부속물일 뿐이다."(니체, 『인간적인 너무나 인간적인 II』, 174, 김미기 옮김, 책세상, 2002, 113쪽)

28) 니체, 『유고(1885년 가을~1887년 가을)』, 2[101], 이진우 옮김, 책세상, 2005, 138쪽.
29) 니체, 『인간적인 너무나 인간적인 II』, 134, 89쪽 참조.
30) Jutta Georg-Lauer, *Dionysos und Parsifal. Eine Studie zu Nietzsche und Wagner*, Würzburg, 2011, p. 33 참조.
31) 니체, 『차라투스트라는 이렇게 말했다』, 「서문」, 5, 27쪽 참조.
32) 니체, 『차라투스트라는 이렇게 말했다』, 「서문」, 4, 21쪽.

니라, 오히려 흔들리는 줄 위에서도 삶을 향해 한 걸음 나아가기 위한 선택과 결심으로부터 시작되어야만 하는 것이다. 춤추지 않는다는 사실이 실존의 병일 수밖에 없는 이유는 이때문이다.

> 내게 필요한 것은 고통을 잊을 수 있는 음악이다. 동물적인 삶이 신처럼 느끼고 승리감을 구가하는 음악이다. 춤을 추고 싶은 음악. 냉소적으로 말한다면, 소화가 잘되는 음악일 것이다. 가볍고 대담하고 자기 확신에 차 있으며 생기발랄한 리듬으로 삶을 가볍게 해주며, 부드럽고 선한 황금의 선율들로 삶을 금빛 찬란하게 만드는 음악 — 내가 음악 전체로부터 취하는 것은 이것이다. 근본적으로는 몇 개의 박자만 있으면 내게 충분하다. 바그너는 처음부터 끝까지 내게 불가능하게 되었다. 그는 춤을 추는 것은 고사하고 걸을 수도 없기 때문이다. 그러나 이는 생리학적 판단이지 미학적 판단이 아니다: 단지 — 내게는 이제 미학이 없다! 그는 갈 수 있는가? 그는 춤출 수 있는가?[33]

예술의 발생원리와 가치를 생리학적으로 해석한 후기 유고의 예술생리학에 대한 니체의 견해는 다음과 같은 말로 대변된다. "어째서 '미' 가치는 전적으로 인간 중심적인 것인지: 성장과 진보를 위한 생물학적 전제들로 환원될 수 있는 것인지"[34] 예술생리학은 예술이 정신적 관조의 영역에 국한되지 않고, 호흡, 발, 근육, 위, 심장, 혈관, 내장 등, 몸을 구성하는 모든 생물학적 기관들까지도 힘의 생기로 작용하는 생리학의 영역으로 이해한다.

"도취"를 힘의 증대와 충만의 느낌으로 규정하고, 이러한 상태로부터

---

33)　니체, 『유고(1885년 가을~1887년 가을)』, 7[7], 349쪽.
34)　니체, 『유고(1888년 초~1889년 1월 초)』, 17[9], 403쪽.

삶의 "미화(Verschönerung)"가 시작된다는 니체의 견해[35]처럼, 힘이 증대되고 충만하다는 쾌의 느낌 속에서는 자기 자신과 삶을 바라보는 관점은 본질적으로 변화된다. 다시 말해 도취로 대변되는 예술적 실존 속에서 인간은 자신의 삶을 아름답게 인식하며 스스로 춤추는 삶을 살고 있다고 인식한다. 이와 반대로 "추함(Häßlichkeit)"은 힘의 하강과 쇠퇴, 즉 데카당스 증상으로서 춤을 출 수 없는 비예술적 실존을 의미한다.

> 도취라고 명명되는 쾌의 상태는 정확히 고도의 힘 느낌인 것이다.
> [···] 근육의 지배 감정으로서의(als Herrschaftsgefühl in den Muskeln), 운동에서의 유연성과 쾌감으로서의, 춤으로서의(als Tanz), 경쾌함과 프레스토로서의 강함 [···] 강함을 입증하는 데서 느끼는 쾌감으로서의, 걸작과 모험과 대담함과 개의치 않는 존재로서의 강함 [···][36]

비예술적 실존은 니체가 『차라투스트라는 이렇게 말했다』의 「중력의 악령에 대하여」에서 진단하는 것처럼, 삶이 춤을 출 정도로 즐거울 수 없다는 무거운 정신과 의지의 병이다.[37] 구체적으로 표현하면 이 병은 자신의 삶을 춤추게 할 수 있는 힘을 가지고 있음에도 불구하고, 나로부터 벗어난 가치를 맹목적으로 추구하며 가진 힘을 모두 소진하는 증상으로 대변된다. 예술생리학에서 "도취"가 중요한 이유는 바로 이 감정이 인간 안에 내재된 심리학적·생리학적 힘을 온전히 경험하는 기회를 제공하기 때문이다. 그리고 이 기회는 결국 인간의 '예술적 상태'를 발생시키고 '존재의 예술'을 실현

---

35) 같은 책, 17[9], 403쪽.
36) 같은 책, 14[117], 111쪽.
37) 니체, 『차라투스트라는 이렇게 말했다』, 「중력의 악령에 대하여」, 320-326쪽 참조.

하는 토대로 작용한다. 그래서 니체는 예술생리학적 관점에서 바그너를 생리학적으로 비판하고, 그 비판의 근거를 "그는 춤출 수 있는가?"라는 물음으로 제시하는 것이다.[38]

바그너에 대한 니체의 비판은 결코 미학적 판단이 아니라, 생리학적 판단이다. 만약 바그너가 춤을 추는 예술가가 아니라면, 그의 예술과 그 음악을 듣는 청중 역시 춤을 출 수 없을 것이다. 이렇듯 니체는 음악이 미학적 판단의 대상이 되는 것을 경계했다. 그 이유는 그렇게 되는 순간, 예술생리학은 — "응용생리학(eine angewandte Physiologie)"[39]이라는 명칭처럼 — 인간과 삶에 응용하는 철학적 실존의 영역에서 논의될 수 없을 것이기 때문이다. 결론적으로 예술생리학은 춤의 실존적·예술적 조건을 탐구하는 역할을 할 수 없게 된다. 이러한 문제에 대하여 니체는 『즐거운 학문』에서 보다 본질적으로 자신의 생각을 제시한다.

> 냉소주의자가 말한다. — 바그너의 음악에 대해 나는 생리적인 이의를 제기한다: 무엇 때문에 이것을 미학적 관용어로 가장해야 하는가? 내가 알고 있는 "사실"은 이 음악이 내게 작용하기 시작하면 호흡곤란을 겪는다는 것, 나의 발은 즉시 분노를 터뜨리며 반항한다는 것이다. — 내 발은 박자와 춤과 행진을 요구한다. 내 발이 음악에서 가장 원하는 것은 잘 걷고 활보하고 뛰고 춤추는 데서 느끼는 환희이다. — 그리고 내 위도 또한 항의하고 있지 않은가? 나의 심장은? 나의 혈관은? 나

---

38) 『바이로이트의 바그너』 이후 『바그너의 경우』에서 바그너를 예술생리학적 관점에서 예술의 타락이자 예술가의 타락으로 진단할 것을 예고한 이후, 이 비판은 여러 후기 유고 및 『니체 대 바그너』에 이르러 구체화되기 시작한다(니체, 『바그너의 경우』, 7, 백승영 옮김, 책세상, 2002, 36-37쪽).

39) 니체, 『바그너의 경우』, 7, 백승영 옮김, 책세상, 2002, 521쪽.

의 내장은? 나도 모르게 목이 쉬어버리지 않는가? — 그래서 나는 자신에게 이렇게 묻는다: 나의 전신(mein ganzer Leib)이 음악에서 원하는 것은 무엇일까? 내 생각에 그것은 몸과 마음이 가벼워지는 것이다: 모든 동물적 기능이 가볍고 대담하고 분방하고 자기 확신에 찬 리듬에 의해 촉진되는 것처럼, 쇳덩이 같은, 납덩이 같은 삶이 황금같이 뛰어나고 부드러운 조화에 의해 금빛을 내는 것처럼[40]

음악이 미학적 판단의 대상이 된다는 것에 대한 니체의 우려는 소크라테스와 에우리피데스에 대한 그의 비판에서 확인할 수 있는 것처럼, 언어와 대사, 배우의 연기가 중심이 되는 드라마적 전개 속에서 음악을 통한 디오니소스적 열정이 약해지기 때문이다.[41] 음악은 언어를 통해 비극을 전달하지 않는다. 언어적 전달은 이성적 · 지성적 이해가 선행되어야만 하지만, 음악은 직접적으로 정신과 의지에 비극적 감정을 전달한다. 음악은 이론적 형식으로부터 해방되어 인간의 깊은 내면에서 생동하는 의지에 삶을 향한 강한 정신을 전달한다. 이 점이 바로 니체가 음악에 거는 희망이고, 바그너를 비판하는 이유이기도 하다. "디오니소스적인 한 '개체'로서 영웅은 의지의 쾌감이고, 디오니소스 자체이다."[42]

"힘에의 의지가 어떤 형태로든 쇠퇴하는 곳에서는 언제나 생리적 퇴행이, 즉 데카당스가 있다"는 니체의 말처럼[43] 바그너의 음악은 생리학적 관점에서 힘에의 의지가 정지된 쇠퇴와 퇴행의 증상, 즉 데카당스일 뿐이다. 힘에의 의지가 정지된 상태, 다시 말해 영혼과 육체가 유기적으로 소통하는

---

40) 니체, 『즐거운 학문』, 368, 안성찬 · 홍사현 옮김, 책세상, 2005, 369-370쪽.
41) 니체, 『비극의 탄생』, 12, 96-104/14, 111-114쪽 참조.
42) 니체, 『유고(1869년 가을~1872년 가을)』, 7[97], 최상욱 옮김, 책세상, 2001, 212쪽.
43) 니체, 『안티크리스트』, 17, 백승영 옮김, 책세상, 2002, 232쪽.

심리 · 생리학적 활동의 총체인 '몸(Leib)의 예술'이 불가능한 상태에서 춤을 기대하기란 어려울 것이다. 이러한 의미에서 니체는 바그너에 대한 자신의 생리학적 비판을 '춤출 수 없게 하는 것'이라고 단언하기도 한다.[44]

2) 춤과 디오니소스

음악이 전달하는 그리스적 · 디오니소스적 · 비극적 힘 속에서 청중들은 그 힘에 도취되어 어느새 디오니소스를 따르며 추종하는 합창단의 일원으로서 존재하며, 근원일자의 고통에 무언의 합일을 이루어야만 한다. 그리고 이 합일에 참여하는 몸짓 역시 춤으로 드러난다.[45] 하지만 1876년 바이로이트에서 니벨룽겐의 반지를 보고 난 후, 니체는 더 이상 청중들을 그리스적 · 비극적 합창 속으로 끌어들이지 못하고, 연기와 대사로 진행되는 극 — 니체의 표현에 의하면 "연극적인 것으로 된 예술"[46] — 을 이해하기 위해

---

44) 니체, 『니체 대 바그너』, 「위험으로서의 바그너」 1, 525-526쪽 참조.

45) "디오니소스적인 것의 마력 하에선 인간과 인간 사이의 연합만이 다시 이루어지는 것이 아니다. 소외되고, 적대적이거나 억압된 자연 역시 자신의 잃어버린 탕아, 즉 인간과의 화해의 제전을 다시 축하하게 된다. 대지는 자발적으로 선물을 제공하고, 암벽과 황야의 맹수들은 온순하게 다가온다. 디오니소스의 수레는 꽃과 화환으로 뒤덮이고, 그 멍에를 메고 표범과 호랑이가 걸어간다. [⋯] 이제 노예는 자유민이다. 이제 곤궁, 자의 혹은 "파렴치한 유행"이 인간들 사이에 심어놓은 완고하고 적대적인 모든 구분들이 부서진다. 이제, 세계의 조화라는 복음에서 각자는 자신의 이웃과 결합되고, 화해하고, 융해되어 있음을 느낄 뿐만 아니라, 마치 마야의 베일이 갈가리 찢겨져 신비로운 '근원적 일자(一者)' 앞에서 조각조각 펄럭이고 있는 것처럼 자신의 이웃과 하나가 됨을 느낄 것이다. 인간은 노래하고 춤추면서 보다 높은 공동체의 일원임을 표현한다. 그는 걷는 법과 말하는 법을 잊어버리고, 춤추며 허공으로 날아오르려 한다. 그가 마법에 걸려 있음이 그의 몸짓에 나타난다. [⋯] 인간은 더 이상 예술가가 아니다. 그는 예술작품이 되어버린 것이다."(니체, 『비극의 탄생』, 1, 34-35쪽)

46) 니체, 『바그너의 경우』, 7, 36쪽.

오히려 진지함을 요구하는 바그너의 음악에 큰 실망감을 갖게 된다.[47]

> "연극이 목적이며, 음악은 언제나 그 수단에 불과하다"는 것이 바그너의 이론이었지만, ─ 그가 실천한 것은 이와 반대로 시종일관 몸짓이 목적이며, 연극과 음악은 그 수단에 불과하다"는 것이었다. 그에게 음악은 연극적 몸짓과 배우의 감각을 명료하게 하고 강화하고 내면화하는 수단이다. 바그너의 연극은 수많은 연극적 몸짓을 표현하는 기회에 불과하다![48]

니벨룽겐의 반지에서 바그너가 제시하는 사랑과 헌신, 순결과 구원 그리고 이를 통한 인류의 평화는 결국 ─ 동정과 이웃사랑에 대한 그리스도교적 가치 비판에서 알 수 있듯이 ─ 니체가 철학적으로 추구하는 사랑과는 너무도 다른 것이었다. 바그너의 사랑이 보편적·이타적 이념이라면, 니체의 사랑은 오히려 이기적인 것이다. 보편적인 사랑은 이기적인 사랑의 가치를 폄하하지만, 이기적인 사랑은 보다 커다란 보편적 사랑을 창조할 수 있다. 그리고 니체가 새로운 미래문화의 토대로 제시하는 사랑은 동정(Mitleid)을 넘어선 것이었다. 이러한 의미에서 바그너의 음악은 한 인간이 자신의 삶과 그 안에 내재된 변화의 가능성들을 본질적으로 이해하는 데에 제한적일 수밖에 없었다. 하지만 디오니소스를 노래하는 그리스 비극은 결코 타인에 대한 동정과 사랑을 노래하지 않는다. 오히려 비극은 음악을 통해 고통의 의미를 부각시키며 관객의 정신을 다시 자신을 향해 깨어나도록,

---

47) "연극을 보러 갔을 때, 사람들은 자기 자신을 집에 두고 갑니다. […] 이곳에서는 가장 개인적인 양심도 "다수결"이라는 평준화의 마술에 예속됩니다."(니체, 『즐거운 학문』, 368, 371쪽)
48) 니체, 『즐거운 학문』, 368, 370쪽.

다시 말해 긍정하고 사랑하도록 자극함에 있다.

고통은 아폴론적으로 말하고 치유를 연기함으로써 사라지는 것이 아니라, 오히려 그 안에서 고통의 본질을 바라보고 참여할 때에야 비로소 치유된다. 그리고 고통의 치유는 제거가 아니라, 실존의 조건으로 긍정될 때 가능해진다. 니체의 예술철학에서 치유는 곧 긍정이다. 이렇듯 니체는 고통을 자신과 자신의 삶에 대한 긍정과 사랑으로, 즉 디오니소스적으로 승화시켜야만 하는 건강한 실존의 조건으로 해석한다. 삶에 대한 디오니소스적 정신은 춤으로 드러날 수밖에 없다. 그 이유는 니체에게 있어 춤은 "고통에서 탄생한 환희"[49]이기 때문이다. 그래서 그는 "음악"과 "서정시", 그리고 이와 더불어 "춤" 역시 "디오니소스적 상징적 표현"이라고 말하는 것이다.[50] 고대 그리스 문화에 대한 니체의 기대와 비극의 부활은 바로 춤추는 정신을 위한 문화적 토대를 만들기 위해서였다. 이러한 의미에서 니체는 다음과 같이 단적으로 말하기도 한다. "그리스적 본성은 춤에서 드러난다."[51]

삶은 마치 디오니소스의 비극처럼 존재의 근원에서만 이해할 수 있는 비밀스러운 이야기이다. 다시 한 번 언급하면, 바그너의 음악이 사람들을 춤출 수 없게 만드는 이유는 아폴론적인 서사의 드라마로서 끌어가는 과정에서 음악에 담긴 디오니소스적인 열정이 약해지기 때문이다. "비극의 전체 효과 면에서 디오니소스적인 것이 우위를 차지한다. 비극은 아폴론적 예술의 왕국에서는 울려 퍼질 수 없는 음을 내며 끝난다."[52] 비극의 아폴론적 특징은 드라마를 통해 삶을 형상화하지만, 디오니소스적 음악은 드라마를 초월하여 감상이 아니라, 열정으로 참여하게 만든다.

---

49) 니체, 『비극의 탄생』, 4, 48쪽.
50) 니체, 『유고(1869년 가을~1872년 가을)』, 8[7], 286쪽.
51) 니체, 『비극의 탄생』, 9, 76쪽.
52) 니체, 『비극의 탄생』, 21, 160쪽.

물론 내가 나를 이해하기 위해서는 아폴론의 이성적 힘이 큰 역할을 할 수 있겠지만, 내가 나를 분석하지 않고 직접 삶으로 들어가 체험하는 것은 디오니소스의 비극적이고 음악적인 힘에 의해 가능하다. 매 순간 나를 새롭게 인식하는 것이 아니라, 오히려 지금의 나를 포기할 때 새로운 나를 인식할 수 있듯이, 니체가 제시하는 음악적 인식은 아폴론적 인식을 깨뜨리고 새로운 나의 세계를 창조할 수 있는 기회를 제공해준다.

　　음악으로 전달된 열정 속에서 삶은 그 자체로 긍정되어 고통 속에서도 생의 의미를 포기하지 않게 된다. 그리고 이러한 디오니소스적 음악정신은 디오니소스적으로 춤추는 정신과 의지로 표출된다. 이렇듯 음악은 아폴론적 형식 속에서도 인간의 깊은 내면에서 생동하는 의지에 삶을 향한 디오니소스적 정신을 전달할 수 있어야만 한다. "그리스적인 것은 외면적으로 하나의 아름다운 춤이다. 비극이 동기를 부여하는 것은 완전히 아폴론적이다. […] 음악의 정신은 항상 더 내적인 것을 지시한다."[53]

　　청중은 음악에 담긴 디오니소스적·비극적 힘에 도취되어 어느새 디오니소스를 따르며 추종하는 합창단의 일원으로서만 존재할 뿐이다. 합창단은 춤추는 전체이며, 이로부터 무대와 관객의 대립은 사라진다.[54] 이에 대하여 니체는 다음과 같이 말하기도 한다. "원래 비극은 "합창"이었을 뿐, "연

---

53)　니체, 『유고(1869년 가을~1872년 가을)』, 7[94], 211쪽.

54)　"아티케 비극의 관객은 극장 주악석의 합창단에게서 자신을 재발견하고, 결국 근본적으로 청중과 합창단 사이의 대립이 없었다는 것을 항상 염두에 두어야 한다. 왜냐하면 모든 것이 춤추고 노래하는 사티로스의 사람들로 이루어지거나 혹은 이 사티로스에 의해 대변되는 사람들로 구성된 거대하고 숭고한 합창단이기 때문이다."(니체, 『비극의 탄생』, 8, 70쪽) 이진우, 「니체, 몸 그리고 '춤추는 사유'」, 『니체연구』 제25집(한국니체학회, 2014년 봄호), 7-40쪽 참조. Julia Pfefferkorn, "*Wer aber seinem Ziel nahe kommt, der tanzt,*" *Zu Nietzsches Tanx-Symbolik*, in Nietzsche, der Nihilismus udn die Zukünftigen, (Tübinger Zeitdiagnosen 2), Bamberg, 2014, p. 143 참조.

극"은 아니었다."[55] 합창단이 전달하는 디오니소스적인 힘에 제압되기도 하고 또한 그 힘을 소망하기도 하는 과정에서 음악은 청중들에게 그 어떤 대사도 부과하지 않는다.

음악 속에서 아폴론적 드라마에 대한 관조는 디오니소스적 합창에 의해 참여로 전환된다. 이 음악 속에서 청중들은 오직 디오니소스적 합창의 일원으로서만 존재할 뿐, 음악에 도취한 듯 연기하는 자가 아니다. 청중들에게 디오니소스의 비극적 고통과 뒤이어 찾아오는 삶에 대한 긍정과 영광은 "환영"과 같은 것이지만, 합창단의 음악은 이 환영 속에서 다시 한 번 자신의 삶을 이해하고 긍정하며 마침내 치유하는 '현실적인 것'으로 전환시켜준다.

> 이제 우리가 깨닫게 된 것은 행위를 포함한 모든 장면은 원래 본질상 하나의 환영으로만 간주되며, 유일한 "현실"은 이 환영을 생산하는 합창단, 즉 춤과 음, 말의 상징을 모두 사용하여 이 환영에 관해 말해주는 합창단이었다는 것이다. 합창단은 환영 속에서 자신들의 주인이며 스승인 디오니소스를 바라본다. 그렇기 때문에 그들은 영원히 봉사하는 합창단이다. 합창단은 이 신이 어떤 고통을 겪는지, 어떤 영광을 누리는지를 본다. 그래서 그 스스로 행동하지 않는다. 신에게 봉사하는 위치에 있는 합창단이 바로 자연의 가장 숭고한 표현, 즉 자연의 디오니소스적 표현인 것이다. [⋯] 그러므로 합창단은 자연처럼 도취 상태에서 신탁과 지혜를 말한다. 그는 함께 고통을 겪는 자로서 동시에 현자이며, 세상의 심장으로부터 널리 진리를 전하는 자이다. [56]

---

55) 니체, 『비극의 탄생』, 8, 74쪽.

56) 니체, 『비극의 탄생』, 8, 74쪽.

합창단이 디오니소스적 고통을 노래하고 관객이 이 음악에 도취될 때, 그들은 자신의 삶을 디오니소스적으로 긍정하며 디오니소스적 영광을 다시 느끼게 되는 것이다.[57] "디오니소스적으로 이해할 때, 합창은 함께 고통받는 개인들의 통일이다."[58] 디오니소스는 삶에 대한 충만 속에서 고통을 겪으며 결국 그 조건마저 긍정하는 존재이다. 두 번째 삶을 살며 세 번째 삶을 기약할 수 없는 이 신에게 춤추는 삶은 고통에 의해 부정될 수 있는 것이 아니다. 디오니소스에게 있어 춤은 삶을 향한 긍정과 사랑의 표현이다.

3) 춤과 위버멘쉬

니체는 디오니소스의 비극 정신을 음악의 조건으로 규정한다. 그리고 이 음악 속에서 추는 디오니소스적이고 비극적인 정신의 춤은 결코 삶을 부정하는 것일 수 없다. 이제 니체는 이러한 자기긍정의 춤을 위버멘쉬의 정신에 그대로 적용한다. 아래의 글은 이를 잘 보여준다.

위버멘쉬는 삶의 과잉 때문에 저 아편 흡입자의 병과 광기를 띠고 있으며 디오니소스적인 춤(der dionysische Tanz)을 출 수 있다. 그는 후유증으

---

57) "비극은 음악의 보편적인 효력과 디오니소스적 감수성을 가진 청중 사이에 고상한 비유, 즉 신화를 세워, 청중에게 마치 음악이 신화의 조형 세계에 생명을 불어넣을 수 있는 최고의 묘사 수단인 것과 같은 착각을 불러일으킨다. 이 고상한 착각을 신뢰하면서 비극은 이제 사지를 움직여 주신 찬가의 춤을 추고 아무런 걱정 없이 자유의 황홀한 느낌에 몰두한다."(같은 책, 21, 155쪽)

58) 니체,『유고(1869년 가을~1872년 가을)』, 7[97], 212쪽.

로 고통을 겪지 않는다.[59]

위의 글로부터 유추할 수 있듯이, 디오니소스의 비극 정신은 니체철학의 후기에 이르러 존재를 해석하는 관점과 더불어 건강한 인간의 조건으로 구체화된다. 위버멘쉬가 자신의 삶을 사랑하는 방식은 『차라투스트라는 이렇게 말했다』에 등장하는 시장터의 자기보존적 인간유형, 즉 마지막 인간의 눈에는 정신적으로 이상하고, 건강하지 못하며, 광기에 휩싸인 사람으로, 다시 말해 디오니소스적으로 보일 것이다. 하지만 니체는 이 광기를 고통 속에서 춤을 추는 비극 정신을 가진 "그리스인의 명랑성"[60]으로, 니체의 또 다른 표현에 의하면 "신의 영역에서 내려온 듯한 […] 명랑성"[61]으로 이해한다. 지금 이 순간 주어진 그대로의 삶을 긍정할 수 없는 자에게 삶은 작은 고통에도 우울로 가득 차게 된다. 니체는 우울을 치유하기 위해 우울 자체에 대한 긍정을 제시하지는 않는다. 그는 우울한 감정을 발생시킨 사건이나 상황이 아니라, 그 안에 서 있는 인간의 존재 자체에 대한 디오니소스적·비극적 긍정을 요청한다. 이러한 그의 치유방법이 바그너와 대립될 수밖에 없는 이유는 이때문이다.

> 나는 그대에게 광란의 춤(der verzückte Tanz)을 가르치겠다. 왜냐하면 그대는 모든 인간 중 가장 우울한 자이기 때문이다. 나는 광기를 통해서

59) 니체, 『유고(1882년 7월~1883/84년 겨울)』, 4[75], 박찬국 옮김, 책세상, 2005, 174쪽.
60) 니체, 『비극의 탄생』, 9, 77쪽. "니체는 『비극의 탄생』에서 건강한 실존의 명랑성을 "알렉산드리아적 명랑성"에 반한 "그리스적 명랑성"이라고 표현하기도 한다."(니체, 『비극의 탄생』, 17, 134쪽)
61) 니체, 『비극의 탄생』, 9, 78쪽.

그대의 우울을 치유하겠다.[62]

우울은 자기인식의 병이다. 즉 이 병은 고통이 문제가 아니라, 고통 속의 자신을 사랑하지 못하고, 고통이 다시 자기 자신을 사랑할 수 있는 기회로 긍정하지 못하는 자기인식의 병이다. 고통이 없는 상태가 아니라, 고통속에서도 삶을 사랑하는 방법을 전하는 그리스의 정신이 바로 비극 정신이다. 하지만 고통 속에서 우울을 인식하고, 다시 고통 속에서 우울을 치유하는 디오니소스적 긍정과 사랑은 매 순간 춤을 출 수 있는 강력하고도 — 시장터의 "마지막 인간"의 관점에서 — 위험한 특성이기도 하다. 낭만주의 역시 비극적이지만, 비극을 넘어서지 못하는 이유로 니체의 비판의 대상이 될수밖에 없었다. 니체가 예술을 통해, 보다 구체적으로는 음악을 통해 강화하고자 하는 실존의 조건은 바로 비극 속에서 춤을 출 수 있는 긍정과 사랑의정신인 것이다. 니체에게 있어 비극에서 음악이 차지하는 역할은 비극 속에서 인간이 자신의 고통 속으로 침몰하지 않도록 만들어주는 정신의 깨어남인 것이다.

> 비극이 그리스인에게 그랬듯이 우리에게도 모든 예방 치료 능력(aller prophylaktischen Heilkräfte)의 진수로 또 민족의 가장 강력한 특성과 가장 위험한 특성 사이를 지배하는 매개자로 등장할 때, 비로소 우리는 그 가치를 알게 될 것이다.[63]

---

62) 니체, 『유고(1882년 7월~1883/84년 겨울)』, 13[1], 582쪽.
63) 니체, 『비극의 탄생』, 21, 154쪽.

자신을 춤추게 만드는 신, 즉 "춤을 추는 신(der tanzende Gott)"[64]만을 믿겠다는 차라투스트라의 고백처럼, 춤을 추게 만드는 '음악'과 인간 그 자체를 구성하는 영혼과 육체, 즉 몸을 춤의 조건으로 긍정하는 니체에게 있어 '춤'은 실존적 건강의 메타포인 것이다. 춤이 인간 그 자체로부터 발현된다는 것은 곧 춤이 삶 그 자체의 문제라는 것을 의미한다.

신화가 사라진 시대는 우울한 자들의 시대이다. 그 시대의 치유를 위해서 새로운 문화의 조건으로 디오니소스를 제시하는 니체의 시도를 부정할 수는 없을 것이다. 그 이유는 이 신의 비극 정신으로부터 음악도, 춤도 건강의 조건으로 긍정되기 때문이다. 그렇다면 춤을 출 수 없는 문화적 조건이 있다면 무엇일까? 니체가 근대의 교육과 교양을 디오니소스적 관점에서 비판하는 이유는 그러한 문화 속에서 춤추는 삶이, 다시 말해 춤추고자 하는 정신과 의지의 자유가 억압될 수밖에 없기 때문이다.

---

64)   니체, 『차라투스트라는 이렇게 말했다』, 「읽기와 쓰기에 대하여」, 66쪽.

3.
춤의
장애

1) 춤과 문화

　니체에게 있어 "춤"은 "위대한 문화의 결정적인 표시"[65]이다. 그에 의하면 건강한 문화는 그 시대를 살아가는 사람들의 인식을 학문적으로 경화시키지 않고, 자유롭고 다양한 인식의 토대로서의 역할을 해야만 한다. 문화는 인간의 인식이 마치 춤을 추는 것과 같은 정신의 자유를 긍정할 수 있어야만 한다. "높은 문화는 과감한 춤과 비슷하게 보일 것이다. 왜냐하면 그것에는 앞서 말한 바와 같이 많은 힘과 유연성이 필요하니까."[66] 하지만 이 자유는 본질적으로 한 민족이 가진 힘과 사고의 유연성, 다시 말해 세계와 삶을 이론적 · 학문적으로 규정하고자 하는 "절제되지 않은 지식 충동"[67]으로부

---

65)　니체, 『인간적인 너무나 인간적인 I』, 278, 김미기 옮김, 책세상, 2003, 274쪽.

66)　니체, 『인간적인 너무나 인간적인 I』, 278, 274쪽.

67)　니체, 『그리스 비극시대의 철학』, 1, 이진우 옮김, 책세상, 2005, 357쪽.

터 벗어나 구체적인 삶의 가치를 추구하는 "전형적인 철학자적 지성"[68]으로 부터 발현된다. 절대적이고 이론적인 가치를 추구할 때 철학은 문화를 병들 게 할 뿐이다.[69]

니체에 의하면 한 민족 — 그에 의하면 고대 그리스 — 이 가진 건강 한 문화의 조건은 철학을 한다는 사실에서 찾을 수 있으며, 이때 철학은 세 계와 삶을 논리화하는 이론적 학문으로서가 아니라, 삶으로 확장하는 인식 과 실천의 도구로서의 역할을 하였다.[70] 인간의 인식과 실천의 토대가 현실 적 삶일 수 없을 때, 학문은 삶을 학문적 지식과 이론적 앎의 대상으로 여기 게 되며, 결국 삶의 실재성은 상실된다. 이렇듯 철학은 건강한 삶의 조건임 과 동시에 건강한 문화의 조건이다. 이러한 의미에서 니체는 "삶이란 도대 체 무슨 가치가 있는가?"라는 물음을 제기하며, 이 물음에 대한 진정한 대답 이 진리가 아니라, 삶의 철학으로부터 도출되어만 함을 분명히 한다.[71] 니체 가 1870년 초 유고의 『그리스 비극시대의 철학』에서 고대 그리스를 건강한 문화의 조건으로 옹호하고, 소크라테스와 플라톤으로부터 시작되는 이성중 심주의 철학을 비판하는 이유는 이때문이다.

소크라테스와 플라톤 이래 현대에 이르는 철학은 과거 로고스에 대한 인식을 바탕으로 구성된 형이상학적·종교적 질서로부터 자유로워지지 못 했다. "현대의 철학함은 '만약 그렇다고 하더라도'라고 말하는 한탄 또는 '예 전에는(es war einmal)'이라는 인식에 매달려 있다."[72] 니체가 바라는 건강한 문

---

68) 같은 책, 1, 358쪽.

69) "철학은 항상 병든 사람들을 더욱 병들게 만든다. 만약 한 민족이 분열되어 그 구성원인 개인 과 느슨하게 결합되어 있다면, 철학은 결코 이 개인들을 전체로 다시 긴밀하게 결속시키지 않 았다."(같은 책, 1, 354-359쪽)

70) 같은 책, 1, 354-359쪽 참조.

71) 같은 책, 1, 360쪽 참조.

72) 같은 책, 2, 364쪽 참조.

화는 세계와 삶을 낡은 이원론과 인과론을 통해 해석하는 지성적 인식이 아니라, 이로부터 벗어나 세계와 삶을 경이롭게 찬미하며 직접 참여하는 예술적 문화이다.

니체에 의하면 "인식"과 "지성"의 창조는 인류 문명사에 발생했던 세계 사적 사건이다. 그리고 이 사건은 이성을 절대적 조건으로 받아들이며 문명과 문화를 발전시키는 동력으로서의 역할을 하기도 했지만, 삶의 역사에서 인간의 존재론적 토대를 약화시킨 요인이기도 하다. 그의 말처럼 "인간의 지성(der Intellekt)은 인간의 생명을 넘어서는 어떤 사명도 가지고 있지" 않다. 반시대적인 니체의 철학적 진단이 반문화적인 예술의 성격을 강하게 부각시키는 이유는 문화의 조건을 오직 삶으로 규정하고 있기 때문이다.

> 수많은 태양계에서 쏟아 부은 별들로 반짝거리는 우주의 외딴 어느 곳에 언젠가 영리한 동물들이 인식(das Erkennen)이라는 것을 발명해낸 별이 하나 있었습니다. 그것은 '세계사'에서 가장 의기충전하고 또 가장 기만적인 순간이었습니다. 그렇지만 그것도 한순간일 뿐이었습니다. 자연이 몇 번 숨 쉬고 난 뒤 그 별은 꺼져갔고, 영리한 동물들도 죽을 수밖에 없었습니다. [⋯] 인간의 존재가 다시 끝난다고 하더라도 아무런 일도 일어나지 않을 것입니다. 왜냐하면 인간의 지성(der Intellekt)은 인간의 생명을 넘어서는 어떤 사명도 가지고 있지 않기 때문입니다.[73]

이제 니체는 신화 속에서 주인공이 겪는 비극문화를 통해서 "삶이란 도대체 무슨 가치가 있는가?"라는 물음이 더 이상 지성의 문제일 수 없음을 깨닫게 된다. 자신들의 삶을 찬미하는 사유의 양식들이 ― 소크라테스 이전

---

73) 니체, 『비도덕적 의미에서의 진리와 거짓에 관하여』, 2, 이진우 옮김, 책세상, 2005, 364쪽 참조.

의 자연철학자들로부터 확인되듯이 ― 철학으로 드러나고, 삶을 살아가는 실천의 양식들이 (비극)예술로 드러나는 문화가 곧 건강한 문화인 것이다. 세계가 형이상학적 · 종교적 인과론으로부터 해방되어 매 순간 창조와 파괴를 거듭하고 인간의 실존 역시 이러한 생성의 원리를 따를 때 문화는 춤을 추듯 생동하게 된다.

이렇듯 문화는 한 민족의 삶을 대변하는 양식의 원리이자 체계이다. 예술 안에서 삶을 이해하고 예술을 통해 삶을 표출하는 등, 인간적 삶의 양식들이 한 민족의 문화를 대변하게 될 때, 그 문화는 ― 소크라테스와 알렉산드리아 문화에 반해 ― 건강한 문화, 즉 춤추는 문화로 인정된다. 그래서 니체는 다음과 같이 말하는 것이다. "문화는 무엇보다 어떤 한 민족의 삶의 표현에서 나타나는 예술적 양식의 통일이다."[74] 문화는 삶의 예술을 반영하고, 예술은 이를 바탕으로 삶의 문화를 창조한다. 예술이 문화의 조건이 될 때, 문화는 춤을 허용하는 다양함과 자유로움의 공간으로 변모하게 된다.

2) 춤의 장애 진단(1): 마비

춤을 위대한 문화의 표시로 제시하는 니체는 춤의 장애 역시 문화로부터 찾는다. 그리고 이 장애는 내적 충동의 자유를 억압함으로써 인간을 평균적으로 획일화하는 교육과 교양문화로부터 보다 현실적인 문제로 드러나게 된다. 이러한 의미에서 니체는 춤을 문헌학자와 교육의 예를 들어 설명

---

74)   니체, 『반시대적 고찰 I』, 「다비드 슈트라우스, 고백자와 저술가」, 1, 이진우 옮김, 책세상, 2005, 187쪽.

하기도 한다. 그에 의하면 문헌학자는 오랜 고전을 "형식적"으로 탐구하는 것이 아니라, 그 안에서 삶의 지혜를 발견하고 '실존적'으로 전달하는 교육자가 되어야만 한다. 만약 그가 이 과제를 형식적으로만 수행한다면, 사람들은 이론적 교육과 교양에 따라 형식적으로 무언가가 되고자 할 뿐, 결코 자신이 원하는 일을 함으로써 참된 자기 자신이 되어갈 수 없을 것이기 때문이다.[75] 니체의 이러한 생각은 교육이 인간에게 미치는 전인성에 대한 문제, 즉 몸의 예술을 바탕으로 스스로 춤추는 삶을 살 수 있는지에 대한 문제의식을 잘 보여준다.

니체는 춤출 수 없을 정도로 획일화된 문화, 보다 구체적으로 춤을 출수 없도록 인간의 다양한 충동을 부정하는 교육 및 교양 — 이후에 논의되겠지만 형이상학 및 종교의 문화적 이념 — 문화를 진단함에 있어 "마취(Betäubung)"와 "마비(Lähmung)"라는 두 가지 표현을 자주 사용한다. 춤을 추듯 생동하는 문화를 희망하는 니체에게 있어 마비와 마취의 문화는 춤의 장애일 수밖에 없다. 그리고 마비와 마취의 증상은 보편적이고 평균적인 현대의 문화적 현상에 대한 비판으로 진행된다.

이러한 의미에서 "마취"는 — 종교와 더불어 — 현대문화가 인간에게 미치는 영향을 표현하는 용어로, 그리고 "마비"는 그 문화로부터 영향을 받은 인간의 증상을 표현하는 용어로 사용된다. 예를 들어, 1874년의 한 『유

---

75) "문헌학자의 과제가 형식적으로 교육하는 것이라면 그는 걸어가고 춤추고 노래하고 바른 행동거지를 취하고 대화하는 것을 가르쳐야 마땅할 것이다. 그런데 사람들은 그것을 대략 2세기, 3세기의 형식적 교육자들에게도 배웠던 것이다. 그러나 이러한 생각은 과학적 인간의 교육에만 해당되며, 그래서 "형식적"이란 생각하고 글을 쓰지만 거의 말하지 못한다는 것을 뜻한다." (니체, 『유고(1875년 초~1876년 봄)』, 5[35], 최문규 옮김, 책세상, 2005, 161쪽) 이러한 의미에서 머피는 니체의 철학적 메타포인 춤을 스스로 삶의 의미를 창조할 수 있는 실존의 창조적 형식을 위한 교육적 이상으로 해석한다. 삶의 의미를 창조하고자 하는 인간에게 춤은 놀이임과 동시에 투쟁인 것이다(Timothy Frederic Murphy, *Teaching the Dance. Nietzsche as Educator*, Boston, Massachusetts, 1982, pp. 171-190 참조).

고』에서 니체는 교제, 사교 등의 사회성(Geselligkeit)을 통해 자신의 고독을 두려워하고, 자신의 삶이 제기하는 물음으로부터 도피하는 현대인의 증상을 진단함에 "마비"라는 표현을 사용하고 있다.

> 모든 삶의 순간은 우리에게 무엇인가를 말하려 한다. 그러나 우리는 들으려 하지 않는다; 홀로 조용히 있을 경우, 무엇인가가 우리에게 귓속말로 속삭이는 것을 우리는 두려워한다. — 그렇게 우리는 고요함을 미워하고 사회성을 통해 우리를 마비시킨다(betäuben uns durch Geselligkeit). 인간은 힘닿는 대로 고통에서, 더욱이 견뎌낸 고통의 의미에서 달아난다. 그는 항상 새로운 목표 속에서 그 배후에 놓여 있는 것을 잊으려고 한다. [⋯] 가난하고 고통받는 자가 현존재의 황량한 해안가로 던져지는 운명에 반항할 경우, 그는 자신의 고통의 중심에서 질문하면서 자신을 바라보는 심오한 눈을 회피하는 것이다.[76]

그리고 이 글은 『반시대적 고찰』의 제3논문 「교육자로서의 쇼펜하우어」에서 다시 한 번 반복된다. 여기서 니체는 현대의 교육문제에 대한 비판을 바탕으로 현대인의 증상을 보다 구체적으로 설명한다. 니체는 현대인이 자기 자신으로부터 멀어질 수밖에 없는 이유를, 다시 말해 춤추지 못하는 상태로 살아갈 수밖에 없는 이유를 사회학적이고 인간학적인 관점에서 이해한다. 니체에 의하면 즉 현대인이 춤추는 삶을 살지 못하는 이유는 그들이 국가, 돈벌이, 사교, 학문 등에 모든 관심을 쏟고 노동 역시 이를 위한 수단으로서만 행할 뿐, 진정한 자기 자신을 찾는 일에 소홀하기 때문이다.[77]

---

76) 니체, 『유고(1872년 여름~1874년 말)』, 34[24], 506-507쪽.

77) 니체, 『비극의 탄생 III』, 「교육자로서의 쇼펜하우어」, 5, 이진우 옮김, 책세상, 2005, 439-440

그래서 니체는 문화의 "근본사상"을 이념과 법칙, 규칙과 의무를, 그의 표현에 의하면 "고립된 자아의 의무"를 통해서가 아니라, 자신 안에서 철학자, 예술가, 성자의 특성을 발견하고 이를 통해 참된 자신으로서 살아갈 수 있는 실존적 자기실현의 토대가 되어야만 한다고 말하는 것이다.[78] 자연을 억압해온 이성중심주의적 문화는 결국 인간 안에 내재된 다양한 정념, 즉 내적 자연까지도 억압하게 된다. 다시 말해 이러한 문화는 춤출 수 없도록 인간의 정신과 의지를 마비시킨다.

니체의 이러한 생각은 현대의 학문과 교육, 역사와 교양의 문제에 고심했던 초기 저서에 자주 드러난다. 이 중『우리 교육기관의 미래에 대하여』에 실린 다섯 편의 강연은 평준화된 교육과 교양이 청년들과 그 안에 내재된 자연, 즉 "자유로운 인격"[79]을 얼마나 마비시키고 있는지를 여실히 보여준다. 또한 니체는 개개인의 자연적 본성을 "금전적(courant)"이 되도록, 다시 말해 학문의 양과 행복의 양을 일치시키며 이를 통해 많은 돈을 버는 것이 결국 커다란 행복을 얻는 길이라고 가르치는 근대 교육에 대한 비판 역시 함께 가한다.[80] 아래의 글은 현대 교육과 교양문화에 대한 니체의 비판을 잘 보여준다.

> 가능한 한 단기간에 쓸 만한 공무원을 길러내고 지나치게 힘든 시험들을 통해 그들의 절대적인 복종을 확보하려던 국가가 종종 행하던 이 젊은 시절의 착취는 우리의 교양과는 가장 거리가 멀었습니다.[81]

쪽.

78) 니체,『비극의 탄생 III』,「교육자로서의 쇼펜하우어」, 5, 443~444쪽 참조.
79) 니체,『우리 교육기관의 미래에 대하여』,「강연 II」, 5, 이진우 옮김, 책세상, 2005, 206쪽.
80) 같은 책,「강연 I」, 195쪽 참조.
81) 같은 책,「강연 I」, 190쪽.

니체에 의하면 한 인간 안에 내재된 자유로운 본성으로서의 자연을 억압하고, 인위적인 교육과 교양을 통해 발육된 "제2의 천성(eine zweite Natur)"[82]은 결과적으로 실존적 마비증상, 다시 말해 춤의 장애일 뿐이다. 니체가 희망하는 문화는 "살아있는 것을 살아있는 것으로 취급할 줄 아는"[83] 교육으로부터 시작된다. 그리고 청년들의 내적 자연을 억압하지 않고 살아있는 생명으로서 대하는 문화로부터 춤은 비로소 고유한 자기 자신을 드러내는 실존의 표현으로 긍정될 수 있을 것이다. 니체는 『우리 교육기관의 미래에 대하여』 이후, 2년여 후의 저서 『반시대적 고찰 II』의 「삶에 대한 역사의 공과」에서 같은 문제의식[84] 아래, 획일적인 교육과 교양으로 발생하는 청년의 욕망은 "마비되어 마치 술에 취한 것처럼"[85]될 수밖에 없다고 진단한다.

이 문제에 대한 니체의 견해는 명확하다. 교육과 교양은 한 시대의 문화를 대변함과 동시에 새로운 문화와 문화세대를 준비하고 만들어가는 근본토대이다. 하지만 그 세대가 스스로 자신의 생동하는 삶을 인위적인 틀 안에서 사유하는 순간, 역으로 문화는 비판받아 마땅한 것이 될 수밖에 없다. 이러한 의미에서 문화의 젊은 세대가 "삶을 정말 분명하게 인식하기 위하여 삶으로부터 떨어져 있다"[86]는 니체의 말은, 문화가 학문이 아니라, 근

---

82) 같은 책, 「강연 II」, 215쪽.

83) 같은 책, 「강연 II」, 206쪽.

84) "독일의 청년 교육은 바로 이 잘못되고 비생산적인 문화 개념에서 출발한다. 극히 순수하고 고귀하게 고안된 그 목표는 자유로운 교양인이 아니라 학자, 학문적 인간이며 그것도 가능한 한 일찍 이용할 수 있는 학문적 인간이다. 그는 삶을 정말 분명하게 인식하기 위하여 삶으로부터 떨어져 있다. […] 그런 목표와 이런 결과를 가진 교육이 자연에 반하는 것임을 아직 이 교육에 숙달되지 않은 인간만이 느끼며, 오로지 청년의 본능만이 느낀다. 청년은 자연의 본능을 아직 지니고 있기 때문이다. 그러나 이 본능은 인위적으로 그리고 강압적으로 저 교육에 의해 파괴된다."(니체, 『반시대적 고찰 II』, 「삶에 대한 역사의 공과」, 10, 379쪽)

85) 같은 책, 「삶에 대한 역사의 공과」, 10, 380쪽.

86) 같은 책, 「삶에 대한 역사의 공과」, 10, 379쪽.

본적으로 삶을 토대로 해야만 한다는 사실을 향한다. 그래서 니체는 "삶 자체는 철저하게 그리고 끊임없이 연마하고 가차 없이 훈련받아야 할 수공업 같은 것"[87]이라고 말하는 것이다. 삶의 다양성과 자유로움을 위해서는 모든 사람들이 문화라는 조건 위에서 고유한 자기 실존의 문화를 창조할 수 있어야만 한다. 즉 춤추는 문화는 춤추는 자들이 자신들의 삶에 가지는 사유와 실천의 총체이다.

3) 춤의 장애 진단(2): 마취

비극은 예술을 통해 고통을 실존의 조건으로 정당화하는 건강한 문화의 토대이다. 형이상학적 · 종교적 문화가 고통을 치유하는 방법은 니체에게 있어 인간의 사고를 마비시키는 오래된 시도일 뿐이다. 춤을 출 수 없는 마비가 어떻게 발생하는지를 알게 된다면, 니체가 의도한 "마취"의 의미를 자연스럽게 알 수 있을 것이다. 니체는 마비의 증상과 그 원인을 교육 및 교양과 더불어 형이상학 및 종교와 같은 이념에 대한 문화비판의 관점에서 수행하지만, 그 비판의 본질에는 건강한 인간으로의 변화를 위한 시도, 즉 철학적 인간학이 자리한다.

고통에 대항하여 사람들이 사용하는 수단은 여러 가지지만 모두 단지 마비(Betäubungen)일 뿐이다. 그러나 그러한 모든 수단은 치료법의 낮은 단계에 속한다. 표상을 통한 마취를 사람은 치료법의 역사에 속하는

---

87) 같은 책, 「삶에 대한 역사의 공과」, 10, 381쪽.

한 종교와 예술에게서 발견한다.[88]

고통에 대한 니체의 관점이 디오니소스적 · 비극적 정신이라는 것을 염두에 둔다면, 위의 글에 담긴 마비의 증상이 생동하는 문화의 조건일 수 없음을 확인할 수 있을 것이다. 나아가 이 증상을 치료함에 있어 예술과 달리 종교가 시도해온 방법에 대해 니체의 비판이 향하는 지점 역시 예측할 수 있을 것이다. 이러한 측면에서 마비를 치료법으로 제시하는 종교에 대한 구체적인 비판은 『도덕의 계보』의 「제3논문」에 잘 나타나 있다. 니체는 이 글에서 금욕주의적 성직자가 고통을 치료하는 방법을 다음과 같이 설명한다. 첫째, 성직자는 고통받는 인간의 고통과 그 원인을 치료하는 것이 아니라, 둘째, 단지 병과 고통에 의한 불안과 두려움 그리고 이로 인한 심리적 우울증과 같은 불쾌한 감정을 "마비"시킬 뿐이다.[89] 하지만 니체의 관점에서 성직자의 치료가 가진 가장 심각한 문제는, 이러한 마비의 시도 속에서 고통받는 자가 자신의 고통과 그 원인에 직접적으로 대면할 수 없고, 결국 그 것을 긍정할 수 있는 기회조차 가질 수 없다는 것이다.

이에 대하여 니체는 다음과 같은 물음을 제기한다. "고통에 대한 치료제에 대해 다시 한 번 진지하게 생각하고, 최고의 명성을 누리며 지금까지 습관적으로 인류의 영혼의 병을 치료해온 전대미문의 엉터리 치료제를 고발할 사람은 어디에 있는가?"[90] 그리고 니체는 영혼을 치유한다는 목적으로 성직자들이 행해온 위로와 위안의 시도가 결과적으로 자신의 삶을 긍정하고 이전과는 다른 새로운 방식으로 다시 자기 자신을 사랑할 수 있는 실

---

88) 니체, 『유고(1876년~1877/78년 겨울)』, 18[33], 강용수 옮김, 책세상, 2005, 63쪽.

89) 니체, 『도덕의 계보 III』, 20, 511쪽 참조.

90) 니체, 『아침놀』, 52, 박찬국 옮김, 책세상, 2004, 65쪽 참조.

존의 조건으로 승화시킬 수 있는 내적 힘을 약화시켰다는 사실을 밝혀낸다. 그리고 위의 물음에 대한 답으로 다음과 같이 말한다.

> 사람들은 인생에는 근본적으로 고통이 가득 차 있다고 믿는다. 그런데 위안이라는 약이야말로 인생이 이런 근본적인 성격을 갖게 된 원인이다. 인간의 가장 큰 병은 사람들이 병마와 싸워 이겨냈기 때문에 생겼다. 그리고 치료제라고 생각되었던 것이 장기적으로는 그것에 의해서 고쳐져야 할 병보다 더욱 악성인 병을 만들어냈다. 무지하기 때문에 사람들은 순간적인 효과는 있지만 마비시키고 도취시키는 약, 이른바 위안이 치료의 힘을 갖는다고 생각했다. 더 나아가 사람들은 이러한 즉각적인 진통 효과에 대한 대가로 전반적으로 자주 고통이 심각하게 악화되는 결과가 초래된다는 사실을 깨닫지 못했다.[91]

종교적인 위로와 위안 속에서 자신의 고통과 더 이상 대면하지 못하게 된 상태를 니체는 가장 "악성인 병(die grösste Krankheit)"으로 진단한다. 그리고 이 병의 본질적인 증상은 마비이다. 이로부터 나아가 니체는 고통이 종교적 원죄로 해석될 때, 그 누구도 자신의 고통으로부터 벗어날 수 없음을, 즉 그 이념에 마취되고 스스로 마비될 수밖에 없음을 지적한다.[92] 고통에 대한 깊은 절망 속에서 성직자들은 신의 사랑과 은총으로 고통받는 자를 마취시키고 결국 마비시킨다.[93] 그래서 니체에게 있어 고통에 대한 성직자들의 위로와 위안은 결국 ① 고통받는 자를 "마취"시키는 시도임과 동시에, ② 그를

---

91) 니체, 『아침놀』, 52, 65쪽.
92) 니체, 『도덕의 계보 III』, 20, 511쪽 참조.
93) 니체, 『인간적인, 너무나 인간적인 I』, 114, 138쪽 참조.

"마비"시키는 시도이기도 하다.

위로와 위안, 마취와 마비를 "그리스도교의 […] 심리학적 발명"[94]으로 규정하는 니체에게 있어 고통에 대한 디오니소스적 · 비극적 정신이 중요한 이유가 드러난다. 그 이유는 자신을 고통스럽게 만드는 원인과 용감하게 대면하는 깨어있는 정신, 즉 비극적 정신에게 마취와 마비는 불가능하기 때문이다. 니체가 고통 그 자체를 긍정할 수 없기 때문에 삶 역시 춤으로서 긍정하지 못하는 그리스도교를 "비그리스적(ungriechisch)"[95]이라고 비판하는 이유는 이때문이다.

니체에 의하면 이편 세계와 저편 세계, 육체와 영혼을 이원론적으로 해석해온 형이상학과 종교의 세계 및 인간해석은 완전한 사유일 수 없다. 이 사유는 반쪽을 사유하며, 나머지 반쪽을 부정하는 사유, 니체의 표현에 의하면 "반신불수의 그리스도교와 반신불수의 이성(die halbseitige Lähmung des Christenthums und der Vernunft)"[96]에 의한 사유일 수밖에 없다. 동일한 의미에서 니체는 "신의 섭리에 대한 숙명적인 믿음"을 "손과 이성을 최대로 마취시키는 믿음(das lähmendster Glauben)"[97] 혹은 "활동적인 손을 마취시키는(die thätige Hand lähmt) […] 일"[98]로 표현하기도 한다.

여기서 "손(Hand)"에 담긴 의미는, 니체가 『선악의 저편』에서 힘에의 의지를 바탕으로 자신의 삶에 명령하며 삶의 고유한 의미와 가치를 창조하는 철학자를 표현할 때 사용하는 메타포라는 사실을 바탕으로 그 의미가 창조

---

94) 같은 책, 114, 138쪽.

95) 같은 책, 114, 138쪽.

96) 니체, 『안티크리스트』, 10, 224쪽.

97) 니체, 『유고(1887년 가을~1888년 3월)』, 10[7], 백승영 옮김, 책세상, 2005, 145쪽.

98) 니체, 『아침놀』, 41, 56쪽.

를 위한 실천적 행위임을 알 수 있다.[99] 즉 손이 마취된다는 것은 창조적 · 예술적 능력의 내적 원리로서의 힘에의 의지가 마비되었다는 것, 결국 춤추는 삶을 살 수 없다는 것을 의미한다.

또한 니체는 "동정" 역시 "손"을 마취시키는 가치로 규정한다. 그에 의하면 고통받는 자의 고통에 공감하는 동정은 고통을 경감시키는 것이 아니라, 오히려 증대시킬 뿐이다. 그 이유는 나에 의해 해소되지 않는 고통은 — 금욕주의적 성직자가 위로와 위안의 방식을 사용했듯이 — 동정을 통해서 끊임없이 전염될 뿐, 결코 그 원인이 치유되는 것은 아니기 때문이다. 그래서 니체는 성직자와는 다른 유형의 방식으로 고통받는 사람을 치유하고자 하는 의사는 동정을 조심해야만 한다고 말한다. 그 이유는 진정한 치유는 고통을 나누는 것이 아니라, 함께 건강해질 수 있도록 고통받는 자가 자신의 고통을 극복할 수 있도록 도울 때 실현되기 때문이다.

> 어떠한 의미에서든 의사로서 인류에 봉사하려는 사람은 이 감정을 아주 조심해야 할 것이다. 그것은 결정적인 모든 순간에 그를 마취시키고 그의 지식과 돕기 좋아하는 그의 섬세한 손(feine Hand)을 구속한다.[100]

니체의 철학에서 종교에 대한 비판은 도덕에 대한 비판을 동반한다. 그 이유는 도덕은 형이상학과 그리스도교의 실천원리로서 인간의 실천적 행위

---

99) "진정한 철학자는 명령하는 자이자 입법자이다: 그들은 "이렇게 되어야만 한다!"라고 말한다. 그들은 우선 인간이 어디로 가야 하는가와 어떤 목적을 가져야 하는가를 규정하며, 이때 모든 철학적 노동자와 과거를 극복한 모든 자의 준비 작업을 마음대로 처리한다. — 그들은 창조적인 손으로 미래를 붙잡는다. 이때 존재하는 것, 존재했던 것, 이 모든 것은 그들에게는 수단이 되고 도구가 되며 해머가 된다. 그들의 '인식'은 창조이며, 그들의 창조는 하나의 입법이며, 그들의 진리를 향한 의지는 — 힘에의 의지이다."(니체, 『선악의 저편』, 211, 189쪽)

100) 니체, 『아침놀』, 134, 157쪽.

를 지배하고 마춰시키는 역할을 하기 때문이다. 니체가 그리스도교를 "'대중'을 위한 플라톤주의"로 표현하는 것과 같이 종교는 형이상학적 사유를 바탕으로 인간의 행위를 지배하는 문화적 이념으로 작용한다.[101] 이에 대한 니체의 생각은 다음과 같다. "세계가 생겨난 이래, 자신을 비판의 대상으로 만드는 권위는 지금까지 존재하지 않았다. [...] 도덕은 종종 단 한 번의 눈길만으로도 비판적인 의지(der kritische Wille)를 마춰시키고, 심지어 자기편이 되도록 유혹할 수 있다."[102]

마춰에 대한 니체의 생각은 역사관에서도 드러난다. 『반시대적 고찰 II』의 「삶에 대한 역사의 공과」에서 논의되는 역사관 중, "골동품적 역사관"은 "선조의 옛 관습, 종교적 믿음, 상속받은 정치적 특권" 등 오랜 역사적 전통이 불멸해야만 한다고 주장하는 관점이다. 이 역사관은 오랜 역사에 대한 새로운 관점 및 의미와 가치의 생성을 부정한다. 이러한 이유로 이 역사관은 전통에 손상을 입힐 만한 행위자를 마춰시킨다.

인류에 대한 이런 마춰시키는 믿음 속(in diesem lähmenden Glauben)에는 오히려 중세로부터 상속받은 기독교 신학적인 관념, 임박한 세계 종말, 불안한 마음으로 기다리는 심판에 대한 사상이 숨어 있는 것은 아닌가?[103]

그리스도교 역시도 골동품적 역사관에 속한다. 이렇듯 역사의식의 과잉은 역사 속에서 삶을 이해하고자 할 뿐, 삶으로부터 새로운 역사를 창조

---

101) 니체, 『선악의 저편』, 「서문」, 11쪽.

102) 니체, 『아침놀』, 「서문」, 3, 11쪽.

103) 니체, 『반시대적 고찰 II』, 「삶에 대한 역사의 공과」, 8, 354쪽.

해낼 수 있는 조형력을 상실하게 만드는 주요 원인이다. 니체가 비역사적 삶의 양식을 제시하는 이유는 이때문이다. "인류의 노년"[104]이라는 니체의 표현처럼, 역사의식의 과잉은 인류를 늙게 만든다. 다시 말해 새로운 미래를 창조할 수 있는 문화의 가능성을 마취시키고, 그 안에 내재된 창조적 힘을 마취시킨다. 니체가 희망하는 춤추는 문화와 춤추는 인류는 인류의 노년이라는 상태에 반해, "인류의 청년(Jugend […] der Menschheit)"[105] 상태에 의해서만 가능하다. 이렇듯 춤을 춘다는 것은 형이상학, 종교, 도덕 및 동정, 역사, 학문, 교육, 교양 등 인간의 정신을 마취하고 마비시키는 낡은 가치들로부터 벗어나 스스로 삶의 의미와 가치를 창조하는 삶을 살아간다는 것을 의미한다. 니체의 철학에서 춤추는 삶을 산다는 것이 실존적 건강을 대변하는 이유이다. 문화의 건강은 실존의 건강을 반영하고, 실존의 건강은 문화의 건강을 대변한다. 건강은 세계와 인간, 사회와 인간, 문화와 인간을 모두 포괄하는 총체적인 가치인 것이다.

---

104) 같은 책, 「삶에 대한 역사의 공과」, 8, 353, 354쪽.
105) 같은 책, 「삶에 대한 역사의 공과」, 8, 353쪽.

4.
춤과
문화의 건강

　니체는 건강한 문화의 역할을 고심하며, 스스로 "문화의 의사"[106]가 되어 몇천 년의 시간을 거슬러 소크라테스에까지 이르렀다. 그리고 이 계보학적 여정의 끝에서 그가 발견한 치유의 양식은 바로 고통 속에서도 결코 삶의 의미를 상실하지 않고 춤추고자 하는 삶의 지혜였으며, 그 본질적인 조건은 디오니소스라는 신이었다. 춤추는 이 신을 철학적 개념으로 발전시켰을 때, 니체는 다음과 같은 말로 자신의 철학 전체를 대변하고자 했을 것이다. "차라투스트라는 춤추는 자이다."[107]

　니체의 이 말은 삶을 디오니소스적으로 긍정한다는 것과 동일한 의미이다. 무거운 운명과 숙명적 과제에도 영원히 삶을 긍정하는 인간유형으로서의 차라투스트라를 "춤추는 자"로 규정하는 이유는 바로 그의 심리적 조건이 디오니소스적이기 때문이다. 허무주의의 위기 속에서 춤을 추기 위해서는

---

106)　니체, 『유고(1872년 여름~1874년 말)』, 23[15], 175쪽.
107)　니체, 『이 사람을 보라』, 「차라투스트라는 이렇게 말했다」, 6, 431쪽.

다시 신화적 · 비극적 · 디오니소스적 · 음악적 사고가 필요하며, 이 모든 사고의 유형들은 삶의 긍정이라는 이름으로 디오니소스 개념 안에 담겨 있다.

그리고 니체는 이미 디오니소스에 대한 초기 사유에서부터 이러한 삶의 지혜, 그의 표현에 의하면 "디오니소스적 지혜"를 "새로운 실존 형식(eine neue Daseinsform)"의 토대로 규정하고 있다.[108] 중요한 것은 니체에게 있어 디오니소스적 실존이 매 순간 자기 삶의 주인이 되어 스스로를 구원하는 행위와 동일하다는 것이다.[109] 디오니소스적 지혜는 바로 실존의 지혜이다.

> 내 친구들이여. 나와 함께 디오니소스적 삶과 비극의 부활을 믿자. 소크라테스적 인간의 시대는 지나갔다. […] 이제는 그저 과감하게 비극적 인간이 되는 일을 행할 뿐이다. 너희는 구원되어야 하니까.[110]

이러한 통찰 이후 니체는 인간의 실존과 관계하는 모든 문화적 조건이 디오니소스적이어야 한다는 생각에 이르렀다. 심지어 삶이 영원히 반복된다는 무거운 사상마저 이 신의 정신으로 긍정할 수 있어야만 한다.[111] 니체에게 문화는 오늘의 가치로 미래를 재단하지 않고, 미래의 관점에서 오늘의 가치를 창조하는 실존의 장이 되어야만 한다. 그래서 니체는 지금까지 삶의 문화적 토대를 그 심연에서부터 흔들기 위해 허무주의마저 긍정하기에 이른다.

---

108) 니체, 『비극의 탄생』, 19, 148쪽.
109) 구원(Erlösung)에 대한 구체적인 내용은 『차라투스트라는 이렇게 말했다』의 「구원에 대하여」와 다음의 논문을 참조. 이상범, 「건강한 인간유형으로서의 위버멘쉬. 위버멘쉬와 그의 실존적 건강에 대한 해명을 중심으로」, 『니체연구』 제35집(한국니체학회, 2019년 봄), 198-204쪽 참조.
110) 니체, 『비극의 탄생』, 20, 152쪽.
111) 니체, 『이 사람을 보라』, 「차라투스트라는 이렇게 말했다」, 6, 431쪽 참조.

이렇듯 디오니소스는 문화의 개념에도 적용된다. 건강한 문화는 절대적인 진리를 바탕으로 보편적인 의미를 제공해주는 삶의 토대로서 나를 상실하는 곳이 아니라, 오히려 참된 나를 찾아 떠나는 모험과 실험의 공간이 되어야만 한다. 건강한 문화는 건강한 인간이 추구하는 삶의 총체적 양식에 대한 명칭이다. 그렇기 때문에 건강한 문화는 건강한 삶의 양식을 온전히 반영하며 대변할 수 있어야만 한다.

니체의 바람처럼, 이러한 문화적 토대 위에서 인간은 스스로 성장하는 일을, 다시 말해 위버멘쉬를 향한 변화의 시도를 마치 춤을 추듯이 즐거운 놀이로 느끼게 될 것이다. 위버멘쉬는 삶의 주인으로서 매 순간 스스로를 긍정하고 극복하며 자기 삶의 고유한 실존적 문화를 창조해가는 건강한 인간유형에 대한 명칭이다. 건강한 문화는 위버멘쉬를 모든 인간들이 추구할 수 있는 실존적 이상으로 허용하고, 그 변화의 토대로서의 역할을 해야만 한다.

4차 산업혁명 시대의 인간다움에 대한 성찰과 철학의 역할

니체의 "신의 죽음"을 중심으로

1.
4차 산업혁명 시대와
철학의 과제

시대의 과학적 변화를 통해 삶의 양식에 영향을 미치는 정도가 아니라, 인간의 존재양식을 직접적으로 변화시키는 거대한 과학적 패러다임의 변화 속에서 철학은 어떤 학문적 역할을 해야 하는 것일까? 인공지능이 인간의 존재론적 본성을 초월하고 인간의 인간다움을 변화시키는 근본조건으로 작용하는 특이점을 앞두고 철학의 역할은 보다 절실해진다.[1] 철학은 4차 산업혁명과 관련된 다양한 현상들의 본질 그 자체를 존재론적으로 탐구할 수 있는 학문이다. 진정한 인간다움에 대한 논의가 필요한 현시점에서 철학의 역할은 단지 윤리학적 탐구에 머물지 않는다. 기계의 육체를 가지는 트랜스 휴먼과 인간의 감정을 가지는 인공지능 사이의 존재론적 의문은 인간의 인

---

1) 인간의 본성 및 정체성을 대변하는 휴머니즘과 포스트 휴머니즘의 인간향상에 대한 논의는 아직 활발한 논의의 과정에 있다. 4차 산업혁명 시대의 혁명적 과학기술들로 변화된 포스트 휴먼 시대에 위협받을 수 있는 인간의 존엄성의 문제를 다양한 사회적 관점에서 논의하며 새로운 인문학적 지성의 중요성을 강조하는 글로는, 백종현, 「제4차 산업혁명 시대, 인문학의 역할과 과제」, 『철학사상』 제65집(서울대학교 철학사상연구소), 2017, 117-148쪽 참조.

간다움에 대한 철학의 역할을 구체화해준다. 나아가 이러한 물음이 절실해 질 포스트 휴먼 시대에서도 철학은 변함없이 인간의 인간다움을 탐구하는 존재론적인 시도와 더불어 시대의 윤리적 토대를 해명하고 그 가치를 규정 하는 역할을 하게 될 것이다.

그렇다면 니체의 "신의 죽음(der Tod Gottes)"에 담긴 사상적 의미는 4차 산 업혁명 시대에 철학의 역할을 어떻게 규정해줄까? 절대적 진리로부터 해방 되어내가 매 순간 나로서 느끼며 살아가는 새로운 미래를 희망했던 "미래 의 철학"2)과 스스로를 "미래의 철학자"3)로 이해했던 니체는 "신의 죽음"을 선포함으로써 서구정신사에서 은폐되어온 인간다움의 가능성을 드러냈다. "신의 죽음"은 인간적인 가치가 온전히 인간의 것이 될 수 없을 때 그의 인 간다움은 은폐될 수밖에 없다는 실존적 위기에 대한 철학적 인식의 결과이 다. 과학기술의 정점에서 인간의 인간다움에 대한 의문은 더욱 진지해질 것 이다. 아래의 글에서 확인할 수 있는 것처럼, 하라리(Yuval N. Harari) 역시 이러 한 문제의 위험성을 지적하고 있다.

우리가 진지하게 받아들여야 할 것은, 역사의 다음 단계에는 기술적, 유기적 영역뿐 아니라 인간의 의식과 정체성에도 근본적인 변형이 일 어나리라는 생각이다. 또한 이러한 변형은 너무나 근본적이어서 사람 들은 '인간적'이라는 용어 자체에 의문을 품게 될 것이라는 생각이다. 앞으로 남은 시간이 얼마나 될까? 알 수 없는 일이다. 이미 언급했듯이 2050년이 되면 일부 사람들이 이미 죽지 않는 존재가 되어 있을 것이라 고 말하는 사람도 있다. 이보다 온건한 사람들은 다음 세기 혹은 다음

---

2)　프리드리히 니체, 『유고(1885년 가을~1887년 가을)』, 2[32], 이진우 옮김, 책세상, 2005.
3)　프리드리히 니체, 『선악의 저편』, 210, 김정현 옮김, 책세상, 2005, 185쪽.

천 년에 대해서 말한다. 하지만 7만 년에 걸친 사피엔스의 역사라는 관점에서 보면 몇천 년도 별것 아니다.[4]

철학의 역할에 대한 니체의 고민은 초기 저서 『비극의 탄생』에서부터 시작된다. 하지만 후기에 이르러 니체는 자신이 생각하는 철학의 변화된 역할을 철학자의 임무로 구체화시킨다. 물론 그가 생각하는 철학과 철학자의 역할은 소크라테스의 이성중심적 합리주의와 반대되는 것이다. 니체에 의하면 철학자는 역사 속에서 이성의 기능과 역할을 외부로 확장시키며 시대의 변화를 위해 봉사하는 학문적 노동자가 아니라, 인간과 삶의 관점에서 시대의 변화를 성찰하고 때로는 강하게 반시대적인 주장을 피력할 수 있는 존재여야만 한다. '철학'은 끊임없이 인간의 실존을 성찰하고 결국 삶을 변화시킬 수 있어야만 한다. 그리고 '철학자'는 마땅히 이 과제를 수행해야만 한다. 인간의 인간다움을 은폐하는 시대와 역사를 향한 니체의 반시대적 사고와 주장이 "신의 죽음"으로 표출된 것이다.

젊었을 때, 나는 도대체 철학자란 본래 무엇인가에 대해 고민을 했다: 왜냐하면 나는 대립적인 특성을 인지하는 유명한 철학자들을 믿었기 때문이다. 마침내 내가 도달한 결론은 철학자에게는 두 가지 다른 종류가 있는데, 우선 가치 평가, 즉 (논리적이거나 도덕적인) 일회적 가치 정립과 가치 창조라는 그 어떤 위대한 가치 평가의 사실을 확립할 수 있는 그러한 철학자와, 그 다음에 그러나 스스로가 가치 평가의 입법자인 그

---

4) 유발 하라리, 『사피엔스』, 조현욱 옮김, 김영사, 2019, 584쪽. 코헨(Daniel Cohen)의 말처럼, 인간은 그 자체로 "최종 완제품"이다. 그렇기 때문에 포스트 휴먼의 미래에는 무엇보다 컴퓨터를 수단으로 활용하면서도 인간의 "인간성(manhood)"이 확보되어야만 한다(다니엘 코헨, 「기술이 인간을 행복하게 해주는가」, 『초예측』, 웅진지식하우스, 2019, 144-162쪽, 155, 162쪽).

러한 철학자가 있다는 것이었다. 전자는 이와 같은 것을 기호를 통해 총괄하고 간략하게 만들어, 현재나 과거의 세계를 자신의 것으로 만들고자 한다. 이러한 연구자들에게 달려 있는 것은 지금까지의 모든 사건이나 평가된 것을 조망하고, 숙고하고, 파악하고, 다룰 수 있는 것이나 과거를 극복하는 것, 시대 자체를 압축하는 모든 시간, 하나의 크고 놀라운 과제이다. 그러나 본래의 철학자들(die eigentlichen Philosophen)은 명령하는 자이며 입법자인데, 그들은 마땅히 그러해야 한다!라고 말한다. 그들은 비로소 인간의 향방과 목적을 규정하며, 이때 철학적 노동자(der philosophische Arbeiter)의, 저 과거 극복자의 준비 작업을 이용한다.[5]

니체의 이 글은 진정한 철학자는 단지 삶을 기계론적으로 해석하고 기호로 대체하는 "철학적 노동자" 혹은 학문적 노동자가 아니라, 인간의 삶에 목적과 의미를 부여할 수 있는 존재여야 함을 보여준다. 신의 죽음은 철학자가 추구하는 이상이 더 이상 절대적 진리와 신일 수 없음을 선포하는 사상적 선언인 것이다. 이렇듯 니체는 "신의 죽음"이라는 선언을 통해서 오랜 철학적 존재론의 역사를 전환하여 인간의 존재론적 본성과 인간다움을 재규정한 철학자이다.

바로 이 점이 니체를 다른 철학자들과 구분 지어주며, 그 또한 자신의 이러한 철학적 시도를 특별하게 생각했다. 이 글은 니체의 개념 "신의 죽음"을 통해서 인류의 미래를 새롭게 변화시킬 다양한 과학기술 문명의 세부적인 내용을 점검하기 위함이 아니라 — 마치 니체가 앞으로 도래할 시대적 변화(혹은 위기로서의 허무주의)를 철학적으로 읽어내고 진정한 인간다움을 탐구

---

5)　프리드리히 니체, 『유고(1884년 가을~1885년 가을)』, 38[13], 김정현 옮김, 책세상, 2004, 437쪽.

하듯이 ― 4차 산업혁명 시대의 철학의 역할과 인간다움의 의미를 생각해 보기 위함이다.

2.
"신의 죽음"과 인간다움에 대한
철학적 성찰

자신이 살던 시대의 문명과 문화에 비판으로 대변되는 니체의 철학적 선언 "신의 죽음"은 21세기 오늘날 새로운 과학문명과 문화의 현상을 이해하는 데에 어떤 사고의 전환을 제시해줄 수 있을까? "신의 죽음"이라는 그의 개념과 사상적 의미는 19세기에만 국한되는 것일까? 아니면 이 선언적 개념은 여전히 새로운 시대의 관점에서 읽힐 수 있는 가능성을 내포하고 있는 것일까? 만약 그렇다면 "신의 죽음"에 담긴 의미는 4차 산업혁명 시대의 인간에게 어떤 영향을 줄 수 있을까?

학문(교육과 교양)과 정치, 사회, 문화 등의 다양한 조건들을 인간 실존의 관점에서 고찰하며 근대 유럽의 거대한 계몽주의적 프로젝트를 해체하고자 했던 니체의 시도는 새로운 휴머니즘의 가능성을 향해 나아간다. 그리고 이러한 해체의 시도는 그의 철학의 중기 끝자락에서 시작되어 후기를 여는 『차라투스트라는 이렇게 말했다』에서 당시 유럽의 시대상을 온전히 반영한 "신의 죽음"이라는 냉철한 선언으로 표출된다. 4차 산업혁명의 시대는 이전 세기와는 완전히 다른 인간이해를 대변해줄 수 있는 새로운 휴머니즘을 필요로 한다. 하지만 그 어느 때보다도 철학의 역할이 중요한 이유는, 앞으로 도래할 포스트 휴먼의 미래를 준비하는 이 휴머니즘이 인간 안에 있는 능력을 강조하는 또 다른 계몽의 시도가 아니라, 인간을 넘어선 인간을 추구하기 때문이다.

해러웨이(D. J. Haraway)로부터 시작되어 커즈와일(R. Kurzweil)에 이르는 인간에 대한 포스트 휴먼적 이해, 즉 인간의 사이보그화를 예견하는 시도는 새로운 휴머니즘 시대의 인간의 정체성과 그의 인간다움에 대한 논의를 확정하는 듯한 강한 인상을 준다. 보스트롬(N. Bostrom) 역시 인간 향상기술에 대한 자신의 생각을 계몽의 관점에서 설명하고 있다.[6] 생물학적 진화의 방향을 인위적으로 결정할 수 있게 될 포스트 휴먼의 시대에 앞서 "신의 죽음" — NBIC(Nano-Bio-Information-Cognitive/나노, 바이오, 정보통신, 인지 과학으로 인해 인간이 신의 창조로부터 해방되었다는 점에서 — 은 보다 현실적인 문제가 되었다.

하지만 포스트 휴먼 시대에 인간이 신적인 역할을 하는 것과 니체가 "신의 죽음"을 선언함으로써 인간에게 다시 삶의 주권을 되돌려주었던 사실 사이에는 커다란 차이가 존재한다. 포스트 휴먼의 관점에서 "신의 죽음"은 인간이 신과 같은 창조주로서의 능력을 갖게 되는 것을 의미하지만, 본 글에서 살펴보는 "신의 죽음"과 사상적 의미는 인간을 규정하는 절대적 관점, 즉 포스트 휴먼적인 과학기술의 관점이 인간의 존재를 규정하기에 앞서, 인간다움의 조건을 인간 안에 내재된 본질로서 드러내주는 역할을 하게 될 것이다.

만약 이 작업이 성공적으로 진행된다면, 니체의 이 선언과 의미는 포스

---

6) 우정길, 「보스트롬(N. Bostrom)의 인간향상론에 대한 비판적 고찰」, 『교육문화연구』 제24집 (인하대학교 교육연구소, 2018), 11-17쪽 참조.

트 휴먼의 미래를 살아갈 인간의 존재론적 본성과 정체성 그리고 그의 인간다움을 보다 현실적으로 규명해줄 수 있는 또 한 번의 "모든 가치의 전도"를 수행하게 될 것이다. 니체가 자신의 철학에서 "신의 죽음"을 선언한 후 희망했던 미래는 오늘날의 관점으로 바라봐도 가치 있는 삶의 지혜를 제공해준다. 그 이유는 그가 이 선언을 통해서 되살리고자 했었던 것은 온전한 인간의 삶이었기 때문이다. 오늘날 이 선언은 인간 안에 내재된 인간다움의 조건과 중요성을 드러내주는 역할을 하게 될 것이.

니체가 "신의 죽음"을 통해서 "허무주의"라는 근대 문명의 성격과 인간실존의 혼란을 야기하는 이유는 근본적으로 거대한 절대적 가치 아래 은폐된 인간의 인간성, 즉 그의 인간다움을 부활시키기 위한 시도였다. "자유정신", "힘에의 의지", "위버멘쉬" 등, 니체의 철학적 개념들 역시 존재론적 관점에서 인간의 인간다움을 되살리기 위한 시도의 일환으로 이해할 수 있다. 하지만 "신의 죽음"을 전제로 하지 않는다면, 이 개념들은 사상적 실효성을 잃게 된다. 니체의 철학에서 "신의 죽음"은 인간의 인간다움에 대한 형이상학과 종교의 존재론적 토대를 허물어트리는 사건으로 등장한다. 본 논의에서 "신의 죽음"이 인간의 인간다움의 성찰을 위한 근본조건으로 제시되는 이유는 이때문이다.

인간다움에 대한 존재론적 성찰은 철학이 지향하는 학문적 목적이다. 그리고 이러한 철학적 성찰과 목적은 생명공학, 나노공학, 로봇공학 등, 4차 산업혁명 시대를 살아가는 인간과 삶을 존재론적으로 탐구하고, 이를 바탕으로 인간과 기계 그리고 기계와 인간의 관계를 성찰함에도 여전히 유효하다. 니체가 자신의 철학에서 시도하는 철학적 사고실험 역시도 인간의 인간다움에 대한 깊은 성찰을 바탕으로 보다 건강한 인간과 삶을 목적으로 한다. 진정한 인간다움에 대한 니체의 이러한 철학적 성찰은 인간의 육체 일부가 기계로 대체되는 트랜스 휴먼과 이들이 살아갈 미래의 모습인 포스트

휴먼 사회 속에서 살아갈 우리의 삶을 이해하는 데에도 중요한 역할을 할 수 있을 것이다.[7]

"신의 죽음" 이후에 보다 구체화되는 니체의 인간학적 명제들, "인간은 아직 확정되지 않은 동물이다"[8]와 "너는 너 자신이 되어야만 한다"[9]는 그의 철학적 시도가 진정한 인간다움에 대한 성찰 위에서 도출된 것임을 알 수 있게 해준다. 그리고 그의 이러한 실존적 언명은 4차 산업혁명 시대를 살아가는 인간들에게 진정한 인간다움에 대한 성찰을 요구하는 철학의 고유한 물음과 다르지 않다. 인간의 인간다움에 대한 존재론적 성찰을 시도하는 니체에게 있어 '그것 자체(An sich)'로 대변되는 절대적인 의미와 가치는 파괴되어야만 하는 자기인식과 자기되기의 장애일 뿐이다. 니체의 철학에서 "신의 죽음"이 가지는 중요한 사상적 의미는 바로 '그것 자체'의 해체를 불러온다는 것이다. 아래의 글은 니체의 이러한 철학적 시도가 지향하는 목적을 잘 담고 있다.

"물 자체"는 "의미 자체", "뜻 자체"와 마찬가지로 잘못된 것이다. "사실 자체"는 존재하지 않는다. 어떤 사실이 있기 위해서는 항상 의미가 먼저 투입되어야 한다. "그것은 무엇인가?(Was ist das?)"는 다른 무엇에 의해 파악된 의미-정립이다. "본질", "실재"는 관점주의적인 것이며, 이미 다수를 전제한다. 그 밑바탕에는 항상 "그것은 나에게 [⋯] 무엇인

---

7) 인간과 기계의 융합의 관점에서 트랜스 휴머니즘과 포스트 휴머니즘을 철학적으로 분석하며 성찰한 글로는, 이진우, 「인간과 기계의 융합: 휴머니즘, 포스트휴머니즘, 그리고 트랜스 휴머니즘」, 『테크노 인문학』, 책세상, 2013, 283-308쪽 참조.

8) 프리드리히 니체, 『선악의 저편』, 62, 101쪽.

9) 프리드리히 니체, 『즐거운 학문』, 270, 안성찬 · 홍사현 옮김, 책세상, 2005, 250쪽.

가?(Was ist das fuer mich?)"가 놓여 있다.[10]

　　인간다움의 상실에 대한 니체의 비판은 소크라테스에 대한 비판에서도 이미 확인된다. 그렇다면 신화적 사고에서 이성적 사고로의 변화로 대변되는 소크라테스의 이성중심주의와 합리주의적 사고를 비판하는 니체의 철학적 사고전환의 시도는 오늘날 어떤 의미를 지닐 수 있을까? 나아가 인간의 진정한 인간다움은 인간의 어떤 특성으로부터 도출되는 것일까? 인간다움은 삶과 죽음, 즉 그의 존재의 유한성과 사멸성에 대한 존재론적 이해를 바탕으로 보다 분명해진다. 형이상학적 이원론과 종교적 내세에 대한 니체의 비판에서 알 수 있는 것처럼, 인간의 본질적인 인간다움은 그의 존재론적 필연성, 즉 그의 삶이 유한하고 필멸할 수밖에 없다는 사실을 토대로 한다.

　　니체의 관점에서 신이 죽어야만 인간은 비로소 자신의 '유한성', 즉 '사멸성'을 체험할 수 있게 된다. 역설적으로 들리지만, 신의 죽음으로 인해서 인간은 비로소 자신의 죽음을 인식하며, 더 이상 저편의 세계를 추구하지 않게 된다. 니체의 관점에서 보면 신의 죽음으로 인해 인간은 비로소 끊임없이 생성하는 "대지의 의미"를 깨달을 수 있게 된다. "위버멘쉬(Übermensch)가 이 대지의 의미이다. 너희들의 의지로 하여금 말하도록 하라. 위버멘쉬가 대지의 뜻이 되어야 한다고! 형제들이여, 맹세코 이 대지에 충실하라!"[11] 그의 철학에서 위버멘쉬는 자기 자신의 실존적 의미를, 즉 자신의 정체성과 인간다움을 간직하고 있음에도 불구하고, 이를 끊임없이 탐

---

10)　프리드리히 니체, 『유고(1885년 가을~1887년 가을)』, 2[149], 이진우 옮김, 책세상, 2005, 171쪽.

11)　프리드리히 니체, 「서문」, 『차라투스트라는 이렇게 말했다』, 정동호 옮김, 책세상, 2005, 18쪽.

구하는 인간유형에 대한 명칭이다.

인간 존재의 인간다움은 신의 죽음이라는 정신적 사건을 통해서 중요한 과제로 부각된다. 니체는 신의 죽음으로 인해 발생하는 자기 존재의 무기력과 무의미의 허무주의적 혼란, 즉 존재 의미의 상실을 극복할 수 있는 인간유형으로 위버멘쉬를 제시한다. 그리고 위버멘쉬는 인간다움에 대한 니체의 철학적 성찰을 사상적으로 구체화시켜주는 인간학적 개념이다. 이두 사상은 인간을 인간답게 만들어주는 조건이 언제나 그의 존재 안에 있다는 사실을 보여준다.

그렇다고 신의 죽음이 4차 산업혁명 시대를 대변하는 과학의 죽음을 지시하는 것은 아니다. 신의 죽음이 그의 죽음을 목격한 철학자의 입에서 나온 말이 아니라, 사고의 전환을 통해서 삶의 새로운 정체성을 창조해야만 한다는 실존의 요구이듯이, 이 책에서 신의 죽음을 통해 4차 산업혁명을 바라보는 관점 역시 마찬가지이다. 신의 죽음이 인간의 인간다움의 중요성을 강조하듯이, 4차 산업혁명도 이에 대한 중요성을 우리에게 요구하고 있다.

3.
"신의 죽음"과 삶에 대한 비극적 인식

초기 『비극의 탄생』에서 제시되었던 "예술가-형이상학"[12]은 전통적인 형이상학의 종말과 더불어 예술을 통해서 철학과 삶의 새로운 관계를 정립하고자 했었던 니체의 시도를 잘 보여준다. 그리고 이 시도는 삶으로부터 멀어진 철학에 대한 비극적 인식으로부터 시작된다. 니체의 이러한 비극적 인식은 이미 벌어진 사태, 즉 학문, 예술 등 소크라테스의 이성중심주의적이고 합리적인 지식 충동에 의해 억압된 총체적인 그리스 비극 정신의 치유를 위한 시도로 그의 철학의 후기에까지 지속된다.

여기서 중요한 것은 니체의 이러한 비극적 인식이 세계와 삶이 살아 생동하고 있다는 사실에 대한 인식이라는 것이다. 신화적 지혜를 삶으로 터득하고, 다시 그 지혜를 자신의 삶에 적용하는 방식은 맹목적인 지식 충동 — 학문(과학)에 대한 맹목적인 신뢰 — 을 제어한 결과, 다시 말해 철학이 삶에 기여하고 또한 살아 생동하는 삶이 그러한 철학을 정당화하는 유기적인 관

---

12) 프리드리히 니체, 「자기비판의 시도」, 『비극의 탄생』, 이진우 옮김, 책세상, 2005, 12쪽.

계에 의한 결과이다. 소크라테스 이래의 철학자들에 대한 니체의 비판은 인간이라는 존재에 대한 이성적·기계적 이해와 해석을 극복하기 위함이다.

니체에 의하면 비극은 고통을 삶의 문제로 환원하는 동시에 고통을 실마리로 삶 자체를 문제시하는 인간의 실존과 직결되어 있다. 고통은 나 자신을 파괴하는 힘이지만 동시에 보다 깊이 내 안으로 향하게 하는 디오니소스적 힘이다. 디오니소스적 고통으로 인한 개체의 파괴와 근원 일자와의 합일, 그리고 아폴론적 가상에 의해 다시 삶을 살아가게 만들어주는 두 충동에 대한 니체의 관점에서 소크라테스와 에우리피데스에 의한 비극의 죽음은 인간의 삶이 더 이상 예술일 수 없음을 확인시켜주는 실존의 위기로 작용한다.

아래의 글을 통해 확인할 수 있는 것은, ① 인간이 쌓아올린 문명은 이성에 의한 것이지만, 그 성과는 이성만이 아니라 문명을 필요로 했던 욕구, 욕망, 충동, 본능, 감정 등의 내적 정념(Pathos)에 의해서이기도 하다. 이 정념이 부정되지 않을 때에 문명과 문화는 인간적인 것이 될 수밖에 없다. ② 그리고 아래의 글에 등장하는 중요한 개념이 "커다란 고통(der grosse Schmerz)"이라는 점을 바탕으로 이 내용을 조금 더 확장시켜보면, 기계와 인간의 차이는 고통을 통해 느끼게 되는 삶에 대한 이성과 감정의 변화이다. 고통의 여부에 따라 인간과 기계를 차별하는 것이 아니라, 이로부터 드러나는 동감, 공감, 동정 등의 윤리적 감정 발생의 차이가 인간의 인간다움을 규정할 수 있는 조건이 될 수 있다는 것이다.

우리는 생각하는 개구리가 아니다. 차가운 내장을 지니고서 객관화하고 기록하는 기계가 아니다. 우리는 항상 산고를 겪으며 우리의 사상을 탄생시킬 수밖에 없으며 어머니로서 피, 심장, 불, 기쁨, 정열, 고통, 양심, 운명, 숙명 등 우리가 지닌 모든 것을 그 사상에게 주어야만 한다.

삶 — 이것이 우리의 모든 것이고, 우리가 빛과 불꽃으로 변화시키는 모든 것이며, 또한 우리와 만나는 모든 것이다. 그 밖의 다른 도리가 없다. — 그리고 병에 관해서 말하자면, 우리는 그것이 우리에게 불필요한 것은 아닌지 물어보고 싶은 유혹을 느끼게 되지 않을까? 커다란 고통이야말로 정신의 최종적인 해방자이다."[13]

니체는 초기 저서 『비극의 탄생』에서부터 고통을 실마리로 세계와 그 세계를 살아가는 인간의 삶을 비극적 관점에서 이해했다. 디오니소스로 대변되는 삶의 고통, 그 배후에 담긴 실존의 기쁨은 이성적·기계론적으로 해석될 수 없는 실존의 영역이다. 니체에게 있어 철학자는 고통에 대한 디오니소스적 관점을 망각해서는 안 된다. 그 이유는 이성이 인간을 동물일 수 없도록 만든다면, 고통은 인간을 자기 자신일 수밖에 없도록 만들기 때문이다.

고통을 빼놓고 생각하는 세계는 어떤 의미에서도 반미학적인 것이다: 아마도 쾌락은 오직 하나의 형식이며 그와 같은 것의 리듬의 방식일 뿐이다. 나는 아마도 고통이란 모든 현존재의 중요한 그 무엇일 것이라고 말하고자 했다.[14]

고통과 삶에 대한 비극적 인식은 인간이 기계일 수 없는 이유이고, 고통을 알지 못하는 기계가 인간이 될 수 없는 근거이다. 하지만 고통을 기억하는 트랜스 휴먼에게, 즉 육체적 병과 장애의 치유가 아니라, "인간 향상(Human Enhancement)"을 통해 기계화된 트랜스 휴먼에게 비극적 감정은 어떤

---

13) 프리드리히 니체, 「제2판 서문」, 『즐거운 학문』, 3, 28쪽.
14) 프리드리히 니체, 『유고(1884년 초~가을)』, 39[16], 456쪽.

유형의 것일까? 니체가 인간적인 현상으로서의 고통을 실마리로 고대 그리스를 이해했던 비극적 관점은 생명공학과 생체공학, 인공지능과 사이보그에 대한 문제의식 속에서 인간의 인간다움을 규명하고자 하는 본 글의 시도에 중요한 사상적 토대가 되어준다.

> 그렇다면 무엇이 디오니소스적인가? [⋯] 디오니소스적인 것이 어떻게 그리스인들에게 비극의 근원이 된 것인가라는 몹시 어려운 심리학적 질문에 관하여 지금 나는 아마 좀 더 신중하고 간략하게 말할 것이다. 근본적 물음은 고통에 대한 그리스인의 관계, 그의 감수성의 정도다.[15]

인간에게 비극이 삶의 모순과 부조리한 비합리성 그리고 고통을 떠올리게 한다면, 기계에게 비극은 존재할 수 없다. 물론 인간의 뇌를 완벽하게 시뮬레이션하게 된다면 소프트웨어의 고통 역시 인간적인 것이 될 수 있겠지만, 그럴 수 있다고 단언하기에 비극은 자기 존재에 대한 해명될 수 없는 복잡한 감정의 문제이지 않을까?[16] 조금 다른 방식으로 위의 물음을 다시 한 번 제기하면, 트랜스 휴먼과 같이 기계(무생물)와 부분적으로 결합된 인간(생물)의 경우, 즉 고통을 쉽게 극복하는 경우 그리고 이로 인해 인간의 수명이 기하급수적으로 늘어나는 경우에 비극은 어떤 의미를 지니게 될까? 정도의 차이는 있겠지만, 아마 우리가 알던 비극은 고전에 등장하는 인간적인 감정 중에 하나가 될 수도 있다. 과학기술을 통해서 인간의 한계를 넘어서는 것은 우리가 알고 있는 것들을 너무도 빨리 과거의 유물로 만들어버릴

---

15) 프리드리히 니체, 「자기비판의 시도」, 『비극의 탄생』, 4, 14쪽.
16) 뉴 사이언티스트(닉 보스트롬, 넬로 크리스티아니니, 존 그레이엄-커밍, 피터 노빅, 앤더스 샌드버그), 『기계는 어떻게 생각하고 학습하는가』, 김정민 옮김, 한빛미디어, 2019, 282-286쪽 참조.

것이다. 그렇다면 인간의 존재론적 본성과 인간다움에 대한 논의는 철학의 의무를 떠올리게 한다.

소크라테스에 의해 죽음을 맞이한 고대 그리스의 비극, 보다 구체적으로 말해서 고통 속에서 삶을 바라보는 비극적 관점을 부활시키고자 하는 니체의 시도는 근본적으로 ① 소크라테스의 주지주의에 반하여 인간의 이원론적 해석을 해체하고, ② 이 해석에 은폐된 그의 욕구, 욕망, 충동, 본능 등의 비합리적 정념을 드러냄으로써, ③ 총체적인 인간 이해를 구성하기 위함이다. 니체의 이러한 철학적 문제의식은 인간의 존재론적인 본성과 그의 인간다움이 결코 이성에 의해 드러날 수도 또한 보증될 수도 없다는 사실로부터 시작한다. 삶에 고통이 존재하는 한, 그 고통이 나에게 비극적인 한, 인간은 영원히 이성적이고 기계적일 수만은 없다.

> 우리의 현대 세계는 알렉산드리아 문화의 그물에 사로잡혀서 최고의 인식 능력을 갖추고 학문을 위해 봉사하는 이론적 인간을 이상으로 알고 있다. 이 이론적 인간의 원형이 바로 소크라테스이다.[17]

삶에 내재된 모순과 비합리성을 경험했음에도 불구하고 끝까지 삶에 대한 자신의 문제의식을 내려놓지 않는 신화적 · 비극적 지혜를 니체는 "디오니소스적 지혜"[18]라고 표현한다. 아폴론적 지혜만을 강조해온 서구정신사에 대한 니체의 문제의식 속에서 "디오니소스적 지혜"는 인간의 인간다움을 해명함에 중요한 실마리를 제공해주는 역할을 한다. 4차 산업혁명이라는 미래 혁명 속에서도 변함없이 우리는 '나'와 같은 인간이라는 존재와 삶

---

17) 프리드리히 니체, 『비극의 탄생』, 18, 135쪽.
18) 프리드리히 니체, 『비극의 탄생』, 19, 148쪽.

에 대한 지혜를 필요로 한다. 그렇다면 21세기의 "디오니소스적 지혜"는 인간의 존재론적 본성과 그의 인간다움을 규정하는 이성과 감정, 합리성과 비합리성 등을 더 이상 이원화하지 않는 것으로부터 시작될 것이다.

이러한 의미에서 니체가 『소크라테스와 그리스 비극』에서 고대 그리스의 비극 정신이 소크라테스에 의해 어떻게 종말에 이르렀는지를 서술하고 있다면, 『그리스 비극시대의 철학』에서는 소크라테스 이전의 자연철학자들을 설명하며 그들을 소크라테스, 플라톤과 상반된 관점에서 서술한다. 이러한 의미에서 "지식과 인식에 만병통치약의 힘을 부여하는 이론적 낙천주의자의 원형으로서의 소크라테스"[19]라는 니체의 말은 인간과 세계, 인간과 삶, 인간과 철학의 관계를 사유하는 비극의 죽음을 선포한 소크라테스에 대한 그의 비판을 잘 보여준다.

니체의 관점에서 인간의 존재론적 본성과 인간다움에 대한 숙고 없이 트랜스 휴먼과 포스트 휴먼 시대에 대한 기대만을 꿈꾼다면 트랜스 휴머니스트들은 소크라테스와 같은 "이론적 인간"[20]이라는 비판을 피할 수 없을 것이다. 그리고 이 비판은 다음과 같은 니체의 말로 대변될 수 있을 것이다. "결국 철학적 노동자와 일반적으로 학문하는 인간을 철학자와 혼동하는 일을 멈추어야 한다고 나는 주장한다."[21] 또한 트랜스 휴머니스트들은 마치 소크라테스처럼 삶의 비극성을 제거함과 동시에 인간적인 삶의 의미와 인간다움의 가치까지 제거하게 될지도 모른다. 니체의 이러한 생각과 비판은 오늘날 트랜스 휴머니스트들을 향해서 시의성 있는 문제의식을 전해준다.

---

19)   프리드리히 니체, 『비극의 탄생』, 15, 118쪽.

20)   프리드리히 니체, 『비극의 탄생』, 18, 135쪽.

21)   프리드리히 니체, 『선악의 저편』, 211, 188쪽.

4.
"신의 죽음":
전통적 인간 해석의 해체

철학은 관계를 사유하는 학문이다. 인류가 최초 삶과 세계의 관계를 사유하며 의문시했던 자연의 섭리와 우주 운행의 원리는 '신화'라는 정신적 지혜의 창조적 원천이었다. 그리고 '신화'에 담긴 이야기들은 그들이 느낀 삶에 대한 심오하고 실천적인 지혜였을 뿐, 인간과 삶의 속성을 이성적이고 과학적인 방식으로 해명하는 학문의 영역은 아니었다. '신화'는 모두의 삶에 적용될 수 있는 삶과 세계의 관계에 대한 이야기였기 때문에, 특정한 누군가에 의해 지배될 수 있는 것 역시 아니었다.

"신화에서 이성으로(Vom Mythos zum Logos)"[22]라는 명제에 잘 드러나 있는 것처럼, 서구정신사는 논리적 · 과학적 사유의 세계를 향해가는 과정에서 신화적 상상력을 배제하게 된다. 소크라테스와 플라톤에 대한 니체의 주된

---

22) Wilhelm Nestle, *Vom Mythos zum Logos: Die Selbstentfaltung des griechischen Denkens von Homer bis auf die Sophistik und Sokrates*, Stuttgart, 1975. 이 표어는 빌헬름 네슬레의 책 제목이다. 그는 이 책에서 고대 그리스의 신화적 사고로부터 철학적 · 합리적 사고로의 변화 양상과 기원을 자세하게 설명한다.

비판 역시도 비극적 · 신화적 · 디오니소스적 사유와 인식의 죽음에 대한 문제의식과 부활을 위해 수행된다. 니체에게 있어 소크라테스와 플라톤은 세계와 인간의 관계에 대한 사유의 방식을 전환시킨 장본인으로서 강한 비판의 대상이 된다. 즉 이들에 대한 비판은 세계를 존재와 생성, 이편과 저편으로, 그리고 인간을 영혼과 육체로 분리한 형이상학의 이원론적 사고에 대한 비판이다.

물론 형이상학적 이원론은 종교적으로 유전되어 이 세계를 현세와 내세로 변환하지만, 인간을 영혼과 육체로 구분하는 오랜 전통 사고방식으로서의 형이상학적 인간 이해는 그대로 유지된다. 이러한 이원론적 사고는 근본적으로 변하는 것과 변하지 않는 것, 순수한 것과 타락한 것을 전제로 한다. 하지만 이러한 '관계의 사유'에서 무엇보다 중요한 것은 이 사고의 방식이 두 대상 간의 '차이'를 드러내는 것에 그치지 않고, '차별'로 나아가는 것이다. 형이상학과 종교의 이원론적 차별을 극복하고 차이를 강조함으로써 전통 이원론의 해체를 시도하는 니체에게 있어 철학은 관계를 사유하는 도구이다. 그의 이러한 사유의 방식은 시대와 인간, 기계와 인간의 관계에 대한 사유로 확장됨으로써 오늘날에도 차이의 관계를 사유하는 근본적인 역할을 해준다.

니체는 그 어느 철학자보다도 철저하게 형이상학적 · 종교적 · 도덕적 관계를 비판적으로 사유한 철학자이다. 보다 구체적으로 말해서 그는 전통적인 세계질서와 해석이 인간의 삶과 어떤 관계를 맺고 있는지, 인간의 삶을 어떻게 변화시켰는지, 현재의 문명과 문화에 어떠한 영향을 미치고 있는지를 깊이 있게 탐구했다. 그가 자신의 철학에서 수행하는 인간학적 유형의 차이 역시도 전통적인 인간 이해에 대한 그의 반감을 바탕으로 한다. 『차라투스트라는 이렇게 말했다』에서 제시한 "마지막 인간"과 "위버멘쉬"의 관계를 차별이 아니라, 상대적이고 관계론적인 관점에서 차이를 부각시키는 그

의 시도를 통해 관계에 대한 그의 철학적 특징을 확인할 수 있다.[23]

니체의 철학적 관점에서 세계를 이편과 저편으로, 인간을 영혼과 육체로 이원화하게 되면 세계의 본질과 인간의 본성은 영원히 은폐될 수밖에 없다. 이때 "신의 죽음"은 지금까지 사유의 이원화 속에서 은폐된 세계의 본질과 인간의 본성을 드러내주는 사상적 토대가 되어준다. 다른 말로 표현하면, "신의 죽음"으로부터 비로소 이편과 저편, 현세와 내세, 영혼과 육체의 이원론은 해체되며, 인간은 자신의 삶과 죽음을 실재로서 인식하게 된다. 이렇듯 삶과 죽음에 대한 형이상학적 · 종교적 차별은 "신의 죽음"으로 인해 비로소 차이의 영역으로 전환된다. 즉 삶은 죽음으로 인해 더없이 숭고한 의미를 지니게 되고, 죽음은 제거되어야 하는 것이 아니라 지금 이곳의 삶 속에서 본질적인 가치를 가지게 된다.

아래의 글은 이론적 · 학문적 인간의 전형으로 대변되는 소크라테스에 대한 니체의 비판으로서, 그가 자신의 죽음을 이해하고 받아들였던 주지주의적 관점에 대한 비판을 담고 있다. 인간을 영혼과 육체로 이원화했기에 가능했던 소크라테스의 주지주의에 대한 니체의 비판은 과학기술을 통해 죽음마저 극복하고자 하는 트랜스 휴머니스트들를 향해 인간 존재의 본질

---

23) 트랜스 휴머니스트들의 관점에서 포스트 휴먼은 니체의 위버멘쉬로 환원될 수 없다. 동물과 위버멘쉬, 즉 마지막 인간과 위버멘쉬는 트랜스 휴머니스트들의 관점처럼, 마지막 인간과 포스트 휴먼의 관계일 수 없다. 그 이유는 니체에게 있어 마지막 인간과 위버멘쉬라는 두 인간 유형은 차별이 아니라, 모두 자기극복의 노력에 의해 보다 건강한 위버멘쉬적 실존으로 살아갈 수 있는 차이의 관계에 있기 때문이다(Michael Skowron, "*Posthuman oder Übermensch. War Nietzsche ein Transhumanist?*," in: Nietzsche-Studien, Volume 42, Issue 1, 2013, Berlin/New York, 258, p. 271). 만약 마지막 인간과 위버멘쉬의 관계를 차별로 해석하게 된다면, 현재의 인간과 포스트 휴먼의 관계 역시 차별로 드러날 수밖에 없다. 이러한 의미에서 짐머만은 — 트랜스 휴먼과 위버멘쉬의 유사점을 주장하는 조르그너(S. L. Sorgner)에 반하여 — 포스트 휴먼에게 현재의 인간은 웃음거리, 즉 차별의 관계가 형성될 수밖에 없을 것이라고 말한다(Michael E. Zimmerman, "*Last Man or Overman. Transhuman Appropriations of a Nietzschean Theme*," in: The Hedgehog Review: Critical Reflections on Contemporary Culture, Volume 13, No. 2 (Summer, 2011), p. 35 참조).

과 인간다움의 근원이 이미 그의 존재 안에 내재되어 있음을, 나아가 형이상학적 · 종교적 인간이해로부터 도출될 수 없음을 보여준다. 소크라테스에 대한 니체의 이러한 비판은 4차 산업혁명 시대의 철학과 그 역할을 인문학적 관점에서 살펴볼 수 있는 가능성을 제기해준다.

> 이제 이런 사유의 횃불로 소크라테스를 비추어보자. 그의 모습은 저 학문적 본능에 이끌려 살았을 뿐만 아니라 — 그보다 더욱 중요한 것은 — 죽을 수도 있었던 최초의 인간처럼 우리에게 비친다. 그래서 죽어가는 소크라테스의 모습은 지식과 논거를 통해 죽음의 공포에서 벗어난 모습이며, 그것은 학문의 출입구 위에 걸려 모든 이에게 학문의 사명을 상기시키는 문장(紋章)인 것이다. 다시 말해 존재를 이해할 수 있는 것으로 만들며, 그로써 정당한 것으로 만드는 학문의 사명을 상기시키는 문장이다.[24]

중요한 것은 니체가 절대적 이원론의 관계에 대한 전통적 사유를 해체하고 세계를 생성으로, 인간을 영혼과 육체가 합일된 "몸(Leib)"의 존재로 규정함으로써 인간 존재의 본질과 그 본성을 끊임없이 변화하는 것으로 다시 해명하고 있다는 것이다. 그리고 그 변화는 인간 존재의 특징을 현세와 내세가 아니라, 생성하는 대지에서의 삶과 죽음의 영역으로 돌아오게 한다. 이렇듯 철학은 인간이 인간다울 수 있는 본질적인 조건을 존재론적으로 탐구하는 학문이며, 니체는 신의 죽음을 통해 진정한 인간다움의 조건을 탐구한 철학자이다.

---

24) 프리드리히 니체, 『비극의 탄생』, 15, 117쪽.

5.
"신의 죽음":
삶과 죽음의 자연성으로의 회귀

형이상학은 끝을 사유하는 학문이다. 하지만 니체는 형이상학적·종교적 극단의 사유를 다시 삶의 경계로 몰아온다. "힘에의 의지"를 통해서 모든 존재의 본성을 해명하고자 하는 그의 시도 역시 결국은 '스스로를 힘에의 의지의 존재로 인식하고 있는가? 혹은 인식하고 있지 못한가?'라는 인간 인식의 문제로 전환한다. 하지만 여기서 중요한 것은 그의 인식론이 '차별'이 아니라, 오히려 '차이'를 부각시킨다는 점이다. 이에 대한 예로, 니체가 영원회귀 사상을 정신적 강자뿐만이 아니라, 약자의 삶의 변화를 위해서도 제시하는 것처럼,[25] 그의 모든 사상적 개념들은 근본적으로 차별이 아니라, 차이를 부각시키는 일종의 사고실험으로 전개된다.

또 하나의 예로 니체는 자신의 철학에서 "영원회귀"를 허무주의의 극단적 형식으로 제시하며 극복을 시도한다. 이때 영원회귀를 긍정하는 자로

---

25) 프리드리히 니체, 『유고(1887년 가을~1888년 3월)』, 11[150], 백승영 옮김, 책세상, 2005, 372쪽.

서의 위버멘쉬는 세계를 이편과 저편으로 그리고 자기 자신을 영혼과 육체가 이원화된 존재로 이해하지 않는다. 그는 스스로를 "대지의 의미"[26]로 인식하는 자이다. 다시 말해 그는 생성하는 대지의 삶을 충실하게 살아가는 자로서 삶과 죽음을 '차별'하지 않고, 오히려 그 '차이' 속에서 지금 이 순간을 긍정하는 자이다. 관계에 대한 니체의 철학적 사유는 이렇듯 인간 존재의 본질과 그의 인간다움을 드러내는 작업이다. 이러한 의미에서 위버멘쉬는 인간의 자연적 본성을 간직하고 또한 이 특징을 자신의 인간다움으로, '나'로 대변되는 자기 존재의 정체성으로 표출하는 인간 유형인 것이다.

이와 더불어 "거리의 파토스" 역시도 정신적 강자와 약자의 차별이 아니라, 그들 스스로 차이를 느끼고 보다 더 성장할 수 있는 실존의 원리로 제시된다. 그리고 이러한 사고실험의 이면에는 신의 죽음, 즉 모든 존재의 변화를 차별이 아니라, 차이로서 허용하는 "생성의 무죄(Unschuld des Werdens)"[27]가 근본토대로 작용하고 있다. 신의 죽음 이후 신이 부재한 자리를 위버멘쉬가 채우게 된다는 의심은 결국 위버멘쉬가 매 순간 자기 자신을 극복하는 시도와 행위에 대한 인간학적 명칭이 아니라, 그를 포스트 휴먼과 진화론적으로 유사한 존재라고 해석함으로부터 발생하는 오해이다.[28] 물론 인간이

---

26) 프리드리히 니체, 「서문」, 『차라투스트라는 이렇게 말했다』, 3, 18쪽. 차라투스트라가 위버멘쉬를 "대지의 의미"로 규정하는 것으로부터 다음과 같은 사실을 확인할 수 있다. ① 차라투스트라는 지금 이곳의 구체적인 삶을 초월하는 세계를 약속하는 자가 아니다. ② 이로부터 위버멘쉬가 기존의 인간을 초월하는 존재로 해석될 수 없다. ③ 결과적으로 니체의 위버멘쉬를 과학기술에 의한 향상이 필요한 진화론적 존재로 이해할 수 없다. ④ 위버멘쉬는 인간의 실존적 성장을 대변하는 인간유형이다(Joshua Merlo, "*Zarathustra and Transhumanism: Man is Something to Be Overcome,*" in: Scientia et Fides, edited by Leandro M. Gaitán, 7(2)/2019, pp. 48-54 참조).

27) 프리드리히 니체, 『유고(1887년 가을~1888년 3월)』, 9[91], 63-64쪽.

28) 위버멘쉬에 대한 조르그너의 견해는 다음의 글로 대표될 수 있다. "내가 트랜스 휴머니스트 운동에 처음 친숙해 졌을 때, 나는 트랜스 휴머니즘과 니체의 철학, 특히 포스트 휴머니즘과 니체의 위버멘쉬(Übermensch/Overman) 개념 사이에 근본적인 유사성이 많다고 즉시 생각했

자신의 실존적 성장을 위해 끊임없이 극복해나가는 행위에 대한 명칭으로서의 위버멘쉬를 과학기술을 통한 "인간 향상"의 단초로 이해하는 트랜스휴머니스트도 있다.

니체의 철학을 트랜스휴먼적으로 해석하는 대표적인 사람은 조르그너(Stefan Lorenz Sorgner)이다. 우선 니체의 철학에서 인간의 존재론적 본질로 대변되는 "힘에의 의지"에 대한 그의 이해는 실존적이지 않고, 오히려 진화론적이다. 그의 이러한 해석 속에서 인간 안에 내재된 이 힘과 의지에 대한 진화론적 의지는 실존적 건강(상승, 성장)이 아니라, 존재론적 한계를 넘어서는 인간 향상(Human Enhancement)으로 나아가는 토대로서의 역할을 하게 된다. 그는 힘에의 의지를 과학적으로 해석하기도 하는데, 이러한 관점 역시 결국 인간 향상으로 귀결된다.[29] 진화가 과학적 향상의 대상이 되는 포스트 휴먼 시대에 니체의 철학적 개념에 대한 진화론적 해석은 오해를 낳을 수밖에 없다. 이렇듯 조르그너는 힘에의 의지에 대한 근본적인 해석의 오류를 범하기 때문에 필연적으로 니체의 인간 이해, 즉 위버멘쉬에 대한 오류로 나아갈 수밖에 없다.

우리는 인간이 사피엔스로부터 시작된 진화의 정점에서 더욱 강해졌으며, 또한 자신 안에 내재된 능력을 통해 과학을 발전시키며 세계를 지배해온 사실을 알고 있다. 하지만 니체의 본질적인 문제의식은 — 형이상학 및 종교 외에도 — 과학적 해석 아래 은폐된 인간의 존재론적 본성과 인간다움의 상실증상을 향한다. 니체의 위버멘쉬와 트랜스 휴먼의 유사성에 대한 자신의 해석에 부정적인 의견을 제시하는 보스트롬(Nick Bostrom)을 반박하

_____

다"(Stefan Lorenz Sorgner, *Nietzsche, the Overhuman, and Transhumanism*, in: Journal of Evolution and Technology, Vol. 20 Issue 1, March 2009, Hartford USA, p. 29).

29) Stefan Lorenz Sorgner, "*Nietzsche, the Overhuman, and Transhumanism*," pp. 29-42 참조.

는 그의 글에는 니체 해석에 대한 근본적인 오류가 가득하다.[30] 조르그너는 단적으로 다음과 같이 단언하기도 한다. "트랜스 휴머니스트의 생각에 니체의 위버멘쉬는 '포스트 휴먼'으로 불린다."[31] 이렇듯 니체의 위버멘쉬는 과학기술을 통해 기존의 인간(den bisherigen Menschen)을 생물학적으로 초월하는 것이 아니라, 정신적으로 극복해나가는 것, 즉 정신적 성장을 지향하며 스스로를 넘어서는 것(Hinausgehen)이기 때문에, 이 개념은 포스트 휴먼으로 이해될 수 없다.[32]

이렇듯 트랜스 휴머니스트들은 죽음을 극복하고 그토록 염원하던 영생을 실현함으로써 인간의 존재론적 완성을 지향하지만, 이는 니체가 자신의 철학에서 제시하는 실존적 실험 및 성장과 대결구도에 설 수밖에 없다. 그렇다면 위버멘쉬에 대한 이들의 관점 속에서 실존적 변화를 지향하는 인간은 자신의 삶을 "인간성의 실험실"[33] 혹은 "작은 실험 국가"[34]로 이해해야만 한다는 니체의 요청 역시도 트랜스휴먼적으로 오해될 여지가 있다. 하지만 영생의 문제, 즉 삶과 죽음의 문제는 ─ 하이데거(M. Heidegger)가 죽음을 통

---

30) 니체의 철학과 트랜스 휴머니즘의 유사성을 바탕으로 (자기극복의 인간유형으로서의) 위버멘쉬(Übermensch/Overman)를 트랜스 휴먼으로의 진화론적 이행 가능성으로 보는 견해 ─ 구체적으로는 조르그너 ─ 에 대한 상세한 반박과 논의에 대해서는, 이진우, 「'인간 극복'과 니체의 트랜스휴머니즘」, 『니체연구』 제24집, 한국니체학회, 2013, 87-118쪽 참조. 이와 더불어 『차라투스트라는 이렇게 말했다』에 제시되는 동물과 위버멘쉬의 관계는 트랜스 휴머니스트들에 의해서 위버멘쉬와 포스트 휴먼의 관계로 전환되기도 한다. 니체철학의 트랜스 휴머니스트적인 오해를 해소하기 위해 다양한 학자들의 해석을 소개하며, 자신의 논의를 전개하는 글로는, Michael Skowron, "Nietzsches Kritik des Transhumanismus und die ewige Wiederkunft des Gleichen," in: Robert Zimmer, Martin Morgenstern(Hrsg.), Aufklärung und Kritik, 1/2016, Frankfurt am Main, pp. 1-15 참조.

31) Stefan Lorenz Sorgner, "Nietzsche, the Overhuman, and Transhumanism," p. 36.

32) Diana Aurenque, "Das Posthumane und Nietzsches Übermensch. Eine Blasphemie gegen Gott," in: S. L. Sorgner (Hrsg.), Aufklarung und Kritik, 3/2015, Frankfurt am Main, p. 71 참조.

33) 프리드리히 니체, 『유고(1880년 초~1881년 봄)』, 1[38], 최성환 옮김, 책세상, 2004, 14쪽.

34) 프리드리히 니체, 『아침놀』, 453, 박찬국 옮김, 책세상, 2004, 350쪽.

해 현존재의 존재론적 삶의 의미를 분석하듯이[35] — 인간의 실존과 직결되어 있다.

이러한 관점은 하라리가 『사피엔스』에서 유전공학 및 생명공학을 통해 영생의 능력을 갖게 된 인간이 신의 자리를 욕망하면서 발생하는 인간의 본질적인 본성과 정체성 및 인간다움의 문제, 즉 트랜스 휴먼이 사피엔스로부터 과학적으로 진화된 인간일지, 아니면 완전히 새로운 인간 종일지를 규명해야 하는 문제와 맞닿아 있다.[36] 이 문제는 진화론적 자연성에 인위적인 조작을 가하여 계획된 인간을 존재론적으로 어떻게 규명해야만 하는지에 대한 철학적 성찰과도 뗄 수 없는 문제이다.[37]

하지만 니체의 위버멘쉬는 자연선택으로서의 진화 혹은 과학적으로 계획된 진보가 아니라 끊임없이 '되어가는 존재'에 대한 명칭, 즉 '성장하고 성숙해가는 존재'에 대한 명칭으로서 과학기술에 의해서가 아니라, 내가 나에 의해서 나를 변화시키는 존재의 사랑에 대한 명칭이다. 아래의 글에서 니체는 자기 존재에 대한 사랑이 신의 죽음에 대한 인정, 다시 말해 신을 포기함으로써 보다 섬세해질 수 있다고 말한다.

---

35) 마르틴 하이데거, 『존재와 시간』, 이기상 옮김, 까치, 2006, 314-355쪽 참조.

36) 유발 하라리, 『사피엔스』, 561-586쪽 참조; 후쿠야마(Francis Fukuyama)는 생명공학기술을 통한 유전자 지도의 지배로 예측 가능해진 포스트 휴먼의 미래를 우려의 눈으로 바라본다. 그는 유전공학과 인간복제가 인간의 보편적 속성인 자연성을 인위적으로 조작하고 계급화함으로써 인간의 평등권을 위협할 수 있다고 말하여 시급한 정치적 · 윤리적 조치가 필요하다고 주장한다. 이에 대한 내용은 주로 그의 저서 『부자의 유전자, 가난한 자의 유전자(Our Posthuman Future: Consequences of the Biotechnology Revolution)』(최준명 감역, 송정화 옮김, 한국경제신문, 2003)의 제2부에서 중점적으로 논의되고 있다. 18여 년 전에 출간된 저서이지만, 포스트휴머니즘에 의한 인간의 본성을 바라보는 그의 우려 섞인 문제의식은 오늘에도 여전히 유효하다.

37) 이진우, 「태어난 인간과 만들어진 인간: 인간 복제에 관한 철학적 성찰」, 『테크노 인문학』, 203-229쪽 참조. 이러한 의미에서 "인간은 언제나 도구를 현명하게 사용하는 것보다 발명하는 데 훨씬 뛰어났다"라는 하라리의 말은, 철학의 역할을 보다 분명하게 제시해준다(유발 하라리, 『21세기를 위한 21가지 제언. 더 나은 오늘은 어떻게 가능한가』, 김영사, 전병근 옮김, 2019, 26쪽).

구별이 안 되는 그리스도교인의 인간애(die Menschenliebe)는 신을 지속적으로 관조할 때 비로소 가능하다. 신과의 관계에서 인간과 인간 사이의 위계질서는 사라질 정도로 작아진다. 그리고 인간 자체는 크기의 균형 관계가 더 이상 관심을 불러일으키지 않을 정도로 무의미해진다. 그것은 마치 높은 산에서 내려다보면 크고 작은 것이 개미처럼 비슷해지는 것과 같다. — 우리는 그리스도교적 인간애의 감정 속에 있는 이러한 인간의 경시를 간과해서는 안 된다. […] — 반대로, 우리가 신을 포기하면, 우리에겐 인간보다 더 높은 존재의 유형이 없을 것이다. 그러면 우리의 눈은 이 "최고 존재"의 차이(Differenz)들을 감지할 정도로 섬세해진다.[38]

인류 역사의 진화와 진보의 관점에서 제시된 하라리의 말 "인간이 신을 발명할 때 역사는 시작되었고, 인간이 신이 될 때 역사는 끝날 것이다"[39]는 위의 글의 문장 "우리가 신을 포기하면, 우리에겐 인간보다 더 높은 존재의 유형(ein Typus eines Wesens, das höher)이 없을 것이다"와 상통하는 부분이 있다고 느낄 수 있다. 하지만 다음 문장 "그러면 우리의 눈은 이 "최고 존재(das höchste Wesen)"의 차이(Differenz)들을 감지할 정도로 섬세해진다"를 통해서 니체의 철학적 관점은 명확해진다. ① 여기서 "더 높은 존재의 유형", "최고 존재"가 인간의 한계를 초월한 존재일 수 없음은 당연하다. ② 니체에게 있어이 인간유형은 신의 부재 속에서도 자신만의 고유한 삶의 의미를 창조할 수

---

38) 프리드리히 니체, 『유고(1885년 가을~1887년 가을)』, 1[66], 32-33쪽.

39) https://www.ynharari.com/ 그의 이 말은 우리 시대가 "유기 생명체"에서 "무기 생명체"의 시대로 변화되어가고 있다는 것을 의미한다. 이 사실을 분명히 인식해야만 한다는 하라리의 말에는 인간의 인간다움에 대한 규명이 무엇보다 중요하다는 사실을 함의하고 있다(유발 하라리, 「인류는 어떤 운명을 맞이할 것인가」, 『초예측』, 웅진지식하우스, 2019, 52쪽).

있는 자유로운 정신에 대한 표현이며, 주어진 삶의 가치를 — 삶과 죽음의 관점에서 — 발견할 수 있는 섬세함을 가진 자이다. 결국 위에 제시된 니체의 글도 트랜스 휴머니스트들의 관점에서 해석될 수 없다.

니체가 신의 죽음을 선언하며 대지와 인간에게 되돌려준 것은 생성이라는 생명의 생명성, 즉 자연성이었다. 신의 죽음에 의해서야 비로소 대지와 인간은 생성과 끝없는 변화라는 자연의 원리를 되찾게 되었다. 생성이라는 자연성은 인간에게만큼은 그 무엇과도 비교할 수 없을 만큼 숭고하고 소중한 삶의 원리이다. 그 이유는 생명의 생명성, 즉 인간의 자연성에는 존재론적 생성의 원리로 대변되는 삶과 죽음이 내재되어 있기 때문이다. 삶이 그 자체로 긍정되어야만 하는 이유는 바로 이때문이다. 이렇듯 신의 죽음은 인간의 인간다움을 삶과 죽음, 유한성과 사멸성으로 대변되는 생성의 원리로 드러내준다.

삶과 죽음은 인간의 실존을 섬세하게 볼 수 있는 관점을 부여해준다. 또한 삶과 죽음은 인간을 평등하게 만들어주는 생명의 존재론적 조건이기도 하지만, 그의 삶의 실존적 차이를 드러내는 역할을 한다. 신의 죽음은 내세에 대한 기대를 해체함으로써 인간의 존재론적 본성을 유한한 삶, 즉 죽음으로 규정해주고, 그의 인간다움이 존재의 유한함과 사멸성으로부터 비롯되는 것임을 보증해주는 개념이다. 여기서 니체의 개념 "몸(Leib)"은 영혼과 육체가 합일된 총체적인 "나"를 대변해줌으로써 인간이 영혼(무한성) 혹은 육체(유한성)라는 단일한 속성으로 존재할 수 없음을 분명하게 보여준다. 신의 죽음으로 인해 인간의 존재론적 본성과 인간다움의 조건은 "몸"으로 보다 명확해진다.

6.
니체의 새로운 인간 이해:
몸(Leib)

"위버멘쉬가 이 대지의 의미이다. 너희들의 의지로 하여금 말하도록 하라. 위버멘쉬가 대지의 뜻이 되어야 한다고! 형제들이여, 맹세코 이 대지에 충실하라!"[40] 위버멘쉬가 "대지의 의미"라는 니체의 이 말에는, 위버멘쉬가 대지를 살아가는 모든 것들의 생성, 삶과 죽음이라는 자연의 원리를 따르고 긍정하는 자연적인 존재, 즉 '몸의 존재'라는 의미가 담겨 있다. 신의 죽음과 그 공백을 자신만의 고유한 삶의 의미로 채우는 인간유형으로서의 위버멘쉬에게 이제 이 세계는 디오니소스적이기 때문에, 그는 자신의 삶을 디오니소스적으로 살아가야만 한다. 행복과 고통은 유기적인 생명의 디오니소스적 관계 속에서 보다 큰 의미와 가치를 가진다. 그 이유는 행복과 고통이 몸의 유한한 원리를 따르기 때문이다.

영원한 자기 창조와 영원한 자기 파괴라고 하는 이러한 나의 디오니

---

40)   프리드리히 니체, 「서문」, 『차라투스트라는 이렇게 말했다』, 3, 18쪽.

소스적인 세계, 이중적 관능이라는 이러한 비밀의 세계, 이러한 나의 선악의 저편의 세계 […] 그대들은 이러한 세계를 부를 이름을 원하는가? 그 모든 수수께끼에 대한 하나의 해결을? 그대들, 가장 깊이 숨어 있고, 가장 강하고, 가장 경악하지 않으며, 가장 한밤중에 있는 자들이여, 그대들을 위해서도 빛을 원하는가? — 이러한 세계가 힘에의 의지다 — 그리고 그 외에 아무것도 아니다! 그대들 자신 역시 이러한 힘에의 의지다 — 그리고 그 외에 아무것도 아니다![41]

"영원회귀"가 진정한 의미에서 지금의 삶이 실재로 영원히 반복된다는 의미가 아니듯이, 이 사상은 삶이 다하는 날까지 마치 지금의 이 삶이 영원히 회귀할 것처럼 사랑하고, 그 안에서 자신만의 고유한 행복을 창조하라는 의미를 담고 있다. 보다 명확하게 말해서 이 사상은 영원히 사는 불멸의 삶이 아니라, 유한해진 자신의 삶을 마치 영원히 살 것처럼 최선을 다하라는 니체의 철학적 사고실험이다. 그리고 "힘에의 의지"는 그 행복의 의미를 결정짓는 존재의 내적 원리이다. 하지만 힘에의 의지는 인간을 무한하게 만들어주는 개념은 아니다. 오히려 그의 존재의 유한한 생을 가치 있는 삶으로 만들어주는 원리이다. 그리고 이 원리의 이면에 "신의 죽음"이 전제되어 있다.

이러한 의미에서 디오니소스적인 세계의 창조와 파괴, 선과 악의 저편과 같은 "이중적 관능(die doppelte Wollüste)"은 본질적으로 삶과 죽음이 있기에 인간의 삶이 그 자체로 긍정적인 가치를 가진다는 사실을 함의한다. 니체에게 있어 형이상학적 진리와 종교적 신 그리고 도덕적 규율에 의해 이원화된 세계해석과 이중성은 결코 인간의 삶을 진정한 행복과 쾌락으로 이끌지 못

---

41)   프리드리히 니체, 『유고(1885년 가을~1887년 가을)』, 38[12], 456쪽.

한다. 인간의 삶에서 발생하는 진정한 행복과 쾌락은 유한한 대지의 시간을 살며 매 순간 나를 나로서 느끼는 자기인식으로부터 창조되는 가치이다. 영혼과 육체, 내면과 외면을 모두 포괄하는 힘에의 의지가 활동하는 장으로서의 "몸"은 나를 나로서 느끼고 나로서 행동하며 나를 변화시키는 '나'다움의 근본조건, 즉 인간다움의 토대이다. 그래서 니체는 이러한 세계를 끝없이 변화하는 디오니소스적 생성의 세계, 즉 힘에의 의지의 세계라고 표현하며, 인간 역시 힘에의 의지의 존재일 수밖에 없다고 말하는 것이다.

대지의 자연성과 인간의 자연성은 힘에의 의지를 통해서 유기적으로 연결된다. 그리고 생성이라는 삶과 죽음의 원리 역시 공유한다. 니체에 의하면 위버멘쉬가 대지의 의미를 긍정하는 인간유형인 이유는, 그가 스스로를 영혼과 육체가 합일된 존재, 즉 저편의 세계를 추구하지 않고 힘에의 의지의 생성과 생기를 따르는 몸의 존재이기 때문이다. 니체에게 있어 몸의 존재로서 몸을 통해 자기 자신을 인식하는 것은 삶의 본질적인 건강의 원리이다.

니체가 『차라투스트라는 이렇게 말했다』에서 진단하는 병든 삶의 원인과 증상은 모두 몸의 부정에 기인한다. 그리고 자신이 몸의 존재라는 사실에 대한 부정이 병적인 이유는 몸의 부정이 인간의 존재론적 본성과 인간다움의 부정일 수밖에 없기 때문이다. 그리고 이러한 자기 존재의 부정 속에서 행복은 결코 대지의 의미, 다시 말해 내가 나로서 살아가며 추구하는 진정한 행복의 의미가 담긴 것일 수 없다. 그래서 니체는 몸이 "대지의 의미"를 대변해준다고 말하는 것이다.

형제들이여, 차라리 건강한 몸(der gesunde Leib)에서 울려오는 음성에 귀를 기울이도록 하라. 보다 정직하며 보다 순결한 음성은 그것이니. 건강한 몸, 완전하며 반듯한 몸은 더욱더 정직하며 순수하다. 이 대지의

뜻을 전해주는 것도 바로 그런 몸이다.[42]

이렇듯 몸은 인간의 삶을 인간다운 것으로 규정해준다. 중요한 것은 몸의 유한성과 사멸성을 인간의 존재론적 본성과 인간다움의 조건으로 긍정하는 것이다. 1884년 유고에서 니체는 "몸의 생명 속에 깃들어 있는 인간의 사실적 도덕성(die thatsächliche Moralität)"[43]이라는 표현을 통해 몸으로서의 인간 안에도 자연적 도덕성이 있다는 사실을 주장한다. 그에 의하면 인간 안에 내재된 이 "사실적 도덕성"은 자아의 보편적이고 대중적인 삶이 아니라, 자신만의 고유한 삶의 의미를 추구하며 살아가는 인간 내면의 존재론적 도덕, 즉 '몸의 도덕'을 의미한다.

니체의 견해는 명확하다. 몸의 도덕을 따르는 자는 결코 형이상학적이고 종교적인 도덕을 따를 필요가 없다. 나아가 몸의 도덕을 따르는 자는 더 이상 자신의 정체성과 인간다움을 그 어떤 형이상학적 진리와 종교적 존재에 위임하지 않는다. 이렇듯 전통 형이상학과 종교가 도덕을 통해서 세계와 인간을 존재론적으로 해석했다면, 니체는 새로운 미래의 도덕을 인간의 몸의 도덕으로 전환한다. 그리고 이 도덕은 무한한 생을 위해서가 아니라, 유한한 생을 위한 원리이다.

---

42) 프리드리히 니체, 「저편의 또 다른 세계를 신봉하고 있는 사람들에 대하여」, 『차라투스트라는 이렇게 말했다』, 51쪽.

43) 프리드리히 니체, 『유고(1884년 초~가을)』, 25[437], 정동호 옮김, 책세상, 2004, 166쪽.

7.
철학의 역할과
철학자의 의무

　　니체에 의하면 철학자는 시대를 관조하지 않는다. 니체는 시대의 오늘을 읽으며 인간의 미래를 함께 생각하는 철학자를 "내일과 모레의 인간"[44]이라고 표현한다. 그는 자신의 철학에서 "신의 죽음"을 인정하는 철학자, 즉 더 이상 낡은 우상을 추구하지 않고 인간 안에 내재한 인간다움의 근원을 탐구하는 철학자를 요청한다. 철학자는 인간 안에 은폐된 인간다움의 비밀을 해명할 때에 철학자로서의 비밀스러운 자신의 임무를 드러내게 된다. 니체는 철학자들의 임무에 대하여 다음과 같이 말한다.

　　그들(철학자들)은 바로 시대의 미덕의 가슴에 해부의 메스를 댐으로써, 그들 자신의 비밀이 무엇인지 드러냈던 것이다: 이 메스를 댄 목적은 인간의 새로운 위대함을 아는 것이며 인간을 위대하게 하는 새로운 미답(未踏)의 길을 아는 것이다. [⋯] 모든 인간을 한쪽 구석이나 '전문성'에

---

44)　프리드리히 니체, 『선악의 저편』, 212, 189쪽.

가두고 싶어하는 '현대적 이념'의 세계에 직면하여 철학자는 — 인간의 위대함을, '위대함'의 개념을 바로 그의 광범위함과 다양성에, 그의 다면적 전체성에 둘 수밖에 없을 것이다.[45]

니체에게 있어 철학자는 시대에 봉사하지 않는다. 오히려 니체는 — 소크라테스 및 플라톤에 반해 — 인간에 대한 봉사를 통해 시대에 영향을 미치는 철학자의 역할을 중요하게 생각한다. 철학자의 역할에 대한 그의 생각은 4차 산업혁명 시대 속 철학의 역할을 대변해준다. 인간의 오늘과 미래를 탐구하는 그들의 의무가 인간 안에 내재된 "위대함(die Grösse)"을 발견하는 것이고, 또한 시대적 위기의 극복 가능성을 그 안에 내재된 "위대함"으로부터 찾는 철학자를 니체는 "진정한(본래의) 철학자(der eigentliche Philosph)"로 표현한다. 니체에게 있어 이러한 철학적 시도만이 철학자가 수행해야 하는 진정한 의무인 것이다.

진정한 철학자는 명령하는 자이자 입법자이다: 그들은 "이렇게 되어야만 한다!"라고 말한다. 그들은 우선 인간이 어디로 가야 하는가와 어떤 목적을 가져야 하는가를 규정하며, 이때 모든 철학적 노동자와 과거를 극복한 모든 자의 준비 작업을 마음대로 처리한다. — 그들은 창조적인 손으로 미래를 붙잡는다. 이때 존재하는 것, 존재했던 것, 이 모든 것은 그들에게는 수단이 되고 도구가 되며 해머가 된다. 그들의 '인식'은 창조이며, 그들의 창조는 하나의 입법이며, 그들의 진리를 향한 의지는 — 힘에의 의지이다. — 오늘날 이와 같은 철학자들이 존재하는가? 이미 이러한 철학자들이 존재했던가? 이러한 철학자들이 존재해야만 하

---

45)　프리드리히 니체, 『선악의 저편』, 212, 190쪽.

지 않을까? [46]

　니체에게 있어 철학자의 임무는 인간이 다시 자기 자신을 사랑하게 만
드는 것이다. 그러기 위해서 철학자는 '인간이 어떻게 다시 진정한 자기 자
신이 될 수 있는지', '어떻게 인간이 자신만의 고유한 삶을 의미를 통해 삶을
살아갈 수 있는지'에 대하여 성찰해야만 한다. 니체의 모든 철학적 개념들
이 지향하는 목적은 인간이 다시 자기 자신에게도 회귀하도록 하는 것이다.
"나로의 귀환(Rückkehr zu mir) [47]"이라는 개념을 통해 설명하는 것처럼, 인간은
자신의 자연성 — 유한성과 사멸성 — 으로 회귀할 때에야 비로소 자신만의
고유한 인간다움을 실현하게 된다.

　니체가 이러한 회귀를 "최상의 회복 그 자체 [48]"로 규정하는 이유는, 낡
은 형이상학과 종교의 이원론적 해석 아래 스스로를 자기 삶의 주인으로 인
식하지 못한 증상을 치유하는 것, 다시 말해 은폐된 인간의 인간다움을 드
러내는 것이 건강한 실존의 근본조건이기 때문이다. 그리고 지금까지 은폐
되어온 인간의 존재론적 본성, 즉 유한성과 사멸성을 긍정하지 못하면 인간
의 인간다움은 온전히 드러날 수 없다. 트랜스 휴먼과 포스트 휴먼의 인간
다움도 이로부터 시작되어야만 할 것이다.

　물론 자신으로 존재하지만 자신 안에 거주하지 못하는 병든 실존을 치
유하는 일은 쉽지 않다. 하지만 철학자는 시대를 지배하는 무거운 관습에도
불구하고 용감하게 인간다움의 해방을 시도해야만 한다. 그 이유는 인간은

---

46)　프리드리히 니체, 『선악의 저편』, 211, 189쪽.

47)　프리드리히 니체, 「인간적인 너무나 인간적인」, 『이 사람을 보라』, 4, 백승영 옮김, 책세상,
　　2002, 410쪽.

48)　프리드리히 니체, 「인간적인 너무나 인간적인」, 『이 사람을 보라』, 4, 410쪽.

본질적으로 "자기에의 의지(Wille zum Selbst)"[49]를 가지고 있기 때문이다. 인간 안에 은폐된 저 의지를 깨우는 작업이 철학의 본래 역할이고 또한 철학자 본연의 임무이다. 이러한 의미에서 "너는 너 자신이 되어야만 한다"라는 니체의 언명은 인간의 인간다움을 실현하기 위한 니체의 철학적 과제를 잘 대변해준다.

니체는 이 과제를 수행하기 위해서 "신의 죽음"을 선포한 것이다. 4차 산업혁명 시대에 인간의 인간다움을 찾는 시도 역시 "나로의 귀환"로부터 시작해서 인간 안에 내재된 "자기에의 의지"를 밝혀내는 과정으로 나아가야만 한다. 그리고 이 의지는 트랜스 휴먼과 포스트 휴먼으로서의 삶에 대한 부정이 아니라, 앞으로 도래할 그러한 삶 속에서도 변함없이 자신의 인간다움을 망각하지 않기 위한 근본조건이 될 수 있을 것이다.

---

49)   프리드리히 니체, 「창백한 범죄자에 대하여」, 『차라투스트라는 이렇게 말했다』, 62쪽.

XI

4차 산업혁명 시대의
철학적 인간학

니체의 "인간애"를 중심으로

1.
신의 죽음과
철학적 인간학

인간은 자연으로서의 생에 대한 해석을 마쳤고, 기계로서의 삶에 대한 번역을 시작했다. 그리고 트랜스 휴먼과 포스트 휴먼으로 대변되는 새로운 미래 역사의 시작점에서 인류가 처음 물었던 인간의 존재론적 본성에 대한 물음이 다시 제기되고 있다. 인간이라는 존재에 대한 의문이 다시 시작되고 그 물음에 대한 답을 찾는 시도가 생기는 시점은 언제나 삶의 물음이 시대 적으로 문제시될 때, 즉 곧 도래할 거대한 시대적 변화 앞에서였다. 이러한 의미에서 트랜스 휴먼과 포스트 휴먼 시대를 향한 예고는 — 특이점에 대한 커즈와일(R. Kurzweil)의 예상이 맞을지는 모르겠지만 — 오늘도 현실로 나아 가고 있다.[1] 인간 향상기술(Human Enhancement Technology)에 대한 철학적 성찰은

---

1)　카인즈(Howard P. Kains)는 자신의 책 『철학적 인간학』(1989)에서 생물학적 진화의 정지 이 후 유일한 과제를 사회의 진화라고 판단한다. 그리고 과학기술이 과거와 현재에 관여할 뿐, 미 래에 관여할 수 없다는 그의 말은 30여 년이 지난 지금과 비교해보면, 포스트 휴먼과 인간 향 상 기술이 얼마나 발전된 양식인지를 새삼 깨닫게 해준다(하워드 P. 카인즈, 『철학적 인간학』, 정연교 옮김, 철학과현실사, 1996, 105-108쪽 참조).

그 기술이 인간 능력의 향상이 아니라, 생명의 구조를 변형시키고 인간의 존재론적 본성과 인간다움을 변화시킬 것이라는 우려로부터 시작된다.

인간은 자연으로서의 생을 살아간다. 그리고 그 과정에서 자연을 넘어서는 과학을 활용하고 기계를 이해하며 자신의 생에 적용하는 특별한 존재이다. 하지만 삶의 자연적 공간을 넘어 인간 본연의 자연성마저 초월하고자 하는 과학적 시도 앞에 인간의 존재론적 본성과 인간다움에 대한 철학적 성찰은 다시 요구되고 있다. 물론 인간은 지금까지 자신의 이성적 능력에 따라 더 나은 존재가 되기 위해 노력해왔으며, 자신의 불완전한 자연성을 극복하기 위해 마치 본능처럼 더 높은 과학을 발전시켜왔다. 인간의 본질은 역사와 시대 안에서 규명된다. 즉 역사적으로 볼 때 인간은 과학과 동행하며 삶을 변화시켜왔다.

지금까지 인류는 다양한 과학적 신기술이 담긴 제품들을 통해 삶의 변화를 실현해왔지만, 그럼에도 인간의 고유한 본성과 인간다움은 지켜져 왔다. 포스트 휴먼의 미래를 지나치게 걱정하는 것은 과학과 동행해온 지난 역사를 긍정적으로 보지 못하거나 미래적으로 사고하지 못하는 것일지도 모른다. 하지만 인간이 인간일 수밖에 없는 이유에 대하여 묻는 다양한 논의들은 현재 트랜스 휴먼과 포스트 휴먼이라는 개념 안에 담긴 인간과 기계의 관계를 조금 더 명확하게 규명하기 위한 철학적 성찰의 시작을 보여주고 있다.

과학과 동행해온 역사 속에서 인간의 삶은 많은 부분에서 풍요로워졌으며 그 역할은 긍정적이다. 하지만 포스트 휴먼의 미래는 지금까지의 그 어떤 역사적 변화보다 혁명적이다. 오늘날 우리가 우려하는 것은 인간의 존재론적 토대가 과학기술[NBIC(Nano-Bio-Information-Cognitive)나노, 바이오, 정보통신, 인지]에 의해 대체될 수 있다는 것이다.[2] 트랜스 휴먼과 포스트 휴먼의 미래에

---

2) 포스트 휴먼은 더 이상 전통적인 덕의 방식으로 인간의 인간다움을 유지할 수 없다. 그리고 이

대한 철학적 성찰은 생명공학과 유전공학에 의해 생의 인문학적 토대의 상실에 대한 문제의식으로부터 시작된다. 그리고 인간의 자연적 조건을 극복하고자 했던 과학적 시도와 기대가 오늘날 시작된 것이 아니듯이, 철학 역시 이 문제를 2,500여 년 동안 사유해왔다. 철학은 수많은 논쟁과 성찰 속에서 인간의 본질을 묻고, 그 지위를 다시 숙고할 수 있게 해주는 철학적 방법론으로서의 역할을 해줄 것이다.

트랜스 휴먼과 포스트 휴먼으로 대변되는 4차 산업혁명 시대는 새로운 인간 이해를 요구하지 않는다. 트랜스 휴먼과 포스트 휴먼 역시 인간의 존재가 육체와 영혼의 결합으로 이루어져 있다는 사실로부터, 니체의 개념에 의하면 "몸(der Leib)"의 존재라는 사실로부터 출발한다. 물론 유전공학과 생명공학, 나노공학과 인공지능 역시 근본적으로 인간이 몸의 존재라는 사실을 인정한다. 하지만 트랜스 휴먼과 포스트 휴머니즘의 과학적 이상을 통해 확인할 수 있는 것처럼, 4차 산업혁명은 인간을 구성하는 전통적인 두 영역을 다시 분리시킬 수 있거나, 다른 한 영역을 과학기술로 대체하거나 혹은 영속시킬 수 있다는 가능성과 이에 대한 믿음을 전제한다. 결론적으로 인간의 자연성을 초월하고자 한다.

2,500여 년 전 인간에 대한 철학의 물음은 오늘날에도 여전히 유효하다. 그 이유는 육체와 영혼에 대한 전통 형이상학의 해석이 여전히 이 두 영

와 같은 현상을 가능하게 하는 것이 바로 NBIC 기술이다. 이 기술이 비록 트랜스 휴머니스트들에 인간의 생물학적 능력을 제한하는 조건들을 극복할 수 있는 "형태학적 자유(morphological freedom)"를 약속할 수 있지만, 이 자유는 분명히 인간의 존재론적 본성 너머의 것을 약속하는 것이다[David Roden, *The Ethics of Becoming Posthuman* (https://www.academia.edu/296411/The_Ethics_of_Becoming_Posthuman), 2010, pp. 1-2 참조]. 인간이 인간으로서의 자신을 규정해주는 전통적인 조건으로부터 자유로워진다면, 그는 포스트 휴먼인 자유를 얻게 될지도 모른다. 그렇다면 '인간이란 무엇인가?'라는 물음은 새로운 휴머니즘 안에서 다시 제기될 수밖에 없을 것이다. 그리고 뒤이어 '인간적인 것은 무엇인가?'와 '인간다움이란 무엇인가?'라는 물음이 다시 제기될 것이다.

역의 이원론적 관계를 전제로 하고 있듯이, 포스트 휴먼 시대의 과학은 이 두 영역의 트랜스 휴먼적 결합과 더불어 프로그래밍된 단절까지도 지향하고 있기 때문이다. 인간에 대한 형이상학적·종교적 이원론이 세계에 대한 분리된 해석으로부터 시작되고 창조주와 피조물의 관계를 통해서 보증되듯이, 트랜스휴머니트스들이 기대하는 미래의 혁명은 과학의 신적 창조성 아래 인간이 피조물이 될 수 있다는 우려로부터 자유로울 수 없다.

이러한 의미에서 니체의 "신의 죽음"은 절대적인 형이상학적 진리와 존재 그리고 과학기술과 같은 거대담론 안에 인간의 존재론적 본성과 인간다움이 은폐될 수 있는 위험성을 부각시킴으로써 오늘날에도 시의성 있는 문제의식을 발생시킨다. 니체의 이 선언을 통해 알 수 있는 것처럼, 인간의 존재론적인 본성, 즉 그의 인간성과 인간다움은 변함없이 그 가치를 인간적인 것으로 인식하고 지키고자 할 때에 유지될 수 있을 것이다.

니체의 "신의 죽음"은 철학이 인간 안에 내재된 고유한 인간성을 재사유하는 자기인식의 학문으로, 다시 인간이 자기 자신을 사랑할 수 있도록 돕는 실존적 지혜의 학문으로, 그렇게 인간의 삶에 기여하는 치유의 학문으로서의 역할을 하기 위한 철학적 실험의 전제이다. 결과적으로 니체의 이 선언은 그의 철학적 인간학이 전통 형이상학과 종교의 이원론과의 고리를 다시 점검하고 인간이 중심이 된 새로운 미래를 열어가는 근본조건으로서의 역할을 한다.[3] 그리고 신의 죽음을 바탕으로 하는 니체의 철학적 인간학

---

3) 니체의 "신의 죽음"과 더불어 푸코(Michel Foucault)의 "인간의 죽음"을 이원론적으로 해석하는 견해가 있다. 하지만 이러한 해석은 오류이다. 그 이유는 니체와 푸코가 제시하는 죽음의 개념적 의미는 신적 개념으로부터 발생하는 절대적 이원론의 현상을 극복하고자 하는 시도, 즉 인간적인 삶을 다시 새롭게 시작함과 동시에 죽음을 통해 고유한 인간다움을 드러낼 수 있는 존재론적 토대로 작용하기 때문이다. 그래서 푸코는 니체의 신의 죽음이 (기존의) "인간의 죽음" 안에서 완성된다고 말하는 것이다. 페란도(Francesca Ferrando)의 이러한 견해는 니체와 푸코의 죽음이 삶과의 이원론적 관계 위에서 이미 전통 이원론을 전제하는 것이라고 생각하지만, 이 개념은 오히려 전통 이원론이 해체된 자리에서 인간의 고유한 인간다

은 병, 고통, 죽음을 극복한 트랜스-포스트 휴먼의 인간다움에 대해서도 철학적으로 성찰할 수 있는 기회를 제공해준다.

그리고 "신의 죽음"을 통해 인간의 존재론적 본질 그 자체를, 다시 말해 인간의 존재론적 '유한성'과 '사멸성'을 드러내는 니체의 철학적 시도는 그의 철학적 인간학을 통해서 보다 구체화된다. 그리고 인간에 대한 전통 형이상학적 · 종교적 해석으로부터 해방되어 인간의 존재론적 본질을 탐구하고 해명하고자 하는 니체의 철학적 인간학의 시도 이면에는 "인류애(Menschenliebe)"에 대한 그의 고유한 사고가 자리한다. 신의 죽음이 절대적 가치로부터 해방되어 다시 자기 자신을 사랑하며 자신만의 고유한 삶의 의미를 창조할 수 있는 실존적 토대를 마련하는 작업이라면, 철학적 인간학은 구체적인 삶의 양식을 탐구하는 철학적 방법론이다.

니체의 "인류애"는 신의 죽음을 전제로 한다. 하지만 그의 인류애는 신의 보편적 사랑과는 다른 방식의 것이기 때문에 신의 죽음은 필연적일 수밖에 없다. 니체가 신의 죽음을 선언했던 이유는 절대적 진리와 존재가 인간이라는 존재를 본질적으로 이해하기 위해 해체되어야만 하는 필연적인 장애였기 때문이다. 나아가 니체의 "신의 죽음"은 신의 형상을 가진 피조물로서의 완전성에 대한 믿음과 이성을 실마리로 하는 근대의 계몽까지 해체하는 시도이다. 그의 이러한 철학적 시도는 앞으로 도래할 미래의 포스트 휴머니즘을 진단함에 있어 인류가 지켜야 할 인간적 가치가 무엇인지를 숙고하게 해주는 기회를 부여해준다.[4] 신이 부재하는 시대에 남는 것은 "허무주의"가 아

움을 드러내는 철학적 인간학의 근본토대이다(Francesca Ferrando, *Humans Have Always Been Posthuman: A Spiritual Genealogy of the Posthuman*, in: Banerji, D., Paranjape, M.R. (eds.), Critical Posthumanism and Planetary Futures, Springer, October, 2016, pp. 249-250 참조; 미셸 푸코, 『칸트의 인간학에 관하여』, 김광철 옮김, 문학과지성사, 2012, 148-149쪽 참조).

4) 짐머만에 의하면 니체의 선언 "신의 죽음"으로 인해서 인류는 신학적 세계관으로부터 해방되었다. 자연과학 역시도 초자연적 존재에 대한 믿음을 약화시켰다. 하지만 자연과학은 그 과

니라, 오히려 자기 존재에 대한 사랑을 통해 이 위기를 극복하는 인간이라는 니체의 철학적 의도는 그의 철학적 인간학을 통해 구체화된다.

정에서 인간을 이성적 지위로 축소시켰으며, 결과적으로 인간의 존엄성마저 약화시키게 된다. 이러한 의미에서 짐머만은 트랜스 휴머니즘과 포스트 휴머니즘이 인간해석에 대한 과학적 극단화로 진행될 경우, 과학기술의 정점에서 기존의 인간적 본질과 인간다움이 사라지고 인간적인 가치가 자멸될 수도 있다고 우려한다[Michael E. Zimmerman, *Last Man or Overman. Transhuman Appropriations of a Nietzschean Theme*, in: The Hedgehog Review: Critical Reflections on Contemporary Culture, Volume 13, No. 2 (Summer, 2011), pp. 34-36 참조]. 짐머만의 이러한 우려는 바비치의 견해에서도 드러난다. 그녀는 트랜스 휴먼은 신의 자리를 차지하고 싶어 한다고 말한다[Babette Babich, *O, Superman! Or being towards transhumanism: Martin Heidegger, Günther Anders, and media aesthetics*, in: Divinatio, Maison des Sciences de l'Homme et de la Société (Sofia), 2013, p. 75 참조].

2.
포스트 휴먼 시대의
철학적 인간학

　　니체는 인간에 대한 존재론적 문제를 해명하기 위해 인간뿐만 아니라, 이 원인으로서의 낡은 가치들의 근원과 더불어 이 가치들의 현대적 의미와 가치를 다시 한 번 점검한다. 그리고 이때 "신의 죽음"은 현대인의 실존적 증상과 그 원인 나아가 그 배경과 환경까지 모두 치유의 대상으로 포괄하는 철학적 치유의 시도로 작용한다. 인간의 존재론적 본성에 직접적으로 개입하는 과학기술 문명 속에서 "신의 죽음"은 '인간이란 무엇인가?'와 '무엇이 인간다운 것인가?'라는 질문에 다시 대답하기 위한 현실적이고 시의성 있는 철학적 사유의 기회로 다가온다.

　　나는 너희가 […] 형이상학적인 것들을 믿는 것을 금지한다. 이런 것들을 불신하는 것이 당연하며 이런 물음에 대한 가치 평가가 일찍이 어디에서 유래했는지를 통찰하는 것이 적절한 일이다. 우리의 사유방식은

철저히 인간적(menschlich)이어야만 한다.[5]

　　형이상학과 종교가 추구하는 절대적 진리와 존재의 관점은 인간의 존재성을 보편적으로 규정해주지만, 이원론적으로 해석함으로써 인간을 온전히 이해하지 못했다. 그렇다면 신이 부재하는 포스트 휴먼 시대에 진화론적 변화의 산물로서의 인간이 아닌, 생명공학 및 유전공학을 통해 인간이 창조한 인간의 존재론적 지위는 어떻게 규정될 수 있을까?[6] 그리고 그의 인간다움의 존재론적 근거는 어떻게 규정되어야만 하는 것일까? 인간은 인간으로서 마땅히 '인간적인 가치'들을 추구하겠지만, 본연의 자연성으로부터 멀어진 '인간적인 것'은 분명히 지금의 것과 같을 수는 없을 것이다.

　　그럼에도 불구하고 근본적인 사실은 인간적인 가치는 인간을 인간일 수밖에 없고, 그렇게 존재하도록 만들어주는 본질적인 조건으로부터 비로소 창조될 수 있다는 것이다. 그 이유는 인간은 생물학적 육체를 가진 존재이지만 "정신적인 성취" 없이는 살아갈 수 없는 존재이기 때문이다.[7] 인간

---

5)　　니체, 『유고(1882년 7월~1883/84년 겨울)』, 4[117], 박찬국 옮김, 책세상, 2005, 193쪽.

6)　　인간을 바라보는 생물학적 특징과 그의 정신적 측면을 중심으로 하는 철학적 인간에 대한 내용으로는, 장 디디에 뱅상·뤼크 페리, 『생물학적 인간, 철학적 인간』, 이자경 옮김, 푸른숲, 2002 참조. 이 책의 내용은 트랜스 휴먼과 포스트 휴먼의 과학적 토대로서의 생명, 유전, 인지 공학을 생물학적이고 철학적(실존적)인 관점에서 포괄적으로 생각해볼 수 있는 학적 자료로서의 역할을 해준다.

7)　　에머리히 코레트, 『철학적 인간학』, 진교훈 옮김, 종로서적, 1988, 183쪽. 철학적 자기인식을 바탕으로 자신만의 고유한 정신적 성취를 "미래에 대한 희망"으로 설명하는 글로는, 심상태, 『인간. 신학적 인간학 입문』, 서광사, 2001, 293-301쪽 참조. 플레스너(Helmut Plessner)에 의하면 인간은 동물과 달리 스스로를 중심으로 사유하지만, 자신의 존재론적 결여 ― 겔렌(Arnold Gehlen)에 의하면 "결여존재(Mängelwesen)" ― 를 넘어서기 위해 끊임없이 "탈중심적"으로 나아간다. 하지만 니체에게 있어 탈중심적인 사고방식은 자연을 탈신화함으로써 보다 높은 문명과 문화를 창조하는 조건이기는 하지만, 실존적 자기인식을 바탕으로 하는 자기 자신에 대한 사랑의 조건은 될 수 없다(에머리히 코레트, 『철학적 인간학』, 50-52쪽 참조/Arnold Gehlen, *Der Mensch. Seine Natur und seine Stellung in der Welt*, Wiebelsheim, 2004, p. 20 참조).

이 인간으로 명명된다면, 그의 존재물음은 언제나 철학적일 수밖에 없다. 이러한 의미에서 철학적 인간학은 인간의 존재 근거를 과학과는 다른 방식으로 묻는 실존적 방법론으로서의 역할을 할 수 있을 것이다. 니체의 철학은 이러한 정신적 성취가 실존적 자기인식, 즉 자기 자신에 대한 사랑으로부터 시작될 수밖에 없음을 보증해준다.

니체가 자신의 철학에서 제기하는 인간학적 물음들은 광의의 관점에서는 그의 휴머니즘의 특징 안에 속한다. 그리고 "보편적 인류애"를 자기 자신에 대한 사랑으로 전환하는 시도는 그의 휴머니즘의 색채를 확인할 수 있게 해준다. 니체가 자신의 초기 저서에서 수행한 학문과 교육, 교양에 대한 비판은 그의 휴머니즘이 인간의 존엄성을 위해서 그의 안에 내재한 조건들을 발견하고 철학적으로 정당화하기 위한 시도였다.[8] 이후 니체의 휴머니즘에 대한 의도와 목적은 그의 철학의 후기에 이르러 신의 죽음을 통해서 분명해진다. 이때 그의 철학적 인간학은 다양한 철학적 개념을 통해 이 시도의 의도와 의미를 구체적으로 드러내준다.

니체의 철학적 인간학을 논의함에 있어 다음과 같은 두 가지 인간학적 테제는 인간의 인간다움을 이해하는 중요한 실마리가 되어준다. "인간은 아직 확정되지 않은 동물이다"[9]와 "인간은 극복되어야 할 그 무엇이다"[10]는 인간은 본질적으로 '미완성'의 존재이며, '완성'을 향한 그의 삶은 끊임없는 자기긍정과 극복을 통해 실재에 가까워진다는 내용을 함의하고 있다.[11] 니

---

8)   이에 대한 내용으로는, 니체, 『우리 교육기관의 미래에 대하여』, 이진우 옮김, 책세상, 2005, 165-291쪽 참조.

9)   니체, 『선악의 저편』, 62, 김정현 옮김, 책세상, 2005, 101쪽.

10) 니체, 『차라투스트라는 이렇게 말했다』, 「서문」, 4, 정동호 옮김, 책세상, 2005, 16-17쪽.

11) 미카엘 란드만, 『철학적 인간학. 역사와 현대에 있어서 인간의 자기해명』, 허재윤 옮김, 형설출판사, 1996, 13쪽 참조(Michael Landmann, *Philosophische Anthropologie: menschliche Selbstdeutung in Geschichte und Gegenwart*, Berlin/New York ,1976, pp. 8-9 참조.

체는 이러한 자기긍정과 극복의 인간유형을 위버멘쉬로 명명한다. 그리고 그의 철학적 인간학은 모든 인간들에게 위버멘쉬로의 실존적 변화를 요구한다. 하지만 위버멘쉬를 향한 매 순간의 시도는 ― 영원회귀에 담긴 의미처럼 ― 영원히 실현될 수 없다. 오히려 이 시도는 미래를 향해 시도하는 현재, 지금, 이곳에 국한된다. 니체의 사상적 개념 중 그 어느 것도 포스트 휴먼을 위한 사상적 토대가 될 수 없는 이러한 이유는 그의 모든 개념에 적용될 수 있다.

니체는 차라투스트라의 입을 빌려, 위버멘쉬를 "대지의 의미"[12]로 규정하며, 인간 실존의 의미를 이편의 세계로 국한시킨다. 생성하는 대지의 의미가 삶과 죽음이라는 자연의 원리를 벗어날 수 없는 것인 한, 니체의 철학적 인간학이 지향하는 인간유형으로서의 위버멘쉬는 결코 자신의 자연성과 인간성을 초월한 인간, 즉 과학기술을 통해 기존의 불완전성을 극복하고 향상된 포스트 휴먼일 수 없다. 그리고 위의 두 테제가 지향하는 근본적인 인간학의 목표는 "너는 너 자신이 되어야 한다"이다.[13] 니체가 제시한 철학적 인간학의 물음으로부터 '나는 누구인가?'와 '나는 어떻게 살아갈 것인가?' 그리고 이를 위해 '나는 나의 어떠한 가치를 지켜야만 하는가?'에 대한 물음이 시작된다. 그리고 이 물음의 답을 찾는 과정에서 포스트 휴먼 시대에 우리가 지켜야 하는 '인간적인' 가치는 보다 분명해질 것이다.

니체의 철학에서 인간적인 가치의 창조는 "신의 죽음"으로 인해 비로소 가능해진다. 하지만 니체의 관점에서 트랜스 휴머니스트들은 내려놓아

---

12) 니체, 『차라투스트라는 이렇게 말했다』, 「서문」, 3, 18쪽.

13) 니체, 『즐거운 학문』, 270, 책세상, 안성찬 · 홍사현 옮김, 2005, 250쪽. 철학의 역할은 형이상학적 물음으로 제기되지만, 이 물음들은 결국 '인간으로서 나는 누구인가?'라는 물음에 답하기 위해 인간적인 조건들을 탐구하는 인간학의 물음으로 전개된다. 이러한 의미에서 투겐트하트는 인간학을 "제1철학(die erste Philosophie)"으로 표현한다(Ernst Tugendhat, *Anthropologie statt Metaphysik*, München, 2010, pp. 34-53 참조).

야 할 신의 창조적 권능을 다시 집어들었다. 니체의 철학에서 '극복'은 어떠한 의미에서도 세계와 삶을 초월하는 의미에서의 '향상'일 수 없다. 이렇듯 니체의 오래된 이 선언은 마치 도래할 미래를 예견하는 것처럼, 미래 휴머니즘의 본질을 밝혀내는 철학적 시도의 중요한 전제로서 작용한다. 그리고 마치 신의 죽음으로 기존의 가치를 모두 상실한 후, 다시 새로운 가치를 찾는 과정에서 겪게 되는 "허무주의" 역시 오늘날의 우리에게 시사해주는 의미가 크다. 그 이유는 니체의 철학에서 허무주의는 신의 죽음 이후에 비로소 인간의 고유한 인간다움이 드러날 수 있는 기회로 작용하기 때문이다.

그런데 중요한 사실은 니체가 허무주의의 극복을 위해 극단적인 방식으로 요청한 치유의 방법이 바로 영원회귀와 운명애, 즉 영원히 반복될 자신의 운명을 사랑하는 것이라는 것이다. 이렇듯 니체의 철학적 인간학은 위버멘쉬를 바탕으로 기존 인간해석에 대한 비판과 해체를 넘어,[14] 자신의 삶에 대한 사랑을 인간다움의 조건으로 제시한다. 그리고 니체의 철학에서 자신의 운명을 사랑하는 인간유형으로서의 위버멘쉬는 '인간이란 무엇인가?'를 '무엇이 인간적인 것인가?', '인간으로서의 나는 누구인가?'라는 물음으로, 즉 인간의 고유한 인간다움에 대한 물음으로 전환하는 역할을 한다.[15] 니체가 제시하는 이 사랑은 4차 산업혁명의 과학적 인간해석에 대한 부정이 아니라, 인간다움에 대한 성찰과 더불어 시대에 대한 윤리적 성찰의 토대로서의 역할을 할 수 있을 것이다.

---

14) 위버멘쉬에 대한 의미분석을 바탕으로 니체의 철학적 인간학을 논의하는 글로는, Andrea Bertino und Werner Stegmaier, *Nietzsches Anthropologiekritik*, in: Marc Rölli (Hrsg.), Fines Hominis?: Zur Geschichte der Philosophischen Anthropologiekritik, Transcript Verlag, 2015, pp. 65-80 참조.

15) 미셸 푸코, 『칸트의 인간학에 관하여』, 149쪽 참조.

3.
니체의 철학적 인간학의 특징:
자기 자신에 대한 사랑

"내 인간성(Humanität)은 사람들과 함께 공감하는 데 있지 않다. [···] 끊임없는 자기 극복이다."[16] 니체의 이 말처럼, 그는 자신의 철학에서 모든 사람들이 함께 공유할 수 있는 보편적이고 평균적인 가치를 제시하지 않는다. 형이상학과 종교 및 도덕에 대한 그의 비판에서 확인할 수 있는 것처럼, 진정한 "인간성"은 스스로 자기 삶의 고유한 의미와 가치를 창조하는 주인이 되고자 하는 "자기극복"에 의해 규정되는 것일 뿐이다. 니체에게 있어 모든 인간 안에 내재한 본질적인 인간성은 자기극복에 의한 결과이다. 다시 말해 자기극복에 의해 인간 안에 내재한 인간성은 보다 분명해지며, 동시에 실존적 변화의 실현을 통해 표출된다. 니체는 이러한 과정을 통해 인간의 진정한 인간다움이 드러난다고 생각한다.

니체의 선언 "신의 죽음"으로 보증되듯이, 인간의 진정한 인간다움은 그 어떤 절대적 진리와 존재에 은폐되지 않고 자기 자신으로서 살아가는 삶

---

16) 니체, 『이 사람을 보라』, 「나는 왜 이렇게 현명한지」, 8, 백승영 옮김, 책세상, 2002, 346쪽.

의 과정에서 얻어지는 실존적 산물이다. 이러한 의미에서 인간을 마지막 인간과 위버멘쉬 사이에 세운 니체의 철학적 사고실험은 근본적으로 경계에 선 인간의 선택조차 문제시한다.[17] 매 순간 경계에서의 삶을 살아가는 과정을 오히려 인간이 "사랑받아 마땅한"[18] 이유로 제시하며 위버멘쉬적 삶을 향한 선택을 요구하는 이유는, 그 선택이 가장 인간적인 것임과 동시에 그의 존재론적 본성으로서의 인간성과 인간다움을 가장 잘 드러내주는 기회이기 때문이다. 인간다움이 "보편적인 인류애"로부터 도출되는 평균적인 가치일 수 없는 이유는 이때문이다.

니체의 철학적 사고실험이 발생하는 이 경계는 인간적이다. 그 이유는 동물과 인간, 마지막 인간과 위버멘쉬의 경계는 양 극단의 한계를 '인간'으로 제한하기 때문이다. 다시 말해 경계에서의 사유는 인간의 조건(Human Condition)에 대한 사유를 초월하지 않는다. 이 경계에서 인간이 내리는 선택은 영혼과 육체 중 그 어느 것에도 치우쳐 있지 않다. 오히려 이 둘을 모두 포괄하는 몸의 존재로서의 선택만을 할 수 있을 뿐이다. 하지만 앞으로 도래할 포스트 휴먼의 관점에서 이러한 인간실존의 경계는 유전공학, 생명공학, 나노기술 등의 과학기술로 인해 초월될 수도 있다. 그렇다면 인간이 진정으로 인간다울 수 있는 경계는 어떻게 재설정되는 것일까? 오히려 포스트 휴먼 시대에는 이러한 인간적인 경계가 사라지게 되는 것일까? 다시 말해서 '동물과 인간'의 경계가 '인간과 기계'로 변화되는 것일까? 인간이라는 존재는 기계에 반해 불완전한 것으로 규정될 수밖에 없는 것일까?

이성적 사고를 통해 스스로 자신의 존재를 증명함으로써 근대의 시작을 열었지만, 이성과 비이성의 이원론을 유발한 데카르트의 사상에 대한 니

---

17) 니체, 『차라투스트라는 이렇게 말했다』, 「서문」, 4, 21쪽 참조.

18) 니체, 『차라투스트라는 이렇게 말했다』, 「서문」, 4, 21쪽.

체의 비판은 이 경계를 다시 이원화하는 트랜스 휴머니스트들에게도 그대로 적용될 수 있다. 스스로를 "미래의 철학자(Philosoph der Zukunft)"[19]로 규정한 니체의 철학적 시도가 단순히 현재를 진단하는 것이 아니라 치유된 현재로부터 보다 건강한 미래를 희망하는 것이듯이, 그의 철학적 사고실험과 철학적 인간학은 인간을 다시 사유하는 기회를 제공해줄 것이다.

니체의 철학적 사고실험은 인간의 변화가능성을 그 안에 내재한 실존적 조건 안에서 사유하는 그의 '철학적 인간학'의 특징을 드러내주는 역할을 해준다. 즉 그의 철학적 인간학은 인간을 완성된 존재가 아니라, 미완성의 존재, 즉 끊임없이 '되어가는 존재'라는 사실을 부각시킨다. 여기서 중요한 것은 만약 인간이 '되어가는 존재'일 수밖에 없다면, 그는 어떠한 방식으로든 자기 자신을 사랑하는 존재일 수밖에 없다는 사실이며, 이는 니체의 철학적 인간학의 중심을 이루는 주제이다. 형이상학적 진리와 종교적 존재에 대한 그의 비판에서 알 수 있는 것처럼, 니체의 철학적 인간학이 문제시하는 것은 바로 사랑의 방식을 — 자기 자신에 대한 사랑으로 — 전환하는 것이다.

하지만 트랜스 휴먼과 포스트 휴먼의 새로운 미래 인간유형 역시 '되어가는 존재'라고 규정할 수 있을까? 불편한 신체의 일부를 또 다른 물질로 대체하는 것뿐만 아니라, 인간을 소프트웨어화하는 시도 속에서도 인간의 생동하는 경험은 더 이상 세상을 해석하고 삶에 적용하는 지식과 지혜로서의 역할을 할 수 없게 될지도 모른다. 이러한 측면에서 니체가 자신의 철학에서 시도하는 철학적 인간학은 인간의 인간성이 그 무엇에도 은폐되지 않고 있는 그대로의 자신을 드러내주고, 자기 자신으로서 존재하는 모습을 대변해줄 때 가장 인간적일 수 있음을 보여준다.

---

19) 니체, 『선악의 저편』, 210, 185쪽.

니체의 철학적 인간학은 인간의 본성으로서의 인간성과 인간다움을 드러내기 위해 자유정신, 신의 죽음, 허무주의, 힘에의 의지, 위버멘쉬, 영원회귀와 운명애 등 다양한 철학적 개념들을 제시하지만, 이를 통한 그의 근본적인 시도는 자기 자신에 대한 인간의 사랑을 철학적 치유의 개념으로 부각시키기 위함이다. 이 중 보다 많은 힘을 추구하며 그 힘으로 스스로 삶의 변화를 실현하는 내재적 원리로서의 "힘에의 의지"는 인간 스스로 자기 자신을 사랑할 수밖에 없는 존재라는 사실과 더불어 이 사랑의 방식이 본질적인 인간성과 인간다움을 가장 잘 드러내주는 존재의 양식임을 보증해준다. 이러한 의미에서 본다면 힘에의 의지의 인간학적 원리로서의 자기극복은 자기 존재에 대한 사랑, 다시 말해 자기긍정을 전제로 할 수밖에 없다. 나아가 자기 자신의 인간성과 인간다움 역시 이 사랑을 통해서 온전히 드러나게 된다. 그리고 영원회귀와 운명애는 이와 같은 자신의 삶을 사랑하는 방식에 대한 가르침으로서의 역할을 한다.

이렇듯 니체의 철학에서 "인류애(Menschenliebe)"는 그의 철학적 인간학의 근본전제이다. 하지만 이미 살펴보았던 것처럼, 니체의 철학적 인간학은 보편적 개념으로서의 "인류애"를 자기긍정과 극복을 통한 개인의 문제로, 즉 자기 자신에 대한 사랑으로 환원한다. 그렇다면 각 개인들은 어떻게 자신만의 고유한 삶의 의미와 가치를 창조하며 살아갈 수 있는 것일까? 니체에 의하면 고통이 그 역할을 하게 된다. 디오니소스의 비극적 고통을 철학적 토대로 하는 그의 예술철학은 고통이 종교적 내세 및 구원과 같은 가치를 추구하게도 만들지만, 이와 반대로 삶의 새로운 의미를 창조하게 만들 수도 있다는 사실을 잘 보여준다. 니체는 자신의 초기 저서 『비극의 탄생』에서부터 고통을 통한 철학적·예술적 자기인식의 중요성을 강조했으며, 이후 중기의 마지막 저서 『즐거운 학문』에서는 이 문제를 사랑의 문제로 구체화한다. "커다란 고통(der grosse Schmerz)"이라는 개념을 통해 니체는 낡은 사랑의 방식을 전환한다.

커다란 고통, 시간을 끄는 길고 오랜 고통, 생나무 장작에 불태워지는 고통만이 비로소 우리들 철학자들로 하여금 우리가 지닌 궁극적인 깊이에까지 이르게 하고, 모든 신뢰와 선의, 부드러운 가식, 온순, 중용 등 아마도 우리가 이전에는 우리의 인간성(Menschlichkeit)을 쏟았던 것들과 결별하도록 만든다. 나는 그러한 고통이 우리는 "더 낫게 만든다"는 것에 대해서는 회의적이다. 하지만 그것이 우리를 더 심오하게 만든다는 것은 알고 있다. [...] 우리는 이 길고 위험한 극기 훈련을 거쳐 다른 사람이 된다. 이와 더불어 우리는 몇 개의 더 많은 의문부호를 갖게 되고, 특히 이제까지 물어왔던 것보다 앞으로는 더 많이, 더 심오하게, 더 엄격하게, 더 강인하게, 더 악의적으로, 더 조용하게 질문을 던지겠다는 의지를 지니게 된다. 삶에 대한 신뢰는 사라져버리고 삶 자체가 문제가 되어버린다. 하지만 이것이 사람을 필연적으로 우울하게 만들 것이라고 믿지는 말라! 삶에 대한 사랑(die Liebe zum Leben)은 여전히 가능하다. 다만 사랑의 방식이 바뀌는 것일 뿐이다(nur liebt man anders).[20]

니체는 이 글에서 고통의 철학적 역할을 구체적으로 제시한다. ① 고통은 자기 존재의 깊이에 이르게 한다. 즉 자신이 추구해온 기존 삶의 모든 가치들을 의심하게 만들고, 결국에는 결별하게 만든다. ② 니체는 고통의 이러한 특징을 인간을 더 심오하게 만드는 것이라고 표현한다. 이렇듯 고통은 자기 존재에 대한 의심스러운 인식으로 시작해서 삶 자체를 문제시하는 실존적 자극으로 작용한다. ③ 하지만 니체는 고통이 인간과 그의 삶을 우울

---

20) 니체, 『즐거운 학문』, 「제2판 서문」, 3, 28-29쪽.

하게 만드는 조건으로 보지 않는다. ④ 그 이유는 고통은 자신을 사랑하던 과거의 방식에서 벗어나 새로운 사랑을 가능하게 하기 때문이다.

니체의 철학에서 고통은 삶을 사랑하는 증거이자 삶을 사랑하는 방식이다. 그리고 위버멘쉬를 향한 실존적 변화의 경계에 선 인간과 더불어 신의 죽음 이후에 겪게 되는 "허무주의" 역시 인간에게 고통스러운 상황으로 주어진다. 하지만 니체는 결코 이 고통을 삶의 무의미로 인한 실존적 공허를 유발하는 부정적인 사건으로 이해하지 않는다. 그는 오히려 이러한 실존적 위기를 통해 자기 자신에 대한 사랑의 방식을 전환함으로써 삶의 새로운 변화를 도출하고자 한다.

새로운 사랑의 방식을 제시하는 그의 철학적 인간학은 인간 안에 내재한 인간성과 인간다움의 본질을 드러냄으로써 4차 산업혁명 시대 속 철학의 역할을 다시 한 번 숙고하게 해준다. 그렇다면 이 사랑은 트랜스휴먼과 포스트 휴먼으로 특징지어지는 4차 산업혁명 시대에 어떤 역할을 할 수 있을까? 이 사랑은 과학기술에 의해 향상된 인간의 본질과 더불어 인간으로서 지켜야 할 가치들을 성찰하게 만들어주는 역할을 해줄 것이다. 또한 니체의 철학적 인간학의 토대로서 인간이 사랑받아 마땅한 그 이유는 과학기술에 의한 혁명적 과정에서 문제시될 수 있는 인간의 본질적인 인간성과 인간다움을 해명해주는 역할을 해줄 것이다. 만약 이 사랑이 포스트 휴먼 시대의 또 다른 자기보존의 방법이 된다면, 이는 니체가 자신의 철학에서 비판한 "마지막 인간(der letzte Mensch)"의 이상이 될지도 모른다.[21]

---

21) 박찬국, 「트랜스휴머니즘, 이상인가 신화인가: '능력증강 기술이 나아가야 할 바람직한 방향에 대해서」, 『현대유럽철학연구』 제53집(한국하이데거학회/한국해석학회 통합 학회지, 2019), 329쪽 참조.

4.
니체의 철학적 인간학의 전제로서의 "인류애"

새로운 문화의 특성: 앎은 문화의 토대이고 유용성은 문화의 영혼이다. 이제 도대체 어디에서 고귀한 인간성의 희망을 갖겠는가? 인간에 대한 사랑이 어디에서 오겠는가? 개개인을 고귀하게 만드는 일에 있어서 종교가 더 이상 유용하지 못하고, 진리에 대한 개개인의 감각도 격분하고 있다. "신에 대한 사랑"은 단지 관용구로 그친다.[22]

인간의 실존적 상승과 성장에 기여할 수 있는 문화적 토대를 점검하고 보다 새롭고 건강한 미래 문화를 창조하고자 했던 니체의 시도는 인간 안에 내재된 "고귀한 인간성"의 본질을 탐구하는 철학적 인간학의 문제의식을 통해 구체화된다. "이제 도대체 어디에서 고귀한 인간성의 희망을 갖겠는가? 인간에 대한 사랑이 어디에서 오겠는가?"라는 물음에 니체는 이 사랑이 더이상 신으로부터 부여받은 것일 수도, 신을 향한 것일 수도 없음을 분명하

---

22) 니체, 『유고(1875년 초~1876년 봄)』, 11[3], 책세상, 최문규 옮김, 2005, 332쪽.

게 말한다.

니체가 새로운 미래문명을 희망하면서 그리스도교의 보편적 인류애를 비판하는 이유는 창조주와 피조물이라는 신과 인간 사이에 형성되는 일종의 위계질서 속에서 인간은 자신 안에 내재된 변화의 가능성을 상실할 수밖에 없기 때문이다. 니체는 이러한 실존적 자기상실의 증상을 다음과 같이 표현한다. "그것은 마치 높은 산에서 내려다보면 크고 작은 것이 개미처럼 비슷해지는 것과 같다. ― 우리는 그리스도교적 인간애의 감정 속에 있는 이러한 인간의 경시(Geringschätzung des Menschen)를 간과해서는 안 된다."[23] 보편적 인류애와 그 감정 속에 자기 자신에 대한 사랑 역시 보편화되며, 결과적으로 인간은 평준화될 수밖에 없다.

니체는 "보편적 인류애"[24]의 감정 속에서 발생하는 인간의 경시, 다시 말해 인간의 소인화 증상의 원인을 본질적으로 다음과 같이 설명한다. ① 육체와 영혼, 이성과 비이성 등과 같이 서로 반대되는 것들은 본질적으로 하나의 성향임에 반해, 형이상학과 종교가 이원화했으며, ② 이로부터 인간은 결국 자기 자신을 초월한 것들을 보다 가치 있는 것으로 여기게 되었다. ③ 니체는 이러한 현상을 다음과 같이 단언한다. "인간이 자신의 자기(Selbst)를 다른 자기에게 맡겨버리는 때에 이렇게 된다!"[25] 니체의 이 말은 자기 자신에 대한 사랑을 정당화하는 것은 오직 자기 자신뿐임에도 불구하고, 그 특권을 신에게 위임했다는 것이다.

이러한 의미에서 니체가 "그리스도교의 위험"을 "개인의 불멸에 대한

---

23) 니체, 『유고(1885년 가을~1887년 가을)』, 1[66], 책세상, 이진우 옮김, 2005, 31-32쪽.

24) 니체, 『아침놀』, 147, 박찬국 옮김, 책세상, 2004, 170쪽.

25) 니체, 『유고(1887년 가을~1888년 3월)』, 10[28], 백승영 옮김, 책세상, 2005, 232쪽. 이러한 현상은 『차라투스트라는 이렇게 말했다』의 「몸을 경멸하는 자들에 대하여」에서 논의하고 있는 것처럼, 더 이상 자기 자신일 수 없는 자기 상실의 증상과 동일하다.

신앙"으로 규정할 때, 인간의 생물학적 노화의 시간을 초월하는 포스트 휴먼에 대한 희망 역시 그것이 절대적일 때에는 모두가 원하지만 가질 수 없는 불평등한 신앙이 될지도 모른다.[26] 포스트 휴먼의 미래를 인간이 신을 대체함으로써 사피엔스 자체를 변화시키는 시대로 규정하는 하라리(Yuval Harari)의 견해는 이 사실을 보증해준다.[27] 여기서 한 가지 물음이 남는다. 신을 향한 종교적 구원은 신의 죽음을 통해 실효성을 잃게 된다. 하지만 도래할 포스트 휴먼의 미래에 신의 역할을 대신하는 과학이 또 다른 의미에서 구원의 역할을 할 수 있을까? 즉 인간의 영혼과 정신이 소프트웨어화되는 것 역시 유한한 삶에 대한 구원이자 불멸을 향한 소망일 수 있을까? 그렇다면 이때의 인간다움은 어떻게 이해될 수 있을까?

니체의 이러한 비판은 그리스도교의 보편적 인류애를 문화적 토대로 구축하는 도덕적 역할을 수행해온 학문을 향해서도 진행된다. 그는 이제 형이상학과 종교의 사상적 동질성을 해체하고 새로운 문화의 관점에서 학문의 과제를 다시 설정하고자 한다. 보편적인 인류애를 개인의 자기극복으로 전환하는 니체에게 있어 새로운 미래 문화에 기여하는 학문의 과제는 오히려 인간을 절대적 선에 반하여 악하게 만들고, 이타주의에 반하여 이기주의적으로 만드는 것이다.[28] 중요한 것은 니체 역시 학문의 본질적인 역할과 영향을 부정하는 것은 아니라는 것이다. 하지만 학문이 구체적 현실세계를 살

---

26) 니체, 『유고(1888년 초~1889년 1월 초)』, 14[5], 백승영 옮김, 책세상, 2004, 16-17쪽 참조; 유발 하라리, 『사피엔스』, 조현욱 옮김, 김영사, 2019, 580쪽 참조.

27) 유발 하라리, 『사피엔스』, 587-588쪽 참조.

28) 니체, 『유고(1880년 초~1881년 봄)』, 8[103], 최성환 옮김, 책세상, 2004, 530쪽 참조. 자칫 민감하게 보이는 니체의 이러한 시도는 『도덕의 계보』의 「제1논문」에서 논의하는 선과 악을 좋음과 나쁨으로 전환함으로써, 보편적 양심으로부터 스스로 자신의 삶에 책임을 다하는 주인적인 양심으로의 변화를 도출하기 위함이다. 즉 인간이 스스로 자기 자신을 사랑함으로써 자기 삶의 의미와 가치를 창조할 수 있게 하기 위함이다.

아가는 인간이 아니라, 저편 세계의 진리와 존재를 탐구할 때, 그 가치는 더 이상 인간적일 수 없다는 것이 니체의 주장이다.

인간이 자기 자신을 온전히 사랑할 수 없도록 만드는 문화는 결코 인간적일 수 없다. 미래에는 4차 산업혁명 시대의 과학기술로 대변되는 학문이 인간의 존재에 인위적으로 개입하여 그의 존재론적 본질을 극복하는 문화적 토대로서의 역할을 하게 될 것이다. 그럼에도 불구하고 여전히 중요한 것은 인간이 자기 자신에 대한 본질적인 인간성을 상실하지 않을 수 있는 존재에 대한 사랑의 인식이 필요하다는 것이다. 그 이유는 이 사랑으로부터 인간 안에 내재된 고유한 인간성과 인간다움이 표출될 수 있기 때문이다.

아래의 글에서 니체는 인간의 삶에 학문적 역할도 중요하지만, 이에 앞서 무엇보다 중요한 것은 인간이 그 자신으로서 살아가는 삶의 방향이라는 자신의 견해를 밝힌다. 니체가 희망한 새로운 미래문화는 바로 학문이 인간을 지배하는 것이 아니라, 인간의 삶이 학문을 보증할 때에야 비로소 가능하다. '인간적인 것'은 학문이 아니라, 인간과 삶으로부터 시작되는 것이다.

> 학문은 명령할 수도, 길을 가리킬 수도 없다: 오히려 인간이 어디로 가야 하는지를 알 때에야 비로소 학문은 유용할 수 있다.[29]

---

29) 니체, 『유고(1880년 초~1881년 봄)』, 8[98], 529쪽.

5.
뿌리 달린
학문의 문제

      니체에게 있어 인간은 그 어떤 절대적 의미로 규정되고, 가치로 확정될 수 없는 존재이다. "이제 도대체 어디에서 고귀한 인간성의 희망을 갖겠는가? 인간에 대한 사랑이 어디에서 오겠는가?"[30]라는 니체의 물음에 대한 답은 다음과 같다. '인간의 고귀한 인간성은 그 안에 내재되어 있으며, 인간에 대한 사랑 역시 그 안에서 발생하며 정당화된다. 그리고 그 사랑을 통해서 인간의 본질적인 인간성과 인간다움은 드러난다.' 이러한 의미에서 "우리가 신을 포기하면, 우리에겐 인간보다 더 높은 존재의 유형이 없을 것이다"[31]라는 니체의 말은, 4차 산업혁명을 대하는 철학의 관점에서 트랜스 휴먼과 포스트 휴먼 등 미래의 삶을 규정하는 최고의 가치의 중심에는 항상 인간이 서 있어야 한다는 의미로 이해할 수 있을 것이다.

      그렇다면 우리는 어떻게 그 중심에서 인간으로서의 고유한 인간다움

---

30)   니체, 『유고(1875년 초~1876년 봄)』, 11[3], 332쪽.

31)   니체, 『유고(1885년 가을~1887년 가을)』, 1[66], 32쪽.

을 지킬 수 있을까? 불멸의 인간을 탄생시키는 시도는 인간이 신이 되는 것만이 아니라, 자신의 형상을 가진 또 다른 신을 창조하는 작업이다. 짐머만(Michael E. Zimmerman)은 신과 같은 포스트 휴먼을 창조하고자 하는 그들의 소망을 "우주의 얼굴(the face of the universe)"을 바꾸는 시도라고 표현한다.[32] 삶의 불멸을 향해가는 과정에서 우리가 고민하는 인간성의 본질적인 특징과 이로부터 표출되는 인간다움의 의미와 가치에 대해서는 여전히 고민스러운 물음이 제기될 수밖에 없다. 과학기술의 막을 수 없는 큰 걸음 속에서 "인간적인"이라는 용어 자체가 의심스러워질 것이라는 하라리의 우려[33]에 대하여 니체의 철학적 인간학이 시도하는 인간에 대한 본질적인 이해의 시도는 하나의 대답이 되어줄 수 있을 것이다. 이러한 의미에서 학문의 유용성을 인간 삶과의 관계 속에서 규정하는 니체의 물음은 아래와 같은 하라리의 물음과 본질적으로 동일한 문제의식을 공유한다.

> 우리는 머지않아 스스로의 욕망 자체도 설계할 수 있을 것이다. 그러므로 아마도 우리가 마주하고 있는 진정한 질문은 "우리는 어떤 존재가 되고 싶은가?"가 아니라 "우리는 무엇을 원하고 싶은가?"일 것이다. 이 질문이 섬뜩하게 느껴지지 않는 사람이 있다면 아마 이 문제를 깊이 고민해보지 않은 사람일 것이다.[34]

과학기술혁명에 의한 인간의 육체적 · 정신적 변형 속에서 위와 같은 고민이 선행되지 않는다면, 인류의 "진보"는 단지 인간의 존재성을 온전히

---

32) Michael E. Zimmerman, *Last Man or Overman. Transhuman Appropriations of a Nietzschean Theme*, p. 42.

33) 유발 하라리, 『사피엔스』, 586쪽.

34) 유발 하라리, 『사피엔스』, 586쪽.

사유하지 않은 "현대적 이념"에 불과한 것이 될 뿐이다. 니체에 의하면 인간의 실존적 상승과 성장에 기여하지 못하는 현대의 진보는 하강의 가치이다. 그 이유는 니체에게 중요한 것은 인간의 존재론적 본질을 넘어서는 향상(Enhancement)이 아니라, 스스로 자신의 삶을 정당화하는 실존적 상승과 성장, 구체적으로는 "위버멘쉬"로의 변화이기 때문이다.[35] 그래서 니체는 인간의 실존을 포괄하지 못하는 진보를 "르네상스"보다 가치론적으로 아래에 있다고 말하는 것이다.[36]

이러한 의미에서 니체가 "인류애의 제일 원리(erster Satz)"를 "만족이 아니라 더 많은 힘"이라고 표현하며, 이에 대한 예로 "르네상스 양식의 덕"을 제시하는 이유는 바로 그가 자기 자신의 실존적 조건을 바탕으로 스스로 상승하고 성장할 수 있는 인간의 변화가능성을 중요시하기 때문이다.[37] 중요한 것은 니체가 이 변화의 조건을 힘으로, 구체적으로 말하면 "힘에의 의지"로 규명하고 있다는 것이다.[38] 즉 르네상스는 단순한 문화적 · 학문적 진보가

---

35) 니체의 위버멘쉬에 대한 조르그너(Stefan Lorenz Sorgner)의 트랜스 휴머니즘적 해석에 대한 비판으로는, Joshua Merlo, *Zarathustra and Transhumanism: Man is Something to Be Overcome*, in: Scientia et Fides (edited by Leandro M. Gaitán), 7(2)/2019, pp. 41-61 참조. 조르그너에 대한 메를로의 비판은 포스트 휴먼의 사상적 유사성을 찾기 위해서 니체의 위버멘쉬를 진화론적 관점에서, 즉 역사적인 발전의 과정으로 이해하고 있다는 것을 근거로 전개된다. 그에게 있어 위버멘쉬를 진화론적으로 해석하는 것은 인간을 개선해야 하고 또한 개선할 수 있다는 인간 향상(Human Enhancement)의 사상적 근거와 가능성으로 이해하는 오류를 범하게 되는 것이다. 또한 고통과 죽음이 없는 삶을 희망하는 트랜스 휴머니스트들에 반해 니체는 오히려 고통과 죽음을 인간의 실존적 조건으로 제시한다. 그리고 차라투스트라는 위버멘쉬를 대지의 의미(병, 고통, 삶, 죽음)라고 표현하며, 대지를 초월하는 모든 가치(진리, 내세, 구원)들을 부정한다. 대지의 존재로서 대지의 의미를 따르는 삶을 살아가는 위버멘쉬로부터 이 대지를 초월한 또 다른 삶을 초월한다는 것으로부터 이 개념에 대한 근본적인 오류가 시작된다(Joshua Merlo, *Zarathustra and Transhumanism: Man is Something to Be Overcome*, pp. 48-54 참조).

36) 니체, 『안티크리스트』, 4, 백승영 옮김, 책세상, 2002, 217쪽.

37) 니체, 『안티크리스트』, 2, 216쪽 참조.

38) 니체, 『안티크리스트』, 2, 216쪽 참조.

아니라, 인간의 힘에의 의지가 자유롭게 표출된 시대의 이념인 것이다.

학문의 본질이 과학을 통해 증명되는 이성의 역사에서 니체는 학문의 문제를 비극의 종말을 불러온 원인으로 규정한다. 더 이상 고통을 신화적 · 비극적 · 디오니소스적으로 긍정할 수 없는 아폴론적 사고의 중심에서 니체는 학문의 본질에 대한 물음을 제기한다. 비극의 죽음과 학문의 관계에서 니체가 인식한 염세주의의 문제, 즉 당시 시대적으로 만연한 데카당스의 문제는 학문 자체가 아니라, 마치 뿔이 달린 듯, 삶을 이론적이고 기계적으로 해석하는 학문의 위험한 유용성에 대한 진단이었다. 인간이라는 존재에, 그의 삶에 유용하다는 이유로 과학기술의 정당성은 확보되는 것일까? 뿔이 달린 학문의 문제는 결국 뿔이 달린 삶의 문제로 직결된다.

> 학문 자체와 우리의 학문은 — 그렇다. 삶의 증상으로 간주한다면 모든 학문은 도대체 무엇을 의미하는가? 무엇을 위하여, 조금 더 가혹하게 말하자면, 무엇으로부터 — 모든 학문은 존립하는 것인가? 어떤가? 학문은 어쩌면 염세주의에 대한 공포와 도피에 불과한 것은 아닌가? 진리에 대한 하나의 멋진 정당방위가 아닌가?[39]

> 내가 당시 깨닫게 된 것은 두렵고 위험한 것이었다. 그것은 황소라고까지는 할 수 없지만 뿔이 달린 문제였으며, 아무튼 하나의 새로운 문제였다. 오늘이라면 나는 그것이 학문의 문제 자체였다고 말할 것이다 — 처음으로 문제점 많고 의심스럽다고 파악된 학문의 문제라고 말이다.[40]

---

39) 니체, 『비극의 탄생』, 「자기비판의 시도」, 1, 이진우 옮김, 책세상, 2005, 11쪽.
40) 니체, 『비극의 탄생』, 「자기비판의 시도」, 2, 11쪽.

4차 산업혁명 시대의 도래를 예측하고 있는 지금 우리의 시대를 대변하고 또한 문제시하는 과학은 뿔이 달린 학문일까? 정말 과학은 뿔이 달린 상황을 유발하고 있는 것일까? 고통을 실마리로 학문의 유용성을 진단하는 니체의 비판은 노화, 병, 죽음 등 인간을 고통스럽게 만드는 다양한 인간 조건을 극복하고자 하는 현재의 과학에도 여전히 유효한 것은 아닐까? 니체가 인간의 삶을 구성하는 두 가지 충동으로 제시했던 디오니소스와 아폴론이 미래의 삶에도 여전히 필요한 것이라면, 학문의 역할은 어떠해야만 하는 것일까?

　　트랜스 휴먼과 포스트 휴먼으로 대변되는 낙관적 진보주의는 니체의 관점에서 소크라테스의 합리적 이성주의처럼 세계와 인간을 온전히 이해하지 못하는 상태에 있는지도 모른다. 니체는 오늘날에도 변함없이 우리가 "이론적 낙천주의자"[41]가 되지 않기를 바라고, 그의 철학이 그 근거가 되기를 희망할 것이다. 이렇듯 니체의 철학적 인간학은 4차 산업혁명 시대의 이념에 대한 점검과 더불어 철학이 지켜야 할 진정한 가치가 무엇인지 다시 한 번 숙고하게 해준다.

---

41)　　니체, 『비극의 탄생』, 15, 118쪽.

6.
트랜스 휴먼과 포스트 휴먼, 그리고 그의 인간다움에 대한 의문

"인간은 언제나 동물 이상이거나 동물 이하일 수 있을 뿐이지, 결코 동물일 수 없다."[42] 이 말은 셸러(Max Scheler)가 『우주에서 인간의 지위』라는 그의 저서에서 인간의 존재론적 특징을 설명하는 중요한 명제이다. 4차 산업혁명을 바라보는 철학적 인간학의 관점에서 이 말은 다시 다음과 같이 변환될 수 있을 것이다. '인간은 기계 이상이거나 기계 이하일 수 있을 뿐이지, 결코 기계일 수 없다.' 셸러에 의하면 인간은 스스로 생명체이면서 동시에 자기 자신을 초월할 수 있고 나아가 자기 자신뿐만 아니라 자신을 둘러싼 모든 대상들을 인식의 대상으로 삼을 수 있는 정신적 존재이다.

인간은 자연의 일부이자 그 생명의 법칙을 따르는 존재이다. 하지만 인간은 정신적 활동을 통해서 스스로를 자연의 일부로 인식하고 그 세계 안에서 자유롭게 자신만의 고유한 삶을 살아간다. 하지만 4차 산업혁명 시대의 트랜스 휴먼의 경우에 우려가 되는 것은 ― 인간이 정신적 존재라는 사실을

---

42) 막스 셸러, 『우주에서 인간의 지위』, 진교훈 옮김, 아카넷, 2001, 51쪽.

바탕으로 — 기계와의 결합을 통해서 인간향상, 즉 자신의 존재론적 생명성과 육체성을 초월한다는 데에 있다. 그렇다면 오코널(Mark O'Connell)의 말처럼, 트랜스 휴먼은 "동물로서의 생명이 끝나고 기계로서의 생명이 시작"되는 존재유형을 대변하는 명칭으로 불릴 수 있을까?[43] 4차 산업혁명 시대의 다양한 과학기술은 인간과 기계의 결합이 아니라, 기계에 인간의 정신을 프로그램화함으로써 새로운 하나의 자아를 창조할 수 있는 포스트 휴먼의 미래를 희망하고 있다.

만약 기계에 자아를 부여하는 마인드 업로딩(Mind Uploading Project)/전뇌 에뮬레이션(Whole brain emulation)을 통해서 인간의 뇌를 컴퓨터에 업로드 함으로써 삶의 영생을 실현하는 경우에 인간의 몸은 더 이상 존재론적 본성과 인간다움을 유지하는 조건이 될 수 없을 것이다. 그렇다면 "인간의 몸은 삶의 근거가 아니라, 장식물에 불과"한 것이 될 것이다.[44] "유전자의 진화"를 모방하여 컴퓨터로 프로그래밍 함으로써 생명의 법칙을 근본적으로 바꾸는 시도는 정신적 존재이지만, 결국 육체적 존재일 수 없는 "무생물적 존재"를 창조하게 될 것이다. 그렇다면 이 경우 인간의 인간다움과 삶의 의미는 어떻게 규정되어야만 하는 것일까?[45] 그리고 육체가 없는 정신의 사고형식은 컴퓨터의 디지털 회로 속에서 온전히 작동할 수 있는 것일까? 사피엔스에서 트랜스-포스트 휴먼으로의 진화는 결국 인간의 사이보그화와 사이보그의 인간화를 가능하게 할까? 하라리 역시 이러한 문제의식을 바탕으로 미래의

---

43) 마크 오코널, 『트랜스 휴머니즘』, 노승영 옮김, 문학동네, 2018, 70쪽 참조. "전뇌 에뮬레이션 (Whole Brain Emulation)"에 대한 설명과 인간의 생물학적 자연성에 대한 의미와 가치를 논의하는 내용으로는, 같은 책, 69-101쪽 참조.

44) 이종관, 「포스트 휴먼을 향한 인간의 미래?」, 『Future Horizon』 제26집 (과학기술정책연구원, 2015), 5쪽.

45) 유발 하라리, 『사피엔스』, 576-577쪽 참조.

인간다움의 조건에 의문을 제기한다.

세월이 가면 사이버 공간은 새 바이러스들로 가득 찰 것이다. 아무도 일부러 설계하지 않았으며 무기물로서 진화를 거친 개체들로 이것들은 살아있는 피조물일까? 그 답은 '살아있는 피조물'을 어떻게 정의하느냐에 달렸다. 이 바이러스가 유기체 진화의 법칙과 한계와는 전혀 무관한 새로운 진화과정에 의해 만들어진 것은 분명한 사실이다. 또 다른 가능성을 상상해보자. 당신이 뇌를 휴대용 하드드라이브에 백업해서 노트북 컴퓨터에서 실행한다고 가정하자. 당신의 노트북은 사피엔스처럼 생각하고 느낄 수 있을까? 만일 그렇다면 그것은 당신일까? 아니면 다른 누구일까? 컴퓨터 프로그래머가 완전히 새로운 디지털 마음을 창조한다면 어떨까? 컴퓨터 코드로만 구성된 그 마음이 자아의식, 의식, 기억을 다 갖추고 있다면? 이 프로그램을 컴퓨터에서 실행하면 그것은 인격체일까? 그것은 지우면 살인죄로 기소될까?"[46)

삶을 삶으로서 인식하고 감각하지 못하는 프로그램화된 정신을 우리는 과연 살아있는 생명으로, 함께 살아가고 있는 생명체로, 함께 감정을 나누는 정신적 존재로 여길 수 있을까? 물론 이를 가능하게 하는 과학기술이 언제 실현될 수 있을지는 아직 알 수 없다. 알파고를 통해서 4차 산업혁명의 성격이 대중화되었고, 우리의 삶으로 성큼 들어온 과학기술의 큰 걸음을 눈으로 확인할 수 있게 되었다. 하지만 알파고의 활동(딥러닝)만으로 우리는 아직 컴퓨터를 육체로 인식하는 인간의 정신, 즉 인간 아닌 인간의 자아를 상상하기는 결코 쉬운 일이 아니다.

---

46) 유발 하라리, 『사피엔스』, 577-578쪽.

니체의 중기 저서 『인간적인 너무나 인간적인』에 첨부된 「자유정신을 위한 책」이라는 부제를 통해 알 수 있는 것처럼, '인간적인 것'은 인간의 정신적인 영역, 즉 오직 자기 자신에 대한 자유로운 인식을 통해 획득할 수 있는 그의 인간다움을 의미하는 것이다. 니체의 관점에서 '인간적인 것'은 인간적인 본질을 초월한 것, 즉 과학기술을 통해 향상되고 강화된 것일 수 없다. 니체에게 있어 진정한 의미에서의 인간적인 것은 오직 내가 나를 나로서 인식하고 또한 이를 바탕으로 나를 변화시키는 내·외적 인식과 행위에 대한 가치이다.

이러한 의미에서 위버멘쉬를 향한 자기극복을 인간향상의 사상적 토대로 여기며, 과학기술을 통해 이를 실현할 수 있다고 생각하는 트랜스 휴머니스트들의 인간이해는 니체의 관점에서 자기극복이 아니라, 자기보존일 뿐이다.[47] 그 이유는 니체가 『차라투스트라는 이렇게 말했다』의 「몸을 경멸하는 자들에 대하여」에서 주장하는 것처럼, "커다란 이성"[48]은 트랜스 휴머니스트들이 주장하는 과학과 같이 인간의 존재론적 본성과 인간다움을 지배하는 거대한 이성이 아니라, 내가 진정한 나로서 살아갈 수 있도록 해주는 몸의 이성이기 때문이다.

지금까지의 논의를 바탕으로 인간이 끊임없이 향상되고 강화되어야만 하고, 또한 지금까지 인류가 과학기술을 통해 인간향상의 역사를 만들어왔다는 긍정적인 평가[49]에도 불구하고 육체와 정신이 합일된 몸의 존재로서

---

47) Babette Babich, *Nietzsche's Posthuman Imperative: On the Human, All too Human Dream of Transhumanism*, in: Yunus Tuncel, ed., Nietzsche and Transhumanism: Precursor or Enemy?, Cambridge: Cambridge Scholars, 2017, p. 116 참조.

48) 니체, 『차라투스트라는 이렇게 말했다』, 「몸을 경멸하는 자들에 대하여」, 52-55쪽 참조.

49) 라메즈 남(Ramez Naam)은 이미 10여 년 전부터 생명공학에 의한 인간강화의 미래를 예측하고, 이 기술을 현실적으로 논의했다. 물론 인간강화와 생물학적 향상에 대한 긍정적인 평가는 그를 여전히 트랜스휴머니즘의 최전선에 위치하게 만든다. 아래의 글은 생명공학에 의한 인간

의 위버멘쉬는 포스트 휴먼의 인간적인 토대가 될 수 없다. 그 이유는 위버 멘쉬는 과학기술이 아니라, 자신의 정신을 실존적 변화의 도구로 삼아 정신 적으로 강화되고 향상되어가는 인간유형이기 때문이다. 포스트 휴먼 시대 에는 나 아닌 것으로부터 나를 찾고, 나 아닌 것을 나로서 생각하고 느껴야 하는 새로운 인식과 윤리의 문제가 중요해질 것이다. 그리고 이 문제는 결 국 다시 '인간다움이란 무엇인가?'라는 물음의 답을 요청하게 될 것이다.

강화에 대한 그의 견해를 잘 드러내준다. "우리 인간은 그 다음 단계의 위상 변화를 상징하는 존재다. 인류의 출현은 생물학적 측면에서 본다면 다세포 생물의 출현과 같은 의미를 지닌다. 침팬지와 박테리아는 한참 다른 생물이다. 인류는 그와 비슷하게 과거 지구상에 출현한 모든 생명체와는 확실히 다른 존재다. 자기 자신과 아이들의 정신이나 육체를 바꿀 수 있는 힘을 지 닌 것은 인류뿐이다. 또 스스로 발전을 관리할 수 있는 힘을 지닌 것도 인류밖에 없다. 그 힘을 구사하면 인류는 그저 맹목적으로 번식하기 쉬운 유전자가 선택되도록 자연에 맡겨두는 대신 스스로 발전 진로를 선택할 수 있다. 우리는 진화의 종착점에 서 있는 게 아니다. 원래 진화에 는 종착점이 존재하지 않는다. 우리 앞에는 새로운 생명의 가지가 뻗어나갈 것이다. 우리는 그 저 중간 단계에 불과하다. 다만 우리 인류는 앞으로 어떤 방향을 목표로 성장하고 변화할지 스 스로 선택할 수 있다. 유전자에 좌우되지 않고 자기 자신과 아이들에게 득이 되는 새로운 상황 을 선택할 수 있는 것이다. […] 우리는 하려고만 하면 새로운 종류의 생명을 자라게 할 씨앗 이 될 수 있다. 상상도 못할 만큼 새로운 생물을 창조할 수 있는 것이다. […] 생각해보건대, 역 사상 이보다 더 아름다운 사명과 특권적 지위를 부여받은 존재는 존재하지 않는다."(라메즈 남, 『인간의 미래(More than Human)』, 남윤호 옮김, 동아시아, 2007, 307-309쪽 참조) 물론 그의 이러한 평가 자체를 부정할 수는 없다. 그 이유는 인간강화는 도래할 미래 삶의 양식이기 때문 에, 이에 대한 무조건적인 반대 역시 옳지만은 않기 때문이다. 하지만 맹목적인 긍정 또한 옳 을 수 없기 때문에 인간강화가 인간의 본성과 인간다움에 어떤 영향을 줄 수 있는지를 철학적 으로 성찰하는 작업이 필요한 것이다.

7.
근대문명의 인간다움에 대한
니체의 문제의식

　　근대인의 문명화된 삶의 양식 속에서 인간다움의 상실증상을 발견한 니체는 자신의 철학적 인간학을 통해 이 문제를 해명하고자 한다. 과학기술을 통해 새로운 문명을 창조하고자 했던 근대 유럽의 거대한 프로젝트는 기대조차 하지 못했던 삶의 새로운 가능성들을 도출했고 또한 실현했다. 하지만 그러한 변화의 이면에서 경직되어가는 인간 실존의 가능성들을 발견하고, 이에 대한 위험성을 철학적으로 진단하며 치유를 시도한 철학자는 니체였다.

　　니체의 이러한 철학적 관점은 과학기술 문명이 인간의 외적인 삶을 변화시킬 수는 있지만, 이때 그의 내면세계는 변화의 힘 ― 니체에 의하면 "힘에의 의지" ― 을 잃어갈 수도 있다는 우려를 내보인다. 다시 말해 니체는 바쁜 일상을 살아가며 자신의 내면을 돌보지 못하는 자기 상실의 증상이 만연한 시대 속에서 결코 망각해서는 안 되는 인간의 자기인식, 즉 진정한 인간다움에 대한 의문을 제기하는 것이다.

숨 가쁘게 서두르는 그들의 노동은 [⋯] 늙은 유럽에도 이미 감염되어 이곳을 야만적으로 만들고 있으며, 기이한 정신 결여증을 퍼뜨리기 시작했다. 이제 사람들은 휴식을 부끄러워하며, 오랜 사색에 대해서는 거의 양심의 가책을 느끼기까지 한다. 생각하면서 시계를 손에 들고 있고, 점심을 먹으면서 주식 신문을 본다. ― 언제나 무언가를 "놓치는 것"은 아닌가 하고 불안해하는 사람처럼 살고 있는 것이다. [⋯] 무엇보다도 모든 여유를 위한 시간과 능력을 사람들은 더 이상 갖고 있지 못한 것이다. 왜냐하면 이득을 좇는 삶은 끊임없이 자신을 꾸며내고, 계략을 짜내고, 남을 앞지르는 일에 지속적으로 자신의 정신을 모두 소모할 것을 요구하기 때문이다. [⋯] 기쁨을 찾는 일은 이미 "피로 회복의 필요"라는 이름으로 불리고 있으며, 스스로에 대해 수치심을 느끼기 시작했다.[50]

위의 글에서 니체가 "기이한 정신결여증"으로 진단하는 근대인의 증상은 바로 근대문명에 폄하된 인간의 인간다움, 즉 그의 '정체성의 망각'을 향하고 있다. 인간을 "힘에의 의지"의 존재로 이해하는 니체에게 있어내적 변화의 정지는 "힘에의 의지"의 정지, 즉 인간 본연의 인간성과 보다 인간다워질 수 있는 가능성의 정지에 불과할 뿐이다. 니체가 인간의 존재론적 원리를 "힘에의 의지"로 규정하며, 한순간도 자신의 변화를 멈추지 않는 존재로 제시하는 이유는 과학기술문명의 그림자로 살아가며 자기 안에 내재된 변화가능성을, 다시 말해 인간 본연의 인간다움의 상실을 안타까워했기 때문이다.

니체가 진단한 현대문명의 위험성의 근원은 그리스도교적 동정, 즉 "인류애"에 의한 현대적 사랑의 실현이었다. 다시 말해 그가 이 지점에서 경계

---

50)   니체, 『즐거운 학문』, 329, 556-557쪽.

한 점은, 만약 보편적인 사랑이 강요된다면 마땅히 모든 인간들이 그 사랑의 가치를 추구해야만 한다는 절대적 믿음의 문제였다. 그리고 이 믿음을 경계로 선과 악, 옳음과 그름의 가치가 이원화되며, 현대에도 유지된다는 것이었다. 니체가 후기 저서 『선악의 저편』에서 문제시하는 현대의 이념 역시 이러한 문제의식 위에서 제기된다.[51]

하지만 니체에게 있어 철학자는 새로운 인류애를, 즉 보편적 진리의 추구가 아니라, 개인이 자유롭게 추구하는 다양한 가치들이 문화적으로 보편화되어 시대의 의미를 규정하는 것이다. 철학적 인간학의 일환으로 수행되는 니체의 이러한 철학적 시도는 인간의 인간성과 인간다움이 절대적 가치의 해방으로부터 비로소 표출될 수 있다는 사실을 전제로 한다. 니체의 철학적 견해를 따라가면, 포스트 휴먼의 미래가 보편적 인류애의 실현을 목표로 하고 있을지라도, 철학은 그 이면에 담긴 인간학적 문제들을 진단해야만 한다는 사실을 알 수 있다. 아래의 글에서 니체는 자신이 제시하는 사랑이 보편적인 사랑, 즉 "인류애"일 수 없음을 분명히 말한다.

> 우리의 병든 현대성의 한가운데에서 그리스도교적 동정보다 더 병들어 있는 것은 없다. 여기서 의사이고 여기서 가차 없게 되며 여기서 칼을 들이대는 것 ─ 이것이 우리의 일이며, 이것이 우리 방식의 인류애(Menschenliebe)이다. 이렇게 해서 우리는 철학자인 것이다.[52]

채워질 수 없는 근대인의 욕망과 포스트 휴먼 시대의 욕망은 동일한 것일까? 불완전한 존재의 결핍을 채우고자 하고 또한 초월하고자 하는 것은

---

51) 니체, 『선악의 저편』, 212, 190쪽 참조.
52) 니체, 『안티크리스트』, 7, 백승영 옮김, 책세상, 2002, 221쪽.

존재의 본성일까? 인류는 이러한 역사의 과정에 불과한 것일까? 그렇다면 우리가 지켜야 하는 인간적인 가치는 무엇이고, 그 가치는 어떻게 지켜질 수 있을까? 니체가 『차라투스트라는 이렇게 말했다』의 「서문」에서 새로운 시대를 맞이한 인간들에게 "위버멘쉬"를 제시하며 한 말은 4차 산업혁명 시대를 살아가는 오늘날의 우리들에게도 의미 있는 자극으로 주어진다.

> 나 너희들에게 위버멘쉬(Übermensch)를 가르치노라. 사람은 극복되어
> 야 할 그 무엇이다. 너희들은 너희 자신을 극복하기 위해 무엇을 했는
> 가? 지금까지 존재해온 모든 것들은 그들 자신을 뛰어넘어 그들 이상
> 의 것을 창조해왔다. 그런데도 너희들은 이 거대한 밀물을 맞이하여 썰
> 물이 되기를 원하며 자신을 극복하기보다는 오히려 짐승으로 돌아가려
> 하는가?[53]

물론 니체의 이 말은 실존철학적 관점에서 읽히는 것이 옳다. 하지만 그의 이 말에 담긴 의미를 보다 확장시키면 거대한 문명의 발전 속에서 인간은 여전히 자기 자신을 극복함으로써 스스로 자기 존재를 해명해야만 하는 과제, 다시 말해 인간 본연의 인간다움을 성찰해야만 하는 실존의 과제를 가질 수밖에 없다. 그리고 이 지점에서 우리는 과학기술의 혁명으로 점점 더 가까워지는 인류의 미래, 보다 구체적으로 트랜스휴먼과 포스트 휴먼이라는 "거대한 밀물"에 맞서 능동적으로 이 과제의 답을 찾아야만 한다는 철학자 니체의 요구를 만나게 된다.

니체에게 있어 이 거대한 삶의 과제 앞에서 "썰물"이 된다는 것은 자기 극복이 아니라, 삶의 하강과 퇴화와 같은 수동적인 자기보존의 현상에 지나

---

53)   니체, 『차라투스트라는 이렇게 말했다』, 「서문」, 3, 16-17쪽.

지 않는다. 또한 니체가 자신의 철학에서 인간의 실존적 건강을 위해 수행하는 다양한 개념들을 통해서 확인할 수 있는 것처럼, 인간을 썰물로 이해하는 것은 철학의 직무유기이다. 철학은 세계와 인간, 인간과 삶 그리고 인간이라는 존재 자체를 관계론적으로 사유해야만 한다. 니체의 철학과 철학에 대한 그의 이해는 인류 앞에 놓인 거대한 밀물에 대해 철학이 무엇을 해야만 하는지, 우리는 철학을 통해서 무엇을 배워야 하는지, 나아가 우리가 철학에 대해 무엇을 기대할 수 있는지에 대하여 대답해줄 것이다.

8.
포스트 휴먼 시대의
허무주의

니체의 철학에서 "허무주의"는 신이 부재한 시대의 현상을 가감 없이 보여주는 역할을 하는 개념이다. 니체가 『도덕의 계보』의 「제3논문」에서 논의하는 것처럼 단 하나의 이상 — 그에 의하면 "금욕주의적 이상"[54] — 을 추구하는 과정에서 발생하는 자기상실의 증상은 인간이 본질적으로 무엇인가를 의욕하는 존재이지만, 그것이 자기 자신이라는 사실의 망각으로부터 발생하는 실존의 병이다. 만약 포스트 휴먼의 미래를 계획하는 과정에서 인간의 본질적인 인간성과 고유한 인간다움을 사유하지 않는다면, 그 미래는 또 다른 허무주의를 유발하게 될지도 모른다.

포스트 휴먼 시대의 허무주의는 인간적인 가치의 상실을 원인으로 발생하게 될 것이다. 트랜스 휴먼과 포스트 휴먼으로 대변되는 4차 산업혁명의 시대를 논의하는 오늘날 우리는 아직 도래하지 않은 특이점(Singularity)을 예측하고 있다. 니체가 예측한 허무주의의 위험성은 언젠가 도래할 미래를 철학

---

54)   니체, 『도덕의 계보』, 「제3논문」, 5, 458쪽.

적으로 사유한 결과이다. 그렇다면 철학은 마치 니체가 시도했던 것처럼, 허무주의의 가능성을 인간과 삶의 관점에서 숙고해봐야 하는 것은 아닐까?

> [...] 여기서 말하는 자는 지금까지 숙고하는 것 외에는 아무것도 하지 않았다; 자신의 이득을 먼 곳에서, 외부에서, 인내에서, 지체에서, 뒤처짐에서 발견하는 본능에서 출발하는 한 사람의 철학자로서 그리고 은둔자로서; 이미 모든 미래의 라비린스에서 한 번 길을 잃었었던 감행하는 정신으로서 ― 그리고 유혹자-정신으로서; 무엇이 올 것인지를 말할 때에는, 빙 둘러보는 예언하는 새의 정신(ein Wahrsagevogel-Geist)으로서; 유럽 최초의 완전한 허무주의자(der erste vollkommene Nihilist)로서, 그러나 허무주의를 이미 자신의 내부에서 끝까지 체험해본 자로서 ― 허무주의를 자신의 뒤에, 자신의 밑에, 자신의 밖에 두는 자로서 [...][55]

허무주의에 대한 니체의 철학적 진단이 포스트 휴먼의 미래에도 사상적으로 적용이 가능한 이유는, 기나긴 인류의 역사 속에서 형이상학적으로든 종교적으로든 고통을 지배하고 싶어했고, 또한 불멸의 삶을 꿈꾸었던 존재론적인 바람이 트랜스 휴먼과 포스트 휴먼을 통해서 실현될 수 있는 단계를 향해 가고 있기 때문이다. 이러한 의미에서 "허무주의는 그 끝에 이르기까지 생각된 우리의 중요한 가치들과 이상들의 논리"[56]라는 니체의 말은, 현재 제기되고 있는 포스트 휴먼 시대에 대한 다양한 인간학적 우려들이 그 언젠가 허무주의의 원인으로 작용하게 될지도 모른다는 사실을 예측해볼 수 있게 해준다.

---

55) 니체, 『유고(1887년 가을~1888년 3월)』, 11[411], 4, 518쪽 참조.
56) 니체, 『유고(1887년 가을~1888년 3월)』, 11[411], 4, 518쪽 참조.

또한 "나는 다가오고 있으며, 더 이상 다르게 올 수 없는 것을 기술한다: 허무주의의 도래. 이 역사는 지금 이미 말할 수 있다"라는 니체의 말처럼, 허무주의에 대한 니체의 시대적 진단은 곧 도래할 미래에 대한 자신의 철학적 인식으로부터 시작된다. 그리고 허무주의의 위험성을 "종말로 가기를 원하며, 더 이상 숙고하지 않고, 숙고하기를 무서워하는 폭풍"과 같다는 그의 표현은 포스트 휴먼의 미래를 앞두고 있는 지금 우리에게 인간성과 인간다움에 대해 사유해야 한다는 강한 요청으로 들린다.

> 나는 다가오고 있으며, 더 이상 다르게 올 수 없는 것을 기술한다: 허무주의의 도래. 이 역사는 지금 이미 말할 수 있다: 왜냐하면 필연성 자체가 이미 여기서 일하고 있기 때문이다. 이런 미래는 이미 백여 가지 징후 안에서 말해지고 있으며, 이 운명은 도처에서 자신을 고지한다; 미래의 이런 음악에 대해 모두가 귀를 쫑긋 세웠다. 우리의 유럽 문화 전체는 이미 오래전 한 세기 한 세기 자라났던 긴장의 고문을 받으며 마치 대혼란으로 내닫듯 움직이고 있다: 동요하고 난폭하게 허둥대고 있다: 종말로 가기를 원하며, 더 이상 숙고하지 않고, 숙고하기를 무서워하는 폭풍과도 같이.[57]

신의 죽음으로 인해 기존의 모든 인간적인 가치의 상실을 유발하는 사건으로서의 허무주의가 역설적으로 삶의 새로운 의미와 인간적인 가치를 창조할 수 있는 가능성의 사건이었다면, 트랜스 휴먼과 포스트 휴먼 역시 마찬가지이다. 이 사건은 우리에게 소중한 미래 삶의 인간적인 가치가 무엇인지에 대하여 숙고해볼 수 있는 기회로 작용할 것이다. 포스트 휴먼의 미

---

57) 니체, 『유고(1887년 가을~1888년 3월)』, 11[411], 2, 518쪽 참조.

래는 이미 마치 허무주의처럼, 이미 수많은 징후 안에서 말해지고 있다. 우리가 직면할 포스트 휴먼의 미래는 분명히 인간적인 가치의 종말을 향해가지는 않을 것이다. 하지만 인간성과 인간다움에 대한 물음은 여전히 우리가 인간으로서 존재하는 근본 토대로서 작용할 것이다.

'인간이란 무엇인가?', '무엇이 인간다운 것인가?'라는 본질적인 인간이해의 시도는 니체의 철학에서 "보편적 인류애"의 전환, 즉 자기 자신에 대한 사랑의 의미와 가치의 해명으로 진행된다. 지금 이 물음에 답하는 것으로부터 포스트 휴먼 시대가 지향하는 목표를 근본적으로 숙고해볼 수 있는 기회가 열릴 것이다. 그리고 이 물음은 생명보수주의자들(bioconservatives)의 견해를 지지하는 것이 아니라,[58] 인간 존재에 대한 철학 본연의 사유가 앞으로 도래할 포스트 휴먼의 미래를 윤리적인 물음에 앞서 수행되어야만 한다는 사실을 지시할 뿐이다. 인간성과 인간다움은 니체의 관점에서 신이 부재한 시대에 인간적인 조건이 되어야만 하며, 포스트 휴먼 시대 역시 이 조건을 필요로 한다.

니체가 허무주의를 극복할 수 있는 방법으로 제시한 "미래의 복음서"를 "힘에의 의지. 모든 가치의 전도에 대한 시도"[59]라고 표현하는 것처럼, 허무주의는 스스로를 힘에의 의지의 존재로서 인식하고, 자신만의 고유한 인간적인 가치들을 창조하는 삶을 통해 극복된다. 다시 말해 이러한 삶으로부터 인간성과 인간다움은 그 가치를 잃지 않게 된다. 힘에의 의지가 인간의 존재론적 본성을 대변하는 개념이라는 것을 생각해본다면, 니체의 이 생각은 포스트 휴먼 시대의 인간에게도 적용될 수 있다. 힘에의 의지는 니체의

---

58) 포스트 휴먼의 다양한 입장들 중, 생명보수주의자들에 대한 내용으로는, 이재승, 「포스트 휴먼은 인간의 존엄성을 위협하는가?」, 『철학논총』 제94집, 새한철학회, 2018, 26-31쪽 참조.

59) 니체, 『유고(1887년 가을~1888년 3월)』, 11[411], 4, 518쪽 참조.

철학에서 인간이 자기 자신을 인식하고 사랑하는 삶을 살아갈 수밖에 없도록 만들어주는 존재론적인 인간의 본성과 인간다움의 원리로서 작용한다. 니체에게 있어 자기 자신을 사랑하는 삶이란 바로 힘에의 의지의 존재로서 자신 안에 내재된 인간적인 가치들을 인식하고 자신만의 고유한 인간다움을 창조하며 살아가는 것이다.

그의 철학적 인간학은 인간다움의 근본조건을 자기 자신에 대한 사랑으로 규정한다. 이 사랑 안에서 인간은 자기 자신을 떠나지 못하게 된다. 즉 자기 존재에 대한 사랑 속에서 인간향상은 '위버멘쉬적(übermenschlich)'일 수는 있어도, 자신의 존재론적 본성을 초월하는 것일 수는 없다. 이 사랑이 인간의 고유한 인간다움을 창조하는 전제가 될 수는 있지만, "보편적인 인류애"가 될 수 없는 이유는 이때문이다. "사랑에 대해 그렇게 열광적으로 열망하며 이야기했던 사람들은 사랑을 적게 받은 사람들이다. 보편적인 인간애라는 것은 거의 배겨낼 수 없는 것임에 틀림없다."[60] 니체의 이 말처럼, 자신을 진정으로 사랑해본 적이 없는 사람들이 자신을 떠나 다른 존재로부터의 사랑을 갈망한다.

니체는 『차라투스트라는 이렇게 말했다』의 「낡은 서판과 새로운 서판에 대하여」에서 이 사랑을 "더없이 먼 곳에 있는 사람들에 대한 [...] 커다란 사랑"[61]으로 표현하기도 한다. 니체가 요청하는 이 "커다란 사랑"은 바로 위버멘쉬를 향한 사랑, 즉 내가 나 자신에게 베푸는 사랑을 의미한다. 위버멘쉬가 포스트 휴먼의 진화론적·인간학적 조건이 된다면, 결국 자기 자신에 대한 사랑의 의미 역시 변할 수밖에 없다. 니체의 철학적 인간학을 대변해주는 개념으로서의 위버멘쉬 안에 내재된 의미를 통해서 자기 존재에 대한 사

---

60) 니체, 『유고(1880년 초~1881년 봄)』, 4[210], 197쪽.
61) 니체, 『차라투스트라는 이렇게 말했다』의 「낡은 서판과 새로운 서판에 대하여」, 331쪽.

랑이 인간다움의 본질적인 조건이 될 수 있음을 확인할 수 있다. 또한 위버멘쉬로의 변화를 보증해주는 자유정신, 신의 죽음, 힘에의 의지, 허무주의, 영원회귀와 운명애 등은 이 사랑을 실현하는 과정을 보증해주는 개념이다.

　과학으로 열어가는 새로운 미래의 권력은 과학인 것일까? 아니면 인간일까? 철학은 그 답에 인간이라고 답할 것이다. 하지만 이보다 더 근본적인 것은 과학과 인간이 공유하는 존재론적 조건이고, 이 조건을 존재론적으로 성찰할 수 있도록 해주는 철학의 역할이다. 니체에게 있어 사랑은 인간과 삶의 방식 그 자체를 문제시하는 존재론적 척도이다. 인간다움의 조건이 사랑이라면, 사랑은 삶을 '인간적인 것'으로, 다시 말해서 '의미 있는 것'으로 만들어준다. 그렇다면 4차 산업혁명 시대의 과학적 혁명으로 대변되는 트랜스 휴먼과 포스트 휴먼의 인간향상은 이 척도로부터 자유로울 수 있을까? 물론 포스트 휴먼 시대에서도 삶의 인간적인 의미는 사라지지 않을 것이다. 중요한 것은 이 의미에 대한 가치론적 의문이다. 니체의 철학적 인간학의 전제로서의 자기 존재에 대한 사랑은 포스트 휴먼 시대의 인간과 인간다움의 존재론적 조건을 성찰할 수 있는 기회를 제공해줄 것이다.

참고문헌

강용수, 「니체의 『차라투스트라는 이렇게 말했다』의 밧줄에 대한 은유적 해석: 춤의 공간적 구조에 대한 분석을 중심으로」, 『니체연구』 제25집(한국니체학회, 2007년 가을호), 171-199쪽.

뉴 사이언티스트(닉 보스트롬, 넬로 크리스티아니니, 존 그레이엄-커밍, 피터 노빅, 앤더스 샌드버그), 『기계는 어떻게 생각하고 학습하는가』, 김정민 옮김, 한빛미디어, 2019.

다니엘 코헨, 「기술이 인간을 행복하게 해주는가」, 『초예측』, 웅진지식하우스, 2019, 144-162쪽.

라메즈 남, 『인간의 미래(More than Human)』, 남윤호 옮김, 동아시아, 2007.

루 매리노프, 『철학으로 마음의 병을 치료한다』, 이종인 옮김, 해냄, 2000.

르네 데카르트, 『정념론』, 김선영 옮김, 문예출판사, 2013.

박인철, 「정념의 근원」, 『탈경계 인문학』 제3권 제3호(이화여자대학교 이화인문과학원, 2010. 10), 121-151쪽 참조.

백종현, 「제4차 산업혁명 시대, 인문학의 역할과 과제」, 『철학사상』 제65집(서울대학교 철학사상연구소, 2017), 117-148쪽.

빅터 프랭클, 『의미를 향한 소리없는 절규』, 오승훈 옮김, 청아출판사, 2005.

_____, 『죽음의 수용소에서』, 이시형 옮김, 청아출판사, 2006.

_____, 『빅터 프랭클의 심리의 발견』, 강윤영 옮김, 이시형 감수, 청아출판사, 2008.

손병석, 「「무정념(ἀπάθεια)」: 현인(賢人)에 이르는 스토아적 이상과 실천」, 『철학연구』 제80호(철학연구회, 2008), 41-60쪽.

손봉호, 『고통받는 인간』, 서울대학교출판부, 2003.

쇼펜하우어, 『세상을 보는 지혜』, 권기철 옮김, 동서문화사, 2006.

마르틴 하이데거, 『존재와 시간』, 이기상 옮김, 까치, 2006.

에리히 프롬, 『인간의 마음』, 황문수 옮김, 문예출판사, 2002.

_____, 『사랑의 기술』, 황문수 옮김, 문예출판사, 2005.

_____, 『소유냐 존재냐』, 차경아 옮김, 까치글방, 2005.

에머리히 코레트, 『철학적 인간학』, 진교훈 옮김, 종로서적, 1988.

요한 호이징하, 『호모 루덴스. 놀이와 문화에 관한 한 연구』, 김윤수 옮김, 까치, 1993.

우정길, 「보스트롬(N. Bostrom)의 인간향상론에 대한 비판적 고찰」, 『교육문화연구』
　　　제24집(인하대학교 교육연구소, 2018), 5–23쪽 참조.

유발 하라리, 『사피엔스』, 조현욱 옮김, 김영사, 2019.

──────, 『21세기를 위한 21가지 제언. 더 나은 오늘은 어떻게 가능한가』, 김영사, 전병근 옮김, 2019.

──────, 「인류는 어떤 운명을 맞이할 것인가」, 『초예측』, 웅진지식하우스, 2019, 52쪽.

이상범, 「니체의 커다란 건강에 대한 연구」, 『니체연구』 제29집(한국니체학회, 2016년 봄호), 229–
　　　284쪽.

──────, 「니체의 위생학(Hygiene)에 대한 연구」, 『니체연구』 제30집(한국니체학회, 2016년 가을호),
　　　175–222쪽.

──────, 「니체의 개념 "힘에의 의지"의 심리학적 해명. 그의 "정동(Affekt)" 개념을 중심으로」,
　　　『니체연구』 제34집(한국니체학회, 2018년 가을호), 45–100쪽.

──────, 『니체의 건강철학』, 집문당, 2019.

이상엽, 「니체, 허무주의와 춤」, 『동서철학연구』 제94집(한국동서철학회, 2019. 12), 277–298쪽.

이상일, 「정념의 도덕적 속성에 관한 연구. 토마스 아퀴나스의 '정념'을 중심으로」, 『철학논총』 제86집
　　　제4권(새한철학회, 2016), 259–281쪽.

이재승, 「포스트휴먼은 인간의 존엄성을 위협하는가?」, 『철학논총』 제94집(새한철학회, 2018),
　　　21–40쪽.

이종관, 「포스트휴먼을 향한 인간의 미래?」, 『Future Horizon』 제26집(과학기술정책연구원, 2015),
　　　4–9쪽.

이주향, 「운명애, 자기에 이르는 생명의 춤. 영화 〈클라우즈 오브 실스마리아〉를 통해 본 영원회귀의
　　　노래」, 『니체연구』 제36집(한국니체학회, 2019년 가을호), 85–103쪽.

이진우, 『테크노 인문학』, 책세상, 2013.

──────, 「'인간 극복'과 니체의 트랜스휴머니즘」, 『니체연구』 제24집(한국니체학회, 2013), 87–
　　　118쪽.

──────, 「니체, 몸 그리고 "춤추는 사유"」, 『니체연구』 제25집(한국니체학회, 2014), 7–40쪽.

이진우 외, 『인간 복제에 관한 철학적 성찰』, 문예출판사, 2004.

장 디디에 뱅상 · 뤼크 페리, 『생물학적 인간, 철학적 인간』, 이자경 옮김, 푸른숲, 2002.

조르주 리에베르, 『니체와 음악』, 이세진 옮김, 북노마드, 2016.

키에르케고르, 『죽음에 이르는 병』, 최석천 옮김, 민성사, 2003.

테오도르 아도르노, 『미니마 모랄리아』, 김유동 옮김, 도서출판 길, 2005.

프랜시스 후쿠야마, 『부자의 유전자, 가난한 자의 유전자(*Our Posthuman Future*: *Consequences of the Biotechnology Revolution*)』, 최준명 감역, 송정화 옮김, 한국경제신문, 2003.

플라톤, 『파이돈』, 최명관 옮김, 을유문화사, 2006, 142-146쪽 참조.

하워드 P. 카인즈, 『철학적 인간학』, 정연교 옮김, 철학과현실사, 1996.

H. 마르쿠제, 『일차원적 인간』, 박병진 옮김, 한마음사, 2006.

Zeidner, Moshe, und Matthews, Gerald, 『불안 101』, 이태선 옮김, 시그마프레스, 2013.

Abel, Günter, *Nietzsche. Die Dynamik der Willen zur Macht und die ewige Wiederkehr*, Berlin/New York, 1998.

Alarcón, Mónica, *Einführung in die Philosophie des Tanzes*, in: *Philosophie des Tanzes. Denkfestival – eine interdisziplinare Reflexion des Tanzes*, Miriam Fischer, Mónica Alarcón (Hrsg.), 2006, pp. 7-12.

Aurenque, Diana, "Das Posthumane und Nietzsches Übermensch. Eine Blasphemie gegen Gott," in: S. L. Sorgner (Hrsg.), *Aufklarung und Kritik* 3/2015, Frankfurt am Main, pp. 88-97.

_____, *Nietzsche und die "unzählige[n] Gesundheit des Leibes."* Aktualität und Kritik eines pluralistischen Gesundheitsverständnisses, in: Nietzsche, Foucault und die Medizin. Philosophische Impulse für die Medizinethik, Orsolya Friedrich, Diana Aurenque, Galia Assadi, Sebastian Schleidgen (Hrsg.), Bielefeld, 2016, pp. 23-37.

_____, *Die medizinische Moralkritik Friedrich Nietzsches. Genese, Bedeutung und Wirkung*, Wiesbaden, 2018.

Babich, Babette, *O, Superman! Or being towards transhumanism: Martin Heidegger, Günther Anders, and media aesthetics*, in: Divinatio, Maison des Sciences de l'Homme et de la Société (Sofia), 2013, pp. 41-99.

_____, *Nietzsche's Posthuman Imperative: On the Human, All too Human Dream of Transhumanism*, in: Yunus Tuncel, ed., Nietzsche and Transhumanism: Precursor or Enemy?, Cambridge: Cambridge Scholars, 2017, pp. 101-131.

Bertino, Andrea und Stegmaier, Werner, *Nietzsches Anthropologiekritik, in*: *Marc Rölli*(Hrsg.), Fines Hominis?: Zur Geschichte der Philosophischen Anthropologiekritik, Transcript Verlag, 2015, pp. 65-80.

Blättler, Christine, *Der Philosoph der Zukunft ist Gesetzgeber. Zur Ethik Nietzsches*, in:

Pornschlegel, Clemens und Stingelin, Martin (Hrsg.), Nietzsche und Frankreich, Berlin, 2009, pp. 275-289.

Brusotti, Marco, Die "Selbstverkleinerung des Menschen" in der Moderne. Studie zu Nietzsches "Zur Genealogie der Moral," in: Nietzsche-Studien Bd.30, Berlin/New York, 1992, pp. 81-136.

_____, Wille zum Nichts, Ressentiment, Hypnose. 'Aktiv' und 'Reaktiv,' in: Nietzsches Genealogie der Moral, in: Nietzsche-Studien, Bd. 30, Berlin/New York, 2001, pp. 107-132.

_____, Nietzsche: Die fröhliche Wissenschaft, in: Michael Quante (Hg.), Kleines Werklexikon der Philosophie, Stuttgart, 2012, pp. 418-427.

Busch, Kathrin/Därmann, Iris., Pathos. Konturen eines kulturwissenschaftlichen Grundbegriffs, Bielefeld, 2007.

Caysa, Volker, Asketismus, in: Henning Ottmann (Hrsg.), Nietzsche Handbuch, Stuttgart/Weimar, 2000, pp. 195-194.

Conway, Daniel, Nietzsche and the Political, Routledge, 1997.

Danzer, Gerhard, Wer sind wir? Anthropologie im 20. Jahrhundert Ideen und Theorien für die Formel des Menschen, Berlin / Heidelberg, 2011.

Deleuze, Gilles, Die einsame Insel. Texte und Gespräche 1953-1974, Frankfurt am Main, 2003.

_____, Nietzsche und die Philosophie, Hamburg, 2008.

Drochon, Hugo, Nietzsche's Great Politics, Princeton University Press, 2016.

Frankl, Viktor E., The Doktor and the Soul. From Psychotherapy to Logotherapy, translated by Richard and Clara Winston, London, 2004.

Frederic Murphy, Timothy, Teaching the Dance. Nietzsche as Educator, Boston, Massachusetts, 1982.

Ferrando, Francesca, Humans Have Always Been Posthuman: A Spiritual Genealogy of the Posthuman, in: Banerji, D., Paranjape, M. R. (eds.) Critical Posthumanism and Planetary Futures, Springer, October 2016, pp. 243-256.

Fromm, Erich, Die Seele des Menschen. Ihre Fähigkeit zum Guten und zum Bösen, in: Analytische Charaktertheorie Bb. II, Rainer Funk (Hrsg.), Stuttgart, 1999.

_____, Wege aus einer kranken Gesellschaft, in: Gesellschaftstheorie, Gesammtausgabe Bb. I, Rainer Funk (Hrsg.), Stuttgart, 1999.

_____, Die Entfremdung als Krankheit des Menschen von heute, in: Politische Psychoanalyse Schriften aus dem Nachlaß, Gesammtausgabe Bb. IX, Rainer Funk (Hrsg.), Stuttgart,

1999.

Gadamer, Hans-Georg, *Wahrheit und Methode*, in: Gesamelte Werke Bd. 1: Hermeneutik I,
Tübingen, 1999.

Gehlen, Arnold, *Der Mensch. Seine Natur und seine Stellung in der Welt*, Wiebelsheim, 2004.

Georg-Lauer, Jutta, *Dionysos und Parsifal. Eine Studie zu Nietzsche und Wagner*, Würzburg,
2011.

Gerhardt, Volker, *Experimental-Philosophie*, in: Pathos und Distanz. Studien zur Philosophie
Friedrich Nietzsches, Stuttgardt, 1988.

_____, *Pathos der Distanz*, in: Joachim Ritter und Karlfried Gründer (Hrsg.), Historisches
Wörterbuch der Philosophie Bd. 7, Basel, 1989.

_____, *Selbstbestimmung. Das Prinzip der Individualität*, Stuttgart, 1999.

_____, *Friedrich Nietzsche*, München, 2006.

_____, *Homo publicus*, in: Was ist der Mensch, Detlev Ganten / Volker Gerhardt / Jan-
Christoph Heilinger / Julian Nida-Rümeln (Hrsg.), Berlin, 2008, pp. 97–102.

_____, *Die Perspektive des Perspektivismus*, in: Jan-Christoph Heilinger und Nikolaos
Loukidelis (Hrsg.), Die Funken des freien Geistes, Beriln / NewYork, 2011, pp. 106–
129.

_____, *Selbstbegründung. Nietzsches Moral der Individualität*, in: Jan-Christoph Heilinger
und Nikolaos Loukidelis (Hrsg.), Die Funken des freien Geistes, Beriln / New York,
2011, pp. 169–192.

_____, *Die Tugend des freien Geites. Nietzsche auf dem Weg zum individuellen Gesetz der
Moral*, in: Jan-Christoph Heilinger und Nikolaos Loukidelis (Hrsg.), Die Funken des
freien Geistes, Beriln / NewYork, 2011, pp. 224–242.

_____, *Sensation und Existenz. Nietzsche nach hundert Jahren*, in: Jan-Christoph Heilinger
und Nikolaos Loukidelis (Hrsg.), Die Funken des freien Geistes, Beriln / NewYork,
2011, pp. 130–168.

_____, *Der Sinn der Erde. Zuur Kritik von Nietzsches Religionskritik*, in: Jan-Christoph
Heilinger und Nikolaos Loukidelis (Hrsg.), Die Funken des freien Geistes, Beriln /
NewYork, 2011, pp. 341–359.

Gessmann, Martin, *Pathos/pathetisch*, in: Ästhetische Grundbegriffe, Bd. 4, K. Barck, M.
Ffomtius, D. Schlenstedt, B. Steinwachs, F. Wolfzettel (Hrsg.), Stuttgart/Weimar,
2010, pp. 724–739.

Gödde, Günter, und Jörg Zirfas, Einleitung, *Friedrich Nietzsche und die Vitalisierung der*

Lebenskunst, in: Nietzsche und die Lebenskunst. Ein philosophisch-psychologisches
Kompendium, Günter Gödde, Nikolaos Loukidelis, Jörg Zirfas(Hrsg.), Stuttgart, 2016,
pp. 1-26.

Haberkamp, Günter, *Triebgeschehen und Wille zur Macht. Nietzsche. zwischen Philosophie
und Psychologie*, Würzburg, 2001.

Haubi, Florian, *Scham Und Wurde. Eine Thematische Untersuchung Zu Nietzsches Jenseits Von
Gut Und Bose*, Basel/Berlin, 2019.

Heit, Helmut, *Wissenschaftskritik in der Genealogie der Moral. Vom asketischen Ideal zur
Erkenntnis für freie Menschen*, in: Helmut Heit und Sigridur Thorgeirsdottir (Hrsg.),
Nietzsche als Kritiker und Denker der Transformation, Nietzsche Heute, 6, Berlin/
Boston, 2016, pp. 252-274.

Herrig, Hans, *Ein moderne r*Freigeist,* in: Hauke Reich, Rezensionen und Reaktionen zu
Nietzsches Werken 1872-1889, Berlin/Boston, 2013, pp. 551-557.

Horkheimer, Max, *Zur Kritik der instrumentellen Vernunft*, Frankfurt am Main 2007.

Hoyer, Timo, *Nietzsche und die Pädagogik. Werk*, Biografie und Rezeption, Würzbnurg, 2002.

Jaspers, Karl, *Nietzsche. Einführung in das Verständnis seines Philosophierens*, Berlin/New
York, 1981.

Joisten, Karen, *Die Überwindung der Anthropozentrizität durch Friedrich Nietzsche*,
Würzbnurg, 1994.

Kaufmann, Walter, *Nietzsche, Philosoph-Psychologe-Antichrist*, übersetzt von Jörg
Salaquarda, Darmstadt, 1982.

Lemm, Vanessa, *Biopolitische Betrachtungen zur Figur des Arztes in Nietzsches Philosophie*,
in: Nietzsche, Foucault und die Medizin. Philosophische Impulse für die Medizinethik,
Orsolya Friedrich, Diana Aurenque, Galia Assadi, Sebastian Schleidgen (Hrsg.),
Bielefeld, 2016, pp. 183-201.

Löwisch, Dieter-Jürgen, *Der freie Geist – Nietzsches Umwertung der Bildung für die Suche
nach einer zeitgemäßen Bildungsvorgang*, in: C. Niemeyer / H. Drerup / J. Oelkers /
L, v. Pogrell (Hrsg.), Nietzsche in der Pädagogik? Beiträge zur Rezeption und
Interpretation, Weinheim, 1998, pp. 338-356.

Mascha, Andreas, *Flow Dance und Große Vernunft des Leibes*, In: Mensch – sein eigenes
Experiment?, Kolloquium des Nietzsche-Forums München. Vorträge aus den Jahren
2003-2005, Vogel, Beatrix (Hg.), München, 2008 (Mit Nietzsche denken Band 4), pp.
471-475.

Merlo, Joshua, "Zarathustra and Transhumanism: Man is Something to Be Overcome," in:

Scientia et Fides (edited by Leandro M. Gaitán), 7(2), 2019, pp. 41–61.

Meyer–Kalkus, Reinhart, *Pathos*, in: Joachim Ritter und Karlfried Gründer (Hrsg.), Historisches Wörterbuch der Philosophie Bd. 7, Basel, 1989, pp. 193–199.

Meyer, Theo, *Nietzsche und die Kunst*, Tübingen / Basel, 1993.

Nestle, Wilhelm, *Vom Mythos zum Logos: Die Selbstentfaltung des griechischen Denkens von Homer bis auf die Sophistik und Sokrates*, Stuttgart, 1975.

Ottmann, Henning, *Philosophie und Politik bei Nietzsche*, 2.,verbesserte und erweiterte Auflage, Berlin / New York, 1999.

Padurean, Vasile, *Spiel–Kunst–Schein_Nietzsche als ursprünglicher Denker*, Stuttgart, 2008.

Pfefferkorn, Julia, *"Wer aber seinem Ziel nahe kommt, der tanzt," Zu Nietzsches Tanx–Symbolik*, in: Nietzsche, der Nihilismus udn die Zukünftigen, (Tübinger Zeitdiagnosen 2), Bamberg, 2014, pp. 133–155.

Pfister, Jonas, *Philosophie. Ein Lehrbuch*, Stuttgart, 2011.

Piazzesi, Chiara, *Das Spannungsfeld von"größer Liebe"und Moral der Selbstverkleinerung: "verachtende"Liebe vs. Nächstenliebe und Mitleid*, in: Nietzsche–Macht–Grösse, Volker Caysa, Konstanze Schwarzwald (Hrsg.), Berlin / Boston, 2012, pp. 271–285.

Pieper, Annemarie, *Ein Seil geknüpft zwischen Tier und Übermensch. Philosophische Erläuterungen zu Nietzsche erstem"Zarathustra,"* Stuttgart, 1990.

———, *Zarathustra als der Verkünder des Übermensch*, in: Stiftung Weimarer Klassik von Rüdiger Schmidt und Andreas Schirmer (Hrsg.), Entdecken und Verraten. Zu Leben und Werk Friedrich Nietzsches, Weimar, 1999, pp. 232–249.

Reschke, Renate, *Die andere Perspektive Ein Gott, der zu tanzen verstünde. Eine Skizze zur Ästhetik des Dionysischen im Zarathustra*, in: Friedrich Nietzsche: Also sprach Zarathustra, Volker Gerhardt (Hrsg.), Berlin, 2000, pp. 257–284.

Richter, Raoul, *Friedrich Nietzsche. Sein Leben und sein Werke*, 3., mit der 2. gleichlautende Auflage, Leipzig, 1917.

Roden, David, The Ethics of Becoming Posthuman (https://www.academia.edu/296411/The _Ethics_of_Becoming_Posthuman), 2010, pp. 1–14.

Salaquarda, Jörg, *Gesundheit und Krankheit bei Fr. Nietzsche*, in: Istituto Universitario Orientale (Hg.), Annali. Sezione Germanica. Studi Tedeschi. Bd. XVII/2, Neapel, 1974.

Schank, Gerd, *"Rasse" und "Züchtung" bei Nietzsche*, Berlin/New York, 2000.

Schmid, Wilhem, *Uns selbst Gestalten. Zur Philosophie der Lebenskunst bei Nietzsche*, in: Nietzsche–Studien 21, 1992, pp. 50–62.

_____, *Schönes Leben? Einführung in die Lebenskunst*, Frankfurt am Main 2000.

_____, *Mit sich selbst befreundet sein. Von der Lebenskunst im Umgang mit sich selbst*, Frankfurt am Main, 2004.

_____, *Glück: Alles, was Sie darüber wissen müssen, und warum es nicht das Wichtigste im Leben ist*, Berlin, 2007.

_____, *Kann die Philosophie eine Hilfe für das Leben sein?*, in: M. v. Ackeren, T. Kobusch, J. Müller (Hrsg.), Warum noch Philosophie? Historische, systematische und gesellschaftliche Positionen, Berlin/Boston, 2011, pp. 187-195.

_____, *Unglücklichsein. Eine Ermutigung*, Berlin, 2012.

Schipperges, Heinrich, *Am Leitfaden des Leibes zur Anthropologik und Therapeutik Friedrich Nietzsches*, Stuttgart, 1975.

Simon, Josef, *Der Philosoph als gesetzgeber. Kant und Nietzsche*, in: Volker Gerhardt und Norbert Herold (Hrsg.), Perspektiven des Perspektivismus. Gedenkschrift für Friedrich Kaulbach, Würzburg, 1992, pp. 203-218.

Skowron, Michael, "Nietzsches Kritik des Transhumanismus und die ewige Wiederkunft des Gleichen," in: Robert Zimmer, Martin Morgenstern (Hrsg.), *Aufklärung und Kritik 1*, 2016, Frankfurt am Main, pp. 1-15 참조.

_____, "Posthuman oder Übermensch. War Nietzsche ein Transhumanist?," in: *Nietzsche-Studien*, Volume 42, Issue 1, 2013, Berlin/New York, pp. 256-282.

Sommer, Andreas Urs, *Kommentar zu Nietzsches "Der Fall Wagner" und "Götzen-Dämmerung,"* Berlin/Boston, 2012.

Sorgner, Stefan Lorenz., "Nietzsche, the Overhuman, and Transhumanism," in: *Journal of Evolution and Technology* Vol. 20, Issue 1, March 2009, Hartford USA, pp. 29-42.

Stegmaier, Werner, *Phiolsophie der Orientierung*, Berlin/New York, 2008.

_____, *Nietzsches Befreiung der Philosophie. Kontextuelle Interpretation des V. Buchs der Fröhlichen Wissenschaft*, Berlin / Boston, 2012.

_____, *Gesundheit und Krankheit im aussermoralischen Sinn*, in: Nietzsche, Foucault und die Medizin. Philosophische Impulse für die Medizinethik, Orsolya Friedrich, Diana Aurenque, Galia Assadi, Sebastian Schleidgen (Hrsg.), Bielefeld, 2016, pp. 39-61.

Steinmann, Michael, "*Tot vor Unsterblichkeit*". Lebenskunst und Säkularisierung in Nietzsches "*Ecce Homo*" und Heideggers "*Sein und Zeit*," in: Günter Gödde, Nikolaos Loukidelis, Jörg Zirfas (Hrsg.), Nietzsche und die Lebenskunst. Ein philosophisch-psychologisches Kompendium, Stuttgart, 2016, pp. 200-208.

Tugendhat, Ernst, *Anthropologie statt Metaphysik*, München, 2010.

Van Tongeren, Paul, *Vom „Arzt der Cultur" zum „Arzt und Kranken in einer Person"*. *Eine Hypothese zur Entwicklung Nietzsches als Philosoph der Kultur(en)*, in: Andreas Urs Sommer (Hrsg.), Nietzsche-Philosoph der Kultur(en)?, Berlin, 2008, pp. 12–29.

Van Tongeren, Paul, Schank, Gerd, und Siemens, Herman, (Hrsg.), *Nietzsche Wörterbuch*. *Band I: Abbreviatur–einfach*, Berlin, 2004.

Wittgenstein, Ludwig, *Bermerkungen über die Grundlagen der Mathmatik*, in: Werkausgabe Bd. 6, G. E. M. Anscombe, Rush Rhees, G. H. von Wright (Hrsg.), Frankfurt am Main, 1984.

Yong-Soo, Kang, *Nietzsches Kulturphilosophie*, K&N, Würzburg, 2003.

Zimmerman, Michael E., "Last Man or Overman. Transhuman Appropriations of a Nietzschean Theme," in: *The Hedgehog Review*: *Critical Reflections on Contemporary Culture* Volume 13, No. 2 (Summer, 2011), pp. 31–44.

Zumbusch, Cornelia, *Pathos*. *Zur Geschichte einer Problematischen Kategorie*, Berlin, 2010.

Zwick, Jochen, *Nietzsches Leben als Werk*, Bielefeld, 1995.

용어 찾아보기

ㅊ

인물 찾아보기

이상범

원광대학교 철학과와 동 대학원에서 철학을 전공했고, 독일 베를린 훔볼트 대학교에서 『니체의 건강철학. 프리드리히 니체의 철학적 방법론에 대한 해석의 시도(Nietzsches Gesundheitsphilosophie. Versuch einer Interpretation der philosophischen Methodologie Friedrich Nietzsches)』라는 제목으로 철학박사 학위를 취득했다. 현재는 한국연구재단 인문사회학술연구교수로서 원광대학교 인문학연구소에 재직 중이며, 원광대학교와 전북대학교 철학과에서 강의하고 있다. 주요저서로는 니체의 철학에 등장하는 건강, 병, 섭생, 위생학, 미래의 의술, 열정 등을 건강철학의 관점에서 해명한 『니체의 건강철학』, 정동(Affekt)을 심리-생리학적으로 해명한 『니체, 정동과 건강』과 더불어 『초연결시대 인간-미디어-문화』, 『고전, 현대를 걷다』 등의 공저가 있다. 이 외에 니체의 철학적 개념들을 건강철학의 관점에서 분석한 다수의 철학논문을 발표했다. 현재는 니체와 더불어 다양한 철학자들의 사상을 의철학에 적용하는 연구와 『차라투스트라는 이렇게 말했다』를 건강철학과 철학치료의 영역에서 분석하는 연구를 진행하고 있다.